Using Chinese Synonyms

Using Chinese Synonyms is an essential reference book, specifically designed for non-native speakers of Chinese, and for teachers and other language professionals who want a user-friendly guide to the finer nuances of Chinese synonyms. It contains approximately 1700 synonyms in 315 groups. With the particular needs of non-native speakers of Chinese in mind, this invaluable book selects and explains words and phrases in everyday use, allowing students to enhance their knowledge of one of the most important and widely spoken languages in the world. This book assists in the development of fluent, spontaneous and skilful use of Chinese synonyms.

GRACE QIAO ZHANG is Associate Professor in Chinese and Linguistics at Curtin University, Australia. She was awarded a Ph.D. by the University of Edinburgh, and has had over twenty-five years' tertiary experience in teaching Chinese language in Australia, China, New Zealand and the UK. She has published extensively on Chinese language, linguistics and translation, including eight books.

Other titles in this series

Using French (third edition)
A guide to contemporary usage
R. E. BATCHELOR and M. H. OFFORD
(ISBN 0 521 64177 2 hardback)
(ISBN 0 521 64593 X paperback)

Using Spanish (second edition)
A guide to contemporary usage
R. E. BATCHELOR and C. J. POUNTAIN
(ISBN 0 521 00481 0 paperback)

Using German (second edition)
A guide to contemporary usage
MARTIN DURRELL
(ISBN 0 521 53000 8 paperback)

Using Russian (second edition)
A guide to contemporary usage
DEREK OFFORD and NATALIA GOGLITSYNA
(ISBN 0 521 54761 X paperback)

Using Italian
A guide to contemporary usage
J. J. KINDER and V. M. SAVINI
(ISBN 0 521 48556 8 paperback)

Using Japanese
A guide to contemporary usage
WILLIAM MCLURE
(ISBN 0 521 64155 1 hardback)
(ISBN 0 521 64614 6 paperback)

Using Portuguese
A guide to contemporary usage
ANA SOFIA GANHO and TIMOTHY MCGOVERN
(ISBN 0 521 79663 6 paperback)

Using Arabic
A guide to contemporary usage
MAHDI ALOSH
(ISBN 0 521 64832 7 paperback)

Using Chinese
A guide to contemporary usage
YVONNE LI WALLS and JAN W. WALLS
(ISBN 978 0 521 78565 5 paperback)

Using Spanish Synonyms
R. E. BATCHELOR
(ISBN 0 521 44160 9 hardback)
(ISBN 0 521 44694 5 paperback)

Using German Synonyms
MARTIN DURRELL
(ISBN 0 521 46552 4 hardback)
(ISBN 0 521 46954 6 paperback)

Using Italian Synonyms
HOWARD MOSS and VANNA MOTTA
(ISBN 0 521 47506 6 hardback)
(ISBN 0 521 37878 8 paperback)

Using French Synonyms
R. E. BATCHELOR and M. H. OFFORD
(ISBN 0 521 37277 1 hardback)
(ISBN 0 521 37878 8 paperback)

Using Russian Synonyms
TERENCE WADE and NIJOLE WHITE
(ISBN 0 521 79405 6 paperback)

Using French Vocabulary
JEAN H. DUFFY
(ISBN 0 521 57040 9 hardback)
(ISBN 0 521 57851 5 paperback)

Using German Vocabulary
SARAH FAGAN
(ISBN 0 521 79700 4 paperback)

Using Italian Vocabulary
MARCEL DANESI
(ISBN 0 521 52425 3 paperback)

Using Spanish Vocabulary
R. E. BATCHELOR and MIGUEL A. SAN JOSÉ
(ISBN 0 521 00862 X paperback)

Using Arabic Synonyms
DILWORTH PARKINSON
(ISBN 0 521 00176 5 paperback)

Using Russian Vocabulary
TERENCE WADE
(ISBN 0 521 61236 5 paperback)

Using Chinese Synonyms

GRACE QIAO ZHANG

Curtin University

CAMBRIDGE
UNIVERSITY PRESS

University Printing House, Cambridge CB2 8BS, United Kingdom

One Liberty Plaza, 20th Floor, New York, NY 10006, USA

477 Williamstown Road, Port Melbourne, VIC 3207, Australia

314-321, 3rd Floor, Plot 3, Splendor Forum, Jasola District Centre, New Delhi - 110025, India

79 Anson Road, #06-04/06, Singapore 079906

Cambridge University Press is part of the University of Cambridge.

It furthers the University's mission by disseminating knowledge in the pursuit of education, learning and research at the highest international levels of excellence.

www.cambridge.org
Information on this title: www.cambridge.org/9780521617871

First published 2010

A catalogue record for this publication is available from the British Library

ISBN 978-0-521-61787-1 Paperback

Contents

Acknowledgements

This book has taken six years to complete. I am immensely indebted to GUAN Zhigang, ZHANG Shimin, ZHANG Xiaodan, ZHAO Xiaohua and Margaret Johnson. They played an important role in the later stages of this project, helping to painstakingly proofread drafts of this book. My sincere thanks also go to the anonymous readers, especially the final clearance reader. Their feedback and suggestions were invaluable in shaping design and content, and in bringing this project to completion.

ZHANG Shi, MA Rong, GUAN Anne, GONG Qian, REN Wei, FU Yuxian, ZHAO Zhongde, CHENG Yijun, REN Ming, XU Zhichang, Michael Kocken, James Seaford, Alissa Sharples and Lidia Sakarapani also proofread parts of the draft, participated in field testing and helped in many other ways; to them too I am most grateful. I thank Richard Xiao for his expert advice on online resources relevant to the project. To any whom I may have failed to mention, I extend my gratitude.

Throughout this project, my commissioning editor at Cambridge University Press, Helen Barton, was extremely supportive, especially when progress became slow. It has been a pleasure working with her. I am also thankful to Elizabeth Davey, Alison Powell, Sarah Green, Ann Mason and Nancy Lawrence, whose assistance and sharp eye for detail were valuable in the later stages of production.

My appreciation goes to all the authors and organisations of the relevant dictionaries and online resources I consulted (see Bibliography). I also acknowledge with gratitude the financial assistance provided by Curtin University, in particular the Centre of Advanced Studies for Australia, Asia and the Pacific 2006–2009, the Humanities Publication Grants 2008–2009 and the Research Seeding Grants 2006.

Finally, I thank my loving family from the bottom of my heart. My father ZHANG Shimin, mother ZHANG Lanyin, husband GUAN Zhigang and daughter GUAN Anne have my eternal gratitude. Their unconditional love and unwavering support have kept me going with this project.

Abbreviations and notes

Abbreviations

n.	noun
v.	verb
adj.	adjective
adv.	adverb
aux.	auxiliary
num.	number
mw.	measure word
pr.	pronoun
conj.	conjunction
oft.	often
ph.	phrase
sb.	somebody
sth.	something
usu.	usually
[ ]	[notes] (used in sample sentences to differentiate notes from English translations)
*	see Note beneath a synonym group

Grammar notes

Parts of speech

noun: book, man, today, economics, Australia, etc.
verb: to eat, to discuss, to enlarge, to think, to begin, etc.
adjective: glorious, bad, tall, happy, polite, etc.
adverb: very, extremely, somewhat, often, probably, etc.
auxiliary word: can, may, will, have to, should, etc.
conjunction: and, or, when, while, if, etc.
pronoun: I, you, she, they, it, etc.

Syntactic terminology

He (subject) quickly (adverbial) finished (predicate) his (attributive) dinner (object).

Layout notes

pinyin **frame title**, part of speech		English translation
pinyin **headword**, part of speech *register, **HSK word frequency	English translation and exposition of the headword	sample sentences

*Level of register

3 – formal/ written
2 – neutral
1 – informal/ colloquial
1* – vulgar

**Level of HSK word frequency and language difficulty
(HSK: Hanyu Shuiping Kaoshi, the Chinese Proficiency Test, equivalent to
TOEFL or IELTS)

A – most commonly used and the least difficult, equivalent of HSK jiǎ
    (甲 'first')
B – more commonly used, equivalent of HSK yǐ (乙 'second')
C – commonly used, equivalent of HSK bǐng (丙 'third')
D – currently used, equivalent of HSK dīng (丁 'fourth')
N/A – not HSK listed

Within each frame title, items are arranged firstly by the level of register, from
3 to 1*, then alphabetically for headwords within each register level. Within
the same level of register, order is determined first by

• alphabetical order of the initials of the first characters of headwords; then
  by
• *pinyin* ordering of the finals; then by
• the order of tones (from the first to the fourth); then by
• the number of strokes, i.e. characters with fewer strokes precede ones with
  more strokes; then by
• the order of the beginning stroke: horizontal line (一), then vertical line
  (丨), then left slash (ノ), then dot (丶), then straight stroke with a bending tip
  (一).

If the first characters of headwords are the same in every way, the same
principle is applied to the next character, and so on. The above also applies to
the arrangement of frame titles, less the level of register.

Pinyin initials:

b p m f, d t n l, g k h, j q x, zh ch sh r, z c s

Pinyin finals:

	i	u	ü
a	ia	ua	
o		uo	
e	ie		üe
ai		uai	
ei		uei	
ao	iao		
ou	iou		
an	ian	uan	üan
en	in	uen	ün
ang	iang	uang	
eng	ing	ueng	
ong	iong		

Pinyin List 音序检索表

This list is arranged first by
- alphabetical order of the initials of the first characters of headwords; then by
- *pinyin* ordering of the finals; then by
- the order of tones (from the first to the fourth); then by
- the number of strokes, i.e. characters with fewer strokes precede ones with more strokes; then by
- the order of the beginning stroke: horizontal line (一), then vertical line (丨), then left slash (丿), then dot (丶), then straight stroke with a bending tip (乛).

If the first characters of headwords are the same in every way, the same principle is applied to the next character, and so on.

Pinyin Grouped List 同义词组音序检索表

This list is arranged first by
- alphabetical order of the initials of the first characters of frame titles; then by
- *pinyin* ordering of the finals; then by
- the order of tones (from the first to the fourth); then by
- the number of strokes, i.e. characters with fewer strokes precede ones with more strokes; then by
- the order of the beginning stroke: horizontal line (一), then vertical line (丨), then left slash (丿), then dot (丶), then straight stroke with a bending tip (乛).

If the first characters of frame titles are the same in every way, the same principle is applied to the next character, and so on.

A

ài
爱 to love ·······································1
　爱戴 敬爱 热爱 喜爱 爱好 爱 喜欢 好

àihù
爱护 to care for ····························2
　爱惜 吝惜 珍惜 爱护 呵护

ānjìng
安静 quiet ····································3
　安宁 沉静 风平浪静 寂静 宁静 肃静 安
　静 静悄悄 平静 清静

ānquán
安全 safe ·····································5
　稳妥 安全 平安

ànshí
按时 on time ·································5
　按期 按时 及时 准时

ànzhào
按照 according to ···························6
　依照 按 按照 根据 依 照

B

bàba
爸爸 daddy ··································8
　父 父亲 爸爸 爸 爹 老爸

bànfǎ
办法 means ··································9
　步骤 措施 手法 方法 办法 方式 手段 主
　意 点子 法子 窍门儿

bàntiān
半天 quite a while ··························11
　半天 好久

bāngzhù
帮助 to help ································11
　扶持 协助 援助 支援 帮助 支持 帮 帮忙

bāo
包 bag ·····································13
　包裹 包 包袱

bāokuò
包括 to include ····························14
　包含 含 含有 包括 有

bù
不 not, no ·· 40
　　不曾 未 未曾 不 没 没有

bù(ú)dàn
不但 not only ···································· 41
　　不但 不仅 不只 不单 不光

bùdéliǎo
不得了 extreme ································ 42
　　不得了 了不得

bù(ú)duàn
不断 unceasingly ···························· 42
　　不断 不停 不住

bùjīn
不禁 can't help ································ 43
　　不由自主 不禁 不觉 不知不觉 不由得

bù(ú)lùn
不论 regardless ······························ 44
　　无论 无论如何 不管 不论

bù(ú)shì…jiùshì
不是…就是 either…or ···················· 45
　　不是…而是 不是…就是

bùxǔ
不许 to disallow ······························ 45
　　不可 不容 禁 禁止 不得 不行 不许 不准

bù(ú)yào
不要 don't ·· 46
　　不必 不要 不用 别 甭

C

cānguān
参观 to visit ···································· 48
　　访问 观光 观赏 视察 参观 观看 逛

cānjiā
参加 to participate ·························· 49
　　参与 从事 进入 投入 参加 加入

cèsuǒ
厕所 toilet ·· 50
　　卫生间 洗手间 厕所

chàbuduō
差不多 similar ································ 50
　　不相上下 近似 类似 相当 相近 相似 相
　　像 差不多 差不离儿

chángjiǔ
长久 long-standing ························ 52
　　悠久 长久 长远

chángcháng
常常 often ·· 52
　　不时 时时 时常 通常 经常 往往 常常 常

cháo(zhe)
朝(着) towards ································ 54
　　沿(着) 朝(着) 向(着) 顺(着) 往

chéng
成 one tenth ···································· 55
　　成 …分之… 分 折

chéngjì
成绩 results ···································· 56
　　成就 成效 功绩 功效 收效 成果 成绩 功
　　劳 后果 结果 收获 效果

chéngshí
诚实 truthful ···································· 57
　　诚心诚意 诚挚 忠诚 忠贞 恳切 真诚 诚
　　恳 诚实 忠实 实在 老实

chōngfèn
充分 sufficient ································ 59
　　充沛 充实 充分 充足 足 足够 够

chūjí
初级 elementary ···························· 60
　　低劣 低下 初 初步 初等 初级 低 低级

chúle...yǐwài
除了...以外 except ·····················62
　　除了 除了...以外

chǔcáng
储藏 to store ·····················62
　　储备 储藏 储存 存储

chuān
穿 to wear ·····················63
　　穿 带 戴

cì
次 times·····················63
　　遍 次 回 趟

cōngming
聪明 clever ·····················64
　　聪明 机智 狡猾 精明 伶俐 机灵 猴儿精
　　灵

cóng
从 from ·····················66
　　由 自 从 自从 打 自打

cóng...qǐ
从...起 from...·····················67
　　从...出发 从...到 从...来看 从...起

cuòwù
错误 error ·····················67
　　过失 偏差 缺陷 失误 误差 错误 短处 缺
　　点 事故 差错 错儿 毛病

cuòzì
错字 miswritten character ···············70
　　别字 错字 白字

D

dàgài
大概 probably ·····················71
　　大体 或许 大概 大约 大致 恐怕 也许 怕

dàjiā
大家 everybody ·····················72
　　各位 诸位 大家 每个人 大伙儿

dàliàng
大量 a great quantity ···············73
　　大宗 众多 大量 大批

dānxīn
担心 to worry ·····················74
　　担忧 忧虑 担心 发愁 恐怕 操心 愁 怕

dānwèi
单位 work unit·····················75
　　部门 单位 机关

dānwu
耽误 to delay·····················76
　　拖延 推迟 延期 耽误 推 误 耽搁 拖

dànshì
但是 but ·····················77
　　然而 但 但是 而 只是 不过 可是

dāng
当 when·····················79
　　于 正当 当 到 当...的时候 在

dāngshí
当时 at that moment ···············80
　　当场 当初 当年 当时 当天 那时 那会儿

dàochù
到处 all over ·····················81
　　处处 到处 四处

dàodá
到达 to arrive ·····················81
　　达 抵达 至 达到 到达 到

dàoqiàn
道歉 to apologise·····················83
　　道歉 赔礼道歉 赔

dédào
得到 to get ·················· 83
　获 获得 获取 取得 赢得 得到 夺得 夺取
　得 取

děng
等① to wait ················ 85
　等待 等候 恭候 期待 待 等

děng
等② etc./et al. ·············· 86
　等 等等 什么的

dī
低 low ···················· 87
　矮 低 短 浅

dì
地 land ···················· 88
　地带 地区 方 境地 处 地 地点 地方

diūrén
丢人 to be dishonoured ·········· 89
　丢脸 丢面子 丢人 丢人现眼 没脸 没面子

dōng
东 east ···················· 90
　东部 东 东方 东面 东边儿 东头儿

duǎn
短 short ·················· 91
　短促 短暂 短

duì
对① to ···················· 92
　朝 对 往 向

duì
对② to be on the opposite side of ········ 92
　朝 对 往 向

duì
对③ regarding ·············· 93
　对 对于 关于 至于

duì
对④ correct ················ 94
　对 好 是 行

duìr
对儿⑤ a pair ·············· 95
　对儿 副 双 套

duìbuqǐ
对不起① to let down ············ 96
　对不起 对不住

duìbuqǐ
对不起② Excuse me ············ 96
　对不起 劳驾 请问

duìdài
对待 to treat ·············· 97
　处理 对待 看待

duì...láishuō
对...来说 as far as...is concerned ········ 98
　对...来说 在...看来 在...眼里

duō
多① odd ···················· 99
　多 前后 上下 左右

duō
多② many ·················· 100
　众多 大量 多 很多 许多 好多 好些

duō
多③ more ·················· 101
　多 更 更加 还

duō
多④ How...! ················ 102
　何等 多 多么

duōshao
多少 how many/much ············ 102
　多少 几

duōshù
多数① majority ·····························103
　大半 大部分 大多数 多半 多数

duōshù
多数② most probably··················104
　大半 大都 大多 多半 多数

E

érqiě
而且 moreover·······················106
　并 何况 况且 并且 而 而且

èr
二 two·······························107
　第二 二 两 俩

F

fāpiào
发票 tax invoice····················108
　发票 收据 收条儿

fāshēng
发生 to happen ···················108
　产生 出现 发生

fāxiàn
发现 to discover···················109
　创新 创造 发明 发现

fāzhǎn
发展 to develop ·················110
　开拓 发展 开发 开展 展开

fán
凡 all ·····························111
　大凡 凡 凡是

fǎnfù
反复 repeatedly··················111
　屡次 重复 多次 反复 一再 再三 来回

fàndiàn
饭店 restaurant ················113
　餐车 餐馆 餐厅 饭店 饭厅 酒店 酒家 食堂 饭馆儿 酒馆儿

fāngbiàn
方便 convenient ···············115
　便利 方便 便当 省事

fáng'ài
妨碍 to hinder ················116
　障碍 妨碍 阻碍 碍事

fángjiān
房间 room ····················116
　房 房间 房屋 房子 公寓 楼 楼房 宿舍 屋 屋子

fàng
放 to put ····················118
　摆 放 搁

fàngxīn
放心 to feel relieved ··········119
　安心 放心

fēnfù
吩咐 to enjoin·················120
　嘱托 叮嘱 吩咐 嘱咐

fēngfù
丰富 abundant ···············121
　富强 富有 丰富 丰盛 富 富裕 旺盛 富余

fēngjǐng
风景 scenery ·················123
　风光 景色 景物 景象 景致 情景 风景 山水 景儿

fēngsú
风俗 custom··················124
　风气 风尚 时尚 习性 风俗 习惯 习气 习俗

G

gūniang
姑娘 girl ·····················156
　少女 小姐 女孩儿 女生 姑娘 闺女 丫头

guān
关 to turn off ·················158
　关闭 闭 关 合

guānxīn
关心 to care for ··············159
　关怀 关切 关心 关照 照顾

guǎnlǐ
管理 to manage················160
　管辖 管理 经管 经营 管

guǎngkuò
广阔 wide ····················161
　广博 辽阔 广大 广泛 广阔 开阔 宽敞 宽大 宽广 宽阔

guòfèn
过分 exorbitant···············163
　过度 过分 过量 过火 过头

H

háihǎo
还好 not bad ··················165
　凑合 还好 还可以 还行 马马虎虎

háizi
孩子 child ····················166
　儿童 子女 儿女 孩子 小朋友 小孩儿

hǎiwài
海外 overseas ·················167
　境外 国外 海外 外国

hàixiū
害羞 to blush ·················168
　不好意思 害羞 害臊

Hànyǔ
汉语 Chinese language ···········168
　国语 汉语 华语 普通话 中文

hángbān
航班 scheduled flight···········169
　班机 飞机 航班

hǎo
好 good ······················170
　不错 好 棒 酷

hǎoróngyì
好容易 with great difficulty······171
　很不容易 好不容易 好容易

hǎoxiàng
好像 to look as if···············171
　仿佛 近似 如同 犹如 好像 像 好比

hélǐ
合理 reasonable ···············173
　公平 公正 合理 公道

hézuò
合作 to cooperate ·············174
　协力 协同 协助 协作 合力 合作 互助 搭档 合伙

hé
和① with·····················176
　与 同 和 跟

hé
和② and······················177
　并 及 以及 与 同 和 又 跟

hěn
很 very ······················178
　极度 极其 颇 非常 分外 格外 很 极 十分 太 特别 万分 真 好 特 挺

hòuhuǐ
后悔 to regret ················181
　悔恨 遗憾 后悔

lǐxiǎng
理想 ambition ·································266
  幻想 空想 理想 梦想 妄想

lì
力 strength ·································267
  力 力量 力气 能力 气力 实力 劲儿

lìkè
立刻 right away ·························268
  顿时 立即 尽快 立刻 连忙 赶忙 赶紧 赶
  快 马上

lìyòng
利用 to use ·······························270
  利用 使用 应用 运用

lìrú
例如 for instance ·······················271
  譬如 比如 例如 比方说 拿…来说

lì
粒 mw. for grain-like things ·········272
  颗 粒 枚

liǎojiě
了解 to know ·····························273
  理会 理解 了解 领会 明白 体会 体验

línghuó
灵活 nimble······························275
  灵活 伶俐 灵敏 灵巧 敏捷 敏锐 机灵 灵

lìngwài
另外 in addition ·························276
  除此之外 此外 另外 还有

lù
路 road ··································277
  道路 街 街道 路 巷 道儿 胡同儿

lǚguǎn
旅馆 hotel ·······························279
  宾馆 饭店 酒店 旅店 旅馆

lǚxíng
旅行 to travel ··························280
  游览 旅行 旅游 游 游玩儿

M

mǎi
买 to buy································282
  采购 购 购买 买

mài
卖 to sell ································283
  出售 售 销 销售 出卖 卖

mǎnyì
满意 satisfied ···························284
  如意 称心 满意

méiguānxi
没关系 It doesn't matter ················285
  不要紧 没关系 没什么 没事儿

miǎnde
免得 lest ································286
  以免 免得 省得

miàn
面 the face································286
  面孔 面貌 面目 面容 面 面子 脸

míngzi
名字 name·······························288
  称号 名称 称呼 名 名字 姓 姓名

mǔqīn
母亲 mother······························289
  母 母亲 妈妈 娘

N

nánrén
男人 man·································291
  男士 男性 男子 男人

rénmen
人们 people ·······································313
　民众 大众 群众 人民 百姓 人们 老百姓

rìjì
日记 diary ·······································314
　播客 博客 日记 日志

rúguǒ
如果 if ···315
　假如 如 如果 要是

S

shāngxīn
伤心 heartbroken ·····························317
　难过 难受 伤心

shāngliang
商量 to consult ································318
　洽谈 商讨 协商 商量 谈判

shíjiān
时间 time··319
　岁月 时代 时间 时刻 时期 工夫 日子 时候

shìqing
事情 matter ····································320
　事件 事故 事情 事

sǐ
死 to die ··321
　去世 逝世 牺牲 死亡 死

sòngxíng
送行 to wish sb. bon voyage ···············322
　告别 送行 送

suǒyǐ
所以 therefore ·································323
　因此 因而 所以 于是

T

tèdiǎn
特点 characteristic ······························ 325
　特点 特色 特性 特征

tóngyì
同意 to consent ································· 325
　批准 容许 同意 允许 准许 准 答应

tóngzhì
同志 comrades································· 327
　同仁 同行 同事 同学 同志 战友

tòngkǔ
痛苦 painful ····································· 328
　不幸 苦恼 痛楚 伤心 痛苦 苦

tòngkuai
痛快 direct ······································ 329
　耿直 爽快 爽朗 坦白 坦率 直率 直爽 干脆 痛快 直来直去

W

wánzhěng
完整 intact······································ 331
　齐全 完备 完全 完整 圆满

wèi
为 for·· 332
　为 为了

X

xī
西 west··· 333
　西部 西 西方 西面 西边儿 西头儿

xīwàng
希望 to hope ···································· 334
　期望 渴望 盼望 希望 盼

zhēng
争 to compete for ·····························353
　　夺 夺取 力争 争夺 争取 争

zhèngqián
挣钱 to earn money ························354
　　挣钱 赚钱 捞钱

zhíxíng
执行 to execute ·····························355
　　履行 施行 实施 实行 执行

zhǐ
只 only ·····································356
　　仅 仅仅 就 只 单 光

zhǐhǎo
只好 have to ·······························358
　　不免 未免 只好 只能 只有 不得不 只得

zhōngyú
终于 finally ·······························359
　　终究 终于 总 到底

zhújiàn
逐渐 gradually ····························360
　　渐 渐渐 逐步 逐渐

zhùhè
祝贺 to congratulate ·····················360
　　庆贺 祝福 祝贺 祝愿 庆祝 祝

zìjǐ
自己 oneself ·······························361
　　本人 本身 个人 各自 自己 自身 自个儿

zǒng(shì)
总(是) always·····························363
　　历来 向来 一向 从来 一直 总(是) 老 老是

zǒuhòuménr
走后门儿 to pull strings ················364
　　不正之风 歪风邪气 走后门儿

zuìjìn
最近 recently ·····························365
　　近来 近期 新近 最近

zuò
做① to make······························366
　　生产 造 制造 制作 做

zuò
做② to do ································367
　　作 做 干 搞 弄

zuò'ài
做爱 to make love ·······················368
　　性交 同房 做爱 干那事儿 上床

Introduction

Have you ever wondered about the differences between piàoliang (漂亮 'pretty'), měilì (美丽 'beautiful') and yīngjùn (英俊 'handsome')? They are synonyms, words with similar meanings. We are often confronted with the question of picking the right word to get our message across clearly. The synonyms presented here will help you to choose the right one. They are frequently used and practical, but can be easily confused by non-native speakers of Chinese.

Chinese is extremely rich in vocabulary, with fine shades of meaning in synonyms. Choosing the correct word or phrase is important for communicating competently. This book provides clear and concise explanations of Chinese synonyms, to help you achieve a rich and sophisticated vocabulary. It clarifies common confusions, offers practical guidance in the use of synonyms, and enables you to perceive nuances that will enhance your confidence and skill in using Chinese.

Using Chinese Synonyms contains approximately 1,700 synonyms in 315 groups. Selected with the needs of non-native learners of Chinese in mind, the synonyms come primarily from the pool of 8,822 words listed in the guideline of proficiency grades for Chinese vocabulary and characters (汉语水平词汇与汉字等级大纲, 1992, HSK Examination Centre, Beijing Language and Culture University). HSK is a Chinese Proficiency Test recognised world-wide, and the 8,822 words have been set by the HSK Examination Centre for students preparing for HSK. This book complements that list, helping you learn vocabulary that has been mandated as the most useful for non-native speakers of Chinese.

1 Readership

The book is intended as an essential tool for non-native speakers of Chinese with basic competence in the language. Knowledge of simplified Chinese characters and familiarity with *pinyin* is an advantage.

It is also an important reference book for teachers of Chinese as a Second Language. The task of explaining synonyms is not always easy, and often one may spend considerable time and energy looking matters up and still not get a satisfactory answer. This book provides teachers with a ready resource that will save time and energy. It will also serve as a useful reference for other language professionals, including lexicologists, linguists, researchers and translators.

2 Features

The most distinctive feature of this book is that register is the primary criterion determining the order of the headwords. Choosing words with the correct degree of formality is vital in communication, if we are to avoid unexpected offence or unintentional embarrassment. This arrangement helps non-native speakers of Chinese to gain knowledge of the workings of register and to use words of appropriate formality in a variety of situations.

To enable you to learn synonyms more effectively, the book includes synonyms and sample sentences with a level of language difficulty suitable to speakers with a limited vocabulary. Synonyms in the same group have the same part of speech (noun or verb or adjective, etc.), to keep explanations manageable and easy to understand. Entries are selected in an unconventional and flexible way: they may consist of a word (including functional words, difficult for non-native speakers to learn), a phrase or an idiom. The most useful features of this book include:

- synonyms listed according to their level of formality;

- clear and adequate explanations in English of the subtle shades of difference between synonyms, illustrated by more synonyms than the usual 2–3 per group and wide-ranging sample sentences at a language level where non-native speakers can grasp meaning easily and confidently;
- explanations of both linguistic and idiomatic usages, and of cultural appropriateness and politeness – information rarely available in traditional dictionaries;
- practical, everyday language that is standard and up-to-date (e.g. tuōr 托儿 'hustler', shānzhài 山寨 'unauthorised, unconventional', hūyou 忽悠 'to jerk sb. around', bókè 博客 'blog'), diverse (with examples of slang/ idiom/ functional words/ set phrases/ vulgar phrases, e.g. gǒuyǎnkànréndī 狗眼看人低 'to think less of others'), and colourful terms (taboo topics of sex and death, e.g. shàngchuáng 上床 'having sex');
- enjoyable presentation of original and rich resources for essay writing, translation and other work;
- vocabulary based on HSK's 8,822 words, supplemented with new and unconventional words;
- alphabetical organisation and user-friendly tabular layout giving information on register, sample contexts and English equivalents of Chinese synonyms;
- three convenient and comprehensive index/lists: two *pinyin* lists in the front of the book and an English index at the back of the book (all alphabetical), enabling you to locate words from either language with efficiency.

3   Design and presentation

3.1 Selection of entries and sample sentences

A synonym reference book such as this one cannot hope to be as exhaustive as an ordinary dictionary, and so selection of entries becomes vital. The major criterion here is the unfamiliarity of semantic distinctions to non-native speakers of Chinese. This book integrates the author's own experience with information from existing publications and Chinese language databases (see Bibliography for details), Internet evidence, and the feedback of a team of experts, to produce a comprehensive reference book with a focus on contemporary language use. It is a combination of human (intuition and introspection) and computer (language database and the Internet) effort, exploiting the strengths of both.

3.2 Layout

Semantic frames are used to facilitate easy access. They consist of a frame title, headwords associated with the frame title, English translations and sample sentences.

pinyin **frame title,** part of speech		English translation
pinyin **headword**, part of speech register, HSK word frequency (3–1*) (A–D, N/A)	English translation and exposition of the headword	sample sentences

According to HSK, there are four levels of language difficulty corresponding to four levels of word frequency among the 8,822 words selected for the preparation of HSK. A represents the least difficult/ most commonly used, and D indicates the other end of the scale. This information makes the book a handy resource for those preparing for HSK. Other words not listed by HSK but included in this book explain certain features (e.g. hóngbāo 红包 'red envelope') or are newly coined and popular words (e.g. bókè 博客 'blog').

3.2.1 Frame titles and headwords

The frame title is taken as the point of reference, the lead-in lexical item for the entry. It is chosen, as far as possible, according to representativeness, generality (few limitations upon its use) and neutrality (neither positive nor negative, neither too formal nor too informal). For example, of the three terms bǎohù (保护 'to protect'), àihù (爱护 'to care and protect sb. or sth.') and bìhù (庇护 'to shelter'), bǎohù is used in a wide range of contexts with a neutral tone, unlike àihù (positive) and bìhù (pejorative), so would be selected as the frame title for this group. Sometimes this rule may be superseded by other factors, e.g. huā (花 'to spend', informal) may replace xiāofèi (消费 'to consume', neutral) as a frame title because the latter is unfamiliar to users. The headwords are synonyms of the frame title, and are listed in the first column of the semantic frame beneath the frame title. There are five headwords on average per group, more than the usual 2–3 in other similar books. This aims to provide users with more information on the synonyms.

3.2.2 Register

Register levels are not absolute, but are a convenient indicator of use. While most items fit in one of the four basic categories, it is inevitable that the designation of 3-2, 2-1, 1-1* (indicating middle ground between two levels) occurs.

Register 3: formal/ written; often used in a formal situation, such as in a legal document or an official speech, usually addressed to an unfamiliar audience and associated with officialdom. The essential elements of such language usage are correctness, serious and intellectual process, a high level of politeness and careful organisation of thoughts/ arguments.

Register 2: neutral; often used in situations hovering between formal and informal, such as a newspaper report or a staff meeting. This usage shows reasonable correctness, carefulness and politeness.

Register 1: informal/ colloquial; often used in informal, spontaneous, everyday conversational situations among familiars. This usage appears quite direct, is often less polite and shows less care regarding linguistic niceties.

Register 1*: vulgar; often impolite, rude or offensive vocabulary. This register might be used in very informal and intimate contexts; non-native speakers should note these items and use them with extreme care.

Register switch is important in Chinese, representing a crucial part of one's language proficiency. Different registers need to be adopted to correspond to different social settings and distance, different age groups and professions.

3.2.3 Phonetic transcription

Entries are transcribed in *pinyin*. In the sample sentences, non-elementary words are provided with *pinyin*. A neutral tone is indicated by the absence of any tone mark. Some words with tone changes are marked with the regular tone, plus the actual tone in parentheses. In this way, you may recognise both, e.g. bù(ú)dàn (不但 'not only'). 儿 as a word ending is transcribed with 'r', e.g. huār (花儿 'flower').

3.2.4 English equivalents and exposition of the headwords

English equivalents of the headwords appear in the second column, together with other relevant information. Given the richness and indeterminateness of language, the English equivalents provided are the closest possible in relation to the given context, but not the only possible choices in all contexts. This book aims to match the translations with headwords in terms of register and parts of speech, and the same applies to the English exposition and sample sentences, making the learning of synonyms more effective.

Antonyms are listed and their usages illustrated in sample sentences. Wherever appropriate, an English gloss is provided separately for each character of a synonym, which will help you better to understand and remember it. For example, háng (行 'trade' in 同 [tóng, same] 行 'people of the same trade or occupation'); shì (事 'thing' in 同事 'colleagues at work'); xué (学 'study' in 同学

'classmates, schoolmates'); and zhì (志 'aspiration' in 同志 'comrades'). Recognising the individual components of a synonym makes your learning much easier.

Exposition of headwords focuses on the following aspects:

- intensity and focus of meaning (e.g. of shīwàng 失望 'disappointed' and juéwàng 绝望 'in despair'; the latter is stronger than the former)
- connotation (e.g. nì'ài 溺爱 'to spoil someone' has a negative connotation; téng'ài 疼爱 'to love someone dearly' has a positive tone)
- style (e.g. fùbù 腹部 'abdomen', formal; dùzi 肚子 'belly', informal)
- collocation (how to group words into a sentence: e.g. zhíxíng 执行 'to enforce [sth. specific]', as in zhíxíng mìnglìng 执行命令 'to carry out an order'; lǚxíng 履行 'to fulfil [sth. general]', as in lǚxíng yìwù 履行义务 'to fulfil one's responsibilities')
- usage (e.g. information on antonyms; reduplication forms: ABAB, AABB, etc.)

Further information provided in the exposition includes whether the term is literary, humorous, euphemistic, figurative, metaphorical, etc. For example, qùshì (去世 'to pass away') is used as a euphemism; zhíchángzi (直肠子 'being direct') is a metaphor; sǐdǎng (死党 'diehard follower') can be used in a humorous way to refer to a very close friend; yātou (丫头 'lass') is a usage of northern China.

Cultural appropriateness (e.g. politeness, of particular interest to non-native speakers) plays a huge role in the use of Chinese synonyms, and is integrated into the exposition of this book. Register and politeness are as important as linguistic knowledge; any speaker needs both to be a competent communicator.

3.2.5 Grammatical information

The explication of grammatical patterns helps you to understand structural nuances among synonyms. For example, it appears that monosyllables tend to go with monosyllables (e.g. dúbào 读报 'to read a newspaper') and disyllables with disyllables (e.g. yuèdú bàozhǐ 阅读报纸 'to read newspapers [formal]'). There are some discrepancies between parts of speech in Chinese and English, e.g. yǐqián (以前 'before') is a noun (time) in Chinese, but its translation 'before' in English is not.

3.2.6 Sample sentences

Sample sentences illustrate how synonyms work. Contextualised examples have been chosen to illustrate appropriate usage, matching headwords and sample sentences in terms of parts of speech, level of register, collocational variations, etc. Collocational variations provide a number of different ways of using synonyms. For example, piàoliang (漂亮 'pretty') in Tā hěn piàoliang (她很漂亮 'She is very pretty'), Tā piàoliang de hěn (她漂亮得很 'She is very pretty'), Tā shì yī(í) gè piàoliang de nǚrén (她是一个漂亮的女人 'She is a pretty woman'). In this way, users learn how to use a word in a variety of contexts to enhance their skills. To further expand vocabulary and illustrate the differences among the synonyms, wherever possible the sample sentences include antonyms to show contrast in usage.

Non-native speakers of Chinese often encounter great difficulties in understanding examples in Chinese dictionaries, particularly monolingual ones. Often, when a new word is introduced, the sample sentence may contain four more new words. By the time students figure all these out, they have forgotten the word they began with. To solve this common problem, this book offers sample sentences with a level of language difficulty suitable to non-native speakers with limited vocabulary, to enhance learning without frustration. Non-elementary words are kept to a minimum and are provided with an English gloss. To foster learning initiatives and enhance learning effectiveness, 'guessable' words are not glossed to encourage students to solve the 'mystery'. For example, the English gloss is provided for nèixiàng (内向, introverted) but not wàixiàng (外向, extroverted). Students can use context to derive the meaning of the latter.

3.3   Notes, cross-referencing and index/lists

Notes providing additional information are put beneath the entries where necessary, for easy and quick reference. This occurs when there is inadequate space for them in the second column, or when the information is not limited to a particular headword. An asterisk (*) is used to indicate footnoted information.

You can utilise the system of cross-referencing to find related entries for more information. The cross-referencing can be within a frame or to another frame entry. There are three index/lists: two *pinyin* lists and an English index.

4   How to make the most of this book

Do go on and try it yourself	➤ Avoid selecting or using the very first available gloss found on the list. Often there is no perfect one-to-one equivalent between two languages, so looking up all the glosses on the list and their corresponding examples helps you to make a well-informed choice. ➤ Some words are deliberately not glossed. Do try to sharpen up your 'guessing' ability – you will remember better the words you work out for yourself. When you see a new word, avoid rushing to your dictionary; try to guess it first using all the clues you can get from the context. You will be surprised by your new-found talent and success.
Acquire skills in synonym use	➤ Discriminating between the nuances of Chinese synonyms, finding useful information from the translations and selecting the most appropriate term among the synonyms. When you are faced with a choice between piàoliang (漂亮 'pretty') and měilì (美丽 'beautiful'), for example, this book will help you choose the more appropriate synonym for your context. ➤ Focusing on the different characters in a group is an effective way of learning synonyms. For example, qīnshēn (亲身 'first-hand'), qīnshǒu (亲手 '[to do] with one's own hands), qīnzì (亲自 'personally'), qīnyǎn (亲眼 '[to see] with one's own eyes'), qīnkǒu (亲口 '[to tell] from one's own mouth'), qīn'ěr (亲耳 '[to hear] with one's own ears'), qīnbǐ (亲笔 '[to write] in one's own handwriting'). In this group, the common character is qīn (亲 'in person'); the nuances are indicated by the underlined characters, which should be your focus of study.
Expand the range of vocabulary	➤ The English gloss to non-elementary words only appears in its first occurrence in a group, so it is important to go through the entries in the group from the beginning to find any gloss you may need. ➤ Expand your vocabulary by looking up entries of interest to discover a range of alternatives. For example, how many synonyms of piàoliang (漂亮 'pretty') are there in Chinese, and in what situations may you use them? You can consult this book to find out answers to such questions. It will build your confidence by offering contemporary, diverse, colourful and adventurous ways of using Chinese, rather than sticking with overworked and boring vocabulary.
Utilise grammatical information	Create a parallel series of synonyms by using the grammatical information provided, including parts of speech and collocation variations.

Utilise pragmatic information	Learn important information on the pragmatics of synonyms. The ways Chinese synonyms are organised and connected offer intriguing information on a number of aspects, particularly degree of formality. For example, some synonym groups attract a large number of level 3 items, rather than level 1 or level 2. Certain types of synonyms tend to have positive connotations while others have pejorative connotations. A close study of these aspects will enhance your ability to use Chinese synonyms more effectively.
Become a confident user of Chinese	Consistently and constantly consult this book. To become a confident and competent user of Chinese (one of the most useful languages in the world), it is not enough merely to know a list of vocabulary and grammar rules. You must know how they interact in use. This book will help you to develop fluent, spontaneous and skilful use of Chinese synonyms, to reach a level of excellence.

A

ài
爱 v.   **to love**
(see also 兴趣)

àidài **爱戴** v. 3 D	to love and esteem (oft. a highly respected person; a stronger word than 敬爱; commendatory)	学生十分爱戴他们的老师。 他是我们最爱戴的人。 教师是受人尊敬和爱戴的。
jìng'ài **敬爱** v. 3 B	to respect and love (commendatory) (敬, to respect)	他就是孩子们所敬爱的张爷爷。 她是一位伟大的母亲，我们最敬爱的人。 学生们都非常敬爱王老师。 敬爱的李老师，祝您生日快乐！
rè'ài **热爱** v. 3 B	to love deeply and passionately (commendatory)	小张是教师，他热爱这个工作。 他大学毕业以后就回到了自己热爱的家乡，在那里已经工作了十几年了。 他们都热爱这个美丽的国家。 热爱大海的他，一有时间就去海里游泳。
xǐ'ài **喜爱** v. 3 C	to take delight in, to enjoy (not referring to abstract items, e.g. 'peace'; commendatory)	澳洲 (Aòzhōu, Australia) 人特别喜爱游泳。 这是一部 (mw., for a movie) 深受人们喜爱的电影。 他最喜爱的不是看电影，而是上互联网 (hùliánwǎng, the Internet)。 他是一个人们喜爱的电影明星。
àihào **爱好** v.* 3-2 B	to love, to be fond of, to be keen on (abstract or concrete items, but not a person; commendatory)	他爱好运动，常常去锻炼身体。 我们爱好和平 (héping, peace)。 他非常爱好打篮球。 他和我一样爱好音乐，周末的时候我们经常一起去音乐会。 这是一个爱好和平的国家。
ài **爱** v. 2 A	to love (with stronger feelings than 喜欢) (antonym: 恨 hèn)	他爱妻子和儿女，为他们而努力工作着。 他爱说闲话 (xiánhuà, gossip)，我不喜欢他。 我家的小猫爱睡觉。 他最爱的人是他的母亲。 他一下车，就爱上了那里的山山水水。 爱唱爱跳的他经常去参加舞会，在那里认识了很多朋友。 小李不爱她丈夫 (zhàngfu, husband) 了，可她丈夫还爱着她。

xǐhuan **喜欢** v. 2 A	to like, to be fond of (sb. or sth.) (antonym: 讨厌 tǎoyàn)	小王喜欢小李，他们是好朋友。 小鸟喜欢在天上飞来飞去。 这种树喜欢太阳。 中国菜，你喜欢吃吗？ 他不喜欢很早起床，也讨厌锻炼身体。 他妈妈是一个非常喜欢养花养鱼的人。 男朋友给买的那条裙子，她喜欢得不得了。 你最喜欢吃什么菜？ 因为很喜欢看书，他就到图书馆去工作了。
hào **好** v. 1 B	to fancy, to adore (好 + verb/ noun, etc.)	他好学又好问，很快就把中文学会了。 那个小猫特别好动，跳来跳去的。 他爸爸好喝酒，但是喝不太多。 因为太好 (hào) 玩儿，学习不好 (hǎo)，爸爸没 少说他。 他这个人好说笑，大家都很喜欢他。 旅游、音乐、游泳、钓鱼、看书，他都好。 他是一个好色 (hàosè, to lust after women) 的 人，你千万要离他远一点儿。 他这个人很好面子 (miànzi, face)。

Note:

➤ Ranking in terms of the degree of fondness: 喜欢、爱、喜爱、热爱 (the strongest).

* 爱好 n. 'hobby', as in 打球是他的爱好，他差不多每天都去.

➤ 享受 v. xiǎngshòu 'to enjoy, to get pleasure from', as in 他享受着生活的欢乐.

àihù
爱护 v.   **to care for**

àixī **爱惜** v. 3 D	to cherish and keep sb. or sth. from being damaged or wasted (惜, to cherish)	人人都应该爱惜时间。 眼睛大家都要爱惜。 他不爱惜自己的房子。 妈妈告诉他要爱惜自己的身体。 他对他那辆汽车爱惜极了。 外边风大雨大，爱惜花草的她把花盆儿都搬到了 家里。
lìnxī **吝惜** v. 3 N/A	to be overly possessive of sth. (not sb.), unwilling to give up a possession (time, money, etc.; could be slightly pejorative; oft. used in a negation) (吝, stingy)	他这个人工作很努力，从不吝惜力气。 他这个人很吝惜钱。 小王帮助别人，从不吝惜时间。 为孩子花钱，她没有吝惜过。 给父亲治病最重要，哪能吝惜这点儿东西！ 他不会吝惜什么的，因为病人是他的儿子。

zhēnxī 珍惜 v. 3 C	to treasure sth. rare and valuable, to value (e.g. a painting or sth. of significant value; concrete or abstract items, but oft. abstract items; a stronger word than 爱惜 and 爱护) (珍, to treasure)	要珍惜友谊 (yǒuyì, friendship)。 他是一个非常珍惜友情的人。 珍惜自己的名誉 (míngyù, honour, reputation) 很重要。* 他十分珍惜这个学习机会，每天都学习到很晚。 他对时间珍惜得很，很少看电视。 他对这张名画不太珍惜。
àihù 爱护 v. 2 B	to care for (sb. or sth.; oft. vulnerable; oft. referring to concrete items) (护, to protect) (see also 保护①②)	我们都应该爱护公物 (gōngwù, public property)。 小李很爱护他新买的车。 哪有父母不爱护孩子的？ 老师批评 (pīpíng, to criticise) 你，别不高兴， 因为老师是爱护你。 同学之间要互相学习、互相爱护。
hēhù 呵护 v. 2 N/A	to love and take good care of, to nurture (sb. or sth. weaker)	在妈妈的呵护下，他很快成长起来。 人人都要呵护自己的健康 (jiànkāng, health)。 多年来，他一直对三个女儿百般 (bǎibān, by every means) 呵护。

Note:

* When 珍惜 refers to a person, it tends to be used reflexively (自己, oneself), e.g. 我们要学会珍惜<u>自己</u>.

➢ The words in this group have different foci. 爱护 focuses on 护 'to protect', 爱惜 on 惜 'to cherish', 珍惜 on 珍 'to treasure' and 吝惜 on 吝 'stingy'.

ānjìng
安静 adj.   quiet

ānníng 安宁 adj. 3 D	untroubled (of a place), peaceful (of a mind) (安, safe; 宁, peaceful)	他们结婚十年了，日子过得安宁、幸福。 这个国家很安宁，长年没有战争 (zhànzhēng, war)。 他没能帮助朋友，心里很不安宁。 她的孩子离家出走了。孩子一天不回家，母 亲的心里就一天不得安宁。
chénjìng 沉静 adj. 3 D	calm (of temperament, mood, etc.), tranquil, still (of a place) (oft. used literally) (沉,deep; 静, quiet)	他是一个沉静的人。 夜晚的山中，一切都显得 (xiǎnde, to appear) 很沉静。 自从这里建了工厂以后，以前沉静的山村变 得热闹起来。 他沉静地站在那里，没有说话。
fēngpínglàngjìng 风平浪静 ph. 3 N/A	abated wind and stilled waves (literal), placid, peaceful (figurative, a set phrase) (平, calm; 浪, wave)	他去游泳的时候，海上风平浪静。 风平浪静的海面看起来特别美丽。 风平浪静的生活使他很快乐。

jìjìng **寂静** adj. 3 D	still (of surroundings, not of a person), noiseless (oft. used literarily) (寂, quiet, silent)	寂静的图书馆里有一些人在看书。 房中寂静无声 (wúshēng, soundless)。 寂静的树林中，空无一人 (no one is there)。 他家里每天都寂静得很，没什么人来。 上课的时间快到了，原来十分寂静的教室变得热闹了起来。
níngjìng **宁静** adj. 3 D	serene, peaceful (of environment, feelings, etc.; oft. used literarily)	河边一片 (all) 宁静。 他喜欢在宁静的夜晚看夜空的星星。 暴风雨打破了凌晨 (língchén, daybreak)的宁静。 他的歌声使人感到宁静。
sùjìng **肃静** adj. 3-2 N/A	solemnly silent (usu. referring to sth. inanimate) (肃, solemn)	会场 (huìchǎng, conference hall) 里很肃静。 医院的墙上写着"肃静"。 图书馆里肃静极了。 肃静的考场里，学生们正在考试。
ānjìng **安静** adj. 2 A	quiet (of temperament, mood, surroundings, etc.) (reduplication: AABB) (antonym: 吵闹 chǎonào)	小王的性格很安静。 孩子哭累了，现在安静得像个小猫儿一样。 这里安静又舒服，你就住下来吧。 这里真安静，多好啊！ 她喜欢安静，不喜欢吵闹的地方。 客人一走，屋里马上就安静下来。 大家都安安静静地坐着。
jìngqiāoqiāo **静悄悄** ph. 2 D	very quiet, soundless (悄, quiet)	早上孩子还在睡觉，他就静悄悄地起了床。 人都走了，屋里静悄悄的。 他静悄悄地走了出去。 他喜欢在静悄悄的夜里出去走走。 考场里静悄悄的，学生们正在考试。
píngjìng **平静** adj. 2 B	quiet and peaceful (of mood, facial expression, etc.), undisturbed (of surroundings) (reduplication: AABB)	海上很平静。 我看到的是他那张平静的脸。 他的心平静得很。 他非常平静地说："对不起，我不是你要找的那个人，你一定是认错人了。" 他不是那种可以平平静静地过日子的人，总是想做点什么大事。
qīngjìng **清静** adj. 2 N/A	quiet and secluded (of surroundings, etc.) (reduplication: AABB) (清, clear)	这里十分清静，是个看书的好地方。 这个小村庄 (cūnzhuāng, village) 很清静。 他喜欢去清静的地方。 他一个人过着清清静静的生活。

Note: 安宁/ 沉静/ 风平浪静/ 寂静/ 宁静/ 肃静 are greater than 安静 in terms of quietness. In the higher registers they do not tend to be reduplicated, while others with lower register do. Reduplication often indicates a casual action, and occurs in less formal contexts.

ānquán
安全 adj.　　　　　　　　　　　　　　　　　　　　　　　　　　　　　　**safe**

wěntuǒ 稳妥 adj. 3 D	reliable, safe (stressing no man-made mishaps; can describe a person's disposition) (稳, firm; 妥, proper)	这是一个稳妥的办法。 他办事 (bànshì, to handle affairs) 很稳妥。 为稳妥起见 (for the purpose of)，她和儿子一起去了。 这个工作要稳妥地进行，不能急。 他觉得这样做才比较稳妥。 这样不太稳妥，还是再想一想吧。
ānquán 安全 adj. 2 B	safe, secure (stressing 'not in danger'; with a wider range of usage than 平安) (reduplication: AABB) (antonym: 危险 wēixiǎn) (安, safe; 全, complete)	他觉得这里不安全，有点儿危险。 这个方法 (fāngfǎ, method) 很安全。 看到他安全地回来了，一家人都很高兴。 大雪天，开车不太安全。 和他在一起，我有一种安全感。 住在这里比住在那里安全多了。 他安安全全地到家了。
píng'ān 平安 adj. 2 B	safe, sound (emphasising 'smooth and steady'; usu. person + 平安) (reduplication: AABB) (平, calm)	小王平安地回来了。 祝你一路 (trip) 平安！ 他刚打来电话，说他已经平安到达。 他到了医院以后，看到母子都平安。 他给父母写了一封平安家信，说他一切都好，不用担心。 他希望孩子们都平平安安的。

ànshí
按时 adv.　　　　　　　　　　　　　　　　　　　　　　　　　　　　　**on time**

ànqī 按期 adv. 2 C	on schedule (doing sth. by a specified period of time, as indicated by 期) (按, according to; 期, scheduled time)	借别人的钱一定要按期还。 这个工作要三个月内按期完成。 如果你不能按期到校，要通知 (tōngzhī, to inform) 学校。 他离婚以后，一直按期付给孩子生活费。 他从北京按期返回 (fǎnhuí, to return)。 你能按期把书写完吗？
ànshí 按时 adv. 2 B	on time (doing sth. by a specified point in time, as indicated by 时)	按时起床、按时睡觉的人身体好。 功课要按时做完。 别忘了按时吃药。 如果哪天他不按时下班回家，他的妻子一定会给他打电话。 父亲病了，他按时到医院去给父亲送饭。 外边下着大雨，但是学生们还是都按时赶到教室上课。

jíshí	in time; promptly, without delay	每次收到女朋友的电子邮件 (diànzǐ yóujiàn,
及时 adv.	(及, to reach)	email; also 伊妹儿 yīmèir [transliteration])，
2 B		他都及时回。
		如果有什么事情，请及时告诉我们。
		功课不会就要及时问老师。
		哪里不对就要及时改正 (gǎizhèng, to correct)。
		昨晚他的肚子突然痛了起来，朋友们及时把
		他送到了医院。
		孩子有病，如果不及时去看医生，会有危险
		(wēixiǎn, danger) 的。
zhǔnshí	punctually (stressing punctuality,	李老师经常不准时下课。
准时 adv.*	as indicated by 准) (准, accurate)	我每天早上六点准时起床。
2 B		因为天气不好，飞机不能准时起飞。
		他每天早上九点准时走进办公室。
		你以后能不能准时上班，你没看见我们大家
		都在等你吗？
		这个很重要，一定要准时送到。

Note: * 准时 adj. 'punctual', as in 他天天来上课, 而且都很准时.

àuzhào
按照 prep.   according to

yīzhào	(strictly) in accordance with (law,	依照汉语语法 (yǔfǎ, grammar)，这个句子
依照 prep.	rules, regulations, etc.; 依照 +	(jùzi, sentence) 是对的。
3 C	non-monosyllabic object)	我们必须依照法律 (fǎlǜ, law) 办事 (bànshì,
		to do things)。
		考试的时候，学生们一定要依照规定
		(guīdìng, regulations) 做。
àn	based on (also 按…讲/ 说)	学生要按时上课。
按 prep.		按条件 (tiáojiàn, condition) 讲 (based on what
2 B		you have)，你应该得到这个工作。
		按说 (common sense) 你年龄比他大，应该比
		他懂事一点儿。
		按理 (lǐ, logic) 讲，我应该和你一起去，但
		是我没有时间。
àuzhào	according to (按照 + non-	按照他电话里告诉我的，我找到了他家。
按照 prep.	monosyllabic object; with a	按照要求 (yāoqiú, requirement)，明天要做完
2 B	wider range of usage than 依照)	功课。
		按照计划 (jìhuà, plan)，我们明天去北京。
		我们应该尽量按照当地的习惯办事。
		他没有按照老师说的去做。

gēnjù **根据** prep. 2 B	on the basis of, according to (emphasising 'on the basis of sth., doing sth. or drawing a conclusion'; 根据 + non-monosyllabic object) (根, root, base; 据, evidence)	根据他的意见 (yìjian, suggestion)，我们明天不应该去。 根据天气预报 (yùbào, forecast)，明天要下雨。 根据中国北方人的习惯，春节要吃饺子。 这要根据学生的考试成绩来定 (dìng, to decide)。 根据我对他的了解，他一定会帮助你的。
yī **依** prep.* 2 D	to comply with, as (依…看/ 说, could have a personal pronoun in between)	依你看，我们应该怎么办？ 依法办事。 依我看 (in my opinion)，这本书很好。
zhào **照** prep. 1 B	in light of, according to (slightly stressing 'copying from sth.') (also 照…看/ 说)	照习惯，吃饺子要用筷子。 照他看 (in his opinion)，你不应该去那里。 照这么说 (if this is the case)，是我的不对。 照你这么说，我最好别去了？ 照中国人的习惯，过年要给孩子红包* (red envelope)。 我照着他告诉我的地址，找到了他的办公室。

Note:

* 依 v. 'to listen to, to agree to/ with', as in 1) 好，这个就依你吧. 2) 如果依着他，我们今晚可能都不能回家了.

* As a cultural note, 红包 is a red paper envelope containing money, given out as a cash gift, bonus, kickback, bribe, etc. It is a Chinese custom that on festive occasions (e.g. the Chinese Spring Festival), children are given cash gifts this way.

B

bàba
爸爸 n.   **daddy**

fù 父 n. 3 N/A	father (having a classical Chinese flavour; usu. not used on its own)	其 (qí, his/ her) 父李刚 1985 年成为校长 (principal)。 她们是同父异 (yì) 母 (same father, different mothers) 的姐妹。 从父辈 (bèi, generation) 开始，他家就都是医生了。 他父母都是北京人。 俗 (sú) 话说：严 (yán) 父慈 (cí) 母 (As an old saying goes: stern father and loving mother)。
fùqin 父亲 n. 3-2 A	father (when used in a form of address, indicating respect and formality) (亲, relative)	他父亲是一位医生。 自从当了父亲以后，他一直很忙。 父亲：您好！最近身体还好吧？ 父亲的身体一直不好，我们都很为他担心。 他周末常去看望 (kànwàng, to visit) 父亲。 他把父亲的话一直记在心里，努力工作，让父亲为有他这么一个好儿子而高兴。
bàba 爸爸 n. 2 A	daddy (also used as a form of address; oft. used by children or when referring to a child's father)	小友对他爸爸很好。 爸爸，你能教我中文吗？ 小红的爸爸很喜欢她，常常带她出去玩。 爸爸上班去了，不在家。 妈妈看见爸爸在门口跟一个叔叔说话，就喊他回来吃饭。 爸爸的老家在中国的东北，我很喜欢那个地方。
bà 爸 n. 1 A	dad (also used as a form of address; oft. used by adults or when referring to an adult's father; indicating affection and informality; oft. with a single personal pronoun, e.g. 我/ 你/ 他)	咱爸说他今天要去图书馆。 爸，吃饭了。 他爸身体不好，今天去看大夫了。 我们家里最喜欢看书的是我爸。 他爸不太喜欢说话，但是对孩子还是很关心的。 我很怕我爸，他对我很严厉 (yánlì, stern)。
diē 爹 n. 1 C	dad (also 爹爹, northern dialect; the difference between 爸 and 爸爸 applies to 爹 and 爹爹 as well)	他爹给他买了一本新书。 爹，吃饭了。 快去叫你爹回来吃饭。 今天是爹的生日，我们都回家一起庆祝他的生日。 现在不少人用老爹、老妈这两个词，觉得比较亲切。 我老爹常常喜欢喝点儿酒。

| lǎobà
老爸 n.
1 N/A | (dear old) dad (a new word, indicating a high degree of affection; oft. used by teenagers or adults; oft. referring to one's own father; slightly humorous) | 老爸和我关系不错，我们经常一起去旅游。
老爸，生日快乐!
我老爸和老妈有时候就像小孩儿一样。
你老爸真好。
今天我回家看老爸和老妈去了，他们身体都还好。
老爸的好朋友叫他去下棋了，他们天天在一起下棋、聊天儿。 |

---

bànfǎ
办法 n.   means

bùzhòu 步骤 n. 3 C	step, procedure (步, step; 骤, swift)	这里写的是操作 (cāozuò, operation) 步骤，一定要按照这个做。 你知道下一个步骤是什么吗？ 做什么工作都要有步骤，一步一步地做才能做好。 他对我讲了他准备考试的三个步骤以后，我才明白为什么他的考试成绩总是那么好。 这是一个重要的步骤，必须要做好。 我一直在努力工作，有步骤地实现 (shíxiàn, to realise) 我的理想 (lǐxiǎng, ideal/ ambition)。
cuòshī 措施 n. 3 B	measures (usu. referring to sth. specific and significant; mw. 项 xiàng) (措, to arrange; 施, to carry out)	墙上写的是关于防火 (fánghuǒ, fire prevention) 的五项措施。 这是图书馆的管理 (guǎnlǐ, to manage) 措施。 自从采用了这项措施以后，学校的教学工作有了很大的改进。 有政策 (zhèngcè, policy)，也要有措施，两个都不能少。
shǒufǎ 手法 n. 3 D	technique (oft. of an art or literary work), trick (used pejoratively) (法, method)	他的画用的是素描 (sùmiáo, sketch) 手法。 他写作的手法很特别，我喜欢看他的书。 他不断变换手法，欺骗 (qīpiàn, to cheat) 别人。 他这个人很聪明，手法也比较高明 (clever)。
fāngfǎ 方法 n. 3-2 A	method (stressing 'following a system'; 学习/ 工作/ 教学/ 研究 + 方法, but oft. not used with quantifiers) (方, direction)	你学习上有什么好方法吗？ 他和我处理 (chǔlǐ, to deal with) 问题的方法不同。 方法对，工作才能做好。 他记汉字的方法是多写多练。 我们的老师教学很有方法，所以我们进步很快。 多说多听是学习汉语的好方法。

bànfǎ **办法** n. 2 A	(specific) means, way (of handling affairs; can be used with quantifiers; mw. 个) (办, to handle)	应该怎么办，你快想个好办法吧。 这两个办法都不错，我看可以。 要想考试成绩好，办法只有一个，那就是好好儿学习。 解决这个问题的办法有好几个，我慢慢说给你听。 他很有办法，可以找他帮忙。 他用了各种办法，最后终于完成了任务 (rènwu, task)。 他就是不去，我拿他一点儿办法也没有。 吃药打针都不行，还有别的办法吗？
fāngshì **方式** n. 2 B	manner, way (of life), pattern, style (式, formula)	他的生活方式对身体健康有好处。 学习的方式有很多，他喜欢自学。 工作应该注意方式方法，这样才能做得好。 我刚搬进来的时候，有点儿不习惯老王对人说话的方式。
shǒuduàn **手段** n. 2 B	instrumentality, trick (usu. of specific measures; oft. used pejoratively) (段, section)	如果有别的办法能解决问题，最好不要采用强制 (qiángzhì, compulsion) 手段。 他骗人的手段不太高明，被别人看出来了。 他很有手段，你要小心点儿。 为了得到她，他不择 (zé) 手段 (by hook or by crook)。
zhǔ(ú)yi **主意** n. 2-1 A	idea, thought, strategy (of handling affairs; oft. 出/ 拿 + 主意; see also 意见 yìjian)	他家什么事都是他太太出主意。 我什么主意都没有，还是你想办法吧。 别看她小，主意可多了。 这是一个坏主意，不能这么做。 妈妈的主意好极了，我们都同意。 这个主意是他想出来的。 你们家里有事，是谁拿主意 (calling the shots)？
diǎnzi **点子** n. 1 D	idea, way (of doing things; oft. 出 + 点子)	他人聪明，点子也多。 我们大家在一起想点子。 你是大哥，给我们出个点子吧。 你不用动手做，只要帮忙出出点子就行了。 他的点子很好，我们都觉得不错。
fǎ(á)zi **法子** n. 1 C	means, solution, way (of solving a problem; also 法儿)	他病很重，你们快想个法子吧。 他想了半天，也想不出什么法子来。 我该说的都说了，他就是不听我的，我也没法子呀。 这个法子可能不行，还有别的吗？ 外边太吵，我没法子睡觉。 感冒发烧，多喝水、多休息都是好法子。

| qiàoménr
窍门儿 n.
1 N/A | a key (to a problem), knack (with a
complimentary connotation) | 你考试总是考得那么好，有什么窍门儿吗？
他这个人很聪明，窍门儿总是比别人多。
他教了我种好苹果树的窍门儿。 |

---

bàntiān
半天 n.   quite a while

| bàntiān
半天 n.
2 A | quite a while (usu. no longer than
a day) | 他坐在那里看电视，看了半天了。
我等了半天，她才到。
他半天不说话，也不知道他是怎么想的。
每次出门，我都得 (děi, have to) 等她半天。
我们叫了半天，他才出来开门。
妈妈跟儿子说了半天也没有用，他还是不想
去上学。
他听了以后，半天说不出话来。 |
| hǎojiǔ
好久 n.
2 B | a long time, for ages (ranging
from less than an hour to years)
(好, very; 久, a long time) | 昨天考试，我做完了好久，她才做完。
他妈去年病了好久。
好久不见了，你还好吧？
他来这里好久了，对这个城市很熟悉。
他想了好久，还是不想跟我们一起去。
好久没见到孩子了，他这个周末想去看看孩子。
我跟他说了好久，他才去看了医生。 |

Note: 半天 also means 'half of the day', as in 他下午没去上班，休假半天.

---

bāngzhù
帮助 v.   to help

| fúchí
扶持 v.
3 N/A | to foster, to help sustain (the
one helped tends to be weaker
or inexperienced) (扶, to support
with hand; 持, to hold) | 这是一个重点扶持的项目 (xiàngmù, project)。
我刚开始工作，全靠 (kào, to depend) 各位多
多扶持。
学校对这个项目加以扶持，这对我们的帮助
很大。
听说今年这里受扶持的贫困户 (pínkùnhù,
family in need) 有一百多家呢。 |
| xiézhù
协助 v.
3 C | to provide assistance (the one helped
plays a major part, unlike most of
the words in this group where the
helper does the work alone, e.g.
我帮她去拿药) (协, to assist; 助,
to help) | 朋友们协助他顺利地完成了这个工作。
没有你们协助，这个工作很难完成。
为了协助老王做好工作，他这个周末都没有
休息。
他刚来，我们要协助他一下，这对他来说是
十分需要的。
他们协助得又好又及时 (jíshí, timely)。 |

yuánzhù **援助** v. 3 C	to aid (by providing manpower, material, money, etc.; oft. on a large scale) (援, to aid)	中国援助过不少非洲 (Fēizhōu, Africa) 国家。 他们有困难，我们应该援助他们。 你们援助了人力 (manpower) 和物力 (wùlì, material resources)，我们十分感谢。
zhīyuán **支援** v. 3 B	to assist (similar to 援助) (支, to support)	北方发大水，那个公司 (gōngsī, company) 支援了两万元钱。 大学生去农村 (nóngcūn, rural areas)，支援那里的学校。 我们要互相支援，一起把这个工作做好。 一方有难 (nàn, difficulty)，八方支援。 一听说他工作上遇到了困难，同事们都来支援他。
bāngzhù **帮助** v. 2 A	to help (practical or other types of help, including advice or service; with a much wider range of usage; the helper could be animate or inanimate) (reduplication: ABAB)	我不原意总是让别人帮助我。 李老师很喜欢帮助学生。 听说音乐可以帮助病人快点儿好起来。 我们之间一直是你帮助我，我帮助你的。 你多次帮助我，我很感谢你。 他是一个很愿意帮助别人的好人。 我有病没去上课，老师让小王帮助帮助我。
zhīchí **支持** v. 2 B	to support (material, political or emotional support), to favour, to stand by	他想办工厂，我们都很支持。 大家不支持他。 他一直都支持工党 (Gōngdǎng, the Labour Party) 老师很支持她出国学习。 他对我的工作一直很支持。 父母一直是最支持我的人。
bāng **帮** v. 2-1A	to help, to donate (usu. practical help; 帮 + object) (reduplication: A(一)A)	你去帮他拿药，好吗？ 姐姐帮了 50 元钱，我才买得起这本书。 这个忙你帮得很好，谢谢你了。 你一直在帮我，我不会忘记你的。 妈妈退休后，一直在帮我照看孩子。 我们是朋友，互相帮(一)帮是应该的。 他腿脚 (the ability to walk) 不方便，请帮(一)帮他。
bāngmáng **帮忙** v. 2-1 B	to give a hand, to do sb. a favour (insertable, e.g. 帮了大忙, 帮不上忙, 帮她的忙; not 帮忙 + object, 帮忙他 is incorrect) (reduplication: AAB)	朋友有事，他常常去帮忙。 我明天搬家，朋友们都会来帮忙。 你放心，我一定帮忙。 帮忙可以，但是以后我有什么事儿，你也要来啊。 我中文不好，请帮帮忙。 我不知道怎么做，你能帮一下忙吗？ 你这次帮了我的大忙，十分感谢。

Note: 资助 v. zīzhù 'to give financial support to', as in 我家没有钱为我付学费，是他资 (zī, to finance) 助了我三年.

---

bāo
包 n.   **bag**

bāoguǒ **包裹 n.** 2 D	package, parcel (unlike 包袱, 包裹 can be wrapped in paper or put in a wooden box, etc.; 包裹 tends to be small in size, oft. associated with post office, bag storage, etc.; mw. 个 or 件) (裹, to wrap)	你知道在哪里可以寄包裹吗？ 你看，那边就是包裹寄存处 (jìcúnchù, checkroom/ left-luggage office)。 他打开包裹一看，里面全是衣服。 这个大邮局每天寄出很多件包裹。 他拿着一个包裹，急急忙忙地走了。 我去邮局把那个包裹寄到北京去了。 他不知道包裹里面是什么东西。
bāo **包 n.*** 2-1 B	bag, bundle (big or small in size; when used of a smaller bag, pronounced as bāor; with a wider range of usage than 包裹 and 包袱; mw. 个)	这个小包儿里面是什么？ 那是一个棉花 (miánhuā, cotton) 包，很大，但是不太重。 过春节的时候，我儿子拿了十多个红包* (red envelope)。 他在商店买了一个旅行包回来。 这是谁的包儿？ 你来了，快把包儿放下，过来喝口茶。
bāofu **包袱 n.** 2-1 C	a bundle wrapped in a piece of cloth (used literally), psychological burden (used metaphorically, usu. caused by past mistakes; mw. 个) (袱, a bundle wrapped in cloth)	这个大包袱是谁的？ 他拿着的那个包袱很大。 你有错改了就好，思想上 (sīxiǎngshang, in one's mind) 不要有什么包袱。 你一个大男人，怎么能让女人背着包袱？ 他越走越觉得包袱重。 你看见我的包袱了吗？ 他觉得没有把工作做好，所以思想上包袱很重。

Note:
* 包 mw., 'a bag of sth.', as in 一包药, 三包衣服; or as a verb 'to wrap', as in 他把书包了起来.
* As a cultural note, 红包 is a red paper envelope containing money, given out as a cash gift, bonus, kickback, bribe, etc. It is a Chinese custom that on festive occasions (e.g. the Chinese Spring Festival), children are given cash gifts this way.

bāokuò
包括 v.   to include
(see also **具有**)

bāohán **包含** v. 3 C	to contain, to comprise	这句话包含几层意思 (yìsi, meaning)。 飞机票钱已经包含保险费 (bǎoxiǎnfèi, insurance premium) 了。 母亲的话里包含着多少爱啊! 这封信包含了父母对他的期望 (qīwàng, expectation)。
hán **含** v. 3 B	to hold (things, elements, feelings, etc.) in	这种水果含维生素 (wéishēngsù, vitamin) C。 她含笑坐在椅子上。 王先生含恨 (hèn, hatred) 离去。 她看了这封信以后,含着眼泪走了出去。 十八岁以上 (含十八岁) 的成年人才能看这 部电影。 他嘴里好象含着什么,说话不太清楚。
hányǒu **含有** v. 3 D	to contain, to have (things, elements, implications, etc.)	那张画含有红色、绿色、黄色三种颜色。 他的话里含有称赞 (chēngzàn, to praise) 你的 意思。 这是一种含有碘 (diǎn, iodine) 的盐 (yán, salt)。 青菜含有很多好东西。 你知道苹果都含有什么营养成分 (yíngyǎng chéngfēn, nutritional composition) 吗?
bāokuò **包括** v. 2 B	to include, to consist of (oft. saying that sth. is part of sth. else) (括, to draw together)	房租包括水电费。 包括张先生在内,一共十五个人。 这本书包括三部分 (bùfen, part) 内容 (nèiróng, contents)。 那天大家都去了,其中也包括我。 他喜欢很多运动项目 (xiàngmù, item),包括 打球和游泳。
yǒu **有** v. 2 A	to have, to possess (concrete or abstract items; with a wider range of usage than other words in this group)	他很有才华 (talent)。 老王有三个孩子。 北京有很多漂亮的公园。 有大学学历 (xuélì, qualification) 的人不一定 都能找到一个好工作。 这本书,他有我没有。 你有姐姐吗?

băomǎn
饱满 adj.
(see also 充分/ 多②/ 丰富)

full and rounded

băomǎn 饱满 adj. 2 D	full and rounded (referring to round-shaped things, e.g. forehead, grains), vigorous (of spirit, passion, etc.) (antonym: 干瘪 gānbiě) (饱, full; 满, filled)	他的前额 (é, forehead) 很饱满，像父亲。 今年气候不好，田里稻谷 (dàogǔ, paddy) 的颗粒 (kēlì, kernel) 有些干瘪，不够饱满。 我们学校的篮球队员们总是精神饱满地参加比赛。 他对工作有着饱满的热情 (rèqíng, enthusiasm)。
fēngmǎn 丰满 adj. 2 D	full and plump (oft. referring to a woman's body or part of it), well-developed (antonym:干瘪) (丰, abundant)	她觉得自己长得不够丰满。 她有着丰满的乳房 (rǔfáng, breast)。 她长得高大丰满，跟她姐姐一样。 那只小鸟的羽毛 (yǔmáo, feather) 还不够丰满，所以飞不高。
wàngshèng 旺盛 adj. 2 N/A	abundant, vigorous (of plant, energy, etc.) (旺, flourishing; 盛, vigorous)	这些树长得真旺盛，可能是因为今年的雨水比较多吧。 他刚坐了十几个小时的飞机，可是看起来精力还很旺盛。

băoguì
宝贵 adj.

valuable

ángguì 昂贵 adj. 3-2 D	costly, high-priced (usu. with a negative connotation) (antonym: 便宜) (昂, high)	出国留学的费用十分昂贵，他的父母一定很有钱吧。 还是买便宜的吧，这么昂贵的东西我可买不起。 他为这件事付出了昂贵的代价 (dàijià, cost)。 由于价钱昂贵，很少有人买这种车。 这是一家昂贵的旅馆，他不会住在这里的。 她穿的、戴的看起来都很昂贵。
băoguì 宝贵 adj. 3-2 B	valuable (with a wider range of usage than others in this group; referring to a person, concrete or abstract items) (宝, treasure)	这本古书很宝贵。 他的孩子对他来说是最宝贵的。 老王有着宝贵的教学经验 (jīngyàn, experience)。 最宝贵的东西不是钱，而是友情 (yǒuqíng, friendship)。 时间对他来说十分宝贵，他天天都很忙。
guìzhòng 贵重 adj. 3-2 D	precious, expensive (oft. referring to concrete items, not a person)	他家里摆放的东西都很贵重。 他为父母买了很多贵重的礼物。 这个东西比金子 (jīnzi, gold) 更贵重。 这个花瓶贵重得很，要小心拿好。

虽然丈夫给她买了很多贵重的东西，但是她
还是觉得不高兴。

kěguì 可贵 adj. 3-2 D	precious, commendable (oft. referring to abstract items)	他能这么做，真是难能可贵。 友情是可贵的。 可贵的是她把病人看得比她自己还重要。 他的可贵之处是从来不说假 (jiǎ, untrue) 话。 你能有一个这么好的朋友，非常可贵！
míngguì 名贵 adj. 3-2 D	famous and precious (oft. referring to concrete items, not a person) (名, famous)	她身上穿的、戴的都很名贵。 这种花很名贵。 名贵汽车是他所喜欢的东西。 听说这种手表是最名贵的。 他有很多的钱，可是他并不买名贵的东西，而是把钱放在银行里。 他正在看着墙上那幅名贵的画。
zhēnguì 珍贵 adj. 3-2 C	valuable and rare, profound (not referring to a person) (珍, treasure, rare)	墙上挂着一张珍贵的照片。 他们之间的友谊 (yǒuyì, friendship) 对小王来说是非常珍贵的。 妈妈送给他一个珍贵的结婚礼物。 熊猫 (xióngmāo, panda) 是一种珍贵的动物。 妈妈把孩子寄给她的生日卡看得很珍贵，小心地放在箱子里。 图书馆的二楼有不少珍贵的图书。

---

bǎohù
保护①v.   to protect
(see also 保护②)

bǎowèi 保卫 v. 3 B	to defend sb. or sth. (concrete or abstract items) from danger (oft. using force; guarding sth. important; a stronger word than 保护) (保, to protect; 卫, to guard)	一定要保卫好我们的国家。 他们正在保卫着机场。 保卫和平 (hépíng, peace) 是我们的责任 (zérèn, responsibility)。 他们为保卫和平而战 (zhàn, to fight)。 他们成功 (chénggōng, successfully) 地保卫了这座城市。
bǎozhàng 保障 v. 3 C	to protect (rights, safety, policy, etc.) from damage or violation, to guarantee (障, to block)	学校要保障学生的安全 (ānquán, safety)。 《婚姻法》(Hūnyīnfǎ, Marriage Law) 保障婚姻自由 (freedom)。 为了保障大家的安全，他把大门关上了。
hànwèi 捍卫 v. 3 D	to defend with force or sheer determination, to take a stand for (country, dignity, ideology, etc.;	他们为了捍卫国家的安全而努力工作着。 我们应该捍卫科学 (kēxué, science) 和真理 (zhēnlǐ, truth)。

	a stronger word than 保卫) (捍, to defend)	他这样做是为了捍卫自己的尊严 (zūnyán, dignity)。
wéihù 维护 v. 3 B	to safeguard, to maintain (usu. abstract items, e.g. principles, peace, law, rights, etc.) (维, to preserve; 护, to protect)	我们一定要维护和平。 他要维护做人的尊严。 维护团结 (tuánjié, solidarity) 是十分重要的。 为了维护父母的面子 (miànzi, face)，他没有把这件事情告诉别人。
àihù 爱护 v. 2 B	to care and protect sb. or sth. (oft. sb. or sth. vulnerable; usu. not an abstract item; can be modified by 很/ 比较, etc.)	他对学生十分关心和爱护。 对他新买的车，小李很爱护。 爱护学生的老师是好老师。 我们都应该爱护公物 (gōngwù, public property)。 不爱护公物是不应该的。 看书的时候要爱护眼睛。
bǎohù 保护 v.* 2 B	to protect (a person or thing) from harm (antonym: 破坏 pòhuài)	他知道怎么保护他自己，你就放心吧。 这个东西要好好儿保护，别被破坏了。 保护学生是小王的工作。 女孩子晚上一个人走夜路，没有人保护是不行的。
bǎozhèng 保证 v. 2 B	to assure, to pledge, to secure (oft. referring to concrete items) (证, proof)	为了保证孩子吃好，妈妈一大早就起床做早饭了。 他向老师保证一定努力学习。 每天应该保证七八个小时的睡眠时间。 他不能保证一定能见到这个人，但是他还是想去看看。 他已经保证了很多次，说以后不再喝酒了，可是只说不做。 工厂应该保证产品的质量 (zhìliàng, quality)。
bìhù 庇护 v. 2 N/A	to shelter (usu. pejorative; usu. referring to a person) (庇, to shield)	他做错了，你不要庇护他。 小王的父亲总是庇护小王，使他慢慢变坏了。 父母不应该庇护孩子，这样对孩子不好。
dānbǎo 担保 v. 2 D	to insure, to guarantee (担, to take on a responsibility, etc.)	去银行借钱，有时候需要别人来为你担保。 他出国留学是由父母担保的。 我担保他一定会回来。 他问了很多人，但是没有人愿意为他担保。
yǎnhù 掩护 v. 2 C	to shield, to cover (sb. from exposure, danger, etc.; oft. military) (掩, to hide)	我来掩护，你快带伤员 (shāngyuán, the wounded) 走！ 我们来掩护他们撤退 (chètuì, retreat)。 朋友们把他掩护了起来。

bǎozhù **保住** v. 2-1 B	to keep, to retain (保 + 得/ 不 + 住)	为了保住这个工作，他周末还要加班 (to work overtime)。 这个房子我们可以保得住吗？ 快去医院，要不可能就保不住这只手了。
hù **护** v. 2-1 C	to protect, to be partial to (can be modified by 太/ 很/ 比较, etc.)	他护着这个女孩从酒馆里走了出来。 他是护林工人。 你太护孩子了，这样对孩子并不好。 她总是护孩子，不管他们是对还是错。 母鸡护着小鸡，不让人走近。 他从来不护短，是个好父亲。 他总是像哥哥一样护着我。

Note:

* 保护 n., as in 在朋友们的保护下, 她安全地回到了家里.

➤ 保护 and 爱护: the former stresses 'keep sb. or sth. safe', the latter focuses on 'to cherish or to take good care of sb. or sth.'. 爱护 can be modified by 很/ 比较 and the like, probably because 爱 can be modified by degree adverbs.

➤ 保 and 护 are also used to form other words, e.g. 保 in 保护/ 保障/ 保证; 护 in 保护/ 爱护/ 庇护

---

bǎohù
保护②v.
(see also 保护①)

to care for

bǎohù **保护** v. 2 B	to care for (a person or thing) and keep from harm (保, to protect; 护, to guard)	他很注意保护自己的牙齿。 我们要保护儿童 (értóng, children)。 保护树木是小王的工作。 他的眼睛保护得不太好。 夏天外出戴帽子是保护皮肤 (pífū, skin) 的好方法。
bǎoyǎng **保养** v. 2 D	to take good care of (an adult's skin, health, etc., but not an animal), to maintain (car, etc.) (reduplication: ABAB) (养, to maintain)	他很会保养自己，六十多岁了还这么年轻。 他把皮肤保养得很好。 他不太注意保养车。 他这个人什么都好，就是不会保养身体。 你的头发得 (děi, have to) 保养保养了。
tiáolǐ **调理** v. 2 N/A	to nurse one's health, to take care of (sth. animate or inanimate, used with a wider range than 保养; oft. used in Chinese traditional medicine; also used as 调养) (reduplication: ABAB) (调, to adjust; 理, to manage)	他想去看看中医，调理一下身体。 这种病不用住院，在家自己调理就可以了。 这种中药对调理肾脏 (shènzàng, kidney) 很有好处。 他要把孩子的身体调理好。 他不想去看医生，要自己在家调理。 调理了一个多星期以后，他的身体很快就好了起来。 你大病刚好，要好好儿调理调理。

bǎoliú
保留 v.   **to retain**

bǎochí **保持 v.** 2 B	to keep, to maintain (usu. abstract items) (保, to protect; 持, to hold)	工作了以后，他还保持着上大学时候的习惯，经常看书学习。 他们俩多年来一直保持着联系 (liánxì, contact)。 请大家保持安静 (ānjìng, quiet)。 我们五年前分手以后，就没再保持联系了，所以我不知道他现在的电话。 这么多年以来，他一直保持着年轻时的习惯，用冷水洗澡。
bǎocún **保存 v.** 2 B	to preserve, to conserve (from being damaged or changed; oft. referring to concrete items) (存, to keep)	他保存了小时候的很多相片。 新鲜的花很不容易保存。 把这个交给我吧，我一定好好儿保存。 他把那些旧书保存得很好。 这些都是没有用的报纸，不用保存了。
bǎoguǎn **保管 v.** 2 C	to take care of (concrete things) (管, to control)	他家没有地方替我们保管这些箱子。 他不想为我保管这些钱了。 小王的工作是保管仓库 (cāngkù, storehouse)。 这个仓库由他保管。 他把这些东西保管得非常好。 这是我的行李，请问你们可以保管吗？
bǎoliú **保留 v.** 2 B	to retain, to keep sth. from being altered, to have reservations (referring to concrete or abstract items) (留, to remain)	这个饭店保留了老北京的传统风味 (fēngwèi, traditional flavour)。 帮助朋友，他毫 (háo) 不保留 (to do one's best)。 女朋友当年写给他的情书 (qíngshū, love letter)，他到现在还保留着呢。 买东西应该保留收据 (shōujù, receipt)，以后可能会有用。 他们在国外多年，但一直保留着中国的文化和传统 (chuántǒng, tradition)。

---

bàozhǐ
报纸 n.   **newspaper**

bàokān **报刊 n.** 3 B	newspapers and periodicals (刊, print)	他每天都在这里买报刊。 大学图书馆有很多报刊和书籍 (jí, book)。 我喜欢看中文报刊。 他在邮局工作，发送信件和报刊。 这条新闻 (xīnwén, news) 今天早上出现在各大报刊上。

北京的报刊比我们这里多很多。

bàozhǐ			他是卖报纸的。
报纸 n.		newspaper	今天的报纸上有什么新闻吗？
2 B			他正在看报纸。
			报纸还没有来，你在这里等一会儿吧。
			这份报纸比那份报纸好卖，买的人比较多。
			他天天看报纸，一天不看都不行。

bào	newspaper (报 is also used to form	他上报了，上面还有他的照片呢。
报 n.	another word, as in 晚报 'evening	我天天看《北京晚报》。
2-1 A	paper', 早报，《北京日报》	小王是送报的。
	'Beijing Daily'，《北京晚报》	报来了吗？
	'Beijing Evening News')	这是昨天的报，我想看今天的。
		你把报放到哪里去了？
		今天的报没有什么，你不用看了。

Note: While 报 and 报纸 are often interchangeable, they tend to follow two different patterns: monosyllable + monosyllable: as in 办报 (to start/ run a newspaper), 买报, 读 (to read) 报; disyllable + disyllable: as in 创 (chuàng, to set up) 办报纸 (to start a newspaper), 购 (gòu, to buy) 买报纸, 阅 (yuè, to read) 读报纸.

---

bàoyuàn
抱怨 v.   **to complain**
(see also 批评)

zébèi		妈妈很少责备他。
责备 v.	to blame (责, to blame; 备, to have)	小王因没做好工作而受到责备。
3 N/A		是你做错了，怎么责备我呢？
		他被责备得一句话也说不出来。

yuànhèn	to hate, to have a grudge against	他怨恨家里穷，上不了学。
怨恨 v.	sb. or sth. (a stronger word in this	我错了，请千万不要怨恨我。
2 N/A	group) (怨, to complain; 恨, to hate)	我妈妈从来没有怨恨过什么人。
		最怨恨他的是他的前妻。
		妈妈在他很小的时候就离开了家，他为这件
		事一直在怨恨着妈妈。
		孩子，你还怨恨我吗？

zéguài	to reproach, to scold (a lighter	老王责怪小王没有礼貌。
责怪 v.	word than 责备) (antonym:	他回到家里的时候，妈妈并没有责怪他。
2 D	表扬 biǎoyáng) (怪, to blame)	是我的错，不要责怪他。
		别责怪孩子了，下次注意点儿就行了。
		他对学生只责怪不表扬，这样做好吗？

bàoyuàn **抱怨** v. 2-1 D	to complain (about sb. or sth. but not oneself; a slightly stronger word than 埋怨) (抱, to hold)	他一进门就抱怨起来，这不好那不好的。 客人抱怨说房间里太冷。 老张经常为一点儿小事就抱怨。 他抱怨说："早上七点就要上班，这也太早了!" 学生经常抱怨功课太多了。 最近，这个商店顾客来抱怨的次数少了一些。 你自己考试没考好，别抱怨别人。
mányuàn **埋怨** v. 2-1 D	to complain, to grumble, to express disapprobation (could do it to oneself) (埋, to blame)	别埋怨你自己了，没什么用。 他埋怨儿子总不给家里写信。 别埋怨小王了，这也不是他的错。 他这人就喜欢埋怨这个，埋怨那个，就是看不到他自己的错。 他说了很多埋怨我的话，我很不高兴。
guài **怪** v. 1 C	to blame, to hold sb. or sth. responsible (including oneself)	就怪我，不应该告诉他这件事儿。 都怪天气不好，球也打不成了。 爸爸怪我把他心爱的书丢 (diū, to lose) 了。 你怪得着别人吗？都是你自己要去的。 他怪这怪那的，就是不怪他自己。 别怪别人了，要怪就怪我好了。
guàizui **怪罪** v. 1 N/A	to blame (a stronger word than 怪) (罪, sin)	他怪罪朋友没有告诉他真情 (the truth)。 要是上边 (superior) 怪罪下来，你可要说清楚。 你这次考试没考好，不会怪罪我吧？ 我没有怪罪你的意思，都是我自己不好。 他把这些都怪罪于她，这很不对。 他并没有说怪罪你的话，你哭什么？
lài **赖** v. 1 D	to wrongly accuse sb./ sth. else (in order to shift blame from oneself)	你自己考试没考好，怎么能赖我呢？ 他的习惯很不好，一有什么做不好，就总是赖别人。 赖别人没用，以后工作多努力点儿就好了。 他今天上课去晚了，赖妈妈没有叫他起床。 这件事情你可不要赖我，跟我一点儿关系都没有。 今年他种的苹果长得不好，他赖天气太冷了。
yuàn **怨** v. 1 C	to complain, to blame (could do it to oneself)	你现在一定要想好了，以后可别怨我。 他怨小王，说要不是小王记错了时间，他就不会去晚了。 这事儿没有做好，她怨她自己。 行了，别怨东怨西的了，你自己也没有做好，也有错。 这件事你谁也怨不着，是你自己要去的。

Note: 怨天尤 (yóu, to blame) 人/ 怨天怨地 (to blame everyone and everything but oneself, implying that one does not accept responsibility), 任劳任怨 (rènláorènyuàn, to fulfil one's duties diligently with no complaint).

---

bàolù
暴露 v.   to expose

jiēlù **揭露** v. 3 C	to bring to light, to lay bare (to expose others, not oneself; to expose intentionally) (揭, to expose; 露, to show)	要想解决 (jiějué, to solve) 问题，必须揭露问题的本质 (běnzhì, essence)。 阴谋 (yīnmóu, conspiracy) 被他们揭露出来了。 那家报纸揭露了他的不法 (bùfǎ, illegal) 行为 (action)。
jiēshì **揭示** v. 3 D	to reveal (of sth. difficult to know, such as mystery, truth, origin, etc.) (示, to notify)	这本书揭示了宇宙 (yǔzhòu, universe) 的奥秘 (àomì, the arcane)。 他的讲演揭示出很多道理 (dàoli, reason, truth)。 很多奥秘正等待着我们去揭示。
jiēfā **揭发** v. 3-2 D	to disclose (sb. or sth. bad; to expose others, but not oneself; to expose intentionally) (发, to discover)	他不想揭发这件事情。 他揭发了那个学校的很多问题。 我们都应该揭发坏人坏事。 揭不揭发他要由你自己来做决定。 虽然那个人是他的好朋友，但是他还是揭发了他。 被揭发的那个人是他的父亲。
bàolù **暴露** v. 2 C	to expose, to reveal (sb. or sth., good or bad; referring to concrete or abstract items, oneself or others; intentionally or unintentionally; with a much wider range of usage) (暴, to stick out)	他很少说话，也不愿意暴露自己在想什么。 为了不暴露自己，他很少出门。 小王的秘密 (mìmì, secret) 暴露了。 这个计划不能暴露给别人。 暴露出了这么多问题是他没有想到的。 出去要戴帽子，在太阳底下暴露太长时间对人的皮肤 (pífū, skin) 不好。
jiē **揭** v. 2 D	to uncover, to expose	他揭开那层纸以后，下面露出一个小盒子。 他就喜欢揭别人的老底 (lǎodǐ, one's dark past)。 大家在会上揭出了不少问题。 他为我们大家揭开了这个多年的秘密。 别揭开孩子的被子，天很冷，会冻病的。
xièlòu **泄露** v. 2 D	to leak, to let out (information, etc.; also 泄漏, for gas leaking and the like; intentionally or unintentionally) (泄, to let out)	谁也不能泄露机密 (jīmì, classified information)。 你知道是谁把这件事情泄露出去的吗？ 泄露公司机密的人不是他，是你！

公司机密被泄露了，我们正在查是谁干的。
煤气 (gas) 泄漏的事故 (shìgù, accident) 发生
在昨天。
因为泄漏了煤气，已经有人中毒 (zhòngdú,
to be poisoned) 被送往医院了。
他很小心，不会让煤气泄漏的。

zǒulòu 走漏 v. 2 D	to leak out (decision, information, etc.; not used with 'secret', etc.) (漏, to leak)	是谁走漏了消息 (xiāoxi, information)？ 刚开完会，会上的决定就被走漏出去了。 我们都不知道这件事是谁走漏出去的。 这件事不能走漏半点儿消息。 不知谁走漏了这个消息，朋友们都打电话来问我。
zǒulòufēngshēng 走漏风声 ph. 2 N/A	to leak information (a set phrase; not 走漏风声 + object; insertable) (风声, 'the sound of the wind' in literal sense, 'news' in figurative sense)	他知道走漏风声的人是谁了。 为了不走漏风声，谁都不能用手机。 不要让太多人知道这件事情，人多了容易走漏风声。 不用担心，他住在这里只有你和我知道，不会走漏风声的。 事关重大，不能走漏一点儿风声。
lòuxiànr 露馅儿 v. 1 N/A	to give the game away, to let the cat out of the bag (figurative) (馅儿, stuffing)	他很小心，不会露馅儿的。 不要说假 (jiǎ, false) 话，时间长了会露馅的。 他说他是北京人，可是一说话就露馅儿了。 他担心说多了会露馅儿，就不再说了。 你还是快走吧，别露馅儿了。 让他露馅儿的是他那双手，太不像是一个学校的老师了。
shuōlòuzuǐ 说漏嘴 ph. 1 N/A	to make a slip of the tongue	你放心，我不会说漏嘴的。 他一不小心就说漏嘴了。 妈妈怕我说漏嘴，叫我别说话。 他这个人不行，经常说漏嘴，这件事情不能交给他办。 你可别说漏嘴了，要不我们都会有麻烦的。 是你自己说漏嘴的，不是我。
tòu 透 v. 1 C	to tell secretly (reduplication: A(一)A)	谁把考试题透出去了？ 老王叫我透个话，叫你最好不要去那里。 真的不是我透给他的，你应该去问别人。 透出考试题是很严重 (yánzhòng, serious) 的，你知道是谁干的吗？ 我先给你透(一)透风儿 (to tell secretly)，公司 (gōngsī, company) 打算给你提工资。

bēitòng
悲痛 adj.
(see also 伤心)   **heartrending**

bēi'āi 悲哀 adj. 3-2 C	sorrowful (of a person or animal), very disappointed (emphasising non-verbal sorrow) (悲, sad; 哀, grief)	那只狗悲哀地趴在主人的墓 (mù, tomb) 前。 失足 (shīzú, lost) 的年轻人令人悲哀。 随着身体的衰老，老王感到越来越悲哀。 儿子春节都不回家来看他，他悲哀极了。
bēicǎn 悲惨 adj. 3-2 D	miserable (referring to one's life, experience, circumstances, etc.) (惨, tragic)	这是一个悲惨的事件，令人难忘。 这本书描写 (miáoxiě, to depict) 了一个少女的悲惨生活。 他的处境 (chǔjìng, situation) 十分悲惨。 他的生活悲惨得叫人伤心。 他悲惨地度过了晚年。 他的处境比我的更悲惨。
bēifèn 悲愤 adj. 3-2 D	sad and indignant (of one's mood, emotion, etc.) (愤, to be angry)	看了信以后，他万分悲愤。 他悲愤地大喊 (hǎn, to shout) 了起来。 这件事使他悲愤万分 (extremely)。 他悲愤地写下了这几个字，就离开了这里。 看到他眼里那悲愤的目光，我就明白了。 他流下了悲愤的眼泪。
bēiqiè 悲切 adj. 3-2 N/A	mournful (literary) (reduplication: AABB) (切, anxious)	他不喜欢看悲切的电影。 听到孩子的哭声，妈妈也悲切地哭了。 听了他说的话，我们感到非常悲切。 这首歌写得悲悲切切的。 一个女人在悲悲切切地哭着。
bēishāng 悲伤 adj. 3-2 D	very sad (of a person) (伤, to be distressed)	他感到非常悲伤。 别太悲伤了，对身体不好。 看到孩子这样悲伤，他心里也十分难过。 她悲伤地哭了。 一看到孩子，他又悲伤起来。 他正在唱着悲伤的歌。 他为什么这么悲伤？
bēitòng 悲痛 adj. 3-2 B	heartrending (oft. caused by the misfortune of sb. close to one's heart; a stronger word in this group) (antonym: 高兴)	他为这件事情感到悲痛。 儿子突然死 (sǐ, to die) 去，妈妈悲痛得病倒了。 小王悲痛地告诉我们，他的太太离开他了。 在他十分悲痛的时候，很多朋友都来看他。 他悲痛得连话都说不出来了。 他好像很高兴，没有一点儿悲痛的样子。

qīcǎn 凄惨 adj. 3-2 D	tragic, miserable (oft. referring to one's life, circumstances, sound, etc.; a stronger word than 凄凉) (reduplication: AABB)	看到他家里那么凄惨，我们都哭了。 这歌太凄惨了，换个高兴一点儿的吧。 不知为什么，他的笑容 (xiàoróng, smile) 有些凄惨。 他比我的处境凄惨多了，妻子和孩子都离开了他。 我听到了那个孩子凄凄惨惨的哭声。
qīliáng 凄凉 adj. 3-2 D	dismal, disconsolate (oft. referring to scene, mood, etc.) (reduplication: AABB) (凄, miserable; 凉, cold)	他看起来十分凄凉，又黑又瘦。 她哭得很凄凉，孩子也跟着哭起来。 凄凉的夜色使人感到凉意 (coldness)。 他非常凄凉地看了我一眼，就走了。 这是一个凄凉的故事 (gùshi, story)，你想听吗？ 他父亲的晚年过得凄凄凉凉的。

---

bĕi
北 n.   **north**

bĕibù 北部 n. 3 B	northern part (referring to the northern part of an area, but not a specific place, e.g. it is incorrect to say 我家在商店的北部) (部, part)	他的家乡在河北省的北部。 大连是中国北部的一个城市。 新西兰北部的气候比南部暖和。 北京位于 (wèiyú, to situate) 中国的北部。 他这次要到北部去旅游。 这种鸟是在中国的北部生活的。
bĕiguó 北国 n. 3 N/A	northern part of the country (usu. used literarily)	他出生在北国冰城 – 哈尔滨 (Hā'ěrbīn, Harbin)。 这部电影描写了北国的一个小山村 (cūn, village)。 他去的时候是春天，北国之春还是比较冷的。 大连是北国的名城，风景美极了。 北国风光 (scenery) 十分美丽。
bĕi 北 n. 2 A	north (not verb + 北; oft. 北 + noun, 'the northern side of the noun')	二路公共汽车是往北开的。 今天刮北风。 城北 (the northern side of the city) 有很多饭馆。 这个大院子有北院和南院，他住在北院。 他是从北门进来的。 屋子里的北墙上挂着一张画。 孩子们到北山上去玩了。 他住在桥北，你去那里一问就知道了。
bĕifāng 北方 n. 2 B	in the north, the northern part of a country (HSK: C) (used with a narrower range than 北面 and 北边儿, referring to the northern part of a vast area, e.g. a country)	北方人喜欢吃饺子。 北方的天空 (sky) 突然出现了一片黑云。 他是北方人。 这个大学在中国的北方。 你喜欢吃北方菜吗？

上个月，他们去北方旅游了，玩得很好。

běimiàn 北面 n. 2 B	north, northern part (either the northern side of a place or the northern part within a place)	北面的树林里有很多鸟。 饭馆在那条街的北面。 花园的北面有一棵苹果树。 北面的天空突然黑了下来，接着就下起了大雨。 山的北面是一片葡萄园。
běibianr 北边儿 n. 1 A	north, in the north (either of a place or within a place)	北边儿是图书馆。 他往北边儿走了。 大楼里北边儿有一个书店。 他的房间在我的房间的北边儿。 这条街的最北边儿是一家饭馆。 北边儿的那条河没有西边儿的河长。 我家在商店的北边儿。
běitóur 北头儿 n. 1 N/A	north, at the northern end (either of a place or within a place)	他从北头儿走过来了。 村北头儿有一棵大树。 书房在院子 (yuànzi, courtyard) 的北头儿。 北头儿的第二家是我姐姐家。 他住在这条街的最北头儿。 你要找的那个书店在北头儿。

Note: The above similarities and differences among words with 北 are also largely applicable to words with 东/ 南/ 西, see also 东/ 南/ 西.

---

běn
本 mw.   measure word (for book-like items)

juàn 卷 mw. 3 N/A	measure word for books, volume (referring to a series of the classics)	那套书一共有五卷。 大学图书馆藏 (cáng, to collect) 书万卷。 他经常手不释卷 (shǒubùshìjuàn, to be a diligent reader)。 那套书的第二卷，他借给朋友了。
cè 册 mw. 3-2 B	measure word, copy (for books, an album of paintings or drawings, etc.; also referring to one volume in a book series)	我没有你要的那册书。 我们图书馆藏书达 (dá, to reach) 二十万册。 教材 (jiàocái, textbook) 的上下两册我都有。 我刚借到了那套书的第二册。
běn 本 mw. 2 A	measure word, copy (for books, magazines, photo albums, etc.; with a wider range in this group; 本 is often pronounced as běnr)	我今天买了三本书。 这本相册 (xiàngcè, photo album) 是小王的。 我带来了几本杂志 (zázhì, journal, magazine)。 我今天看了一本很有意思的书。 我忘了把那本日记本放哪儿了。 这本书是给你买的。

他一共写了五本书，我喜欢看这本，不喜
欢看那本。

---

bèn
笨 adj.   stupid

bènzhuō		
笨拙 adj.	clumsy, awkward (拙, clumsy)	老王在女人面前，显得 (xiǎnde, to look) 笨拙得很。
3 D		那些企鹅 (qǐ'é, penguin) 笨拙地走着。
		企鹅虽然走路的样子有点儿笨拙，但是笨拙得非常可爱。
		他从来没有照顾过孩子，所以在给孩子喂奶 (wèinǎi, to bottlefeed) 的时候十分笨拙。

yúchǔn		
愚蠢 adj.	foolish, unintelligent (antonym:	说假 (jiǎ, untrue) 话是很愚蠢的。
3-2 C	聪明) (愚, foolish)	这是一个愚蠢的办法。
		他的行为 (xíngwéi, behaviour) 非常愚蠢。
		你太愚蠢了！应该早就看出来他并不爱你。
		这个想法是愚蠢而可笑的。
		对不起，我刚才说的话愚蠢极了，请原谅。
		他很聪明，一点儿都不愚蠢。

bènkǒuzhuōshé		
笨口拙舌 ph.	inarticulate, clumsy in speech	小王总是笨口拙舌的。
2 N/A	(a set phrase)	他一见到她就笨口拙舌地说不出话来。
		笨口拙舌的小王，不喜欢去人多的地方。
		他比我还要笨口拙舌，上课的时候很少主动 (zhǔdòng, voluntarily) 回答老师的问题。
		虽然笨口拙舌，但他还是有不少好朋友。

bèn		
笨 adj.	stupid (emphasising 'being slow'),	他小的时候特别笨，学习一点儿都不好。
2-1 B	clumsy (笨 can also mean that sth.	这个孩子不笨，就是需要时间多想想。
	may be time consuming and	我的办法笨了点儿，但比较保险 (bǎoxiǎn,
	strenuous, but is reliable; 蠢	reliable)。
	below does not have this meaning)	他做饭的时候笨得要命，下面条都要花一个小时才能做完。
		这个箱子又笨又重，我拿不动。
		他读书很聪明，就是干活儿 (gànhuór, to work) 有点儿笨。

bènshǒubènjiǎo		
笨手笨脚 ph. clumsy-handed (a set phrase)		他笨手笨脚的，所以妻子不让他在厨房里帮忙做饭。
2-1 N/A		他正在笨手笨脚地给孩子喂牛奶。
		他开始学开车的时候，总是笨手笨脚的。
		他做别的可能笨手笨脚，但很会修车。

bèntóubènnǎo **笨头笨脑** ph. 2-1 N/A	muddleheaded, clumsy (referring to a person or animal; a set phrase) (脑, brain)	那个人显得有点儿笨头笨脑的。 熊猫 (xióngmāo, panda) 笨头笨脑的样子很可爱。 他看起来笨头笨脑的，其实很聪明。 我这个人笨头笨脑的，还请您多指教。
chǔn **蠢** adj. 2-1 D	idiotic (emphasising 'unwise'), clumsy	他很聪明，一点儿都不蠢。 我怎么这么蠢，什么都不会！ 这种蠢事，他是不会做的。 这样做真是蠢极了。 我刚才说了很多蠢话，很对不起你。 我就够蠢的了，他比我更蠢。
dāi **呆** adj. 1 B	(of brain) slow-witted, expressionless	你在那发什么呆？ 他呆头呆脑 (a dumb look) 的，很少说话。 他看电视都看呆了。
shǎ **傻** adj. 1 B	silly, to think or do sth. mechanically, muddleheaded (also 傻呵呵 hēhē, 傻乎乎 hūhū)	他真傻，不应该把钱借给别人。 别在这傻等了，他肯定 (kěndìng, definitely) 不会来了。 他也不傻，会做好这个工作的。 你这个傻小子 (chap)，他在和你开玩笑呢。 少做傻事，什么事都要好好儿想一想再做。 不知为什么，他总是傻呵呵/ 傻乎乎地笑。
quēgēnxiánr **缺根弦儿** ph. 1* N/A	stupid (dialect; literally 'missing a string/ chord', used as a metaphor) (缺, to lack; 根, mw.; 弦, string)	可能我是缺根弦儿吧，这次又把钱借给了他。 那个人说话办事都缺根弦儿。 你缺根弦儿啊！ 怎么还没听出来他的意思！ 这种话只有缺根弦儿的人才说得出来。

Note:

➤ The difference between 愚蠢/ 笨拙 (disyllable) and 蠢/ 傻 (monosyllable) is that when modifying, the former tends to have 的 (e.g. 愚蠢的事), but the latter does not (e.g. 蠢事).

➤ 笨蛋 n. bèndàn 'an idiot (vulgar or rude)', as in 他真是一个大笨蛋, 连这点事儿都做不好.

➤ 蠢货 n. chǔnhuò 'a moron (vulgar or rude)', as in 蠢货! 这还看不明白.

➤ 呆子 n. 'goof (slightly pejorative)', as in 你这个书呆子, 就会看书, 别的什么都不会.

➤ 傻子 n. 'blockhead (pejorative)', as in 他跟傻子一样, 什么话都不会说.

---

bǐjiào
比较 v.

to compare

bǐnǐ **比拟** v.* 3 N/A	to draw a parallel, to match (not used with an object, nor 了/ 过/ 起来; oft. + 无/ 没, etc.) (拟, to imitate)	他高兴的心情无法比拟 (incomparable)。 他的聪明难以比拟 (incomparable)。 他优异 (yōuyì, excellent) 的成绩是无可比拟的。 这种楼房有着不可比拟的优势 (yōushì, superiority)。

xiāngbǐ 相比 v. 3 D	to compare with (not 相比 + object) (相, each other)	相比之下，这个城市比那个城市漂亮得多。 与他相比，我的中文还不是很好。 与那条相比，这条裙子的颜色更红一些。 他的英语不太好，但相比之下，他还是我们 这几个人当中最好的。
bǐjiào 比较 v.* 2 A	to compare (can compare more than two items, unlike 对比; to compare for similarity/ difference) (reduplication: ABAB) (较, to compare)	比较了几本以后，我才买了这本书。 他把三部电影比较了一下，觉得还是这部 电影好一些。 比较起来，我的英语和他的差不多。 他仔细地比较了这两幅画，觉得没有什么不 同的地方。 不比较比较，就很难看出他们谁最适合做 这个工作。
duìbǐ 对比 v. 2 B	to contrast (not A 对比 B; usu. to compare two parties; oft. to compare for difference) (reduplication: ABAB) (对, face to face)	他把照片对比了一下，觉得第一张照得好。 只要和以前的一对比，就可以看出他的学习成绩 有了很大的提高。 对比之下，我的汉语比他差多了。 你好好儿对比对比，看看这两个有些什么不同。
duìzhào 对照 v. 2 D	to contrast (inanimate items with a prototype or standard; A 对照 B) (照, to copy, to follow)	这是一本英汉对照双解 (shuāngjiě, gloss in two languages) 辞典。 对照这个标准 (biāozhǔn, standard) 把图改好。 你把这两个图表再对照检查一遍。 他把这两张画一对照，马上就看出了它们的不 同。
bǐ 比 v.* 2-1 A	to compare, to compete (reduplication: A(一)A)	姐姐和妹妹总是喜欢比个子，看谁高。 你的中文说得那么好，我可比不了。 北京的气候可比不上广州，冬天太冷。 谁的歌唱得好，比(一)比就知道了。 你比(一)比这两条裙子，看看哪条长。 他要和我比(一)比，看谁的篮球打得好。 他特别聪明，没有人能和他比。

Note:
* 比拟 n. 'analogy, metaphor', as in 在汉语中，"像"这个词常用于比拟.
* 比较 adv. 'fairly, relatively', as in 这里的冬天比较暖和. 比 cannot be used in this way.
* 比 prep. 'than', as in 小王比小张大三岁. 比较 cannot be used in this way.

bìxū
必须 aux.

must

bìxū **必须** aux.* 2 A	must, should, need (a stronger word than 得, can be used to form an imperative; negative forms: 不必/ 不须/ 无须, no need)	这个考试很重要，我必须认真地准备。 这个工作必须在三天内完成。 你上午十点前必须到火车站。 你不必再说了，我必须去。 他每天晚上睡觉之前，必须去孩子房间看看，给他们盖盖被什么的。
děi **得** aux.* 1 A	have to, need (negative forms: 不用/ 用不着)	不早了，我得走了。 今天是小明的生日，我晚上一定得去他家。 从我家坐车到大学得要一个小时。 今天星期天，可我还得去加班。 把电视关了吧，我们得睡觉了，明天早上有考试。

Note:

* 必须 adj. 'necessary', as in 吃饭和睡觉都是必须的.
* 得 + numeral + measure word, as in 从我家坐车到大学, 得一个小时.
* 得 'certainly will, to be sure to', as in 听说他病了，可能得下个星期才能来上课. 非得 (with a stronger certainty than 得), as in 天这么冷，你还不穿毛衣，非得感冒不可.

---

bìmiǎn
避免 v.

to avoid

bìmiǎn **避免** v. 3 B	to avoid, to refrain from (避, to avoid; 免, to exempt)	他如果不是喝醉酒，就有可能避免这场车祸 (huò, disaster) 了。 学习中会有很多困难，这是避免不了的。 工作当中出现一些问题是不可避免的。 这是可以避免的。 他不喜欢我，避免和我见面。 为了避免车祸，他从来不喝酒。
fángzhǐ **防止** v. 3 B	to stop actively sth. (undesirable) from occurring (providing specific measures; a stronger word than 预防) (防, to prevent; 止, to stop)	夏天天热要多喝水，可以防止中暑 (zhòngshǔ, heat exhaustion, sunstroke)。 为了防止中暑，夏天要多喝水。 你再多看两遍，防止出现错误 (cuòwù, error)。 多锻炼可以防止生病。 夏天出去戴帽子是为了防止中暑。
miǎnchú **免除** v.* 3 D	to prevent, to exempt (除, to get rid of)	这是他做的，不能免除他的责任 (zérèn, responsibility)。 为了免除误解，他又解释 (jiěshì, to explain) 了一下。

他特意来到我的办公室，我们面对面地谈了两个小时，这样做是为了免除可能的误解 (wùjiě, misunderstanding)。

yùfáng **预防** v. 3 C	to take precautions against (also used as a modifier or an object; unlike 防止, 预防 can also be used to simply remind without specifying how) (预, to forecast)	今天很冷，多穿点儿衣服，预防感冒。 夏天天热，对森林火灾要特别加以预防。 这里经常缺水，我们要有预防的办法。 旅游的时候，应该带上常用药，预防生病。 预防疾病的工作是很重要的，预防好了得病就会少了。
bìkāi **避开** v. 2 N/A	to keep away from, to keep out of the way	我不喜欢做饭，总是想办法避开它。 他可能没有说真话，因为他说话的时候几次都避开我的眼睛。 我觉得他最近总是避开我，不知道为什么。 我们走这条路，避开那条路，因为那条路不太好走。

Note:

* 免除 v. 'to exempt, to remove from', as in 他没有钱上学，学校就免除了他的学费.

➢ 逃避 v. táobì 'to escape', as in 要面对 (to face up)，不要逃避.

---

biànhuà
变化 v.   to alter
(see also 改/ 交换)

biàngé **变革** v. 3 C	to reform (social systems, etc.) (革, to transform)	社会 (shèhuì, society) 总是在不断变革，不断发展的。 为了进步 (jìnbù, to progress)，变革旧传统是必要的。 变革以后，人们的生活有所提高。
biàngēng **变更** v. 3 D	to modify, to alter (everyday items, e.g. agenda or timetable) (更, to change)	这本书第二次出版 (chūbǎn, to publish) 的时候变更了书名。 我们需要变更一下原来的计划。 这个书名已经变更了三年了。 变更后的比变更前的计划好一些。 这是一条新变更的航线 (hángxiàn, air route)，他还不知道。
biànqiān **变迁** v. 3 D	to change (of time, social phenomena, etc.; oft. referring to abstract items and changes over a period of time; not used with an object, i.e. an intransitive verb) (迁, to move)	近年来，气候变迁得很快。 时代不断变迁，人们的喜好也随之变化。 这个地方变迁不大，跟二十年前差不多。 在气候变迁中，气温会慢慢地变化。 随着历史和文化的不断变迁，语言也会有一些变化。

gēnggǎi **更改** v. 3-2 D	to make an alteration (to sth. already agreed upon) (改, to alter)	他病了，只好更改了去中国旅游的时间。 这是大家开会决定的事情，你不应该随便更改。 飞往北京航线的时间表需要更改。 这个时间表更改得很好，很受大家的欢迎。 上课时间更改后，他就必须很早起床了。
gēnghuàn **更换** v. 3-2 D	to replace, to change, to substitute (usu. concrete items, e.g. a person or an object) (换, to exchange)	如果飞机上人不多，你就可以要求更换一个比较舒服的座位。 新买的电视机一个月内就更换了三次零件 (língjiàn, parts)。 球打到一半的时候，他被更换了下来。 在这场球赛中，他没被更换过。
biànchéng **变成** v. 2 A	to become (not used with 着/ 过, e.g. it is incorrect to say 她变成着/过我的女朋友了; must be used with an object, i.e. a transitive verb)	几年之后，他已经变成一个大人了。 这里原来是一个小镇，现在变成大城市了。 我不想变成像他那样的人。 变成了他的太太以后，她就不再出来工作了。
biàndòng **变动** v. 2 C	to change (time, place, price, etc., but not psychological conditions), to modify (plan, etc.) (reduplication: ABAB) (动, to move)	不要再变动了，就这么定了。 你的旅游时间和地点变动了吗？ 今年房子的价钱变动很大。 这个时间表已经变动三次了，给大家带来很多不便 (inconvenience)。 那个计划不太好，应该变动变动。
biànhuà **变化** v. 2 A	to alter (the state or nature of sb. or sth., including psychological conditions; 变化 + complement, not 变化 + object; with a wider range of usage in this group) (化, to change)	这里变化得真快。 她没变化，还跟以前一样漂亮。 饭菜的花样 (variety) 应该变化一下，要不孩子们就不喜欢吃了。 自从上大学以后，她心理上 (xīnlǐshang, psychologically) 变化不小，自信 (confident) 了很多。 他变化很大，你可能不会像以前那么喜欢他了。
biànhuàn **变换** v. 2 D	to vary, to change (usu. a style, position or method)	那个女孩经常变换她的发型 (fàxíng, hair style)。 如果他不喜欢你这样对他说话，你可以变换一下说话的方式 (fāngshì, manner)。 他住的地方一直没变换过，你就按照这个地址去找他吧。
gǎibiàn **改变** v. 2 A	to change over to (with a wider range of usage than 转变; not 改变 + complement, except a quantity type, e.g. 他改变得不错 is incorrect)	他天天六点起床，这个习惯没改变过。 为了按时上课，他改变了晚起床的习惯。 上课时间改变三次了，大家很不高兴。 来澳州后，他的生活习惯改变了不少。 十几年没见了，咱们都改变了很多。 大家都说你不应该抽烟，我看你也应该改变一下这个坏习惯了。

zhuǎnbiàn **转变** v. 2 B	to shift (attitude, thoughts, viewpoints, etc.; usu. referring to a gradual change for the better) (转, to turn)	最近小王的学习态度 (tàidu, attitude) 转变了不少，比以前认真多了。 要他转变过来，我们必须帮助他才行。 这几年，那个国家的局势 (júshì, situation) 正在往好的方向转变。
zhuǎnhuà **转化** v. 2 C	to transform (not 转化 + complement, e.g. 她转化得不少 is incorrect)	只要努力，成绩差 (chà, not up to standard) 的学生也会转化为成绩好的学生。 水和冰 (bīng, ice) 在一定条件下可以相互转化。 由不好转化为好，是需要时间的。
biàn **变** v. 2-1 A	to change (qualities, shapes, conditions, etc.), to turn	她丈夫有了钱以后，就变坏了。 刚才还下着雨，现在又变晴 (qíng, clear) 了。 外边看来要变天了。 由于努力学习，他的成绩变得越来越好了。 十几年没见，他变了很多。 他要变一下时间，问我可以不可以。 你想变就变吧，反正是你自己的事情。
gǎi **改** v. 2-1 A	to alter, to revise (reduplication: A(一)A)	小王搬了家，电话号码也改了。 他想把这个方案 (fāng'àn, plan) 改得更好一些。 他今天很忙，你能不能改天再来？ 方案还需要改一下。 谁把这个方案改了？ 他的书一改再改，谁都不知道什么时候才能改好。 我的名字不好听，想改(一)改。
huàn **换** v. 2-1 A	to change (an address, bus, etc.) (reduplication: A(一)A)	他不在那里住了，换地址了。 那家饭店的服务员换人了。 从这里去大学，要换两次公共汽车。 对不起，麻烦你给我换一双大一号的鞋。 他家很干净，进屋是要换拖鞋 (tuōxié, slippers) 的。 这次人员换得很不错，工作做得比以前好多了。 工作换还是不换，你自己好好想一想吧。 这个不太好，请给我换(一)换。
biànguà **变卦** v. 1 N/A	to go back on one's word, to break an agreement (oft. pejorative; not 变卦 + object) (卦, divinatory symbols)	刚才还说你可以来，怎么现在又变卦了，说你不能来了？ 没有人喜欢总是变卦的人。 他突然变卦，给大家带来很多不便。 你不能再变卦了，就这么定了。

Note: Most words in this group can also be used as nouns, e.g. 变动/ 变革/ 变化/ 变迁.

biǎoshì
表示 v.
(see also 表现/ 解释)

to express

chǎnmíng 阐明 v. 3 D	to elaborate (viewpoints, etc.; explaining clearly via a publication and the like; usu. referring to more complex issues) (阐, to explain; 明, clear)	作者在书中阐明了他的观点 (guāndiǎn, standpoint) 。 他在会上阐明了自己的观点。 关于这个问题，他将在明天的报纸上发表 (fābiǎo, to publish) 文章进一步 (further) 阐明。 他已经谈过这个问题了，不需要再次阐明。 你应该阐明自己的观点，不要怕这怕那的。
chǎnshù 阐述 v. 3 D	to expound (views, theory, etc., that need effort to explain; focusing on the action of explaining itself; 他阐述得很清楚, but not 他阐 明得很清楚, because 阐明 already indicates the meaning of 清楚)	老师把这个论点 (lùndiǎn, argument) 阐述得 非常全面 (quánmiàn, thorough)。 在会上他清楚地阐述了自己的观点。 他阐述完了以后，我又接着谈了有关汉语教 学的问题。 他的书全面地阐述了这个问题，写得非常好。
liúlù 流露 v. 3 D	to reveal (intent, feelings, etc.), to display unintentionally (oft. verbally, but can be non-verbal as well; 流露 + 出/ 出来/ 着, etc.) (流, to flow; 露, to reveal)	他在信中流露出对她的真情 (zhēnqíng, true feelings)。 在交谈过程 (guòchéng, course) 中，他把 出国留学的想法流露了出来。 他的眼光中流露着深深的愧疚 (kuìjiù, shame)。 看见孩子们都很好，妈妈流露出喜悦的神情 (shénqíng, look)。
biǎobái 表白 v. 3-2 N/A	to explain or justify oneself (sometimes pejorative), to open one's heart	他向朋友们表白了自己的心愿。 别表白了，过去事情就让它过去吧。 他早就爱上她了，可是直到今天才敢大胆 (dàdǎn, bold) 地向她表白。 你不用再表白了，大家心里都很清楚。
biǎodá 表达 v. 3-2 B	to convey (views, feelings, etc.; usu. via words or actions) (表, to express; 达, to reach)	在会上，他表达了自己对这个问题的看法 (kànfa, views)。 他已经学了五年的汉语了，能把心中的想 法表达得很清楚。 这束鲜花表达了他对她的爱慕 (àimù, adoration)。
biǎomíng 表明 v. 3-2 B	to make clear, to demonstrate (views, attitudes, etc., via words or actions; the difference between 表明 and 表示 is similar to that between 阐明 and 阐述, i.e. not 他表明得很清楚)	这表明他是不同意你去的。 他送来了这些红玫瑰 (méigui, rose)，这表明 他还是爱你的。 昨天我给他打了个电话，表明了我的态度 (tàidu, stand)。 不管怎么样，你都应该表明你的态度。 表明了态度以后，他就走了。

biǎoshì 表示 v.* 3-2 A	to express, to indicate (via words or acts; referring to abstract or concrete items; with a wider range of usage) (示, to show)	他表示要努力学习，争取 (zhēngqǔ, to strive for) 得到一个好成绩。 对各位的到来，我们表示衷心 (zhōngxīn, heartfelt) 的感谢！ 红灯表示不能走，绿灯表示可以走。
shuōmíng 说明 v. 3-2 A	to explain, to show (via facts, etc.), to prove (comparing with 阐明, 说明 explains less complex issues) (see also 解释)	请说明一下你为什么不同意 (tóngyì, to agree)。 他的学习成绩是班上第一名，这说明他是一个好学生。 这说明他是对的。 最能说明问题的就是今天没有一个人来。 不用再说明了，大家一看就能明白。

Note: *表示 + verb/ verbal phrase/ adjective/ adjectival phrase, as in 他表示同意 or 他表示十分高兴.

---

biǎoxiàn
表现 v.   to show
(see also 表示)

tǐxiàn 体现 v. 3 D	to embody, to manifest, to reflect (through certain things; not 体现 + person/ personal pronoun) (体, body; 现, to present)	同学们你帮我，我帮你，处处都体现着互相帮助的精神 (jīngshén, spirit)。 年轻人敢说敢做的精神在他们身上充分 (chōngfèn, fully) 地体现了出来。 互帮互助的精神在他们身上体现得很明显。
xiǎnlù 显露 v. 3 N/A	to appear, to become visible (referring to concrete or abstract items) (显, to display; 露, to reveal)	他是一个很内向 (nèixiàng, introvert) 的人，很少显露自己的感情 (gǎnqíng, feelings)。 女儿考上了大学，母亲的脸上显露出喜悦的神情 (shénqíng, look)。 下午没有了雾 (wù, fog)，山顶 (dǐng, mountain top) 才显露了出来。 在这件事情上，他的聪明才智 (cáizhì, intelligence) 显露得清楚极了。 他显露的是高兴，而不是伤心 (shāngxīn, grief)。
xiǎnshì 显示 v. 3 C	to display, to show off (oft. referring to abstract concepts), to exhibit (may be used pejoratively) (示, to notify)	这些美丽的中国花园显示了唐代 (Tángdài Tang dynasty) 的风格 (fēnggé, style)。 经过调整 (tiáozhěng, adjustment)，现在电脑上显示出来的图像 (túxiàng, image) 清晰了不少。 他虽然学习很好，但从来不显示自己。 处处显示自己的人并不一定很能干。 中国明代的艺术 (yìshù, art) 风格在这幅画中显示得十分清楚。

biǎoxiàn **表现** v. 2 A	to show, to perform (feelings, spirit, etc.), to show off (pejorative), (reduplication: ABAB, humorous) (表, to express)	这次考试，她表现得非常好。 他心里不太高兴，可是没有表现出来。 他总爱表现 (to show off [pejorative]) 自己， 大家都不喜欢他。 今天丈母娘 (zhàngmǔniáng, mother-in-law) 来，得表现表现 [humorous]，所以我做了很 多好菜。
fǎnyìng **反映** v. 2 A	to represent, to reflect, to report (sth. undesirable to authorities or parties concerned) (reduplication: ABAB) (反, to reflect; 映, to mirror)	这部电影反映了工人的生活。 我喜欢看反映大学生活的电影。 这个问题要向老师反映，我们学生自己很难 解决 (jiějué, to solve)。 他上班经常来晚，我们应该向经理 (jīnglǐ, manager) 反映反映。
shìyì **示意** v. 2 N/A	to hint, to signal (oft. through an action; 示意 + verbal phrase) (意, intention)	我想问一个问题，可是老师指了指书， 示意我要先看看书。 小王看见了小张，就向他招手 (zhāoshǒu, to wave) 示意。 他没有示意，我也不知道他想做什么。 他刚想说什么，可是妈妈示意让他别说。

Note:

➤ The difference between 表现 'to show' and 表示 'to express' is that the first is action-based and the second is language-based.

➤ 表现/ 示意/ 体现/ 反映 are also used as nouns, as in 这是一种不高兴的表现.

---

biǎoyáng
表扬 v.

to praise

biǎozhāng **表彰** v. 3 D	to honour (model workers, exemplary deeds, extraordinary contributions, sacrifices, etc.; awarded with certificates, medals, money, etc. by a superior or organisation after following a selection procedure) (表, to express; 彰, to praise)	大会表彰了战斗英雄 (zhàndòu yīngxióng, war hero) 们。 学院表彰了他对汉语研究 (yánjiū, research) 所做的卓越贡献 (zhuōyuè gòngxiàn, extraordinary contributions)。 这个厂召开了表彰模范工人 (mófàn gōngrén, model worker) 的大会。 为了表彰他的卓越贡献，工厂发给他两万元 的奖金 (jiǎngjīn, bonus)。
ēyúfèngchéng **阿谀奉承** ph. 3 N/A	to flatter, to curry favour with (pejorative; a set phrase) (阿谀, to flatter; 奉承, to fawn upon)	他为了升官 (shēngguān, promotion)，经常对 经理 (jīnglǐ, manager) 阿谀奉承。 他对经理阿谀奉承得太过分了，我都替他 感到脸红。 不要只会阿谀奉承，努力工作才是你最需 要做的。

zànměi 赞美 v. 3 C	to praise and admire (the beauty of scenery, a person's character, etc.) (赞, to commend)	他的诗 (shī, poem) 赞美了长城的壮观 (zhuàngguān, a grand view)。 他唱着赞美大海的歌，特别好听。 他那些赞美长城的诗歌很受欢迎。 书中赞美了他美丽的心灵 (xīnlíng, soul)。
zànshǎng 赞赏 v. 3 D	to praise and appreciate (good skill, talent, deed, attitude, etc.; not necessarily in words; can be used with an adverb of degree, e.g. 很) (赏, to appreciate)	他的汉字写得很好，大家都很赞赏， 大家对他写的汉字赞赏极了。 我特别赞赏他的厨艺 (chúyì, cooking skill)。 他的厨艺是值得 (zhídé, to deserve) 赞赏的。 奇怪的是，赞赏他的有他的朋友，也有他的敌人 (dírén, enemy)。
zàntàn 赞叹 v. 3 D	to sing the praises of (a stronger word in this group) (叹, to exclaim in praise)	他赞叹道: "颐和园真美!" 吃了他做的菜以后，大家对他的厨艺都赞叹不已 (to be full of praise)。 他的画儿真令 (lìng, to make) 人赞叹!
chēngzàn 称赞 v. 3-2 B	to compliment (usu. verbally; referring to a person or thing) (称, to say)	老师称赞说: "你真是一个好学生。" 他学习特别好，我们都称赞他。 这种车很不错，称赞它的人越来越多了。 我不会因为你称赞我几句，就什么都听你的了。
gōngwei 恭维 v. 3-2 N/A	to flatter (pejorative) (恭, reverent; 维, to maintain)	经理对她不错，因为她很会恭维人。 别再说了，恭维得叫人肉麻 (ròumá, disgusting)。 你多说点儿好话，多恭维一下他，他也许就会给你了。
zànyáng 赞扬 v. 3-2 C	to speak highly of, to commend (a person or sth. relating to people) (antonym: 批评 pīpíng) (扬, to raise)	他工作十分努力，我们大家都赞扬他。 他乐于助人 (obliging)，值得赞扬。你怎么还批评他呢? 老师看了他的画儿以后，赞扬了他几句。 我们都赞扬他乐于助人的精神 (jīngshén, spirit)。
biǎoyáng 表扬 v. 2 A	to praise (usu. a person; to praise publicly to set a good example; usu. from a senior to a junior) (reduplication: ABAB)	小王学习很努力，老师表扬了他。 小王学习很努力，老师表扬他好几次了。 老师表扬了小王，说他常常帮助同学。 小王学习很努力，应该好好儿表扬表扬他。
kuājiǎng 夸奖 v. 2 D	to commend (usu. referring to a person; used when the speaker intends to publicise the compliment; oft. from a senior to a junior) (夸, to praise; 奖, award)	我听到了很多夸奖他的话。 你夸奖得他都觉得不好意思了。 他妈妈很喜欢自己的儿子，常常夸奖他。 我走进屋子的时候，他正在夸奖你呢。 他做得这么好，你不但没有夸奖他，反而说了他一顿，真不明白为什么。 他工作很努力，常常受到夸奖。

kuā **夸** v. 1 C	to praise; to boast (usu. referring to a person; not 受到 + 夸, unlike 夸奖) (reduplication: A(一)A)	这个孩子学习好，大家都夸他聪明。 他把你夸得跟花儿一样，好得不得了 (liǎo)。 别夸他了，你看他都不好意思了。 我不喜欢他，他不好好工作，只会夸海口 (to boast, to talk big)。 哪个妈妈不喜欢夸(一)夸自己的孩子呢？
liūxūpāimǎ **溜须拍马** ph. 1* N/A	to fawn on, to suck up to sb. (pejorative, figurative; a set phrase) (溜须, to smooth; 拍马, to fawn on)	他没有工作能力，人也不太聪明，只会溜须拍马。 他喜欢溜须拍马的人，一听好话就高兴。 谁会溜须拍马，他就喜欢谁。 不要搞溜须拍马那一套！ 他总是很会说好听的，非常能溜须拍马。
pāimǎpì **拍马屁** ph. 1* N/A	to bootlick, to brown-nose (pejorative, figurative; an idiom) (拍, to pat; 马屁, horse's ass)	你少拍马屁，我不喜欢听！ 你除了拍马屁，还会做什么？ 我最讨厌 (tǎoyàn, to dislike) 拍马屁的人。 你就知道走后门、拍马屁，累不累呀！ 他爱拍马屁，我可不爱那一套。

Note:

➤ 赞赏/ 赞扬/ 表扬/ 夸奖 are also nouns, as in 老师的表扬使那个孩子高兴极了.

➤ 马屁精 mǎpìjīng 'someone who is good at brown-nosing or buttering-up (vulgar)', as in 我们都叫他 "马屁精".

---

biérén
别人 pr.   **other people**

tārén **他人** pr. 3 D	another person, others	我们尽量不要去麻烦他人。 不要拿他人的东西。 他经常向他人学习，所以进步很快。 他学习很好，但不会和他人交朋友。 买他人的二手 (second hand) 汽车，一定要小心。
biéde **别的** pr. 2 A	other (referring to sb. or sth. in general terms; 别的什么人 'anyone else', 别的什么东西 'anything else'; not 别的 + number + mw., see 其它/ 其他 below)	他今年转到了别的学校。 他借了一本书，还想借点儿别的。 她只买了苹果，再没有买别的什么东西了。 别的都卖完了，只有这个了。 除了他，你还看见别的什么人了吗？ 他还有别的名字吗？ 他不在这里，到别的城市去了。

biérén **别人** pr. 2 A	other people, someone else (antonym: 自己)	别人 (other people) 都没来，就你来了。 这里只有你和我，没有别人 (nobody else)。 她很忙，没时间去打听 (dǎting, to ask about) 别人的事情。 对不起，我不认识他，你去问问别人吧。 这个不能告诉别人，你我知道就行了。 别人都还没有起床，他就到公园锻炼去了。 他不愿意总是为别人工作，就自己办了一个 公司 (gōngsī, company)。
qítā **其它** pr. 2 B	other (oft. referring to things, in specific or general terms; oft. used together with 只有/ 就, 'except …, others all …')	这束花还可以，其它三束就都不太新鲜了。 他就喜欢吃苹果，其它水果都不爱吃。 这个国家和其它国家一样，也有各种各样的 问题。
qítā **其他** pr. 2 B	other (referring to sth. animate or inanimate, e.g. 'except …, others all…'; oft. used with 只有/ 就)	他家四个孩子只有大姐会画画儿，其他三个 都不会。 我就认识他，其他一个都不认识。 你把饭做好就可以了，其他就不用你管了。 他去过这个大学，也去过其他大学。 他问过其他朋友，谁都不知道小王的电话。 动物园里其他动物都睡觉了，只有小鸟还在 唱歌。
pángrén **旁人** pr. 2-1 N/A	other people, someone else (usu. not including the subject)	他在商店偷 (tōu, to steal) 东西，被旁人看见了。 这是我做的，跟旁人没有关系 (guānxì, connection)。 在公园，他请旁人给他照了一张相。 要不是旁人指点，他不会找到那个地方的。 旁人帮不上忙，我还是自己做吧。
rénjia **人家** pr.* 1 C	other people (usu. excluding the speaker and the listener), certain person or persons (known to both speaker and listener; also used in juxtaposition with a person's name)	不要怕，人家能做好，你也应该行。 他又打电话来了，你快把钱还给人家吧。 你总是说人家不好，也不看看你自己！ 你看人家小王多有福气 (fúqi, felicity) 呀， 丈夫对她那么好，女儿又那么聪明。 他这个人就是这样，人家有什么，他也想 有什么。

Note: *人家 (pronounced as rénjiā), is also a noun, 'household, family', as in 那边的山里住着几十户 (hù, a measure word for household) 人家. 人家 also means 'I', referring to the speaker, often used by (young) women to indicate endearment, playfulness, etc. For example, 1) 傻 (shǎ, silly) 样儿, 人家不是心疼你嘛! (Are you thick or what, it's because I care about you so much!) 2) 人家今天给你打了三次电话, 你为什么都没接? 3) 别再给我了, 人家已经吃饱了.

bù
不 adv.

not, no

bùcéng **不曾** adv. 3 C	never having done sth. (the negation of 曾经, emphasising negation of the past experience; 不曾 + verb + 过, where 过 indicates past experience)	我不曾见过他，不知道他是谁。 他不曾当过老师，能马上教课吗？ 我不曾去过北京，以后有机会一定去。 他的事情我不曾听说过。 几年都不曾涨 (zhǎng, to rise) 工资 (gōngzī, salary) 了，大家都不太高兴。 他家的孩子都不曾上过大学，但是生活得也很好。
wèi **未** adv. 3 B	have not, not (with the flavour of classical Chinese; emphasising that sth. has not happened yet)	开会的时间已到，可人还未到齐 (qí, all present)。 未经同意 (tóngyì, permission)，谁也不能把词典 (cídiǎn, dictionary) 拿出图书馆。 这是一个他从未想过的问题。 他虽然很努力，但是却未能完成这个工作。
wèicéng **未曾** adv. 3 N/A	never having done sth., have not (不曾/ 未曾 have different focuses, the former focusing on the negation of 'past experience', the latter of 'a past event'; time phrase + 未曾)	他的事情我未曾听说过。 他未曾见过这位王先生。 出现了这种问题，是未曾料到 (liàodào, to expect) 的。 晚上十点了，她还未曾回家。[not 不曾] 她未曾说话就先笑了起来。[not 不曾]
bù **不** adv. 2 A	not, no (can be used alone; for past, present or future time; 不 negates 是/ 会, 没/ 没有 cannot; 不 cannot negate 'did' or 'have done', 没/ 没有 can)	今天下大雨，我们就不出去了吧。 他的房间不大，只能放下一张床。 他不是学生，也不会说中文。 他肚子不舒服，今晚和明早都不想吃饭了。 他不喜欢看电视，喜欢看书。 A: 你这个周末去看电影吗？ B: 不，我去医院看一个朋友。
méi **没** adv. 2 A	have not, did not (the negative form of 'have done' or 'did'; 没 and 没有 are often interchangeable; used for past or present time, but not future time; 没 can negate 有, 不 cannot)	已经晚上十点了，她还没回家。 他昨天病了，没来上课。 小王没看过这个电影。 他还没吃饭呢，等妈妈回来一起吃。 你今天去没去图书馆？ 他回到家，什么也没吃就上床睡觉去了。 你还没告诉我你叫什么名字呢。
méiyǒu **没有** adv. 2 A	have not, did not (the negative form of 'have done' or 'did'; used for past and present time, not for future time, e.g. 明天我没去 is incorrect)	已经晚上十点了，她还没有回家。 他昨天病了，没有来上课。 小王没有看过这部电影。 他还没有吃饭呢，等妈妈回来一起吃。 两个星期没有见到女朋友了，他非常想念她。

母亲叫他过来吃饭，他没有听见。

Note:
➤ 没/ 没有 v. 'to have no', as in 1) 我没钱坐车, 只好走路去学校. 2) 我没有电视, 只有一个录音机.
➤ 别 adv. 'not (used in a suggestion, request, order, etc.)', as in 别说话了, 好好儿听老师讲课.

---

bù(ú)dàn
不但 conj.   **not only**

bù(ú)dàn 不但 conj. 2 A	not only (..., but also..., e.g. 不但..., 而且/ 也/ 还/ 并且...; ...not..., instead..., e.g. 不但 + negative clause, 反而/ 反倒 + positive clause; also a combined form: 而且 + 还/ 并且 + 还)	他不但学习好，而且还喜欢帮助别人。 他不但喜欢看书，并且还喜欢听音乐。 不但这家饭馆的饭菜好吃，那家的也不错。 不但老师喜欢他，学生们也喜欢他。 你这样做，不但不能帮她，反而会害 (hài, to harm) 了她。 我不但没有把钱要回来，反倒把车又让他借 去了。
bùjǐn 不仅 conj. 2 B	not the only one, not only (..., but also..., e.g. 不仅..., 都/ 还/ 也/ 而且...; ...not..., instead..., e.g. 不仅 + negative clause, 反而/ 反倒 + positive clause) (reduplication: ABB)	我买的书不仅这些，还有别的。[not 不但] 不仅我想去北京，我的同学都想去。 我不仅去了北京，而且还去了上海。 我请他帮忙，他不仅不帮我，反倒笑话我。 他不仅没有学好汉语，反而把日语也全忘了。 看书对他来说不仅仅是学习，也是一种休息。
bùzhǐ 不只 conj. 2 C	not merely, not only (..., but also ..., e.g. 不只..., 还/ 而且...)	他不只会说汉语，还会说日语。 他不只不喜欢唱歌，而且连听歌也不喜欢。 在这家餐馆不只可以吃海鲜 (hǎixiān, seafood)，还可以吃到北京烤鸭。 这个汉字不只有一种意思 (yìsi, meaning)。 这个大学不只有中国学生，还有很多从其它 国家来的学生。
bùdān 不单 conj. 2-1 N/A	not merely, not simply (..., but also ..., e.g. 不单..., 而且/ 还/ 也/ 连 ...) (reduplication: ABB)	不单他觉得不好意思，连我也感到脸红。 这份工作不单给他带来钱，而且也给他带来 了欢乐。 这个电影，不单小李喜欢，小王也很喜欢。 老师不单要教书，也要教人。 不单学生们来了，连老师也来了。 他学汉语，不单单是自己的兴趣，还为了以 后的工作。
bùguāng 不光 conj. 1 N/A	not the only one, not only (..., but also..., e.g. 不光..., 也/ 还...)	他不光喜欢游泳，还爱打篮球。 来参加我生日晚会的，不光有我的老朋友， 还有不少刚认识的新朋友。

他不光学习很努力，工作上也很卖力。
不光他来了，很多朋友也来了。
他不光喜欢学汉语，还喜欢画中国画儿。

Note:

➢ For all the words in this group, if both clauses have the same subject, the conjunction is often put after the subject, as in 工作不单给了他钱, 而且也给了他快乐. If there are different subjects, the conjunction is often put before the first subject, as in 不单老师喜欢他, 学生们也喜欢他.

➢ 不只/ 不单/ 不光/ 不仅 can also be used as an adverb ('more than one'), as in 1) 他不只有一个女朋友, 这是大家都知道的. 2) 这次去中国旅游的不单就你一个人, 所以你不用担心. 3) 这里不光我一个人会汉语, 你可以去找别人教你汉语. 4) 这不仅是我一个人的想法, 只是大家都不好意思说就是了. 不但 is usually not used as an adverb.

---

bùdéliǎo
不得了 adj.   extreme

| bùdéliǎo 不得了 adj. 1 B | extreme (of degree), terrible (of situation) (oft. suggesting sth. undesirable; repeated to indicate a stronger tone) | 今年冬天, 北京冷得不得了。
我听说他要来, 高兴得不得了。
儿子借了很多人的钱不还, 他气得不得了。
奶奶去世 (qùshì, to pass away) 了, 他难过得不得了。
这要是让你妈妈知道了, 可不得了。
不得了 (liǎo) 了 (le)! 不得了了! 我的孩子不见了! |
| liǎobude 了不得 adj.* 1 N/A | extraordinary (oft. suggesting sth. desirable; 了不得 + 的 + noun, but not for 不得了; repeated to indicate a stronger tone) | 他儿子真了不得, 考上名牌大学了。
十二岁的孩子就能上大学, 真是了不得的事情. [not 不得了]
他家的三个孩子全都考上了北京大学, 真是了不得! 了不得! [not 不得了] |

Note: *了不得 also means 'superior (with a pejorative connotation)', as in 你不要觉得你自己了不得, 没有你, 我们也可以做好这个工作.

---

bù(ú)duàn
不断 adv.   unceasingly
(see also 继续)

| bù(ú)duàn 不断 adv. 2 B | unceasingly (non-stop overall, but may have intervals in between) | 他不断努力, 汉语学得越来越好。
他不断地给女朋友打电话, 可是她都没接。
他不断地借钱, 最后我只好不借给他了。
今天是他的生日, 不断有人打电话给他, 祝他生日快乐。
春天到了, 来这里旅游的人不断增加。 |

bùtíng		
不停 ph. 2 C	constantly (with no intervals in between; also verb + 个 + 不停)	他为了多挣钱，这几年一直不停地工作。 雨不停地下了一整天。 她考上了大学，高兴得唱个不停。 她们一见面就说个不停。 不停地飞了半天，那只小鸟最后才落 (luò, to settle down) 在一棵小树上。 他不停地喝酒，越喝越醉。
bù(ú)zhù		
不住 adv. 2 B	incessantly (with no intervals in between; 不住 + 地 + verb)	他边听边不住地点头，觉得我说得对。 她很不好意思，不住地说对不起。 妈妈看见儿子回来了，高兴得眼泪不住地流 下来。 他感冒了，坐在那里不住地咳嗽 (késou, to cough)。

Note: verb + 不住 (not maintaining the activity represented by the verb), as in 1) 他记不住 (cannot memorise) 那个汉字应该怎么写了. 2) 他<u>站</u>不住 (cannot keep standing) 就坐了下来。

---

bùjīn
不禁 adv.   can't help

bùyóuzìzhǔ		
不由自主 ph. 3-2 N/A	(of a person) can't help (doing sth.), (used before a verb) (不由, not up to; 自主, independent)	他唱的是我最爱听的歌，我就不由自主地跟 着他唱了起来。 他已经快十年没有回老家了，经常不由自主 地想起家乡的山山水水。 见到妈妈的时候，女儿不由自主哭了起来。
bùjīn		
不禁 adv. 2 C	(of a person) can't help (doing sth.), (不禁 + verb, but not 不禁 + 地) (禁, to bear)	看到孩子病得很厉害，我不禁哭了起来。 他的京剧唱得好极了，我们不禁大声叫好。 他脚下一滑 (huá, to slip)，不禁叫了一声。 看见学生们都在用功地看着书，他不禁笑着 点点头。
bùjué		
不觉 adv. 2 C	(of a person or thing) unconsciously (doing sth.), unknowingly (觉, to become aware)	我上床以后，看了一会儿书，不觉睡着了。 我们谈得很高兴，不觉已经过去了两个小时了。 时间过得真快，不觉二十年过去了。
bùzhībùjué		
不知不觉 ph. 2 C	(of a person or thing) unconsciously (doing sth.), unknowingly (不知不 觉 can be used alone) (知, to know)	暑假我回家看我父母，一个月的时间不知不觉地 就过去了。 不知不觉地，他就爱上了那个女孩儿。 在不知不觉中，他的两个孩子都长大成人了。
bùyóude		
不由得 adv. 1 C	(of a person) can't help, cannot but (can be used with a negation, but 不禁 cannot)	看见她，我不由得想起了她的妈妈。 她一听说妈妈病了，不由得哭了起来。 他说到做到了，不由得你不信服 (xìnfú, to be convinced)。[not 不禁]

看见这么好吃的东西，他不由得想吃两口。
他走进厨房，看到很多碗碟又都没有洗，不
由得骂 (mà, to scold) 了一句。

Note:

➢ 由不得 v. 'to be beyond the control of', as in 去不去北京，这由不得我，我爸说了算 (to decide).

➢ The difference between 不觉/ 不知不觉 and other items in the group is that these two indicate sth.
happened/ happening unconsciously and unnoticed.

➢ 禁 v. jìn 'to ban', as in 这里是禁烟区，你不能吸烟.

---

bù(ú)lùn
不论 conj.   regardless

wúlùn 无论 conj. 3 B	regardless of (无论 + 谁/ 什么…， 都/ 也…; a stronger word in this group) (无, without; 论, to discuss)	无论夏天还是冬天，他都去游泳。 无论谁都可以去。 无论什么人，都要遵纪守法 (zūnjì shǒufǎ, to observe discipline and obey the law)。 无论谁来电话，他都不接。 无论我们怎么说，他最后也没有来。
wúlùnrúhé 无论如何 ph. 3 B	in any event (oft. 无论如何 + 也 + verb; the strongest word in this group) (如何, how/ what)	明天是我的生日，你无论如何也要来我家吃饭。 这个工作我们今天无论如何也要做完。 那里很危险，你无论如何也不能去。 他无论如何也会回来看女儿的。
bùguǎn 不管 conj.* 2 B	no matter (oft. 不管…， 都/ 还/ 也…) (管, to be controlled)	不管怎么忙，他每天都要锻炼两个小时。 不管你怎么说，我还是要到那里去。 不管穷人还是富人，同样都要吃饭、睡觉。 不管你能不能来，都给我打个电话。 不管他怎么劝 (quàn, to persuade)，小王也不去。
bù(ú)lùn 不论 conj. 2 B	regardless, despite (what, who, how, etc.; 不论 + 多么/ 什么/ 怎么…，都/ 总…)	不论多么忙，只要朋友需要帮助，他都一 定会去。 不论我说什么，他都不愿意听。 不论妈妈怎么说，他就是不肯去上学。

Note: *不管 is also used as a verbal phrase, meaning 'not paying attention to', as in 孩子是我的，也是
你的，你不能不管他们.

---

bù(ú)shì…jiùshì
不是…就是 conj.
(see also 或者)

either…or

bù(ú)shì…érshì	not A…but B (contrasting A with	我不是不想去中国旅游，而是没有钱。
不是…而是 conj.	B; 不是 can be either before or	不是我不想去中国旅游，而是没有钱。
2 C	after the subject, if the same subject	不是我不想去中国旅游，而是他不让我去。
	is used for the two clauses; for	他不是不会汉语，而是不好意思说。
	different subjects, 不是 goes before	你刚才看到的不是我，而是我姐姐。
	the first subject; 而是 always	我需要的不是钱而是朋友。
	precedes the subject of the second	他不是不想来，而是没有时间来。
	clause if any; this also applies to	不是他不想来，而是她告诉他最好不要来。
	不是…就是 below)	他不是来帮你搬家的，而是来借钱的。

bù(ú)shì…jiùshì	either…or (one of the two	他不是姓王就是姓李。
不是…就是 conj.	choices), either…or (listing	我们班的学生，不是中国人就是日本人。
2 C	two examples to indicate a state	她每天不是去上班，就是和朋友出去玩，
	of affairs)	生活得很快乐。[listing: saying that doing
		the two things is what she does every day]
		不是你去，就是我去，别人都没有时间去。
		这个星期天气不好，不是刮风就是下雨。[listing]
		不是你说，就是我说，总得把这件事情说清楚。

---

bùxǔ
不许 v.
(see also 不要/ 禁止)

to disallow

bùkě	cannot, should not (oft. used as an	他为了钱，连孩子都不要了，真不可理解。
不可 ph.	adverbial, not a predicate; 非…	这件事情知道的人不可太多。
3 C	不可 'must', as in 他非去不可)	在学习汉语的时候，困难是不可避免
	(antonym: 可以)	(bìmiǎn, to avoid) 的。
		这个人的行为 (xíngwéi, behaviour) 真是不
		可思议 (sīyì, to conceive)。

bùróng	to disallow, to not tolerate, to not	他不停地说着，不容我插嘴 (chāzuǐ, to get a
不容 ph.	accommodate (antonym: 容)	word in)。
3 D	(容, to allow)	一山不容二虎 (A great man cannot brook a rival)。
		情况不太好，不容乐观 (lèguān, optimistic)。

jìn	to forbid (usu. used with a	军事 (jūnshì, military) 重地 (zhòngdì,
禁 v.	monosyllabic word, e.g. 禁烟,	restricted area)，严禁入内 (yánjìn rùnèi, entry
3 D	严禁 'to strictly forbid')	strictly prohibited)。[usu. written on a signboard]
		禁烟对全民健康很有好处。
		医院里的墙上写着：严禁吸烟。

jìnzhǐ 禁止 v. 3 B	to prohibit (usu. used with a disyllabic word, e.g. 禁止吸烟, 严格禁止; 严禁入内 'entry strictly forbidden' vs. 禁止入内 'no entry'; 禁止 + verb or verbal phrase) (止, to stop)	禁止喝醉酒的人开车。 这个海边常有鲨鱼 (shāyú, shark) 出现，所以这里禁止游泳。 禁止通行 (tōngxíng, to pass) 禁止拍照 禁止吸烟 [above three are usu. written on a signboard]
bùdé 不得 ph. 2 D	may not, shall not, cannot (verb + 不得 or 不得 + verb)	这饭菜已经放了两天了，吃不得。 他从来不想帮助别人，只等别人帮助他，这种朋友要不得。 那里太危险 (wēixiǎn, dangerous)，去不得。 我儿子就听不得我说他，我一说他就走。 厨房重地，不得入内。 教室内正在考试，不得喧哗 (xuānhuá, to clamour)。
bùxíng 不行 ph. 2 N/A	not to allow (can be used alone; oft. used as a predicate or complement, but not an adverbial) (antonym: 行)	对人没有礼貌可不行。[used as a predicate] 你的功课没做完，现在出去玩儿还不行。 A: 妈妈，我可以出去玩儿吗？ B: 不行。你要先做完功课。[used alone]
bùxǔ 不许 v. 2 B	to disallow (antonym: 许)	为什么不许我进去？ 你没有门票，不许进去。 这里是医院，不许大声说话。 老师告诉他，下次不许再来晚了。 他不许我进去见老师。 妈妈不喜欢他，所以就不许我和他交朋友。
bùzhǔn 不准 v. 2 N/A	must not (a stronger word than 不许) (antonym: 准)	不准这样跟爸爸说话，真没有礼貌！ 飞机上不准吸烟。 这个公寓 (gōngyù, apartment) 楼不准养狗。 对不起，这里不准拍照。

---

bù(ú)yào
不要 adv.   **don't**
(see also 不许/ 避免/ 禁止)

bù(ú)bì 不必 adv. 3 B	need not, do not have to (logically or by common sense, no need to; oft. used in a request or advice) (antonym: 必须) (必, must)	你不必来了，我已经有人帮忙了。 他自己能行，你就不必去了。 请坐下说，不必客气。 为这点小事儿生气，大可不必 (surely no need)。 我们可以慢慢商量，不必着急 (zháojí, to be anxious)。

bù(ú)yào **不要** adv. 2 A	don't (不想 'don't want to', as in 我不想去; 不要 oft. used in an imperative, suggestion, etc.)	这里是医院，请不要大声说话。 不要生气了，他是跟你说着玩儿的。 晚上不要吃太多，因为对身体不好。 你不要再说了，我去就是了。 你不要总是说他不好，他并不是像你说的那样，他是一个好人。 你不要出去了，外边雨很大。 这个苹果坏 (huài, rotten) 了，不要吃了。
bù(ú)yòng **不用** adv. 2 A	no need to (oft. used in requests or advice)	今天的功课不难，你不用来帮我了。 我俩早就认识了，不用介绍了。 不用着急，他们很快就会来的。 他去，我就不用去了。 你不用去飞机场送我，我可以自己坐出租汽车去。
bié **别** adv. 2-1 A	don't, had better not (oft. used in requests, suggestions, etc.)	你别走了，在这儿多住几天吧。 请你别再说了，我都听明白了。 你叫他别来，我不想见他！ 天气太热，你别出去了。 你就别客气了，留下来一起吃饭吧。
béng **甭** adv. 1 C	no need to, don't (northern dialect; 甭 is formed with 不 on the top and 用 on the bottom; oft. used for a suggestion)	甭客气，多吃点儿。 下大雨了，咱们今晚就甭出去吃了，在家自己做吧。 妈，甭担心了，我会照顾好自己的。 想骗 (piàn, to fool) 我？你甭想 (don't even think about it)！

Note: All words (except 甭) in this group can be repeated to enhance the strength of the claim. For example, A: 这次你帮了我大忙，我想请你吃个饭. B: 不用, 不用 (no need for that at all).

C

cānguān
参观 v.   **to visit**

fǎngwèn 访问 v. 3 A	to visit (a person or place with certain purpose, e.g. a reporter visits sb. for an interview)	今天下午，记者 (jìzhě, reporter) 访问了他。 校长下个月将访问法国和德国。 他最近出国访问去了。
guānguāng 观光 v. 3 D	to tour (a place; 观光 itself is a verb + object construction, so doesn't take another object) (观, to see; 光, scenery)	这些人是去北京观光旅游的。 每年来北京观光旅游的人很多。 他去观光的地方正好是我的老家。 这些来观光的人有不少是老人。 观光回来以后的第二天他就上班去了。
guānshǎng 观赏 v. 3 D	to view and admire, to enjoy the sight of, to appreciate (scenery, art work, show, etc.) (赏, to appreciate)	今天天气很好，他坐在花园里观赏着花。 观赏风景是他的爱好。 那幅名画值得 (zhídé, to be worthy of) 观赏。 他们都在观赏名画。 他和妻子、孩子一起去公园观赏花展。
shìchá 视察 v. 3 D	to inspect (usu. by superiors) (视, to inspect; 察, to examine)	校长今天要来视察，大家都有一点儿紧张 (jǐnzhāng, tense)。 市长 (mayor) 视察这个医院以后，说这里的服务非常好。 视察过医院以后，市长还去了一所中学。
cānguān 参观 v. 2 A	to visit and look around (any place of interest to learn sth. from it, but not natural scenery, e.g. 参观黄山 sounds odd; usu. a short trip; with a wider range of usage) (reduplication: ABAB) (参, to join; 观, to sight)	他们昨天参观了一个工厂。 这个学校很有名，经常有人来参观学习。 来参观的人是女的。 他今天没有去参观，因为身体不太舒服。 他们明天要去一个大学参观。 你们今天都去哪里参观了？ 我们想参观参观你的苹果园，可以吗？
guānkàn 观看 v. 2 C	to view and observe (exhibition, performance, etc.)	我们观看了那位名画家的画展。 中国的大连市年年都有服装表演 (biǎoyǎn, show)，去观看的人很多。 在动物园里，不少人在观看可爱的熊猫 (xióngmāo, panda)。 来观看表演的人都说戏演得好极了。
guàng 逛 v. 1 B	to wander, to ramble (streets, shops, etc.; 游 + 逛: 游山逛水, 东游西逛) (reduplication: A(一)A)	今天他带着孩子逛了一天的公园。 我逛起商店来不吃饭都可以。 我把那个商店逛了一遍，但没买什么。

你是一个学生，要多学习，别老出去闲
逛 (xiánguàng, to take a stroll)。
他没有工作，天天在外边东游西逛的。
你有空吗？咱们下午去逛逛街怎么样？
下个月放假，他想到处去逛一逛。

Note: Most words in this group can also be used as nouns, such as 参观/ 视察/ 访问/ 观赏, as in 他们
今天的参观很有收获 (shōuhuò, fruitful)。

---

cānjiā
参加 v.   to participate

cānyù 参与 v. 3 D	to play a part in, to have a hand in (activities, but not an organisation; involved deeper than 参加; also written as 参预) (参, to join; 与, to attend)	一共有五个人参与了这项工作。 比赛重在参与，输赢 (shūyíng, lose/ win) 并不重要。 不要跟我说这个，我不想参与你们之间的麻烦事。 这是我们之间的事情，请你不要参与进来。
cóngshì 从事 v. 3 B	to be engaged in, to devote oneself to (a profession, task, etc.), to deal with (从, to participate; 事, affair)	他从事汉语教学已经二十多年了。 她热心从事保护妇女儿童的工作。 从事教育工作多年，他的课很受学生欢迎。 这件事很重要，你一定要小心从事。
jìnrù 进入 v. 3 B	to enter (referring to abstract or concrete items; 进去 refers to concrete items only) (入, to enter)	足球比赛进入了最后阶段 (jiēduàn, last phase/ leg)。 这个地方外人不能随便进入。 他是今年才进入这个大学开始工作的。 他表演 (biǎoyǎn, to act) 得很好，很快就进入了角色 (juésè, role)。
tóurù 投入 v. 3 B	to devote (referring to time, effort, etc.), to put into (referring to investment, use, etc.) (投, to throw)	为了孩子的学习，她投入了大量的时间。 那个新机场上个月已经投入使用。 他为盖这个宾馆，投入了很多钱。
cānjiā 参加 v. 2 A	to participate, to attend (usu. group activities), to join (with a wider range of usage) (加, to add)	他们都来参加今天的晚会了。 他参加了英语考试，成绩还不错。 你参加大学的学生会 (student union) 了吗？ 我们大家都应该参加讨论 (tǎolùn, discussion)，一起想办法。 我刚参加工作，很多东西还需要学习。
jiārù 加入 v. 2 C	to join, to become a member of (an organisation, etc.) (antonym: 退出)	我去年就已经加入汉语教师学会 (association) 了。 欢迎你加入我们的足球队 (duì, team)。 那个足球队，他加入了一年就退出了。

她加入这个汉语教师学会的时间不长。

---

cèsuǒ
厕所 n. toilet

wèishēngjiān 卫生间 n. 3 N/A	lavatory (oft. with good facilities), bathroom	他家有三间房，两个卫生间。 这里有卫生间吗？ 我想去一下卫生间。
xǐshǒujiān 洗手间 n. 3 N/A	washroom, restroom (a euphemism; oft. referring to a public toilet with good facilities)	对不起，我去一下洗手间。 他在洗手间里看到了王老师。 飞机场里的洗手间比较干净。
cèsuǒ 厕所 n. 2 B	toilet	那边有一个厕所。 这是男厕所，女厕所在那边。 你知道厕所在哪儿吗？ 他上厕所去了。 他正在打扫厕所。

Note:
> 茅房 n. máofáng 'loo (old usage, usu. referring to a communal and simple toilet outside residents' houses)', as in 他晚上起来上茅房的时候，看见小王屋里的灯还亮着.
> Interestingly in Chinese people say 下厨房 (to work in the kitchen), but 上厕所 (to go to toilet).

---

chàbuduō
差不多 adj. similar
(see also 几乎)

bùxiāngshàngxià 不相上下 ph. 3 D	about the same (相, each other)	他们的汉语水平 (shuǐpíng, level) 不相上下。 以前她的英语比我好，现在我们的英语水平已经不相上下了。 他和小王比了个不相上下。
jìnsì 近似 adj. 3 D	approximate (usu. not used with a complement, e.g. 近似极了 is odd; referring to things) (近, close; 似, similar)	这张画和那张画有点儿近似。 他们兄弟俩的口音很近似。 你知道什么是近似值 (zhí, value) 吗？ 这个汉字和那个汉字非常近似。
lèisì 类似 adj. 3 C	similar, analogous (of methods, categories, etc.) (usu. not used with a complement) (类, category)	这两本书写的是类似的故事 (gùshi, story)。 他用的方法 (fāngfǎ, method) 和我的有些类似。 我们不希望类似的事情再次发生 (fāshēng, to occur)。 类似题材 (tícái, theme) 的电影很多，他都不太喜欢看。

xiāngdāng **相当** adj.* 3 B	matched (of quantity, quality, value, level, etc.) (当, equal)	这两个班的人数大致 (dàzhì, approximately) 相当。 他们的汉语水平相当，都说得不错。 他看到两个年龄相当的孩子走进了商店。
xiāngjìn **相近** adj. 3 N/A	close to	他们的年龄和爱好都相近，又是好朋友。 你的计划和我的已经比较相近，我们再谈谈 就可以敲定 (qiāodìng, to decide)了。 这个颜色和红色有点儿相近，就用这个吧。
xiāngsì **相似** adj. 3 B	alike (of people, characteristics, things, etc.)	你的想法和我的想法非常相似。 她们虽然是亲姐妹，但长相 (zhǎngxiàng, looks) 上没有多少相似的地方。 这个地方和那个地方的天气相似极了。 他们两个考试卷上回答得十分相似。
xiāngxiàng **相像** adj. 2 N/A	look alike (of appearance, etc.; usu. referring to concrete things, external characteristics in particular)	她跟妈妈长得十分相像。 小猫的样子和他在照片上看到的很相像。 这个汉字和那个汉字相像得很。 这两个孩子有些相像，他们是一家人吗？ 这三张画儿有不少相像的地方，你过来看看 我说的对不对。
chàbuduō **差不多** adj.* 2-1 B	similar (not used with 很/ 十分, etc.) (antonym: 差得多) (差, difference)	女儿跟妈妈长得差不多。 他俩汉语考试的成绩差不多，可是英语的成绩 却差得多了。
chàbulír **差不离儿** adj. close to, good enough (not used 1 N/A with 很/ 十分, etc.)		他们上课的时间差不离儿，所以常常一起 去上课。 他的画儿画得差不离儿了。 他做得太不好了，怎么也得差不离儿才行。 面条煮得差不离儿了，咱们准备吃饭吧。

Note:
* 相当 adv. 'very', as in 这部电影相当好看.
* 差不多 adj. 'nearly finished, good enough', as in 1) 他的功课做得差不多了，做完以后就可以看
电视了. 2) 虽然他没有说什么，可是我们也要做得差不多才行. 3) 他的书写得差不多了，下个月
就可以写完了.
➤ 差不多/ 差不离儿 cannot be negated by 不/ 没, e.g. 不差不多 is incorrect.
➤ 类似/ 近似 v. 'to resemble', as in 海水声类似音乐，听起来很美.

chángjiǔ
长久 adj.

long-standing

yōujiǔ **悠久** adj. 3 B	long, centuries-old, long-standing (of history, tradition, etc.) (悠, remote in time or space; 久, for a long time)	这个国家有着悠久的历史 (lìshǐ, history)。 汉字的历史十分悠久。 北京大学是一个历史悠久的名牌大学。 这本书写的是悠久的文化传统 (chuántǒng, tradition)。
chángjiǔ **长久** adj. 2 C	long-standing, long while, for long (of the past, current or future events)	他希望有一个长久的工作、长久的婚姻。 这种电视很好，可以用得长久一些。 你这样做是不行的，长久不了。 这么多年来，他们一直长久地合作着。 他住在这里只是暂时的，不是长久的。 这么大的雨不会下长久的。 他在这里干不长久。
chángyuǎn **长远** adj.* 2 C	long-term, long-range (of current or future events)	这是一个长远的计划 (jìhuà, plan)。 他看得很长远，这很好。 我们需要长远地看问题。 他每天花这么多钱，长远不了。 他好像没有什么长远打算。

Note:
➤ The antonym of all the words in this group is 短暂 duǎnzàn/ 暂时.
* 长远 n. 'long-term', as in 从长远来看, 这是一个很好的计划.
➤ 持久 adj. chíjiǔ 'lasting (formal)', as in 这种情况 (qíngkuàng, situation) 不会持久.
➤ 深远 adj. shēnyuǎn 'far-reaching (formal)', as in 1) 夜晚的天空看起来是那么的深远 (literal sense).
  2) 这对人类有着深远 (figurative sense) 的影响 (yǐngxiǎng, influence).
➤ 永久 adj. yǒngjiǔ 'permanent', as in 父母对我的爱, 我将永久地记在心里.
➤ 久远 adj. 'far back', as in 那件事情由于年代久远, 没有几个人能记得起来了.
➤ 长期 n. chángqī 'over a long period of time', as in 他长期在国外工作, 很少回国.
➤ 永远 adv. yǒngyuǎn 'forever', as in 我们永远是好朋友.

chángcháng
常常 adv.
(see also 经常/ 一般)

often

bùshí **不时** adv. 3 D	every now and then, at times (with intervals in between, and may not be regular)	他看汉语书时，总是不时地翻一下词典。 父亲听着他的话，不时地点点头。 今天天气不太好，不时下点儿小雨。 他一边说，一边不时地看我。 妈妈不时地到学校来看他，给他送好吃的。

shíshí 时时 adv. 3 C	constantly (时 hour, 时时 hour by hour)	父母身体不好，我时时挂念着他们。 他十八岁离家在外地工作时，时时都在想念父母。 我学习不太好，时时怕老师叫我回答问题。 他时时刻刻 (every moment) 都在想念女儿。
shícháng 时常 adv. 3-2 C	every so often (but not as often as 经常/ 常常; negative form: 不常; not 不/ 很 + 时常)	不知道为什么，天气预报时常不准确 (zhǔnquè, accurate)。 这里冬天时常下雪，比较冷。 他时常给我发电子邮件 (diànzǐyóujiàn, email; also 伊妹儿 yīmèir [transliteration])。 电子邮件中时常出现垃圾 (lājī, junk) 邮件。
tōngcháng 通常 adv. 3-2 C	generally, normally (not 不通常; emphasising regularity, 这里的商店常常关门 is acceptable, but not 这里的商店通常关门) (通, general)	他的衣服通常都是他太太给买的，所以他连自己穿多大号的衣服都说不清楚。 他通常早晨六点起床，八点去上课。 这里的商店通常下午五点就关门，所以不太方便。 他通常两年去一次英国。[not 常常，because here 通常 signifies regularity]
jīngcháng 经常 adv. 2 A	often (emphasising regularity; 不经常) (经, constant)	这个孩子身体不太好，经常生病。 他不经常打扫房间，妈妈很不高兴。 放假的时候，他经常出去旅游。 他经常回家看望父母。 那个经常来看书的人就是他的妹妹。
wǎngwǎng 往往 adv. 2 B	usually (referring to a usual pattern up until now, not for a future event; oft. with a clause providing background information; not 不往往) (往, previous)	一有足球比赛，他往往就不来上课了。 他说话的时候，往往先笑一笑。 考试之前，他往往学习到很晚才睡觉。 他工作一忙，往往就不记得吃饭了。 他这个人很能干活儿 (gànhuór, to work)，但让他在大家面前讲几句话往往就不行了。
chángcháng 常常 adv. 2-1 A	often (emphasising frequency rather than regularity; for a past, present or future event)	周末他常常去图书馆看书。 北京的秋天常常刮大风。 他很忙，不能常常和孩子一起出去玩儿。 回到中国后，我会常常给你发电子邮件的。 在过去的几年中，他常常去国外旅游。 [not 通常，because here 常常 indicates frequency]
cháng 常 adv. 1 A	often (most commonly used; oft. with monosyllabic words; a lighter word than 常常; used to form other phrases, as in 四季常青, 常来常往)	这是他常看的书。 他常来我这里玩儿。 他不常给我打电话，因为电话费太贵。 我常见到她，她家就住在我家的对面。 那里四季常青，所以人们常去那里旅游。

Note: 常/ 经常/ 通常 adj., as in 他不去上课是经常的事儿.

---

cháo(zhe)
朝(着) prep.   **towards**
(see also 对)

yán(zhe) **沿(着)** prep. 3-2 B	along (with river, road, the edge of sth., with a defined boundary; 沿 and 沿着 are interchangeable, but 沿 tends to be used with monosyllabic words; 沿着 also refers to an abstract direction)	他开车去旅游，沿路参观了几个地方。 沿着这条大路走，你就会看到邮局了。 我们每天沿着小河散步，风景美极了。 他沿着这条思路 (sīlù, a train of thought) 想下去，最后终于想出了解决问题的办法。 别沿着河边走，路不好走。
cháo(zhe) **朝(着)** prep. 2 A	towards, in the direction of (朝 and 朝着 are interchangeable, except that the former tends to be used with monosyllabic words; 朝 can be exchanged with 向; not used after a verb)	火车站朝东走五分钟就到了。 他朝电影院走去，电影马上就要开始了。 他看到我以后，就朝我走了过来。 他朝着大家说了一声再见，就走了。 什么时候都要朝前看，这样才能有进步。 他们两个手拉着手，朝着河边走去。 他朝着我指的方向一看，果然是他的女朋友在那边等着他呢。
xiàng(zhe) **向(着)** prep. 2 A	to, from (向 and 向着 are oft. interchangeable; 向 + monosyllabic words; 向 can be used before or after a verb, 向着 only before a verb; 向 referring to a concrete or abstract direction)	他下了车，就向着火车站方向走去。 他学习很努力，我们都应该向他学习。 这条河向东流去。 孩子一睡醒觉，立刻跑向妈妈。[not 朝] 只有努力才能走向成功 (chénggōng, success)。[an abstract direction, not 朝] 他听见有人叫他，就向四周看了看。
shun(zhe) **顺(着)** prep. 2-1 B	along (with a specific route or direction, but not necessarily a defined boundary; 顺 and 顺着 are interchangeable, except that the former tends to be used with monosyllabic words; 顺着 also referring to an abstract direction)	我们坐着一条小船，顺流而下。 我顺着他指的方向看过去，就看到了银行。 他顺着小路上了山。 他正在洗头，水顺着他的头发流下来。 咱们顺着这个话题 (huàtí, the topic of conversation) 讲下去，好吗？ 你顺着这条路往前走，大约二十分钟左右就可以看到那个图书馆了。
wǎng **往** prep. 2-1 A	to, in the direction of (used before or after a verb; 往 + direction/location, but not 往 + person; 往 oft. refers to a concrete direction)	这辆车是开往天安门的。 往东走五分钟，就到学校了。 一看到他往我家走来，我马上去开门。 这趟列车今晚八点开往上海。 别往下看，往前看。

这架飞机飞往北京，要飞十几个小时。
对不起，我往左走，跟你不同路，你还是
搭 (dā, to travel by) 别人的车吧。
他正开车往家走呢。

Note:

➢ 朝/ 往/ 顺/ 向 v., as in 1) 房子朝东 (to face east). 2) 汽车往东，火车往西. 3) 我不想顺着 (to obey) 他. 4) 这里向阳 (to face the sun)，很暖和.

➢ 沿着/ 朝着/ 顺着/ 向着 can also refer to an action in progress, because of 着 (a marker for progressive tense).

---

chéng
成 mw.   **one tenth**

chéng 成 mw. 2 C	one tenth, one out of ten (usu. number + 成; 几成 'somewhat')	今年苹果的产量 (chǎnliàng, the quantity of output) 增加了一成 (10%)。 这个结婚戒指 (jièzhi, ring) 是九成金 (jīn, 90% gold) 的。 这个公司的股份 (gǔfèn, shares)，他一个人就占 (zhàn, to own) 了六成。 今年气候不好，所以香蕉的产量降低 (jiàngdī, to decrease) 了几成。
...fēnzhī... ...分之... ph. 2 A	fraction (the way that a fraction is read; denominator + 分之 + numerator, e.g. 百分之十 = 10%, 五分之四 = 4/5)	他把三分之一的钱用来买书。 我们班里三分之一是男学生。 人民币今年升值 (shēngzhí, to increase in value) 了百分之七。 他说房价 (property price) 降 (to fall) 了百分之二十，现在应该是买房的好时候。
fēn 分 mw. 1 N/A	one tenth, one out of ten (usu. number + 分; 几分 'somewhat')	晚饭不要吃得太饱 (bǎo, full)，八分饱就行了。 夏天我喜欢穿八分裤* (80% of normal trouser length)，凉快一些。 他刚喝了一杯酒，就已经有几分醉意 (signs of getting drunk) 了。
zhé 折 mw. 1 D	one tenth, one out of ten (打折, 'to discount'; a contrast between Chinese and English, e.g. 打九折 = 10% off, the Chinese highlights the amount one pays, the English the amount one doesn't pay)	请问，这双鞋打不打折？ 这件衣服打八折 (20% off)。 那条打四折 (60% off) 的裙子怎么样？ 他就喜欢买打折的东西。 行，就给你打对折 (50% off) 吧。 这双鞋原价 100 元，打七五折 (25% off) 以后才 75 元，你就买一双吧。

Note: * In addition to 八分裤, there are also 六分裤 (60% of normal trouser length), 七分裤 (70% of normal trouser length), 九分裤 (90% of normal trouser length).

chéngjì
成绩 n.

results

chéngjiù **成就** n. 3 B	accomplishment (referring to major achievement in science, social reform, one's life, career, etc.; complimentary) (成, to succeed; 就, to accomplish)	这几年，中国的经济发展 (jīngjì fāzhǎn, economic development) 取得 (qǔdé, to gain) 了巨大的成就。 这本书代表 (dàibiǎo, to represent) 着近十年来文学 (wénxué, literature) 上的重大成就。 我们大学所取得的成就是和大家的努力分不开的。
chéngxiào **成效** n. 3 D	effect, outcome (usu. referring to a good result as expected) (效, effect)	实验 (shíyàn, experiment) 刚刚开始，有没有成效还要等一等才知道。 用了这个方法以后，成效很显著 (xiǎnzhù, prominent)。
gōngjì **功绩** n. 3 D	outstanding contribution (to a country, society, etc.; a stronger word than 功劳) (功, success; 绩, achievement)	为了纪念他的功绩，人们在这里竖 (shù, to erect) 起了一个石碑 (shíbēi, a stele/ stela with carved inscription)。 他在中国历史上的功绩是大家都知道的。 科学家 (kēxuéjiā, scientist) 的功绩是不可磨灭 (mómiè, indelible)的。 这是这位科学家的伟大功绩之一。
gōngxiào **功效** n. 3 D	efficacy, effect (usu. of a product, etc.)	功效好不好，需要两三天以后才能知道。 医生说这种药的功效还不错。 这种机器 (jīqì, machine) 的功效比那种大多了。 电脑功效的大小要看你会不会用、怎么用。 治 (zhì, to treat) 发烧，这种药功效不错。
shōuxiào **收效** n. 3 N/A	results received	这种药我吃了三天，收效不大。 新来的老师很会教课，学生进步很快，这一收效让大家都很高兴。
chéngguǒ **成果** n. 2 B	positive result (of work, career, etc., through hard work; with a complimentary connotation; number + 项 xiàng mw. + 成果; oft. 取得 + 成果) (果, fruit)	他的工作取得了可喜的成果。 他今年有五项研究 (yánjiū, research) 成果。 他的花园现在漂亮多了，这是他的劳动 (láodòng, labour) 成果。 你们花了这么长时间，怎么没看见有多大成果啊！
chéngjì **成绩** n. 2 A	results, achievement (of work, study, etc.)	他很努力，工作成绩也很好。 这次考试他的汉语成绩比上次差一点儿。 大家都为他取得的好成绩感到高兴。 他的成绩单 (chéngjīdān, transcripts) 来了，妈妈看了以后不太高兴，她说应该考得再好一些。

gōngláo **功劳** n. 2 C	contribution (but not as significant as 功绩) (劳, work)	这次我们赢了足球赛，他的功劳最大。 妈妈照顾我们一家人，最有功劳。 他为你做了这么多事情，没有功劳也有苦劳 (kǔláo, credit for working so hard) 啊 (He has done so much for you, and even if the outcome was not wonderful, you should acknowledge his great effort).
hòuguǒ **后果** n. 2 C	consequence (referring to an undesirable result; oft. 造成 + 后果)	这么做会产生什么样的后果，你想过了吗？ 酒后开车的后果是很可怕的。 你如果一定要这样做，那么一切后果由你自己负责 (fùzé, to take the responsibility)。 不努力学习造成了他没考上大学的后果。 我说过后果自负的，现在出了事儿就别来找我了。
jiéguǒ **结果** n. 2 C	result (positive or negative; with a wider range of usage than 后果/成果; oft. 有/ 没有 + 结果) (结, to produce)	考试的结果明天才能知道。 看到足球比赛的结果以后，我们高兴极了。 她刚从医院回来，检查 (jiǎnchá, check-up) 的结果不太好。 医院来电话了，他的检查有结果了。 他们的实验还没有什么结果。
shōuhuò **收获** n.* 2 B	harvest, gains (also used figuratively, e.g. outcome of a business trip) (获, to obtain)	他在大学里的学习收获很大。 他昨天去谈生意，但没有什么收获。 今天去商店收获不小，买了很多东西。
xiàoguǒ **效果** n. 2 B	effect (referring to a good or undesirable result; oft. indicating effects perceived by people; with a wider range of usage than 功效; oft. 产生/ 收到 + 效果)	如果学习总是收不到效果，那你就要看看是不是应该换另外一种学习方法 (fāngfǎ, method) 了。 他当了二十年的老师了，教学效果一直不错。 这种减肥 (jiǎnféi, to diet) 药产生过不良 (liáng, good) 的效果，他现在已经不吃了。

Note: *收获 v. 'to harvest', as in 他们正在收获苹果.

---

chéngshí
诚实 adj.   **truthful**

chéngxīnchéngyì **诚心诚意** ph. 3 D	earnest and sincere (诚, sincere; 心, heart; 意, intention)	他对你是诚心诚意的。 诚心诚意的人总是会成功 (chénggōng, successful) 的。 我诚心诚意地请你们来我家做客。 你这边诚心诚意，他那边可不一定。

chéngzhì **诚挚** adj. 3 D	cordial (wholehearted; usu. of attitude, feeling, atmosphere; used in a formal context, e.g. an official or diplomatic function) (挚, earnest)	会谈的气氛 (qìfēn, atmosphere) 诚挚而友好。 他对大家表示了诚挚的谢意。 他诚挚地向各位来宾 (bīn, guest) 表示欢迎。 诚挚的气氛使双方都感到很高兴。 他对自己的祖国有着诚挚的爱。
zhōngchéng **忠诚** adj. 3 C	faithful and truthful (towards country, people, cause, leader, friend, career, etc., with selflessness) (忠, loyal)	战士 (zhànshì, soldier) 们对国家和人民很忠诚。 小王多年来一直忠诚地爱着那个女人。 他对自己的事业 (shìyè, career) 不太忠诚。 他忠诚老实 (see 老实 below)，对朋友一心一意 (heart and soul, undivided attention)。
zhōngzhēn **忠贞** adj. 3 D	loyal and steadfast, faithful (of love, ideology, etc.) (贞, faithful)	他们那忠贞的爱情令人感动。 她忠贞不屈 (qū, yielding)，最后被杀害 (shāhài, to kill) 了。 他忠贞爱国，受人敬重。 对朋友他真诚、忠贞，是一个好人。
kěnqiè **恳切** adj. 3-2 D	sincere (of attitude, feeling, etc.) (恳, sincere; 切, to be sure to)	他的话很恳切，大家听了都十分感动。 她用恳切的目光 (mùguāng, sight) 看着我，我不得不答应她。 我恳切地希望能得到您的帮助。
zhēnchéng **真诚** adj. 3-2 D	genuine and sincere (of feeling, attitude, expression, action, etc.) (antonym: 虚伪 xūwěi) (真, true)	他对朋友从来都是真诚的，一点儿不虚伪。 为我们的真诚合作 (hézuò, cooperation) 干杯！ 妈妈被他们真诚的爱情感动了，终于同意了他们的婚事。 他真诚地向我们表示祝贺 (zhùhè, congratulations)。
chéngkěn **诚恳** adj. 2 B	honest and sincere (usu. of attitude) (reduplication: AABB)	他对人总是非常诚恳，我们都喜欢他。 他认错的态度 (tàidu, attitude) 不诚恳，我们不能原谅他。 王老师诚恳地请同学多提意见 (yìjian, opinion)。 他为人诚诚恳恳，经常帮助别人。
chéngshí **诚实** adj. 2 B	truthful (always keeping one's word; usu. referring to one's character, behaviour, language etc.) (实, solid)	他是一个诚实的人。 他待人很诚实，从不说假 (jiǎ, false) 话。 这个人有时不太诚实。 我总是诚实地做人，这样心里才舒服。 我交朋友，首先要看对方诚实不诚实。 他有一说一，有二说二，诚实得可爱。
zhōngshí **忠实** adj. 2 C	loyal, faithful (of attitude, character, etc.)	电影明星都有很多忠实的观众 (guānzhòng, audience)。 他为人忠实，大家都很信任 (xìnrèn, to trust) 他。

别再当他的忠实走狗 (flunkey) 了，你们做
的坏事太多了。
这本书忠实地记录了他的一生。

shízài **实在** adj.* 2-1 B	honest, dependable (reduplication: AABB)	他这个人心眼儿 (one's intention; conscience) 很实在。 他工作特别实在 (shízai, hard working)，一点儿也 不马虎。 小王是一个实在的人。 他实实在在的，大家都愿意和他交朋友。
lǎoshi **老实** adj.* 1 B	honest, frank, well behaved (of a person or animal) (reduplication: AABB)	当老实人，说老实话，办老实事儿。 一有客人，这几个孩子就特别老实。 我老实告诉你，我不爱你，请以后不要再给 我打电话了。 那只狗很老实，特别听话。 他喜欢老老实实的人。

Note:
* 实在 adv. 'indeed', as in 我太累了，实在不想看书了.
* 老实 adj. 'easily taken in', as in 你也太老实了，他说什么你就做什么.

---

chōngfèn
充分 adj.   **sufficient**
(see also 饱满/ 多②/ 丰富)

chōngpèi **充沛** adj. 3 D	plentiful (of spirit, feelings, etc., also of natural things including rain, sun, etc.), energetic (of a person) (充, full; 沛, abundant)	今年雨水充沛，花开得特别漂亮。 他九十岁了，但精力 (jīnglì, energy) 还是很 充沛。 他天天锻炼身体，所以有充沛的精力工作和学 习。
chōngshí **充实** adj.* 3 C	substantial, fulfilled (referring to spirit, life, content, knowledge, etc.) (实, solid)	他虽然钱不多，但生活得很充实。 这是一本内容 (nèiróng, content) 充实的书。 虽然有很多钱，但是他总是觉得自己的生活 并不充实。 他喜欢看书，在学习中不断充实自己。
chōngfèn **充分** adj. 2 B	sufficient, enough (usu. of abstract items, including confidence, persuasion, democracy) (分, a component of sth.)	下星期有重要的考试，我准备得比较充分。 你的理由不充分，我不能同意 (tóngyì, to agree)。 他现在最需要的是充分的休息。 你身体一直不好，应该充分地休息一下。 他们拿出了充分的证据 (zhèngjù, evidence)。 没有充分的理由 (lǐyóu, reason)，他不会这么 做的。

chōngzú 充足 adj. 2 B	abundant, adequate (emphasising large quantity in resources, time, etc.; referring to concrete or abstract items) (足, ample)	这里的阳光 (yángguāng, sunlight) 很充足。 你这样做没有充足的理由。 她的奶水充足，孩子能吃饱。 今年雨水充足。
zú 足 adj. 2 C	enough (usu. used as a predicate), as much as (reduplication: AA)	今天阳光很足，衣服很快就会干的。 他这次考试考得不太好，可能是准备得不足。 他们的证据不足。 昨晚来的人真多，足足有一百多个人。
zúgòu 足够 adj. 2 N/A	adequate, enough (usu. 足够 + 的 + noun; also a predicate)	出去旅行，一定要带足够的钱。 你检查一下汽车里是不是有足够的油，不然半路没有油就麻烦了。 别担心，他有足够的经验做好这个工作。 别再给我加饭了，这些足够了。
gòu 够 adj.* 1 A	enough (can be a predicate alone; oft. 够 + verb, verb + 够, less often used with a noun)	来了这么多人，准备的饭菜可能不够吃。 500 块钱应该够买去北京的火车票了。 够了！你这么没礼貌，请你出去！ 今天大家可一定要喝个 (mw.) 够、吃个够。 你需要多少时间，给你两个小时，够不够？

Note:

* 充实 v. 'to enrich', as in 1) 这些大学毕业生要去充实农村小学教师队伍 (duìwu, team). 2) 我经常看书，充实充实自己.
* 够 v. 'to reach', as in 她很聪明，上大学的时候，还不够十七岁.

---

chūjí
初级 adj.

elementary

dīliè 低劣 adj. 3 D	inferior (of quality, capability, etc.), low-grade (of character, etc.) (低, low; 劣, inferior)	这双鞋质量 (zhìliàng, quality) 低劣，几个月就穿坏了。 这么低劣的书，书店真不应该卖。 他人品 (rénpǐn, character) 低劣，我不喜欢他。
dīxià 低下 adj. 3 D	below average (of living standards, economy, status, etc.), vulgar (of character, taste, etc.) (antonym: 高尚 shàng)	这里的生活水平低下，很多人没有工作。 以前他的社会地位 (shèhuì dìwèi, social status) 很低下，但是他努力工作，最后终于当上了总经理 (zǒngjīnglǐ, general manager)。 他的人格 (réngé, moral integrity) 非常低下，你不能跟他交朋友。 他虽然地位低下，可品格 (pǐngé, character and morals) 高尚。

chū **初** adj. 2 B	at the beginning of, first	他上月初去香港旅游了。 初春是他最喜欢的时节，不太冷也不太热。 他忘不了自己的初恋 (chūliàn, first love)。 我初次和他见面时，他还是一个孩子呢。
chūbù **初步** adj. 2 B	rudimentary, preliminary, initial (of plan, opinion, result, etc.; oft. 初步 + verb*, e.g. 同意/ 解决）(步, step)	要放假了，他的初步计划是出去旅游。 这是一个初步方案 (fāng'àn, plan)，你看看 怎么样。 他初步同意 (tóngyì, to agree) 去了。 问题在会上初步解决 (jiějué, to resolve) 了。 我们的教育改革 (gǎigé, reform) 已经取得 初步的成果 (chéngguǒ, result)。
chūděng **初等** adj. 2 N/A	primary, elementary (of education, level, etc.) (antonym: 高等) (等, grade, rank)	小学是初等教育 (jiàoyù, education)，中学是 中等教育，大学是高等教育。 他只学过初等数学，没有学过高等数学。 他的法语水平 (shuǐpíng, level)，现在只能算是初 等，再过几年会提高一些。
chūjí **初级** adj. 2 B	elementary, beginner's (of school, textbook, etc.) (antonym: 高级) (级, class, level)	他上的是英语初级班。 他的汉语去年还是初级水平，可现在已经达到高 级水平了。 他现在上的是汉语初级班，明年上中级班，后年 就可以上高级班了。
dī **低** adj.* 2 B	low (of height, level, standard, etc.; used literally or figuratively) (antonym: 高)	那架飞机飞得很低，好像在找什么。 我们学校低年级的学生比高年级的多。 他在家里怕老婆，地位比较低。 他的汉语水平比她低，看不懂中国电影。
dījí **低级** adj. 2 D	low (of level, form, etc.), vulgar (antonym: 高级)	她年轻，刚从学校毕业，是公司里的低级职 员 (zhíyuán, office employee)。 他努力工作，很快就从低级职员变成高级职员 了。 这个电影低级庸俗 (yōngsú, vulgar)，我一 点儿都不喜欢看。 他从来不说低级下流 (xiàliú, obscene) 的话。

Note:

* In Chinese, adjectives can modify verbs, as in 听到老师叫他, 他非常<u>紧张</u> (adj. jǐnzhāng, nervous)
地站了起来.

* 低 v. 'to lower', as in 他喜欢低着头走路.

➢ 黄色 adj. 'obscene, dirty', as in 他父母不许他看黄色电影.

➢ 低档 dàng 'cheap and substandard (referring to concrete items)', as in 他没有钱, 穿的用的都是低
档的东西.

chúle...yǐwài
除了...以外 ph.
(see also 另外)

except

chúle **除了** prep. 2 C	except (oft. 除了…都…), besides (oft. 除了…, 还/ 也/ 又/ 只…) (if same subject, 除了 can be placed before or after the subject of the first clause; if different subjects, 除了 tends to be placed before the subject of the first clause)	除了小王, 大家都来了。 大楼里除了那个教室还开着门, 别的都关着。 除了看书, 他还喜欢听音乐。 他家小狗除了喜欢去河边, 也常常和他一起 去爬山。 除了去旅游的, 我们都来参加他的生日晚会了。 除了她的妈妈, 没有人喜欢她最近刚认识的 男朋友。 除了你去请他, 没有别的办法。 除了苹果, 他又买了一斤葡萄。 除了汉语, 她只会说英语了。
chúle…yǐwài **除了…以外** ph. 2 A	except (oft. 除了…以外, … 都…), besides (oft. 除(了)… 以外, …还/ 也/ 又/ 只…; 以外 can be omitted or replaced by 外/ 之外)	他除了汉语以外, 别的什么都不会了。 除了他没来以外, 我们都来了。 花园里除了花草以外, 还有三棵树。 我每天除上课以外, 也常去锻炼身体。 除了帮我复习功课外, 他又把他的电脑借 给我用。 这个小镇除了几个商店之外, 只有一个小 饭馆儿了。

Note:
➤ 除了…, 就是/ 便是… '… or … ', as in 他每天除了喝酒, 就是睡觉.
➤ 除非…, 否则 fǒuzé… 'unless + condition, otherwise…', as in 除非你去请他, 否则他是不会来的.

---

chǔcáng
储藏 v.

to store

chǔbèi **储备** v. 3-2 D	to reserve (usu. concrete items) (储 to store up, 备 to prepare)	这些东西是我买来储备的, 在没有电的时 候用。 这次出海时间长, 我们要多储备一些水。 他家里总是储备一些吃的。
chǔcáng **储藏** v. 3-2 D	to store, to contain (natural resources; usu. a large number of concrete items) (藏, to hide)	地下室储藏了不少好酒。 这种白菜不能长期储藏。 那里储藏着丰富的铁矿 (tiěkuàng, iron ore)。 我家的酒储藏在地下室。
chǔcún **储存** v. 3-2 D	to save (money, etc.), to store and preserve (存, to keep)	他为孩子以后上大学储存了不少钱。 苹果比较容易储存。 冬天快到了, 多储存点儿白菜过冬。

这种水果不容易储存，如果储存得不好，很快就不能吃了。

cúnchǔ **存储** v. 3-2 N/A	to store, to memorise (a technical word, mostly referring to computer and electronics technology)	他的书存储在光盘 (guāngpán, laser disk) 里。 电脑可以存储很多东西。 存储在光盘里的是他的书。 光盘可以用来存储信息 (xìnxī, information)。

---

chuān
穿 v.   to wear

chuān **穿** v. 2 A	to wear, to put on (clothes, shoes, socks, etc.; but not hats) (reduplication: A(一)A) (antonym: 脱 tuō)	她穿了一条红裙子，很漂亮。 鞋和袜子都太小，他穿不进去。 快把衣服穿好，我们该走了。 他今天穿得很整齐，跟以前不一样。 外边很冷，他把外衣脱下来给儿子穿上了。 今天你穿不穿这件上衣？ 来，你穿(一)穿这件看看。
dài **带** v. 2 A	to carry with oneself, to take, to bring (not necessarily on one's body; a generic term with a wide range of usage)	他身上带了不少钱，因为要买很多东西。 这次出去旅行，他行李带得不多。 你千万别忘了把飞机票带上。 你来我家的时候，请把那本书给我带来。 你这次去中国，带你的两个孩子吗？
dài **戴** v. 2 A	to wear (accessories, including hats, earrings, etc.) (reduplication: A(一)A)	他戴眼镜，他的姐姐不戴。 外边刮大风，你最好戴个帽子出去。 我没戴表，麻烦你告诉我现在几点了？ 她首饰 (shǒushì, jewellery) 总是比我戴得多。 这个你戴(一)戴看，喜欢吗？

Note: 他带着一束花去医院看朋友，花 not necessarily decking his body. 今天他们结婚，她头上戴着花，他胸前也戴着花，花 on them.

---

cì
次 mw.   times (verbal measure word)

biàn **遍** mw. 2 A	times (describing the repetition of an action; stressing that an action takes place from the beginning to the end, involving a course) (reduplication: AA, 一 A 一 A, 一 A 又一 A)	那个电影很有意思，他看了两遍。 他没有听懂，就又听了一遍录音。 我这是第三遍看这个电影了，真好看。 这些汉字他已经写了几遍了，可是还没有记住。 他一遍遍/ 一遍一遍/ 一遍又一遍地练习写那些汉字，现在终于都会写了。

cì 次 mw. 2 A	times (similar to 遍, but not emphasising the whole course, merely referring to the repetition of an action) (reduplication: AA, 一 A 一 A, 一 A 又一 A)	我去了一次，可是没有见到他。 他这是第二次来北京了，上一次是九月。 我给他打过好几次电话了，他都不在。 别忘了吃药，一天三次，每次两片。 他一次次/ 一次一次/ 一次又一次/ 地来找她，可她就是不想见他。
huí 回 mw. 1 A	times (similar to 次, but informal) (reduplication: AA, 一 A 一 A, 一 A 又一 A)	这个商店我来过一回。 他借了我的书，我要了好几回他都没还 (huán, to return)。 这是小王第一回去澳大利亚。 自从毕业以后，我们连一回面都没见过。 他一回回/ 一回一回/ 一回又一回地讲那点儿事儿，我们都听烦 (fán, to be annoyed) 了。
tàng 趟 mw. 1 B	times (stressing an action moving back and forth, e.g. a return trip) (reduplication: AA, 一 A 一 A, 一 A 又一 A)	今天他去了一趟医院，他的好朋友病了。 他喜欢去商店，一个星期去四五趟。 这是他第三趟来北京，不用再问路了。 妈，我出去一趟，下午回来。 他一趟趟/ 一趟一趟/ 一趟又一趟地去看她，可是都没有见到她。

Note:

➢ When a measure word is used to describe frequency of an action, verb + measure word, as in 今天他去了一趟医院. When describing the order (the first time, the second time, etc.) of an action, 第 + number + measure word + verb, as in 这是小王第二次来北京了.

➢ The difference between 次 and 遍 is that the latter emphasises a beginning-to-end process. For example, 那部电影他看了两次, he watched twice, but not necessarily from the beginning to the end. 那部电影他看了两遍, he watched twice, from the beginning to the end. 我去了一次北京, not 我去了一遍北京, because unlike 看/ 听, 去 here doesn't involve an obvious beginning-to-end process.

➢ 次/ 回/ 趟 + noun, as in 1) 第一次 (First) 全国人民代表大会 (National People's Congress) 是在北京开的. 2) 我问他问了半天，才知道原来是这么一回事儿 (I got to know the truth only after interrogating him for a long time).

---

cōngming
聪明 adj.   **clever**

cōngming 聪明 adj. 2 B	clever, intelligent (of sth. animate or inanimate; originally 聪, good hearing, 明, good eyesight, so Chinese set phrase: 耳聪目 mù 'eye' 明) (antonym: 笨 bèn)	他很聪明，一点儿都不笨，什么东西一学就会。 你是一个聪明人，应该知道怎么做才对。 这些年来，他一边工作一边学习，人也变得聪明起来。 这不是一个聪明的办法，别这样做。 小王很聪明，十六岁就上大学了。 不要自作聪明 (to think oneself clever)，多听听别人的意见 (yìjiàn, idea)。

jīzhì **机智** adj. 2 D	quick-witted, resourceful (of a person) (机, chance; 智, wisdom)	他机智勇敢 (yǒnggǎn, brave) 地抓住了那个坏人。 他十分机智，让他去最好。
jiǎohuá **狡猾** adj. 2 C	foxy, cunning (of sth. animate; with a derogatory connotation) (antonym: 单纯 dānchún)(狡, crafty; 猾, sly)	那只狐狸 (húli, fox) 狡猾得很，这几天已经吃了我家三只鸡了。 他狡猾的样子使我感到很不舒服。 他像一只狡猾的老狐狸，和他做生意你千万要小心。 他看起来很单纯，其实 (qíshí, in fact) 非常狡猾。
jīngmíng **精明** adj. 2 N/A	shrewd (oft. of a person; complimentary or pejorative) (精, clever; 明, bright)	他是一个精明能干的人，我们都很喜欢他。 小心点儿他，他可精明了。 他做事不太精明。
línglì **伶俐** adj. 2 D	bright, quick-witted and lovely (usu. of a person) (antonym: 笨拙 bènzhuō) (伶, bright; 俐, sharp)	那个孩子聪明伶俐，像她姐姐一样。 参加演说的学生们个个都口齿伶俐 (articulate)，讲得非常好。
jīling **机灵** adj. 2-1 D	smart, readily responsive (usu. of a person or animal) (灵, swift)	这孩子不太机灵，你要好好儿教教他。 他长着一双机灵的大眼睛。 看他那个机灵劲儿 (jìnr, energy)，一定能办好这件事。 那只小猫机灵得很，别的猫都比不上它。 他比我机灵多了。
hóurjīng **猴儿精** ph.* 1 N/A	street-smart, shrewd and mischievous (with a tone of intimacy or fondness, sometimes slightly critical; usu. of a person, but could also be of animals) (猴, monkey; 精, smart)	他那个人猴儿精，不会做错的。 那些鸭子猴儿精，我一到公园它们就围上来等我给面包吃。 他虽然学习不好，但做事儿猴儿精的，从来不吃亏 (chīkuī, to suffer losses)。 你少跟她在一起，她猴儿精猴儿精的，你会吃亏的。
líng **灵** adj.* 1 D	quick, bright, sharp (of a person or thing)	他比姐姐灵多了，什么都会做。 这个学生没有那个学生灵，怎么教也不会。 跟人比起来，狗的嗅觉 (xiùjué, the sense of smell) 要灵得多。

Note:

* 猴儿精: In Chinese culture, monkeys are considered smart, and also playfully naughty. The Chinese are by and large fond of monkeys, possibly influenced by the classic tale, *The Monkey King*.
* 灵 adj. 'efficacious', as in 1) 这药可真灵，一吃病就好了。 2) 他汽车的闸 (zhá, brake) 有点儿不灵了，要快去修修。
➢ 机智 n. 'alertness', as in 他的机智是谁都比不上的。
➢ 小聪明 ph. 'petty trick', as in 不要耍 (shuǎ, to play) 小聪明 (petty trick)，要认真工作。

cóng
从 prep.

from

yóu 由 prep.* 3 B	from (referring to a starting point in time, place, development, change, scope, etc.)	他们由北京出发，游览了四个地方。 由早上八点开始，他一直工作到吃午饭。 去公园，由小路走过去比较方便。 由此看来，你还是别去为好。 由工人变成歌星，他一夜成名。
zì 自 prep. 3 B	from (referring to a starting point in time, place, scope, etc.; verb + 自 + noun, as a complement)	他自小就喜欢唱歌，现在成了歌唱家。 自古 (gǔ, ancient times) 以来，人们就习惯在中秋节的时候吃月饼。 这条消息 (xiāoxi, news) 引 (yǐn, to quote) 自《北京日报》。 他们自下而上地把楼里打扫了一遍。 我来自北京，他来自上海。
cóng 从 prep. 2 A	from (referring to concrete or abstract items), since (a time), through (referring to a place, a starting point of development, change, viewpoint, scope, etc.)	汉语课从早上八点开始，上两个小时。 他是从澳大利亚来的。 去城里，开车从一号公路走比较近。 从他的眼睛里，我可以看出他很不高兴。 每一件事情，都要从好、坏两个方面来看。 从不懂到懂，他在学习上取得了很大的成绩。
zìcóng 自从 prep. 2 B	since (a starting point in the past)	自从今年春天，这里一直没下过雨。 自从家里买了电脑以后，他就不用老去大学用电脑了。 自从天天锻炼半小时以后，他的身体好了很多。 自从大学毕业以后，我们再也没有见过面。
dǎ 打 prep. 1 C	from, since	打今天起，他每天都会学一个小时的汉语。 他打北京来。 我今天下班后可以打你家门口过，去跟你借那本书，好吗？ 打儿子出生那天起，全家人就都忙了起来。
zìdǎ 自打 prep. 1 N/A	since (a certain time in the past; northern dialect)	自打认识了女朋友以后，他开心了很多。 他自打进门，就一句话也没有说过。 自打有了女儿以后，因为没有时间，他就很少出去和朋友们一起看电影了。 自打来到中国以后，他的汉语提高了很多。

Note: *由 prep. 'by', as in 去不去中国，这要由你自己来决定; 'because', as in 他肚子痛是由吃了不干净的东西引起 (yǐnqǐ, to cause) 的.

cóng...qǐ
从...起 ph.　　　　　　　　　　　　　　　　　　　　**from**

cóng...chūfā 从...出发 ph. 3-2 B	starting off from (referring to concrete or abstract items) (出发, to set out)	我们从学生的需要出发，改变了原来的计划。 从身体健康出发，他现在已经不再吸烟了。 他们从图书馆出发，围着校园跑了一大圈 儿 (quānr, circle)。 他们这次没有从图书馆出发，而是从办公楼 出发的。
cóng...dào 从...到 ph. 2 A	from ...to (referring to concrete or abstract items)	他总是很忙，从早到晚都在工作。 今年从一月到三月，这里经常下雨。 从大学到机场，开车要半个小时。 他非常努力地学习，在我们班里从成绩最差 的变为成绩最好的。 那个商店很大，从吃的到用的，什么都有卖的。 那个歌星很受欢迎，从大人到孩子，谁都喜欢 他。
cóng...láikàn 从...来看 ph. 2 D	from the point of view of, based on, as far as ... is concerned	从他的成绩来看，他最近学习不太努力。 从你的脸色来看，你现在的身体好多了。 学生总是去上他的课，从这一点来看，他讲 课应该是不错的。 听说他又离婚了，从这件事儿来看，他在婚 姻上的运气 (yùnqi, luck) 不太好。
cóng...qǐ 从...起 ph. 2 A	from (referring to time, place, etc.)	我们从今天起放两个星期的假。 他以前没有学过汉语，要从第一课学起。 相片上，从左起第一个就是他。 他太高兴了，都不知道从哪儿说起了。

---

cuòwù
错误 n.　　　　　　　　　　　　　　　　　　　　**error**

guòshī 过失 n. 3 D	negligence, fault (usu. unintentional) (失, mishap)	他为自己的过失而感到不好意思。 他这次在工作上的过失很大，给大家带来不 少麻烦。 由于工作上有过失，这个计划没有能够圆满 (yuánmǎn, perfectly) 地完成。 他工作了很多年了，很少有过失。 这是因为工作不认真出现的过失。 他的过失使大家的工作都没有完成。 这次出现过失，要仔细找出原因，下次一定 不要再出现这样的过失了。

piānchā **偏差** n. 3 D	deviation (from a standard, policy, etc.), error (of work, etc.) (偏, to miss the target, 差, difference)	这个决定 (juédìng, decision) 和有关政策 (zhèngcè, policy) 有偏差。 这个工作很重要，不能出一点儿偏差。 如果发现 (fāxiàn, to find) 有偏差，要马上改正 (gǎizhèng, to correct)。
quēxiàn **缺陷** n. 3 D	imperfection (of physical, mental, system, etc.; 弥补 míbǔ 'to make up' + 缺陷; not 改正 + 缺陷) (缺, lack; 陷, deficiency)	他虽然腿有缺陷，但是比谁工作得都好。 他的缺陷是不知道怎样跟别人交谈。 身体上的缺陷给他带来很多不便。 这个城市的缺陷是人太多，树太少。 他们大学在管理 (guǎnlǐ, management) 上还有不少缺陷。 他一有时间就看书，弥补知识 (zhīshi, knowledge) 不足 (zú, sufficient) 的缺陷。
shīwù **失误** n.* 3-2 D	lapse, slip (误，mistake)	这个失误跟他没有关系。 在今天的篮球赛中，他们失误太多。 他工作特别仔细，很少有失误。 他的失误很严重，给工作带来了很大的损失 (sǔnshī, loss)。
wùchā **误差** n. 3-2 D	inaccuracy (of a number, calculation, etc.)	你知道这个误差是多少吗？ 没有误差是他们所希望 (xīwàng, to hope for) 的。 用这种办法算的数字误差很小。
cuòwù **错误** n. 2 A	error (in a specific or general sense; unintentional or intentional; 犯/有 + 错误; a stronger word than 差错) (错, wrong)	犯 (fàn, to make) 了错误，就要马上改正。 他不太好意思指出别人的错误。 我写的汉字有什么错误吗？ 他的错误十分严重。 汉字他都写对了，没有错误。 这次足球赛中，你们犯了几个错误，下次一定要注意。 他工作认真，很少犯错误。 他犯了一个大错误。 每个人都是在犯错误中成长起来的。
duǎnchu **短处** n. 2 D	shortcomings (oft. used in a general sense) (antonym: 长处) (短, short; 处, place)	他指出了我的短处，告诉我要认真改正。 他的短处是学习不认真。 看人要多看长处，不能只看短处。 我们都有长处，也都有短处。重要的是我们要取 (qǔ, to get) 别人的长处，补 (bǔ, to mend) 自己的短处。 他这个人有很多长处，也有很多短处。 我们应该学习别人的长处，弥补自己的短处。 别老看孩子的短处，要多鼓励 (gǔlì, to encourage) 他们。

quēdiǎn **缺点** n. 2 B	disadvantage, fault, flaw (of a person or thing; 错误 and 缺点 oft. used together) (antonym: 优点 yōudiǎn) (点, point)	父母要帮助孩子改正他们的缺点。 这辆汽车的缺点是太费 (fèi, to waste) 油。 我的错误缺点不少，你的优点很多，请多帮助我。 他是一个很好的孩子，缺点不多。 他的缺点是只喜欢听好话。 她觉得高跟鞋的缺点是走路要特别小心。 缺点人人都有，只不过是有多有少罢了 (bàle, as a sentence final phrase, 'that's all')。 他这个人优点很多，缺点也不少。 不喜欢锻炼身体是他的缺点之一。
shìgù **事故** n. 2 C	accident, mishap (usu. happening in production) (事 thing; 故, accident)	那个事故是在哪里发生的？ 工厂里最近出了几次大事故。 你不能在这里吸烟，不小心是要出事故的。 这次事故是吸烟引起 (yǐnqǐ, to cause) 的。
chācuò **差错** n. 2-1 D	mistake (referring to inaccuracy in work, study, daily life, etc.), misfortune (出/ 出现/ 有 + 差错)	晚上开车要特别小心，千万不能有差错。 他很认真，工作上从来没有出过差错。 我姐姐总是比我少出差错，因为她比我做事仔细。 你觉得我的工作有什么差错吗？ 他看了一遍那个计划，没看出什么差错。 他指出了老师讲课中的几个差错。 他工作不认真，经常出差错。 这次没有成功 (chénggōng, successful)，他不知道是哪里出了差错。
cuòr **错儿** n. 1 A	error (usu. of daily life, etc.)	这是我的错儿，真对不起。 他办事很少出错儿，大家都喜欢他。 你汉语说得很好，没什么错儿。 这次考试他的错儿不多。 这不是他的错儿，是我的错儿。 他写的文章 (wénzhāng, article) 里有两个错儿。 这是我写的汉字，请帮我挑挑 (tiāo, to find) 错儿。 他的汉语说得不好，有很多错儿。 他工作不太认真，大错虽然没有，但是小错儿不断 (duàn, to stop doing sth.)。
máobìng **毛病** n. 1 B	fault, defect, illness (of person, machine, etc.) (毛, careless; 病, disease)	我弟弟的坏毛病是早上不想起床。 那个人说的汉语有不少毛病。 这个汽车有什么毛病？ 他爸爸的腿有毛病，走路走得很慢。 他这个人很好，没有什么坏毛病。 他的毛病是学习不努力。 他的老毛病又犯了，头疼得很厉害。

他家的电话有点儿毛病，说话听不清楚。
他毛病多，吃饭凉了不行热了也不行。
你要把这个毛病改一改了，这样对你有好处。
他对老师说一定会把迟到的毛病改掉。
我从来不惯 (guàn, to spoil by indulgence) 他
毛病。
你脑子有毛病哪！怎么能这么说话?!

Note:

* 失误 v. 'to slip up', as in 他今天身体不好，比赛的时候失误了两次.

➢ Monosyllable + 错, disyllable + 错误: 改错 vs. 改正错误, 出错 vs. 出现错误.

➢ 错/ 错误 adj. 'wrong', as in 1) 这是一个错字. 2) 他的想法十分错误.

---

cuòzì
错字 n.   **miswritten character**

biézì **别字** n. 2 N/A	misplaced/ mispronounced character (confused with other characters; oft. 错字 + 别字 = 错别字) (别, other)	这是一个别字，"包子"的"包"不是"吃饱"的 "饱"。 你看，又读 (dú, to read) 别字了，这应该是 "已经"的"已"，不是"自己"的"己"。 只要你认真学习，错别字会越来越少的。
cuòzì **错字** n. 2 C	miswritten character (usu. not a Chinese character at all; in writing) (错, wrong)	他的中文不太好，经常写错字。 这个字是错字，这里少了一个点儿。 他最怕写汉字，不是这里多一个什么，就是 那里少一个什么，错字很多。 老师叫学生把错字都找出来。
báizì **白字** n. 2-1 N/A	misplaced or mispronounced character (oft. spoken)	他的汉语很不错，很少听到他念 (niàn, to read) 白字。 你念了一个白字，"音乐"的"乐"读 yuè, 不 读 lè, lè 是"快乐"的"乐"。 他是老师，可是学生说他经常写白字。

Note: 错字 is wrongly written, 别字 and 白字 are correctly written characters but used in the wrong place. 别字 and 白字 are interchangeable, except that the latter is informal and used more in spoken Chinese, e.g. 他念了一个白字, 觉得很不好意思.

D

dàgài
大概 adv.   **probably**
(see also 多①)

dàtǐ **大体 adv.** 3 D	generally, more or less (of situation, not of quantity) (体, body)	他说的大体上和我说的一样。 考试我大体准备完了，希望这次能考好。 这样做大体上可以，你去做吧。 大体上说，我们需要一个月做完这个工作。 他用英语讲课时，我大体上能听懂。
huòxǔ **或许 adv.** 3 D	perhaps, maybe (或, or; 许, perhaps)	他今天没有来上课，或许是病了。 那家餐馆的菜或许比这家的好吃。 他的书或许对你有用。 或许是他把这件事情告诉老师了。 他或许累了，回到家里就上床睡下了。
dàgài **大概 adv.*** 2 A	probably, roughly (of estimation of situation, occasionally of a time or quantity; more certain than 也许, 或许) (概, approximate)	她是第一次离开家，大概想家了。 才六点钟，他大概还没有起床呢。 时间不多了，我大概说一下吧。 这么晚了，他大概不会来了。 他大概下个星期能来北京。 他离开办公室很长时间了，现在大概已经回到家了吧。
dàyuē **大约 adv.** 2 B	approximately, probably (usu. of quantity) (约, about)	我们班大约有二十个人。 他大约是在去年三月份去的北京。 这件衣服大约一百元钱。 飞机上坐着大约一百人。 这里的学生大约是从二十个国家来的。
dàzhì **大致 adv.*** 2 C	in general, roughly (of situation or quantity; more certain than 大概 and 大约)	我和他的爱好大致相同 (xiāngtóng, same)。 这个问题大致可以用三个办法来解决。 这本书我大致看了一遍，还不错。
kǒngpà **恐怕 adv.*** 2 B	perhaps, maybe (indicating some worries; used before or after a subject) (恐, to fear)	他病了，恐怕今天不能来了。 天上有很多黑云，恐怕要下雨了。 恐怕你还不知道吧，他是她的男朋友。 已经八点了，他恐怕不来了。
yěxǔ **也许 adv.** 2-1 A	maybe, probably (can be used alone, or start a sentence; used more oft. than 或许; sometimes indicating a polite affirmation)	他今天也许不来了。 也许你不记得我了，但我还记得你。 我也许去，也许不去，现在还不知道。 A: 这么晚了，他可能不会来了。 B: 也许吧。

你也许应该去看看他，他现在很需要你。

| pà
怕 adv.*
1 B | perhaps, maybe (indicating some worries, oft. used with 吧; used before or after a subject) | 来了这么多人，椅子怕不够坐吧。
这么晚了，他今天怕是回不来了。
这本书怕是有四五百页吧。
他呀，怕有七十岁了。
怕是他想去，你不想去吧。 |

Note:

* 大概 adj., 'general', as in 他的汉语不太好，只听懂了大概的意思.
* 大概 n., 'a general idea', as in 他的汉语不太好，只听懂个大概.
* 大致 adj. 'rough', as in 他对这个问题作了一个大致的分析 (fēnxī, analysis).
* 恐怕 v. 'afraid (a polite word)', as in 对不起，我恐怕明天去不了了.
* 怕 v. 'to fear', as in 我最怕见到他了，一说起话来就没完.
➤ 可能 is commonly classified as an auxiliary verb, as in 今天可能要下雨. It is also a noun, as in 我看是有这种可能的; an adjective, as in 借给你钱是不可能的，因为他自己也没有钱.

---

dàjiā
大家 pr.   everybody

gèwèi 各位 pr. 3 N/A	Ladies and Gentlemen, everyone (各, each; 位, respectful form of a measure word for people)	各位来宾 (bīn, guest)，晚上好！ 欢迎各位的光临 (guānglín, to be present)。 谢谢各位！ 我代表同学们对各位老师表示感谢。 各位请坐。 各位旅客请注意，下一站是北京站。 这家饭店的开张全靠 (kào, to rely on) 各位朋友的大力帮忙。 祝各位有一个愉快的夜晚！ 请各位安静一下，现在我们开会。
zhūwèi 诸位 pr. 3 D	Ladies and Gentlemen (a polite word) (诸, all)	诸位来宾，新年好！ 诸位有什么要求请告知，我们一定尽力而为 (to try one's best)。 我有一个问题想请教诸位。 感谢诸位光临。 晚饭后，诸位可以去花园走走。 他向诸位表示谢意。 有关这个问题，我愿意和诸位商讨 (shāngtǎo, to discuss) 一下。 请诸位多多关照 (guānzhào, to look after)。 为诸位的健康，干杯 (gānbēi, Cheers)！
dàjiā 大家 pr. 2 A	everybody (sometimes excluding certain people; pronoun + 大家, not noun + 大家)	大家不要着急，我先打个电话问问。 我们大家都会去参加你的婚礼。 你去告诉大家，他今天病了，不用等他了。

这是大家的事，不能你一个人说了算，
应该由大家来做决定 (juédìng, decision)。
你就唱吧，你看大家都等着听呢。
我想听听你们大家是怎么想的。
他们大家都想来看看你，但是车坐不下。
请大家起立 (qǐlì, to stand up)，唱国歌。
你给大家讲一讲吧。
你想去看电影，可是大家不想去呀。
每天上课前，老师总是对我们说: "大家好!"
祝大家旅途 (lǚtú, trip) 愉快!

měigèrén
每个人 ph.
2 N/A

each one, every one (stressing 'individuals')

每个人都说这里的风景很漂亮。
他在这里工作了三十多年了，这里的每个人他都认识。
我们每个人都有自己的爱好。
他不可能知道你们每个人都在想什么。
他对每个人都说他会好好儿工作的。
今天是圣诞节 (Shèngdànjié, Christmas Day)，在座的每个人都有一份圣诞礼物。
每个人都要按时 (ànshí, on time) 来上课。

dàhuǒr
大伙儿 pr.
1 B

all people (pronoun + 大伙儿, not noun + 大伙儿; sometimes excluding certain people; also 大家伙儿) (伙, partnership)

开完会以后，我们大伙儿都回家了。
你们大伙儿说说，我应不应该去?
大伙儿都不知道他去哪儿了，你就别问了。
这些是给大伙儿的，你不能一个人都拿了去。
咱们大伙儿去帮帮她和孩子吧。
大伙儿的话是对的，我还是应该考大学。
我谢谢大伙儿了，没有你们的帮助就没有我的今天。
他的话把大家伙儿都说笑了。
麻烦你跟他们大伙儿说说，我今年没时间回老家过年了，明年一定回去。
这是他第一次在大伙儿面前唱歌。

---

dàliàng
大量 adj.   **a great quantity**
(see also 多③④)

dàzōng
大宗 adj.
3 N/A

a large amount of (goods, business, etc.) (宗, mw.)

最近公司有不少大宗生意 (shēngyi, business)，我们都很高兴。
春节的时候，各个商店都买进了大宗货物 (huòwù, goods)。
他的大宗生意都是在上海做的。
他最近得到了不少大宗生意。

zhòngduō **众多** adj. 3 D	numerous, multitudinous (oft. of people) (众, numerous, a crowd)	中国是一个人口众多的国家。 中国人口众多，土地辽阔 (liáokuò, vast)。 他过生日的时候，众多朋友打来了电话。 这里的风景吸引了众多的游客。 这本新书吸引了众多的读者。
dàliàng **大量** adj.* 2 B	a great quantity of (concrete or abstract items, emphasising mega-amount) (antonym: 少量) (量, quantity)	为了写好这本书，他花了大量的时间。 大量的工作使他周末都要去办公室。 春节的时候，商店卖出大量的水果和蔬菜。 今天是周末，大量的车都向城外开去。 他往面里放了大量的糖，少量的鸡蛋，准备做一个蛋糕。
dàpī **大批** adj. 2 B	a large quantity of (concrete items, emphasising a large quantity of each batch or lot; 一大批, bigger quantity than 大批) (reduplication: ABAB) (antonym: 小批) (批, group)	今年有大批的学生来这里学习汉语。 大学图书馆最近买了大批的图书。 这个超市 (chāoshì, supermarket [abbreviation of 超级市场]) 进 (to stock) 了大批的水果。 每年都有大批大批的外国人来中国旅游，他们喜欢去北京、西安等城市。 最近来这里旅游的人都是一大批一大批的，来得可真不少。

Note: *大量 adj. 'generous', as in 他这个人很大量，朋友们都喜欢他.

---

dānxīn
担心 v.   to worry

dānyōu **担忧** v. 3 D	to be anxious about (usu. not for the speaker's sake; not 担忧 + object; a stronger word than 担心) (担, to carry; 忧, concern)	他身体不好，我们都很为他担忧。 孩子这么晚了还没有回家，妈妈十分担忧，站在门口等着他。 我们为国家的前途 (qiántú, future) 而担忧。 儿行千里母担忧 (A mother always worries about a son who is far away)。
yōulù **忧虑** v. 3 D	to be worried, to be uneasy about (fearing sth. bad may happen; usu. not 忧虑 + object) (antonym: 快乐) (虑, worry)	小王病得很重，大家都非常忧虑。 他为毕业以后能不能找到工作而忧虑。 明天就要考试了，他有点儿忧虑不安。 他进门以后一直没说话，好像有些忧虑。 不要老是忧虑，快乐一些对身体才好。
dānxīn **担心** v. 2 B	to worry, to be concerned (insertable) (antonym: 放心) (心, heart)	考完试以后，他很担心，担心成绩不好。 就要考试了，他担心得吃不下饭。 他一到北京就打电话告诉在上海的妈妈，他一切都好，让妈妈放心，千万 (must) 别担心。 他现在还没有到，我们都担心起来。 这又不是你做的，你担什么心？

fāchóu 发愁 v. 2 D	to be worried (usu. not 发愁 + object; insertable) (发, to develop; 愁, anxious)	别发愁，我们会帮助你的。 她什么事情都爱发愁，所以身体不太好。 学校需要建更多的教室，可是钱不够，大 家都有点儿发愁。 你发什么愁，事情没有你想的那么不好。
kǒngpà 恐怕 v.* 2 B	to dread (恐怕 + object; not 很/ 非常 + 恐怕)(恐, to fear; 怕, to be afraid)	妈妈恐怕我生病，告诉我带上药。 恐怕学生没有听懂，老师又反复 (fǎnfù, repeatedly) 讲了几遍。 恐怕冬天冷，我买了很多冬天的衣服。
cāoxīn 操心 v. 1 C	to worry about and give a lot of care to (usu. not 操心 + object; insertable) (操, to hold)	这笔 (mw.) 生意 (business) 非常不好做，真 操心。 孩子小，不懂事，以后还得请您多操心了。 这件事跟你没有关系，你操什么心！ 他儿女多，操不完的心。 这个学生不好好学习，老师操了不少心。
chóu 愁 v. 1 B	to be anxious, to worry (oft. 愁 + complement)	儿子考不上大学，妈妈都愁出病来了。 他为孩子把头发都愁白了。 考试成绩很不好，他愁得连觉都睡不着。 他有很多钱，不愁吃不愁穿的。 别愁了，愁也没用，还是多想想怎么办吧。
pà 怕 v.* 1 A	to be afraid (usu. 怕 + object)	他怕我们没有听清楚，就又说了一遍。 怕我太累，妈妈叫我早点儿上床睡觉。 这里夏天很热，但是他不怕热。 他很怕下大雨，就把窗户都关上了。 怕她不高兴，他没有和朋友们出去看电影。

Note:
* 恐怕 adv. 'perhaps', as in 今天恐怕要下雨, 你还是把雨伞带上吧.
* 怕 v. 'to fear', as in 王老师很少说话, 我们都有点儿怕他.
* 怕 adv. 'perhaps', as in 你怕是累了吧, 快休息一下.
➢ 担忧/ 忧虑 n. 'anxiety', as in 他的担忧/ 忧虑使他看起来很不快乐.

---

dānwèi
单位 n.

work unit

bùmén 部门 n. 2 B	sub-unit of a larger organisation (e.g. a department, section, division etc.) (部, section)	我们单位有三个部门，我工作的那个部门 比较小。 这件事情你应该去找推销 (tuīxiāo, marketing) 部门，问问他们怎么办好。 他管理 (guǎnlǐ, to manage) 我们学校的各个 部门，每天早来晚走，特别忙。

这个大学后勤 (hòuqín, logistics) 部门的人最少，教学部门的人最多。

dānwèi **单位** n.* 2 B	work unit (usu. referring to a state-owned office, institute, factory, etc.) (单, single; 位, place)	我不知道他在哪个单位工作。 他的单位比我的大得多，人也多很多。 他喜欢去公司 (gōngsī, company) 工作，他觉得机关单位的工资没有公司的高。
jīguān **机关** n. 2 B	office (of government, institution, etc.) (机, engine; 关, joint)	他喜欢在机关工作，不喜欢在公司工作。 他父亲在国家机关里工作了几十年。 这个政府 (zhèngfǔ, government) 机关的工作是管理学校。 他是坐机关的，工作不太忙。

Note: *单位 n. 'a unit (of measurement)', as in 公斤是重量 (zhòngliàng, weight) 单位.

---

dānwu
耽误 v.   **to delay**

tuōyán **拖延** v. 3 D	to prolong (oft. used pejoratively) (延, to delay)	这个工作要马上做，不能拖延。 昨天下了一天的雨，我们的计划只好拖延了一天。 他借别人的钱总是拖延很久 (jiǔ, a long time) 才还，所以大家都不愿意借给他钱。
tuīchí **推迟** v. 2 C	to postpone (a scheduled time, for a short or long time) (推, to push; 迟, late)	开会时间推迟了一个小时。 我们都不知道他为什么要把毕业的时间推迟一年。 推迟到明年再结婚是因为我和女朋友工作都很忙。
yánqī **延期** v.* 2 D	to defer (sth. scheduled previously; usu. for a period longer than a few hours) (期, a period of time)	因为没有准备好，演唱会延期三天。 听说展览会延期了，大家都不太高兴。 会议延期的事情你听说了吗？ 演唱会要延期多长时间？
dānwu **耽误** v. 2-1 C	to delay (emphasising the undesirable consequence as a result of being delayed; oft. caused by mishandling) (耽, to delay; 误, error)	快走吧，耽误了上课可就麻烦了。 孩子发烧要马上吃药，耽误了可不行。 他因为买不到飞机票，耽误了旅行。 看太多电视很耽误时间，也耽误学习，一点儿好处都没有。 耽误了两个小时，真是对不起。

tuī 推 v. 2-1 B	to put off, to decline	天气很不好，飞机起飞时间只好往后推了。 他病了三天，旅游的时间也推了三天。 因为工作太忙，他的假期一推再推，到现 在还没有时间去休假。 他结婚请我去吃饭，我推了没去。
wù 误 v. 2-1 C	to miss (a train, plane, etc.), to hinder	天气不好，飞机误点了。 不要让这件事误了你的前程 (qiánchéng, future)。 你已经误了好几次课了，不能再这样了。 你天天误课，大学还能考上吗？
dānge 耽搁 v. 1 N/A	to delay (sometimes indicating the delay is unexpected) (搁, to put aside)	别再耽搁了，要不就晚了。 耽搁几天没关系，我不着急。 路上耽搁了十分钟，来晚了，对不起。 你快去吧，别耽搁了你的工作。 耽搁了看电影不要紧 (not serious)，看病最 重要。
tuō 拖 v.* 1 C	to drag on	这个工作拖得太久了，应该马上做完。 他说去旅游，可是拖了一年也没去。 他学习很努力，交作业 (zuòyè, school work) 的时候从来都不会往后拖。 你都三十岁了，别再拖了，今年就结婚吧。 他一拖再拖，就是不肯把钱还 (huán, to pay back) 给我。

Note:

* 延期 v. 'to renew (insertable)', as in 他的护照已经延了一次期，这次再延期就是第二次了.

* 拖 v. 'to drag', as in 他把椅子拖了过来，坐在了我的旁边.

---

dànshì
但是 conj.   but

rán'ér 然而 conj. 3 B	however, whereas (the strongest word in this group)	我跟他谈了很久，然而他还是不想去。 我们虽然离婚了，然而还是朋友。 虽然大家都想上大学，然而并不是人人都 能考上大学的。 他歌唱得好不好我不知道，然而我知道他的 足球踢得特别好。
dàn 但 conj. 2 B	yet (unlike 但是, no pause after 但)	这双鞋好是好，但不便宜。 他的办公室是不大，但很整齐。 我们都想去旅游，但她不想去。 他不想早回家，但他的女朋友有点儿累了， 所以他们就离开了。

dànshì **但是** conj. 2 A	but (a stronger word in this group; 虽然/ 尽管 …, 但是…; 但是, oft. interchangeable with 但)	他来了，但是他的妈妈没有来。 他虽然只学了一年的汉语，但是说得已经很流利了。 尽管我们是好朋友，但是爱好却不同。 这双鞋我很喜欢，但是太贵了。 他汉语说得很慢，但是我还是听不太懂。 虽然他是我爸爸，但是我们很少见面，因为他很忙。
ér **而** conj.* 2 B	but, yet (oft. 而…却 què 'but'; no pause after 而)	这个学校女学生多，而那个学校男学生多。 他喜欢看电影，而我却喜欢听音乐。 这棵树开红花，而那棵树却开黄花。 他想跟朋友借点儿钱，而朋友却说没有钱。
zhǐshì **只是** conj. 2 B	just, though (oft. providing supplementary comments, with a milder tone; usu. no pause after 只是)	他说他也很想来，只是没有时间。 我很想去北京看看，只是没有钱。 这个城市的风景很美，只是夏天太热。 他买了那本书，只是还没有时间看。 你去也可以，只是别把孩子带去，那里的冬天太冷了。
bù(ú)guò **不过** conj. 2-1 B	but then, though (with a mild tone; as opposed to 可是/ 但是/ 然而, 不过 oft. indicates a concession, rather than a contrast)	他很忙，不过周末还是常带孩子出去玩儿。 他去过北京，不过只住了一天。 这里好是好，不过我还是喜欢我的老家。 这里的冬天很冷，不过夏天很舒服，一点儿也不热。
kěshì **可是** conj. 2-1 A	and yet, but (虽然/ 尽管…, 可是…; oft. interchangeable with 可)	我们都以为他会来，可是他没有来。 她没有很多钱，可是很愿意帮助朋友。 工作了一天，我很累，可是心情很愉快。 虽然天下着大雨，可是他还是去上课了。 如果我有钱就一定会借给你，可是我现在没有钱。

Note:
* 而 conj. 'and', as in 这个城市干净而美丽.
➤ 不过/ 只是 adv. 'only, merely', as in 我不过/ 只是随便说说, 请您别生气.
➤ 虽然/ 尽管…, 然而/ 但是/ 可是…: if two different subjects, 虽然 placed before the subject, as in 虽然今天下大雨, 可是他还是去上课了. If the same subject, 虽然 is either before or after the subject, as in 我们虽然离了婚, 可是还是朋友 or 虽然我们离婚了, 可是还是朋友. Clauses with 然而/ 但是/ 只是/ 不过 are usually the focus of the sentence; they are placed before the subject of the second clause.
➤ 却 adv. què 'but', as in 我告诉他不要去, 他却一定要去 (却 usu. placed after a subject).

dāng
当 prep.   **when**
(see also 当时)

yú 于 prep. 3 B	in (of time; 于 + time, used before or after verb/ adjective)	他生于 1985, 比他哥哥小两岁。 他于 2001 年就来到了我们大学工作，学生 都喜欢听他的课。 这种苹果于前几年开始种植 (zhòngzhí, to grow)，又大又红，很受欢迎。 学生于昨天参加了期末 (qīmò, end of term) 考试，成绩下个星期才知道。
zhèngdāng 正当 ph. 3 C	just when, just as (正, just)	孩子们正当发育 (fāyù, growth) 时期，一定 让他们吃好、睡好。 正当我要离开时，他走了进来。 现在正当考试的时候，同学们都很忙。 你们正当年轻，要多学点儿东西。
dāng… 当… prep.* 2 A	when (当 + time, indicating a point in time) (当…时, 每当 'whenever')	当他学会跳舞以后，就经常和朋友们一起 去跳舞了。 当他回到家里时，家里人早就上床睡觉了。 每当看到别人家的孩子在公园里玩，他就会 想起自己在国外读书的儿子。
dào 到 prep. 2 N/A	up to (a time, indicating an action has been happening up to a certain point in time; 直到, 一直到)	直到今天，我才知道他是她的丈夫。 你到现在还没有把工作做完，能快点儿吗？ 他每天游泳的习惯一直保持到七十多岁。 他从早上一直等到中午，你也没有来。 到今天你还不跟我讲真话，真不够意思 (to let down)。
dāng…de shíhou 当…的时候 ph. 2-1 B	while (similar to 当 and 当… 时)	当女儿见到我的时候，她高兴地跑了过来。 今天是妈妈的生日，当爸爸进门的时候，手 里提着一个大蛋糕。 当我看电视的时候，他就把晚饭做好了。 当我打电话的时候，他开车走了。
zài 在 prep.* 2-1 A	at (indicating a point in time or a period of time)	这件事情发生 (fāshēng, to happen) 在去年。 他是在上个星期去的大学图书馆，借了几本 中文书。 在他进屋时，我看到他手里端 (duān, to hold sth. level) 着一碗面条。 在孩子不想睡觉的时候，给他们听听音乐。

Note:
* 当 prep. 'in front of', as in 当着爸爸的面, 我不好意思说这件事情.
* 当 v. 'to be', as in 他是今年来我们学校当老师的.

* 在 adv. 'in the process of ', as in 他在看电视.

---

dāngshí
当时 n.   **at that moment**
(see also 当)

dāngchǎng **当场 n.** 2 D	then and there, on the spot (当, just; 场, spot)	听了医生的话，她当场就哭了起来。 他当场给我们大家唱了歌，唱得很不错。 他当场就拿出很多钱给了那个孩子。
dāngchū **当初 n.** 2 C	in the beginning, at that time (less specific and with a longer time period) (antonym: 现在) (初, beginning)	当初他什么都不是，可现在已经是很有名的 人了。 如果不是当初他们好心帮忙，我是很难完 成这个工作的。 早知今日，何必当初? (You brought this upon yourself.)
dāngnián **当年 n.*** 2 B	in those days or years (referring to a short or long period of time)	当年他家没钱，所以上不了大学。 想当年，我们还是学生，整天快活得很。 当年这里还是一片空地，现在已经建了很多 大楼了。 从相片上看，当年的她是又年轻又漂亮。 他一想起幸福的当年，就常常会高兴地唱起 歌来。
dāngshí **当时 n.*** 2 B	at that moment (usu. referring to a short period of time, and specific)	他去机场的时候，当时路上车很多。 他不记得自己当时都说什么了。 当时他还不知道，后来才知道这件事。 我见过他，当时他穿着一件白上衣。 车祸 (chēhuò, car accident) 发生的当时没有 别人在场 (zàichǎng, to be on the scene)。
dàngtiān **当天 n.** 2 D	that very day, same day	他昨天早上去了北京，当天晚上就回来了。 老师对我们说当天的作业要当天完成，这样 对我们的学习会有帮助。 饺子最好当天吃完，第二天就不好吃了。 这件事他是在当天的电视新闻 (xīnwén, news) 上看到的。 考试的当天刚好是他的生日。
nàshí **那时 ph.** 2 D	at that time (usu. for sth. in the past, sometimes for the future as well) (antonym: 这时/ 这时候)	他父母很早就离婚了，那时他还小，不记得 什么了。 他早上七点就去学校了，那时天正下着雨。 那时他还是一个学生，在上大学二年级。 现在你不好好学习，将来找不到好工作，那 时就什么都晚了。

| nàhuìr 那会儿 ph. N/A | then (usu. referring to sth. in the past) (antonym: 这会儿) (会儿, time) | 他小时候那会儿觉得巧克力最好吃，可是这会儿却不这样想了。
那会儿他刚开始工作，还挺努力的，可是现在不一样了。
十年前他在北京上学，那会儿他还年轻。 |

Note:
* 当年 n. 'in the prime of life (informal)', as in 1) 想当年，我也是一个年轻、漂亮的女孩儿. 2) 人年纪大了，身体不比当年了。
* 当时 n. 'then and there', as in 火车票不用提前 (tíqián, in advance) 买，当时买就可以.

---

dàochù
到处 adv.   all over

chùchù 处处 adv. 2 C	everywhere, in all respects (referring to concrete or abstract items)	我们的老师很好，处处关心学生。 公园里处处都是鲜花，漂亮极了。 他处处都好，就是不喜欢说话。 他时时 (all the time) 处处为儿女着想 (zhuóxiǎng, to bear in mind the interest of)，真是一个好父亲。
dàochù 到处 adv. 2 B	all over, around, everywhere (oft. referring to concrete items)	大学开学的第一天，学校里到处都是人。 他忘了把眼镜放哪了，到处找也没找到。 他家里到处都是书，像个图书馆。 他儿子长得很快，现在都能到处跑了。 原来这里什么都没有，现在到处都是树。 妈妈下个星期来看我，我想陪 (péi, to accompany) 她到处走走。
sìchù 四处 adv. 2 C	all around	这个国家的足球队赢了，大家四处奔走相告，喝酒庆祝。 他为了儿子的工作，四处找朋友帮忙。 孩子很晚没有回家，他就四处打电话问。 他四处看了看，没看到有人。

Note: Chinese set phrase pattern '四 A 八 B': A and B are similar in meaning, such as 四面八方 (sìmiànbāfāng, in all directions), 四通八达 (sìtōngbādá, to extend in all directions), 四平八稳 (sìpíngbāwěn, very steady and well-balanced).

---

dàodá
到达 v.   to arrive

| dá 达 v. 3 C | to reach (a place, a figure, quantity, etc.) | 这个大学的学生人数已达两万人。
他坐的火车是直 (zhí, non-stop) 达北京的，今天下午就可以到了。 |

这栋房子，价钱高达五百万人民币。

宽 (kuān, width) 达八百多米的河，你能游过去吗？

dǐdá **抵达** v. 3 D	to arrive (oft. of an important figure, a significant situation), to reach (a place) (抵, to prop up)	总理 (zǒnglǐ, prime minister) 将于下个星期三抵达这里。 这个代表团 (dàibiǎotuán, delegation) 抵达的时间是今天下午两点。 他坐的飞机明天中午抵达北京。
zhì **至** v. 3 B	to reach (a time, place, etc.; usu. not used on its own; oft. verb + 至)	他至今还不知道谁是他的父亲。 这本书你可借至月底 (běnyuèdǐ, end of this month)。 展览馆的展出时间至一月五日截止 (jiézhǐ, to end)。 我们办公室将移 (yí, to move) 至楼上，因为楼下太小。
dádào **达到** v. 2 B	to achieve, to reach (a figure), to attain (standard, requirement, degree, etc.) (达得到 'reachable', 达不到 'not reachable')	他想买这栋房子，可是因为价钱的问题而没有达到目的 (mùdì, goal)。 他的汉语已经达到了高级水平。 只要努力，我们会达到要求 (yāoqiú, requirement) 的。 他的英语不太好，可能达不到要求。 他们去年达到过一次要求，可是今年还没有达到。
dàodá **到达** v. 2 B	to arrive (at a place, a period, after a reasonable distance of travel, not 她到达厕所了), to get in (referring to a train, passenger, etc.; more specific than 达到; 到达 + non-monosyllable, e.g. 到达车站, not 到达站)	他坐的火车今天下午两点到达北京。 他的汽车坏了，没能准时到达。 飞机晚点了，到达的时间还不知道。 这次旅游所到达的地方一共有四个城市。 他的钢琴学习现在到达了一个关键 (guānjiàn, crucial) 的时期 (shíqī, period)，需要天天练习弹琴才行。
dào **到** v.* 2-1 A	to go to, to arrive, to leave for, up to (a figure or time, 到 + monosyllable or polysyllable, e.g. 到车站 or 到站; 到 + 得 + 很早/ 很晚)	他到大学去了，下午才能回来。 火车到站了，快去看看他下来了没有。 快到八点了，你该走了。 这个班的学生还不到十个。 妈妈和我说了一会儿话，就到厨房去了。 他今天到得很早，想在上课前看一会儿书。

Note: *到 is also used as the complement of a verb expressing the result of an action, as in 你买到明天的飞机票了吗？

dàoqiàn
道歉 v.
(see also 对不起①/ 对不起②)

to apologise

dàoqiàn 道歉 v. 2 B	to apologise (for having offended propriety; not 道歉 + object; oft. expressed verbally; not used alone, unlike 抱歉; insertable, 道个歉, 道了歉, 道过歉; not used with 很/ 十分) (reduplication: AAB) (道, to say; 歉, apology)	工作没有做好，我向大家道歉。 他做错了也不道歉，这很不好。 应该道歉的是我，不是你。 他知道了以后，马上向我道歉。 光道歉没有用，你要努力把工作做好。 你必须向他道歉。 也没什么大事，道道歉就行了。 刚才你对他没礼貌，向他道过歉了吗？ 道过歉以后，他们又是好朋友了。 昨天没来上课，向老师道个歉。 问题不大，不用道什么歉。
péilǐdàoqiàn 赔礼道歉 ph. 2 N/A	to make an apology (a set phrase; not 很/ 十分 + 赔礼道歉) (赔, to pay for; 礼, courtesy)	儿子把邻居的孩子打了，他一再去赔礼道歉，希望他们能原谅儿子。 你必须向客人赔礼道歉。 我们要求他赔礼道歉。 你打了人怎么还不赔礼道歉呢？ 光赔礼道歉还不够，他们还要求赔钱。
péi 赔 v.* 1 C	to apologise (a polite word; oft. 赔 + monosyllabic object; 赔 + 个 + noun)	我刚才真没有礼貌，向您赔罪 (zuì, guilt)。 不用赔礼了，下次注意 (zhùyì, to pay attention to) 一点儿就行了。 我替孩子向你赔个错 (cuò, fault)，真对不起您。 我向你赔个不是 (to express regret)，刚才是我的不对。

Note:

* 赔 v. 'to pay for', as in 我在餐馆把杯子打了，还赔了钱.

➤ 抱歉 adj. bàoqiàn 'to feel apologetic about' (not 抱歉 + object; can be used alone and repeated; not necessarily expressed verbally or by an action; 很/ 十分 + 抱歉; can be used as an adverb; 抱, to hold), as in 1) 他来晚了，进门的时候很抱歉地笑了笑. 2) 抱歉，抱歉，我来晚了. 3) 他把她的生日忘了，感到十分抱歉. 4) 看到他那抱歉的样子，我也不好再说什么了. 5) 很抱歉，我把你的书弄丢了，我一定买本新的还给你.

---

dédào
得到 v.

to get

huò 获 v. 3 C	to catch, to win (oft. used with monosyllables)	人人都要努力工作，不劳而获 (bùláo'érhuò, to reap without sowing) 是不应该的。 这次篮球比赛我们获胜 (shèng, victory)。

huòdé **获得** v. 3 B	to be awarded, to achieve, (used positively; 获得 + object) (antonym: 丧失 sàngshī)	这个老师教课很好，获得了学生们的好评。 他学习很努力，获得了好成绩。 经过十几年的等待，他们终于获得了幸福。 他们在足球赛中获得了第二名。 他工作努力，获得了五万元的奖金 (jiǎngjīn, reward)。 他用获得的奖金给妈妈买了漂亮的礼物。 他这样做，虽然获得了很多钱，却丧失了人们对 他的尊敬。
huòqǔ **获取** v. 3 D	to obtain, to acquire (oft. referring to abstract items; pejoratively or positively) (取, to get)	最近这些年，他从房地产买卖中获取了 暴利 (bàolì, huge and sudden profits)。 他最关心的就是怎么样获取名利 (mínglì, fame and wealth)。 他让他的女朋友去获取有关那方面的情报 (qíngbào, intelligence/ information)。 从书本里可以获取知识 (zhīshi, knowledge)。
qǔdé **取得** v. 3-2 A	to achieve, to attain, to have (oft. referring to abstract items) (antonym: 丢失 diūshī)	大学毕业以后，我们两个已经多年没有取得 联系 (liánxì, contact) 了。 他们队在篮球赛中取得过第二名。 他学习很努力，总是取得好成绩。 经验 (jīngyàn, experience) 只有在工作中才能 取得。
yíngdé **赢得** v. 3-2 D	to gain, to win (oft. referring to abstract items; used positively) (赢, to win)	为了赢得时间，我们现在就开始准备这个 歌唱会。 他等了十年，终于赢得了那个女孩儿的心。 那个教师赢得了学生们的好评。
dédào **得到** v. 2 A	to get, to receive (referring to abstract or concrete items; negation: 没得到, 得不到) (antonym: 失去 shīqù)	我常常得到朋友们的帮助，很感谢他们。 过生日的时候，他得到了很多生日礼物。 最近这些年来，我们的生活不断得到改善 (gǎishàn, improvement)。 我从他那里得不到一点儿帮助。 他虽然道了歉，但是没得到原谅 (yuánliàng, forgiveness)。 他这样做什么都没有得到，还失去了不少朋友。
duódé **夺得** v. 2 D	to obtain through competition (夺, to seize)	我们大学夺得了歌唱比赛的第一名。 他们在这次比赛中夺得了 10 块金牌 (jīnpái, gold medal)。
duóqǔ **夺取** v. 2 C	to take by force, to capture, to have	不到一小时，他们就夺取了那个山头。 这些武器 (wǔqì, weapon) 是从敌人 (dírén, enemy) 手中夺取的。

去年，我国的农业 (nóngyè, agriculture) 夺取
了大丰收 (fēngshōu, plentiful harvest)。

dé 得 v.* 2-1 A	to get (oft. referring to concrete items; used with monosyllables) (antonym: 失)	他学习不太好，每次考试都得不到前几名。他考试得了 95 分。这个孩子身体不太好，经常得病。他从爸爸那里得了一百元钱，马上去把那本书买了回来。
qǔ 取 v. 2-1 B	to fetch, to get (oft. with monosyllables)	你等一下，我回家取两本书。别老拿别人取乐 (Don't always make fun of others)。小王去银行取钱了。他的车送去修了，今天下午去取。

Note:
* 得, also a structure particle used between a verb and its potential complement, as in 这个行李很重，但是他提得动.
* 得, a structure particle used after a verb/ adjective to introduce a result or degree complement, as in 他的汉语说得很不错.
* 得 aux. děi 'have to, should', as in 太晚了，我得回家了.

---

děng
等① v.   to wait
(see also 等②)

děngdài 等待 v. 3 B	to wait for, to await (referring to concrete or abstract items; oft. a long time to wait; 等待 + non-monosyllable) (等, to wait; 待, to stay)	他耐心 (nàixīn, patient) 地等待了一个月。大家都在等待着他的到来。他已经等待十年了，可是她还是不同意和他结婚。我们要等待，现在时机 (opportunity) 还不到。考试考完了，学生们都在等待考试成绩。
děnghòu 等候 v. 3 C	to wait, to await, to expect (候, to await)	旅客们都在这里等候出发 (to set out)。请你们在这里等候。他走了很长时间了，父母在等候着他的消息 (xiāoxi, news)。飞机晚点了，他一直在机场等候她的到来。我在火车站等候一个小时了，不知为什么她还没有来。
gōnghòu 恭候 v. 3 N/A	to wait with great respect (a polite word; usu. referring to a person) (恭, respectful)	恭候光临 (guānglín, gracing the occasion with your presence)。我们大家在这里恭候您很久 (jiǔ, long) 了。有时间欢迎来我家做客，一定恭候。听说校长要来，大家马上都到门口去恭候。

dĕng
等②

qīdài **期待** v.* 3 D	to expect, to look forward to (with a positive connotation) (期, to expect)	父母期待着儿子早日归来 (guīlái, to return)。 大家都在期待他的到来。 我们期待着一个新的开端 (kāiduān, start)。 当他看见孩子那期待的眼睛时，就出去和孩子一起踢球了。
dài **待** v. 3-2 C	to wait for, to await (oft. a long time to wait)	这些问题有待解决 (These problems are yet to be solved)。 他从去年开始就一直在家待业 (dàiyè, to be job-seeking)。 待你生日那天，我一定送你一个好礼物。
dĕng **等** v. 2 A	to wait, to await (usu. referring to a concrete item; the most commonly used in this group) (reduplication: A(一)A)	他在门口等他的女朋友，她七点钟到。 我明天一定在家等你。 你快来吧，大家都等急 (jí, impatient) 了。 对不起，让您久等了。 他等了半小时了，她还没有来。 他还没有来电话，只好再等一下了。 请稍 (shāo, a little) 等，他马上就来。 时间还早，咱们再等(一)等吧。

Note:
* 期待 n. 'expectation', as in 我一定不辜负 (gūfù, to fail) 您的期待.
➢ 他正在<u>等待</u>她的到来. (Usually the date of her arrival has been specified)
他正在<u>期待</u>她的到来. (Usually the date of her arrival is unknown)

**dĕng
等②aux.**   **etc./ et al.**
(see also 等①)

dĕng **等** aux. 2 A	etc./ et al., and so on (and so forth) (listing + 等 + total figure + generic item; the listing could be one or more items, proper or common nouns)	他去过英国、美国等国家。 他昨天过生日，请了很多朋友，小王、小张、小李等都来了。 苹果、香蕉等水果我都喜欢吃。 中国有很多大学，比如北京大学、清华大学、中山大学等。 汉语、英语、法语等，他都学过。 中国有北京、上海等四大直辖市 (zhíxiáshì, municipality directly under the jurisdiction of the central government)。 他买了《北京日报》等三份报纸。
dĕngdĕng **等等** aux. 2 N/A	and so on (and so forth), etc./ et al. (implying more items omitted; less used with proper nouns; two or more on the list; when repeated,	公园里有树木、鲜花等等。 他喜欢打球、跑步、游泳等等。 他喜欢吃中国的东西，比如，酸辣汤、饺子、月饼，等等。

	indicating 'many more'; can use a comma before 等等; oft. appearing at the end of a clause)	他家里的书很多，有中文的、日文的、英文的等等。
		教过他的老师有很多，有王老师、李老师、张老师等等。
		旅游、种花、养狗，养猫、跑步、游泳等等，等等，都是她的爱好。
shénmede **什么的** ph. 1 B	things like that (appearing at the end of a clause, one or more on the list; less used with proper nouns)	他不喜欢抽烟、喝酒什么的，就喜欢看书。
		工作太忙，他没时间听音乐、跳舞什么的。
		冰箱里什么都有，牛奶、鸡蛋、面包什么的。

dī
低 adj.   low

ǎi **矮** adj. 2 A	short (of height, referring to concrete items, e.g. person, mountain, tree) (reduplication: AA) (antonym: 高)	他是个矮个子，他哥哥是个高个子。
		这棵树比那棵树矮。
		这把椅子太矮了，坐着不舒服。
		矮墙上长满了鲜花。
		那只小狗矮矮的、胖胖的，非常可爱。
dī **低** adj.* 2 A	low (at a short distance from the ground; also referring to voice, temperature, standard, price, rank, grade, water level, etc.) (reduplication: AA) (antonym: 高)	今天股市 (gǔshì, stock market) 走低。
		他说话时，声音很低，不想让太多人听见。
		这几天天气冷，温度 (wēndù, temperature) 比较低，多穿点儿衣服。
		很长时间没下雨了，水库 (shuǐkù, reservoir) 的水位 (shuǐwèi, water level) 很低。
		他的汉语水平 (shuǐpíng, standard) 不低，说得不错。
		这个教室里的学生有高年级的，也有低年级的。
		飞机飞得低低的，我都能看见上面的字。
duǎn **短** adj. 2 A	short (of length, e.g. hair, time, distance, etc.) (reduplication: AA) (antonym: 长)	裙子太短，我不能穿，要长一点儿的才行。
		汉语课是短期的，只有四个星期。
		这里吃的东西短缺 (duǎnquē, in short supply)，而且也很贵。
		儿子长得很快，去年买的裤子今年穿就短了。
		短短的几天内，他就学会了开车。
qiǎn **浅** adj.* 2 A	shallow (of depth, e.g. river) (antonym: 深)	小河里的水很浅，小孩游泳比较安全。
		这个游泳池有深水区 (qū, area) 和浅水区。
		这个盘子太浅，装不下很多菜；去拿一个深一点儿的盘子来。

Note:
* 低 v. 'to lower', as in 她一听我这样说，就低下了头.
* 浅 adj. 'easy to understand', as in 这本数学书比较浅，我应该能看懂.

* 浅 adj. 'light (of colour)', as in 她的衬衫是浅红色的，裙子是浅蓝色的.
* 浅 adj. 'superficial', as in 他们是多年的老朋友，交情 (jiāoqing, friendship) 不浅.
* 浅 adj. 'slight', as in 她浅浅地一笑，也没有说什么.
➤ 短处 n. 'shortcoming', as in 他的短处是不爱学习.

---

dì
地 n.   **land**

dìdài 地带 n. 3 B	zone, belt, district, region (referring to a certain feature or range; not used with proper locality names) (带, strip)	那里是沙漠 (shāmò, desert) 地带，水很少。 这家商店在市中心的繁华 (fánhuá, bustling) 地带，所以生意一直很不错。 森林地带的空气 (kōngqì, air) 比较新鲜，周末不少人去那里游玩。
dìqū 地区 n. 3 B	area, prefecture (referring to a larger area with a boundary; more specific than 地方; proper locality names + 地区; disyllable + 地区) (区, area, section)	上海地区今晚要刮大风。 这个地区夏天多雨，冬天多雪。 经济发达 (fādá, developed) 地区的房子比较贵，人也多。 他的老家在中国的东北地区，那里很美。 这个地区是新区，房子盖得都比较漂亮。
fāng 方 n. 3 C	region, side (usu. not used on its own)	他是远方来的客人。 他们双 (shuān, both) 方都同意做这件事。 你知道对方 (the other party) 是什么人吗？ 天特别黑，前方什么也看不见。
jìngdì 境地 n. 3 D	situation, circumstances (oft. used literarily, referring to abstract items) (境, situation)	他处在左右为难的境地，不知道说什么好。 他的画总是在追求一个完美的境地。 他现在的境地比过去好多了，人看起来也年轻了很多。 他帮助学生们脱离了危险 (wēixiǎn, dangerous) 的境地。
chù 处 n. 2 B	place, location (also figuratively; similar to 地方; usu. not used on its own)	开会的报到 (bàodào, to register) 处在那边。 他的住处离大学不远，很方便。 火车售票处已经关门，今天是买不到票了。 她在商店的收银 (yín, silver, relating to money or currency) 处 (收银处, cashier) 工作。 他每天都吃水果，吃水果的好处很多。 说到伤心 (shāngxīn, sad) 处，他就哭了起来。 这本书有几处写得非常好。
dì 地 n. 2 A	land, place, prefecture (usu. not 地 + word of range; monosyllable + 地)	下雪以后，地很滑，走路要小心。 我们学校的学生来自世界各地。 他和妻子两地分居 (fēnjū, long distance relationship)，生活上困难很多。

此 (cǐ, this) 地不可久留 (jiǔliú, to stay long)，
要尽快离开。
省地领导 (shěngdì lǐngdǎo, provincial and
prefectural leaders) 今天在我们这里开会。

dìdiǎn
地点 n.
2 B

locality, site, locale (referring to a
specific place or spot, usu. a smaller
place than 地区) (点, spot, point)

你知道开会的时间和地点吗？
他们见面的地点是火车站。
这个饭馆就在大学旁边，地点很好。

dìfang
地方 n.*
2 A

place, space, part (big or small,
general or specific; not used with
proper locality names) (方, side,
square)

你是从什么地方来的？
屋里已经坐满了人，没有地方坐了。
地方太小，放不下这张书桌。
这个地方的风景真美！
这本书有几个地方写得不太清楚。
那个中文电影，有的地方我看得懂，有的地
方我看不懂。

Note: * 地方 n. 'local administration, local', as in 1) 这里的地方政府 (zhèngfǔ, government) 工作做
得很不错，很受欢迎. 2) 这种水果是地方特产 (tèchǎn, special local product).

---

diūrén
丢人 ph.   **to be dishonoured**

diūliǎn
丢脸 ph.
2-1 N/A

to be disgraced (insertable, e.g.
丢父母的脸) (丢, to lose; 脸, face)

当老师的偷 (tōu, to steal) 学生的钱，真丢脸！
他从来没和我说过那件事，可能是怕丢脸。
让父母丢脸的事儿，我不能做。
这也不是什么丢脸的事情，说出来给大家听
听吧。
他说他一定好好儿工作，不会给父母丢脸。
你这样做，丢光 (guāng, totally) 了我们家的脸！

diūmiànzi
丢面子 ph.
2-1 N/A

to lose face (insertable) (面子,
prestige)

他这个人就是爱面子，总是怕丢面子。
开这辆破 (pò, old and worn) 车，多
丢面子呀！
不要在别人面前说你的孩子，他们会觉得丢
面子的。
我可不做丢面子的事情。
他们的足球踢得很不好，真是太丢面子了。
儿子没有考上大学，父母觉得丢了全家人的
面子。

diūrén
丢人 ph.
2-1 D

to be dishonoured (insertable)

我考试考得很不好，真丢人。
他觉得工作做得不好，挺丢人的。
你不觉得丢人，我们还觉得丢人呢！
既然你不怕丢人，你就穿这件衣服出去吧。
你这么怕我说出来，是觉得丢你的人吧？

你别再说了，我们可跟你丢不起这个人了。

diūrénxiànyǎn **丢人现眼** ph. to be ashamed (现, to appear) 1 N/A		你快回家吧，别在这里丢人现眼的了。 他的女儿很听话，从来不做丢人现眼的事。 你走吧，要不老是给我丢人现眼。 丢人现眼的是你，不是我。 他那丢人现眼的画儿，还总愿意给别人看。
méiliǎn **没脸** ph.* 1 N/A	to be embarrassed, to feel awkward (usu. 没脸 + verbal phrase)	他毕业以后一直没有找到一个好工作，总觉得没脸见朋友。 他把钱都输 (shū, to lose) 光了，没脸回家见父母了。 他做了那么多对不起你的事情，没脸再来你家了。 我考试考得这么不好，没脸见人。
méimiànzi **没面子** ph. 1 N/A	to be disrespected (literal: no face)	他没能上好大学，觉得很没面子。 他结婚的时候，客人来得很少，真没面子。 小王很要面子，你可不要说让他觉得没面子的话。 他们都会唱卡拉 OK，就我不会，太没面子了。

Note:

* 没脸 ph. 'shameless', as in 1) 他那个人很没脸, 我们都不喜欢他. 2) 你不要再说那些没脸没皮 (pí, skin) 的话了.

➤ Often the severity of 丢脸 is greater than 丢面子, 'to lose dignity' vs. 'to lose face'.

---

dōng
东 n.   east

dōngbù **东部** n. 3 B	eastern part (of an area, not a specific place, e.g. not 我家在商店的东部) (部, part)	他要去东部看一位朋友。 他老家在中国东部的一个城市。 这个国家东部的气候暖一些。 那个大学位于 (wèiyú, to situate) 中国的东部。 美国东部的时间现在是下午两点钟。
dōng **东** n. 2 A	east (noun + 东 'the eastern side of the noun')	二路公共汽车往东开。 今天刮东北风。 城东有很多饭店。 他家的房子朝东。 他觉得朝东的房子没有朝南的房子好。
dōngfāng **东方** n. 2 B	east, the eastern part of a vast area (with a narrower range of usage than 东面 and 东边儿) (方, side)	太阳从东方升 (shēng, to rise) 起。 东方的天空 (tiānkōng, sky) 上突然出现了一片黑云。

dōngmiàn 东面 n. 2 B	east, eastern part (either the eastern side of a place or the eastern part within a place) (面, side)	东面的树林里有很多鸟儿。 饭馆儿在那条街的东面。 花园的东面有一棵苹果树。 他经常去东面的那条河里游泳。 小河是从村子的东面流过来的。
dōngbianr 东边儿 n. 1 A	east, in the east (either of a place or within a place) (边, border)	东边儿是图书馆。 他往东边儿走了。 大楼里的东边儿有一个小书店。 大门开在了院子的东边儿。 今天的天气很奇怪 (qíguài, strange)，东边儿是晴天，西边儿却在下雨。 我家在商店的东边儿。
dōngtóur 东头儿 n. 1 N/A	east, at the eastern end (either of a place or within a place) (头儿, the end, the top)	他从东头儿走过来了。 村 (cūn, village) 东头儿有一棵大树。 书房在院子 (yuànzi, courtyard) 的东头儿。 他飞快地向东头儿跑去。 你还是去村东头儿问问刘大爷吧，他可能知道这件事情。

Note: The above similarities and differences among words with 东 are also largely applicable to words with 北/ 南/ 西, see also 北/ 南/ 西.

duǎn
短 adj.   short

duǎncù 短促 adj. 3 D	very short duration, brief (of time, voice, breath, etc., with a sense of hurry) (antonym: 漫长) (促, hurry)	时间短促，我没看清楚他的脸。 他病很重，呼吸 (hūxī, breath) 越来越短促。 那边突然传来短促的呼救声 (hūjiùshēng, cry out for help)，好像是一个年轻女子的声音。
duǎnzàn 短暂 adj. 3 D	a short period, transient (of life, time, etc.) (antonym: 长久, 久远) (暂, temporary)	他短暂的人生给人们留下了很多长久的回忆 (huíyì, memory)。 这次旅游，在那个城市停留的时间很短暂，连去商店的时间都没有。 经过短暂的休息以后，我们又开始往前走了。
duǎn 短 adj. 2 A	short, brief (of length, time, distance, etc.) (antonym: 长) (reduplication: AA) (see also 低 dī)	这条裤子有点儿短，还是买那条长一点儿的吧。 你的上衣要是短一点儿就更漂亮了。 你的头发真短，夏天一定很凉快。 这条短裙很不错，我也想买一条。 我们三个人当中，她学汉语的时间最短。 路程比较短，他一会儿就走到了。 他的讲话很短，几分钟就讲完了。 短短的几分钟内，他就喜欢上她了。

duì
对①prep.   **to**
(see also 朝/ 对②③④⑤)

cháo 朝 prep. 2 A	towards, to (oft. 朝 + directional word + verb; not verb + 朝; also used figuratively)	大学离这里不远，朝前走五分钟就到了。 听见有人叫他，他朝后一看，是小王。 他朝学生们笑了一下，就开始讲课了。 他家的大门朝南开。 什么事都要朝前看 (to look ever forward)，这样才能做好工作。
duì 对 prep. 2 A	to (oft. referring to a person; not 对+ directional word; not verb + 对)	这个老师对学生很好，我们都喜欢他。 对我来说，学习是最重要的。 他对我们谈了吸烟的坏处。 对这个问题，他有自己的看法。
wǎng 往 prep. 2 A	in the direction of (used before or after a verb; verb + 往 + specific directional/ place word; not referring to a person/ thing)	银行往右走，见到红绿灯再往左拐。 这条小路是通往公园去的。 他把寄往上海的包裹拿去邮局寄走了。 开往北京的飞机就要起飞了，你快点儿去吧。 他不知道怎么去大学，有人告诉他往东走，也有人说往西走。
xiàng 向 prep. 2 A	towards, in the direction of , to (向 + a person; used before or after a verb; verb + 向 + concrete/ abstract item)	火车快开了，他向火车站跑去。 飞机越飞越高，飞向了远方。 这条河流向大海。 去大学图书馆，向西走，五分钟就到了。 学生们向老师问了几个问题。 他帮助了我，我向他表示感谢。 他学习非常认真，我们应该向他学习。 他们工作很努力，一定会从胜利 (shènglì, victory) 走向胜利。

Note: Words here can also be used as verbs (see below), but they are used more as prepositions.

---

duì
对②v.   **to be on the opposite side of**
(see also 对①③④⑤)

cháo 朝 v. 2 A	to face	这栋楼的大门朝南。 他的窗户朝着学校。 朝阳 (yáng, sun) 的花草长得特别好。 他俩出门就跑，一个朝东，一个朝西。

duì 对 v. 2 A	to be on the opposite side of, to be directed at (usu. 对 + 着)	他们面对面地坐着，谁也不说话。 他的办公桌对着我的办公桌，我们在一起工作了很多年，是很好的朋友。 这两幅画对着挂，挺好看的。 他家对着一座山，山上有很多树。
wǎng 往 v. 2 A	to go (oft. used as 往来/ 来往/ 来来往往)	今天是星期六，大街上人来人往。 请您往前一点儿，好吗？ 这个办公室来往的信件很多。 往后！往后！别站在这里。
xiàng 向 v. 2 A	to turn towards	他的房间向阳，很暖和。 他的脸没有向着我，所以我没看见他是谁。 他家大门向北，门前有一条小河。

Note: 往来/ 来往/ 来来往往 can also be used metaphorically, 'dealings or contacts', as in 这些年来，我们一直都有来往.

---

duì
对③prep.   regarding
(see also 对①②④⑤)

duì 对 prep. 2 A	regarding, about, to (oft. referring directly to a person or an action; also used as a verb or adjective)	他对她说的话从来都是照办 (zhàobàn, to do as told) 的。 他对我总是很客气。 他对她笑了笑，就走了出去。 这些年来，他一直对我很好。 对大学的生活，现在他已经很习惯了。 对学习不太好的学生，老师应该多给他们一些帮助。 他对 (about) 学习很认真，所以成绩不错。 你对 (about) 音乐有兴趣 (xìngqù, interest) 吗？
duìyú 对于 prep. 2 B	with regard to, about, to (stressing 'dealing with sth.'; oft. interchangeable with 对, but not vice versa; used before or after a subject; can be in an article title) (于, for/ of/ to)	对于学习，他总是很认真。 对于中国文化，他学习的热情很高。 对于这个问题，大家的看法不一样。 多听录音对于学习汉语很重要。 这篇文章的题目 (tímù, title) 是《对于北京房地产的认识 (rènshi, views)》。 会上，大家对于气候问题谈了很多。
guānyú 关于 prep. 2 B	pertaining to, about (emphasising 'concerning'; not used right after the subject; also used in an article title)	关于这件事，他什么都不知道。 关于他的病，医生还要再做更多的检查。 他借了几本关于中国文化的书。 这篇文章的题目是《关于气候的变化》。

| zhìyú
至于 prep.
2-1 C | as for, as to (usu. at least two matters mentioned, 至于 tends to introduce sth. different from the earlier topic) | 你就学习吧，至于交学费的问题我来办。
这次考试，问题我都答了，至于对不对就不知道了。
别人做什么是他们的事，至于你，一定要好好学习。
你忙你的，至于飞机票，我去给你买。 |

Note: 有关 adj. 'relevant', as in 这件事你还是去问一下有关的老师吧.

---

duì
对④adj.   correct
(see also 对①②③⑤)

duì **对** adj. 2 B	correct, right (antonym: 错 cuò)	A: 你看我把你的地址写对了吗？ B: 对。对。对。 对，你说得很对。 对，对，你说得很对。 这个汉字写得对，那个汉字不对。 你的脸色 (liǎnsè, colour of one's face) 不对，是不是病了？ 你说对了。 你答对了两个，答错了一个。
hǎo **好** adj. 2 A	good, okay	好，说得好。 他说得很好，大家都同意。 这是一个好办法，我们就这么做吧。 他是一个好学生，成绩总是很好。 饭做好了，过来吃吧。 我吃好了。 A: 我们明天去看电影，好吗？ B: 好的。
shì **是** adj.* 2 C	right, correct	这个车停得不是地方，你快把它开走。 是非 (fēi, wrong) 问题，一定要好好儿想一想。 在这个问题上，他也说不清楚谁是谁非。
xíng **行** adj. 2-1 A	okay, correct (emphasising sth. feasible)	行，就这样办吧。 我看他说的办法能行。 那可不行，他会不高兴的。 工作一定要努力才行。 A: 这是我写的，你看行不行？ B: 行。

Note:
* 是 v., as in 他是学生，我是老师.
➢ 得 dé 'okay (northern dialect, informal)', as in 得，我一定去.

➤ 算了 suànle 'to let it go at that (informal)', as in 就这样算了，挺好的.

---

duìr
对儿⑤mw.   a pair
(see also 对①②③④)

duìr 对儿 mw. 2 B	a pair, two (of sth. animate or inanimate; usu. referring to concrete items, but occasionally of abstract items) (antonym: 一个)	他看见一对儿男女走出去了。 这对儿耳环 (ěrhuán, earring) 给你了。 她那对儿眼睛很像她妈妈。 这对儿花瓶真好看。 那对儿老夫妻结婚已经几十年了。 湖上有一对儿漂亮的鸳鸯 (yuānyāng, Mandarin duck [usu. staying in pairs, a sign of an 'affectionate couple' in Chinese culture]) 客厅里的那对儿沙发是朋友送给他的。 她要工作，又要生孩子，这是一对儿矛盾 (máodùn, contradiction)。 他去商店买了一对儿 (two) 电池 (diànchí, battery)，可是回来的路上丢 (diū, to lose) 了一个。
fù 副 mw. 2 B	a pair (of gloves, glasses, etc., but not trousers or scissors), a set (of cards, chess, etc.) (usu. referring to sth. inanimate; emphasising 'made up of two parts')	墙上挂着一副对联儿 (duìliánr, couplet)。 他买了一副太阳镜，黑色的。 他的那副手套丢 (diū, to lose) 了一只。 来了很多客人，得 (děi, need) 多摆几副碗筷 (bowls and chopsticks)。 那副扑克 (pūkè, poker/ cards) 不见了。
shuāng 双 mw.* 2 A	a pair (of feet, hands, eyes, legs, chopsticks, shoes, wings, socks, etc.; referring to sth. animate or inanimate; usu. concrete and matching items) (antonym: 只)	你去拿两双筷子来。 他得买双新鞋了，现在这双已经很旧了。 你看你那双手多黑，快去洗洗。 他买了三双袜子。 他那双脚真够大的了，很难买到鞋。 一双鞋怎么就剩 (shèng, to be left over) 一只了？
tào 套 mw. 2 B	a set (referring to concrete or abstract items, e.g. teaset, rooms, furniture, stamp collection, clothes, books, system, method, design, tricks, etc.; 这(一)套，那(一)套 'methods/ tricks', used positively or pejoratively)	他有两套漂亮的邮票。 儿子生日那天，他给儿子买了一套西装。 那几套茶具很贵重，拿的时候要小心。 他刚买了一套房子，是三房两卫 (three bedrooms and two bathrooms)。 我们大学的那(一)套工作制度 (zhìdù, system) 很有用。 他很快就学会了请客送礼 (bribe) 那一套。 你少来这(一)套，我不愿意听。

Note:

* 双 adj., 'double, both', as in 房间里有一张双人床.
➤ If it is one pair, oft. 一 is omitted, as in 我买了(一) 副手套.

---

duìbuqǐ
对不起①ph.   **to let down**
(see also 对不起②/ 道歉)

duìbuqǐ 对不起 ph. 2 A	to let down (oft. by/for failing one's expectations; 对不起 + object; 很/ 十分 + 对不起) (antonym: 对得起)	你如果不好好学习，就对不起你的父母。 这件事我做得不对，真对不起您。 他最对不起的就是他的两个孩子。 我十分对不起大家，在这给各位赔礼道歉了。 我很对不起女儿，很少有时间跟她一起玩。 你这样做，对不起你的父母和孩子。 他觉得非常对不起老王。
duìbuzhù 对不住 ph.* 1 N/A	to feel apologetic about (similar to 对不起) (antonym: 对得住)	他觉得这件事情挺对不住人家的，就买了很多东西上门道歉去了。 忘了儿子的生日，他爸爸觉得很对不住他。 他感到最对不住的就是父母，从来没有时间好好陪陪 (péi, to accompany) 他们。 没有什么对不住的，你不用客气。 他对我那么好，我这么做对不住他。 咱们家从来没有做过对不住别人的事儿，你怕什么?!

Note:

* 对不住 ph. 'I am sorry', as in 1) 对不住, 我得 (děi, have to) 先走了. 2) 实在对不住, 我不小心把你的花瓶打破了. 3) 真对不住, 忘带名片了. 4) 去年借的钱到现在还没还你, 真对不住.
➤ 对得起 ph. 'to not let sb. down', as in 我一定要好好儿学习, 对得起父母.
➤ 对得住 ph. 'to treat sb. fairly (informal)', as in 他常常来照顾你, 也算对得住你了.

---

duìbuqǐ
对不起②ph.   **Excuse me**
(see also 对不起①/ 道歉)

duìbuqǐ 对不起 ph. 1 A	Excuse me, I am sorry (also used in a request; oft. used as a parenthesis; repeated to form a stronger tone, as is 劳驾)	对不起，我来晚了。 对不起，我有事，先走了。 对不起，请让我过去。 对不起，我能问个问题吗? 对不起，请再说一遍。 对不起，让您久等了。 很对不起，我来晚了。 对不起，对不起，是我没有说明白。

是我没有听清楚，对不起，对不起。
我忘告诉你了，真是对不起。
碰 (pèng, to bump) 到了别人，应该说一声
"对不起"。

---

láojià
劳驾 v.
1 A

Excuse me, …, May I trouble you …? Would you please …? (usu. used in a request; originated from Beijing area; a polite word; insertable; humorous) (劳, to put sb. to the trouble of; 驾, to harness)

劳驾你给我一杯茶。
劳驾，请问去北京大学怎么走？
劳驾，请让我过去。
劳驾，请大家都往后站一站。
好吧，这件事情就只好劳驾您去做了。
劳驾，请帮我推一下车。
你帮我照看一下孩子吧，劳驾您了。
劳您驾，能让我过去一下吗？
劳您大驾，请把门关上。[with humour]
您是大忙人，我怎么能劳您大驾呀！
[being sarcastic]
劳驾，劳驾，请让一下。

---

qǐngwèn
请问 v.
1 A

May I ask … ?, please (usu. used in a question, or in a rhetorical question)

请问，这个座位有人吗？
请问，去北京大学怎么走？
请问，这附近哪儿可以寄信？
请问，现在几点了？
请问，老王在家吗？
我亲眼看见过你和她在一起吃饭，请问，你为什么还说你不认识她呢？

---

duìdài
对待 v.   **to treat**

---

chǔlǐ
处理 v.*
2 B

to deal with (reduplication: ABAB) (处, to deal with; 理, to manage)

他工作很忙，每天要处理很多事情 (shìqing, things)。
他能处理好学习和工作的关系。
要是处理不好和孩子们的关系，你这个父亲就很难当。
他刚刚处理了那件事情。
这么多工作，你能处理过来吗？
处理完这件事情以后，他就回家了。
他没有处理过这种事情。
这个问题一定要尽快处理。
这个问题他处理得很不错。
你马上处理一下这个问题，好吗？
你去处理处理这个问题。

---

duìdài
对待 v.
2 B

to treat, to do by (对, to respond; 待, to treat)

他认真对待工作，得到同事们的好评。
他不应该这样对待你。
他对待学生跟对待自己的孩子一样好。

他以前从来没有这样对待过他的太太。
你们应该向他学学对待工作的态度 (tàidu, attitude)。
对待别人要真诚 (zhēnchéng, sincere)。
我们要好好对待顾客 (gùkè, customer)。

| kàndài
看待 v.
2 D | to look upon, to regard | 他把工作当作生命 (shēngmìng, life) 一样看待。
你是怎么看待这件事情的？
把他当作好朋友看待，我做不到。
别把我当客人看待。
不能简单 (jiǎndān, simple) 地看待这件事情。
他对我总是另眼看待 (to look upon differently)。 |

Note:

* 处理 n. 'punishment', as in 大家觉得对他的处理是对的.
* 处理 v. 'to discount', as in 这些衣服是处理的, 很便宜.
> 处置 v. chǔzhì 'to handle, to manage', as in 如何处置这件事情, 我们还没有想好.
> 解决 v. jiějué 'to solve', as in 这个问题已经解决了.

---

duì...láishuō
对…来说 ph.   **as far as…is concerned**

duì...láishuō **对…来说** ph. 2 C	as far as … is concerned, to (对 + sb./ sth. + 来说; also 对于…来说)	对学生来说，学习是最重要的。 北方的天气比较冷，对他来说不是很适合。 学习不好对学生来说是最头痛的事情。 对他们一家来说，能不能考上大学不是一件小事。 春节对中国人来说是喜庆的日子。 对这个城市来说，绿化是最需要做的。 对中国来说，人口问题是一个大问题。 对大学来说，有好老师才能有好学生。
zài...kànlái **在…看来** ph. 2 N/A	in the opinion of (在 + sb./ organisation + 看来; usu. used at the beginning of a sentence)	在他看来，汉语不太难学。 在妈妈看来，我永远是一个长不大的孩子。 在学校看来，学生就是要好好学习。 在这个公司 (gōngsī, company) 看来，能赚钱 (zhuànqián, to make money) 就行。
zài...yǎnlǐ **在…眼里** ph. 1 N/A	in one's eyes (opinion) (usu. referring to sth. animate)	在他的眼里，谁都没有他聪明。 我在妈妈的眼里永远是个孩子。 他在朋友们的眼里是一个很好的人，常常 帮助别人。

Note:

> 1) 对于他来说，买下这辆汽车没有什么问题. (To him, this car is affordable – an objective evaluation of his financial capability)

2) <u>在他看来</u>, 买下这辆汽车没有什么问题. (In his opinion, he can afford this car – his own subjective view)

➢ 放在眼里, 'to put…in the eyes of, to respect', as in 他从来不把别人放在眼里, 特别傲慢 (àomàn, arrogant).

---

duō
多①num.   odd
(see also 大概/ 多②③④)

duō 多 num. 2 A	odd, more, over (a number ending with 0 + 多 + mw. + noun, e.g. 十多个人; otherwise, number + mw. + 多 + noun, e.g. 三斤多桔子; for divisible nouns, e.g. money, 多 can be placed before or after mw., but carrying different meanings: 十多块 '\$10 – \$20' vs.十块多 '\$10 – \$11')	昨天来我家吃饭的有十多个人。 这条裙子十多块钱。 这件上衣十块多。 他买了三斤多桔子。 他学了三年多的汉语了。 他今年四十多岁, 有两个孩子。 他是打篮球的, 身高两米多。 这个皮包花了他一千多块钱。 一周一百多块钱够花了。
qiánhòu 前后 num.* 2 C	around, about (number/ noun/ verb + 前后, usu. referring to a point in time)	他打算春节前后去看看父母。 他今天五点前后要来我这里。 他毕业前后会去北京一次。 老师在学生考试前后都会很忙。
shàngxià 上下 num. 2 N/A	around, more or less (usu. used after a number, num. + (mw.) + 上下; usu. not referring to time or a number ending with 1–9)	他看起来二十岁上下, 个子不太高。 这个班的人数和那个班的上下差不了多少。 这袋苹果有二十公斤上下。 那群羊有一百只上下吧。 饭馆里坐着不少人, 有五十上下。
zuǒyòu 左右 num. 2 B	about, or so (num. + (mw.) + 左右; not noun/ verb + 左右)	他说他上午十点左右来。 他还需要一个小时左右的时间才能做完。 屋里有二十人左右。 他看起来有二十岁左右, 挺年轻的。 这件大衣要卖五百元左右。 来了二十人左右, 都是来帮他搬家的。

Note:
➢ 前后 (front or back)/ 上下 (above or below)/ 左右 (left or right) indicate 'more or less'.
* 前后 'from the beginning to the end', as in 前后十几个小时, 他一直在工作, 连饭都没有时间吃.
➢ 约 yuē adv. 'approximately', as in 这个城市的人口约有十万.
➢ 大约 adv. 'around', as in 他大约十点钟来.
➢ 将近 jiāngjìn adv. 'almost, nearly', as in 今天来了将近两百人.
➢ 上上下下 'everyone of all ranks', as in 我们大学上上下下都为他高兴.

duō
多②adj.
(see also 多①③④/ 充分/ 大量/ 丰富)

many

zhòngduō **众多** adj. 3 D	numerous, lots of (not referring to abstract items; oft. 众多 +(的) + noun; also used as a predicate) (众, many)	中国人口众多，是一个大国。 运动场上有众多的学生，他们正在看足球比赛。 他一百岁生日那天，众多朋友来为他庆祝生日。 众多运动员参加了运动会。
dàliàng **大量** adj.* 2 B	a large number of, great quantity, many/ much more (usu. used as an attributive, not a complement) (量, quantity)	学校最近买了大量的书籍，对学生们的学习很有帮助。 他把大量时间都花 (to spend) 在喝酒上了，所以他的学习成绩不好。 考试前，他做了大量的题 (tí, [examination] questions)，最后考得还不错。
duō **多** adj. 2 A	many, much, more, excessive (usu. 多 + monosyllable; also used as a predicate; 很/ 十分 + 多 +noun; 多 + 了) (antonym: 少)	今天商店里的人很多，昨天人少。 今天商店里的人多极了。 他学汉语学了很多年了。 今天比昨天冷多了，我不出去了。 他的汉语比我的好多了。 烟抽得太多，对身体没好处。 他这个人多才多艺 (duōcáiduōyì, versatile)，谁都喜欢他。
hěnduō **很多** adj. 2 N/A	many, much (used more than 多, especially when modifying disyllabic words, e.g. 很多学生, not 多学生; also used as a predicate) (antonym: 很少)	公园里花很多，人却很少。 他有很多朋友，他们经常在一起聊天儿。 那个图书馆很大，最近的书又多了很多。 他花很多时间帮助别人，真是个好人。 很多书他都很喜欢看，就是工作太忙，没有时间看。
xǔduō **许多** adj. 2 A	many, a lot of, much (not used as a predicate) (reduplication: AABB) (许, to allow)	房间里有许多人。 我们认识许多年了，一直是好朋友。 这本书，他已经看过许多遍了。 一年不见，他老了许多。 他当了三十多年的老师，教了许许多多的学生。
hǎoduō **好多** adj. 2-1 D	a good many, a good deal (implying more than usual with a sigh of emotion) (antonym: 极少)	他有好多朋友，周末经常一起出去玩儿。 他很饿，晚饭吃了好多。 写这本书他花了好多时间。 来了好多看电影的人。 今天是女儿的生日，他做了好多菜。 他看起来不太高兴，有好多心思 (to have a lot on one's mind)。

| hǎoxiē
好些 adj.
2-1 B | many, quite a lot, a great deal of (also 好些个, more informal than 好些) | 他在这里住了好些年了。
他去过中国的好些地方。
好些(个)学生都认识她，她是学校里学习最好的。
他身体不好，最近瘦了好些。
我好些天没看见他了，不知道他去哪儿了。 |

Note: *大量 'generous', as in 你大人大量 (big man with a big heart)，这件事情就忘了它吧.

---

duō
多③adv.   more
(see also 多①②④)

duō 多 adv. 2 A	more (reduplication: AA)	该说的我都说了，不想再多说了。 你病了，要多穿点儿衣服。 饭店的服务员多找了他两块钱。 多吃，多吃，大家都别客气。 你比我来得时间长，我还要多多向你学习。
gèng 更 adv. 2 A	even more, furthermore (can have three items in comparison; oft. 比 + 更)	几年不见，她比以前更漂亮了。 他的汉语比他的英语更好一些。 这本书更有意思，你看看吧。 他不说还好，说了我更生气了。 他比我高，比她更高。 他爱打篮球，爱打乒乓球，更爱踢足球。 他想要一个更大一点儿的办公室。 我们要努力工作，更上一层楼 (to strive for further improvement [figurative])。
gèngjiā 更加 adv. 2 B	even more (of degree or quantity; usu. 更加 + disyllable) (加, to add)	他来北京以后，工作更加繁忙了。 晚上天黑，出去时要更加小心。 大学生活更加忙碌、更加多彩 (cǎi, colour)。 去中国两年后，他的汉语说得更加流利了。
hái 还 adv.* 2 B	even more (usu. 比 + 还, indicating an increase in degree or scope; it can be an exact amount or an approximation; 还 + 呢, a stronger tone)	昨天比今天还热一些。 他比我还大两岁呢。 他这次病得比上次还重。 那个女孩儿的脸蛋比苹果还红。 他的孩子比我的还多三个呢。

Note:
* 还 adv. 'still', as in 他还有别的事情要做，先走了.
* 还 adv. 'also', as in 你会说汉语，还会说别的什么语言吗？
➤ 他的汉语比我的好 (His Chinese is better than mine – my Chinese is good or bad). 他的汉语比我的还/ 更好 (His Chinese is even better than mine – my Chinese is good).

duō
多④adv.
(see also 多①②③)

How…!

héděng **何等** adv.* 3 D	How...!, What…!, exceptionally (a compliment or a sarcasm; 何等 + disyllable) (何, what; 等, grade)	这里的山水何等美丽！ 我们的生活何等幸福！ 你知道你的话是何等的可笑吗?! 考上大学对他和他全家何等重要，他心里 是很清楚的。
duō **多** adv. 2 A	How (wonderful, etc.)…!, What (a great idea, etc.)…! (used in an exclamation)	你看他的身体有多好！ 我多想早一点儿回家啊！ 他游泳游得多快呀！ 多漂亮的地方啊！我以后会常来这里玩的。 她的裙子多漂亮啊！我也想去买一条。
duōme **多么** adv. 2 A	How…!, What…! (with a much narrower range than 多, 多 is also an adj. and num., while 多 么 is only an adv.) (么, a particle)	妈妈养大了我们六个孩子，多么不容易！ 山上的风景多么美呀！ 他多么想早点儿见到孩子呀！ 多么好的天气啊！咱们出去走走吧。

Note:

* 何等 adj. 'what kind', as in 你知道他是何等人物吗?

➤ 多/ 多么 'to whatever extent, how much (hot, good, etc.)', as in 1) 不管汉语有多/ 多么难, 我都会
努力学好. 2) 你想不出来那里的天气有多/ 多么热. 3) 你不认识他, 不知道他有多/ 多么好.

---

duōshao
多少 pr.

how many/ much

duōshao **多少** pr.* 2 A	how many/ much (a big or small number; an uncertain number; not referring to age, 你多少岁了 is incorrect; with a wider range than 几)	你们班有多少学生？ 那件衣服多少钱？ 书架上有多少本书？ 你知道他的电话号码是多少吗？ 我知道多少，就跟你说多少吧。 今天能来多少人，我们现在还不清楚。
jǐ **几** pr. 2 A	how many/much, a few, several	孩子，你几岁了？ 现在几点了？ 他要在这里住几天？ 他的儿子今年十几岁了。 这个学校有几百个学生。 他就买了几个苹果回来， 别的什么也没买。 我就这些鸡蛋，你想要几个就拿几个吧。 今天没来几个人，我也想回去了。

Note:

* 多少 duōshǎo/ 多多少少 adv. 'somewhat, to some extent', as in 1) 他长得多少有点儿像你. 2) 我多多少少还记得他, 好像以前在哪里见过他. 3) 他身体不好, 没有多少精力 (jīnglì, energy). 4) 图书馆里没有多少人, 很安静.

➤ 多 adv. 'how (old, big, etc.)...?', as in 他多大了?

➤ 多大 'how big?', 多高 'how tall?', 多长 'how long?', 多远 'how far?', 多宽 duōkuān 'how wide?' 多粗 duōcū 'how thick (diameter)?', 多深 duōshēn 'how deep', 多厚 duōhòu 'how thick (depth)?'

➤ 你几岁了? (directed towards a child who looks less than 10 years old)

➤ 你多大了? (directed towards someone who looks more than 10 years old)

➤ 您老高寿 (shòu 'longevity, age')? (directed towards a senior, a polite question form)

---

duōshù
多数①n. majority
(see also 多数②)

dàbàn **大半** n. 2 C	more than half (also used as 一大半) (antonym: 小半)	房子里面的人，大半他都不认识。 下雨了，公园里的游人走了大半。 这里的夏天大半都在下雨. 这篇课文我们已经学了一大半了。 苹果他吃了一大半，没有全吃完。 书写了一大半的时候，天气就热了起来。 我们饭都吃一大半了，你怎么才来? 苹果妹妹吃了大半，小半给姐姐吃了。
dàbùfen **大部分** n. 2 N/A	the most part, majority of (部分, part)	大部分人都喜欢这里的天气。 这本书我已经看了大部分，快看完了。 他把大部分时间都花在工作上，很少在家。
dàduōshù **大多数** n. 2 B	great majority, vast majority (referring to an amount more than 多数; 绝 jué 'extremely' 大多数 'almost all') (数, numeral)	大多数人还是好的，还是愿意帮助别人的。 他们班大多数是女同学。 想去北京旅游的学生占 (zhàn, to account for) 大多数。 妈妈绝大多数时间都在照顾孩子，没有多少时间让自己休息一下。
duōbàn **多半** n. 2 C	greater part, most (also 一多半) (antonym: 少半)	多半学生天天来上课，学习也很努力。 今天天气好，休息的时候同事们一多半都出去了。 他家的家具，多半是红色的，少半是黑色和白色的。 看电影的时候，他一多半时间都在睡觉。

duōshù
多数 n.
2 B
majority, most (antonym: 少数)

少数服从 (fúcóng, to obey) 多数。
他们班多数学生都喜欢旅游。
我认识的人多数工作都很忙，我们很少有时间一起出去玩玩儿。
这栋宿舍楼里住的人，多数是女的。
虽然下大雨，但是多数学生还是来上课了。

---

duōshù
多数②adv.
(see also 多数①)

most probably

dàbàn
大半 adv.
2 C
probably, likely (less used) (半, half)

他大半是已经回家去了。
他大半是她的哥哥，兄妹俩长得很像。
他大半是给朋友打了电话以后才知道的。
他大半会喜欢这个电影的。
他大半是喝醉了，不能让他开车。
他不在家，大半是上班去了。
已经过了半小时了，他大半不会来了。

dàdōu
大都 adv.
2 C
in general, on the whole, mostly (emphasising a majority; with a larger quantity than 大多)

他们大都不知道他已经不在这里工作了。
这些学生大都来自英国。
他们的学习成绩大都不错。
他大都把人往好处想。
那个餐馆的菜大都很好吃。
学生们大都知道怎样准备考试。
他喜欢的书大都是有关旅游的。
他的学习成绩大都是不错的。
你说的大都是好的一面 (miàn, aspect)，我们也应该看到不好的一面。
他的朋友大都是年轻人。

dàduō
大多 adv.
2 D
for the most part (emphasising a majority)

他们大多是学汉语的学生。
他的朋友们大多喜欢让孩子学钢琴。
花园里的花大多开了，很漂亮。
吃完晚饭以后，客人大多都走了。
年轻人大多喜欢出去旅游。
这些学生大多来自中国。
树上的苹果大多已经红了。
他的歌，我大多听过，很好听。

duōbàn
多半 adv.
2 C
most probably, very likely, more often than not (more certain than 大半)

听说他病了，今天多半不会来上课了。
看起来他多半是中国人。
只要努力学习，考试多半能考好。
听口音 (accent)，你多半是北方人。
他多半喜欢吃饺子。
我今天下午没看见他，多半是走了。

他到现在还没来，我看多半不会来了。
小孩儿多半都喜欢玩儿。

duōshù
多数 adv.　　most probably
2 B

我最近没有看见他，多数是出去旅游了。
我觉得这事儿多数是他说的。
这么晚了，他多数不会来了。

E

érqiě
而且 conj.   moreover

bìng **并 conj.*** 3 B	and, besides (usu. linking verbal words/ clauses; oft. connecting disyllables)	他在大学的四年里看到并学到了很多。 他来了，并带来了几个朋友。 我们应该并一定要把这个工作做好。 他买了生日礼物，并来参加了她的生日晚会。
hékuàng **何况 conj.** 3 C	let alone, besides, much less (oft. in a rhetorical question; preceded or followed by 又/ 更)	他连啤酒都不会喝，更何况白酒呢！ 他连报纸都看不懂，何况这么难的书。 他本来就喜欢那个工作，何况工资又那么高，他肯定会去那里工作的。 连他妈妈都不知道自己的儿子去哪里了，更何况我们呢！ 这里的东西很贵，何况冬天又那么冷，没有人愿意来这里工作。
kuàngqiě **况且 conj.** 3 C	moreover, besides, in addition (oft. linking progressively associated clauses; 况且…又/ 还/ 也)	今天天气不好，况且你还有病，别出去了。 他学习本来就不好，况且复习的时间也不够，这次考试成绩可能不会好了。 这个商店的东西便宜，况且服务又好，所以来这里的人很多。 这里这么多人，况且你又不认识他，很难找到他的。
bìngqiě **并且 conj.** 2 B	and, besides, moreover (linking verbal/ adjectival words/ clauses; 并且 + 也/ 还; oft. + disyllable; 不但/ 不仅 …, 并且…)	他聪明并且能干，我们都比不上他。 他不但去了大学，并且还找到了要找的那个学生。 他不喜欢跳舞，并且也不喜欢看跳舞。 她漂亮、能说会道并且喜欢交朋友。
ér **而 conj.** 2 B	and, but (usu. linking adjectives, not verbs; linking verbal clauses)	那个孩子的眼睛大而圆，很可爱。 她的房间总是收拾得干净而整齐。 我喜欢看书，而他喜欢看电视。
érqiě **而且 conj.** 2 A	moreover, and (oft. linking adjectival/ verbal clauses; oft. 不但/ 不仅 …, 而且…)	他不但不想吃东西，而且连水也不想喝。 他的女儿年轻而且漂亮，谁都喜欢她。 他不仅会说汉语，而且还能说法语。

Note:

* 并 adv. 'actually, definitely (used before a negation to reinforce it)', as in 他喜欢看电影，可是我并不喜欢.

* 并 v. 'to put together', as in 把这两张桌子并在一起，能坐下十个人.

➤ 和 conj. 'and (usu. linking nouns)', as in 我和他是好朋友.

ètr
二 107

> 又…又…conj. 'and (usu. linking adjectives/ verbs)', as in 他又聪明又能干，我们都喜欢他.

èr
二 num.   two

dì'èr 第二 ph. 2 N/A	the second (place, time, part, etc.; 第 + numeral = ordinal number)	他汉语考试得了第二名。 他这是第二次去中国，两年前去过一次。 这本书的第二章 (zhāng, chapter) 是他写的。 他来北京旅游已经是第二次了。 他到北京的第二天就去长城了。
èr 二 num. 2 A	two (a numeral; used in numerals and for counting; usu. not used before a measure word except weights and measures, like 斤/ 两; used in fractions and decimals)	一加一等于二，二加二等于四。 他花了二百二十二块钱买了二十斤大葡萄。 上中学的时候，我在一班，他在二班。 他住在二楼，就在我的楼下。 我的朋友三分之二都是北方人。 他住在二号楼，房间号是二五二。
liǎng 两 num.* 2 A	two (unlike 二, it is not used for counting, nor in fractions/ decimals, nor after 第; oft. 两 + measure word)	今天下午两点他要去大学。 我忘带钱包了，你能借我两块钱吗？ 他在北京住了两个半月。 有两千两百多人参加了昨天晚上的音乐会。 她们两个都是北京人。 这幅画有两米长，很难拿着上飞机。
liǎ 俩 num. 1 A	two (俩 = 两 + 个, so not 俩 + 个/ other measure words; referring to people or things)	他每天都吃俩苹果，早上一个，晚上一个。 这俩月没看见你，去哪儿了？ 她们姐妹俩长得都很漂亮。 他有俩孩子，一个男的，一个女的。 他俩都是我的好朋友。 你有那么多苹果，给我俩，好吗？

Note:
* 两 n. 'both (sides)', as in 今天是星期六，路两边儿都是人.
* 两 n. 'a unit of weight', as in 她买了二两米饭.
> 两/ 俩 n. 'a few, some, a little while', as in 1) 他很累，没看两分钟的书就睡着了. 2) 怎么给我这么少，多给俩吧.
> When used at the beginning of a number, apart from 二十 (not 两), 二 and 两 are often interchangeable, e.g. 二百 or 两百.

F

fāpiào
发票 n.   tax invoice

fāpiào **发票** n. 2 D	tax invoice (also 发货 huò 票; oft. 开 + 发票) (发, to issue)	我在商店买了一台电视，这是发票。 发票要放好，别丢 (diū, to lose) 了。 去商店退换东西，需要有发票。 没有发票，怎么能报销 (bàoxiāo, to reimburse) 呢？ 请你给我开一张发(货)票。
shōujù **收据** n. 2 N/A	receipt (less official than 发票; oft. 开/ 写 + 收据) (据, evidence)	房东把租房的押金 (yājīn, deposit) 收据给我了。 他替朋友把二百块钱还给我的时候，我给他 开/ 写了一张收据。 他说他不用报销，所以不需要发票，给一个收 据就可以了。
shōutiáor **收条儿** n. 1 N/A	receipt (less formal than the above two, usu. for non-official dealings; confirming the receipt of money or items; oft. 打/ 写 + 收条儿) (条, strip)	这是二百块钱，给打个收条儿吧。 收条儿上写着我已经还回那一万块钱了， 可是他却说没有，真气人 (really annoying)！ 不用写收条儿了，咱们是多年的好朋友，我 相信 (xiāngxìn, to trust) 你。

---

fāshēng
发生 v.   to happen

chǎnshēng **产生** v. 2 B	to give rise to, to come into existence (oft. referring to abstract items, with explanation of the conditions that contribute to the new phenomenon; 产, stressing the process of producing sth.) (产, to produce; 生, to accrue)	好的成绩是从刻苦学习中产生的。 这些天，他对中国电影产生了兴趣 (xìngqù, interest)，这个周末又要去看一部新电影。 他们是同班同学，常常在一起，慢慢地产生 了爱情 (àiqíng, love)。 能产生这样的效果 (xiàoguǒ, result)，我们都 很高兴。 不知道为什么，他最近产生了不想再上大学 了的想法。
chūxiàn **出现** v. 2 A	to appear, to emerge, to come into being (referring to a person or thing; concrete or abstract items, with an emphasis on the visual) (antonym: 消失 xiāoshī) (现, to appear)	天上刚才出现了黑云，现在又消失了。 问题已经出现了，只好想办法去解决它。 这几年，很多国家出现了"汉语热"，不少人 开始学习汉语。 这种现象 (xiànxiàng, phenomenon) 已经出现 过两次了，你知道是为什么吗？ 运动员已经出现在运动场上了，比赛就要开 始了。

出现在舞台上的是他的哥哥。

| fāshēng
发生 v.
2 A | to happen, to occur (oft. referring to things) (发, to deliver) | 几年不见，这里发生了很大的变化。
奇迹 (qíjì, miracle) 发生了，这个足球队得了第一名。
车祸 (chēhuò, car accident) 发生在五月。
这件事情发生得很突然，我们都没有想到。
这么晚了，她还没有回家，不知道发生了什么事。 |

---

fāxiàn
发现 v.   to discover

chuàngxīn 创新 v. 2 C	to innovate (not 创新 + object) (antonym: 守旧 shǒujiù) (创, to create; 新, new)	在工作中，他经常创新，得到了大家的好评。 要进步 (jìnbù, to progress)，就必须创新，守旧是不行的。 不断创新，才会不断进步。
chuàngzào 创造 v. 2 B	to create, to produce (referring to concrete or abstract items) (antonym: 毁灭 huǐmiè) (造, to build up)	我们要努力学习和工作，创造美好的未来 (wèilái, future)。 你知道汉字是怎么创造出来的吗？ 篮球赛中，我们学校的球队创造了新的成绩，大家都很高兴。 小王和小张比起来，我觉得小王创造出的作品 (zuòpǐn, works) 更好。
fāmíng 发明 v. 2 B	to invent (oft. referring to concrete items) (发, to issue; 明, bright)	火药 (huǒyào, gunpowder) 是中国人发明的。 他很聪明，发明创造了不少东西。 你知道发明电话的人是谁吗？ 早在上大学的时候，他就发明过东西了。 电脑已经发明出来很多年了。
fāxiàn 发现 v. 2 A	to discover, to find out (referring to concrete or abstract items) (现, to appear)	我发现她有点儿不高兴，就没再说下去了。 他们在那里发现了油田 (yóutián, oil-field)。 要不是妈妈发现得早，孩子就会把那个东西吃下去了。 这种花是他在大山里发现的。 这个孩子发现地上有十块钱。 他一直没发现小王在爱着他，今年他跟小张结婚了。

Note: All the above words can also be used as nouns, as in 你知道中国的四大发明都是什么吗？

fāzhǎn
发展 v.   **to develop**
(see also 开辟)

kāituò **开拓** v. 3 D	to innovate, to enlarge, to expand (referring to abstract or sizeable concrete items) (拓, to develop)	王教授的研究 (yánjiū, research) 开拓了一个新的领域 (lǐngyù, field)。 那边全是这几年新开拓的大片土地。 他喜欢去开拓自己的前程 (qiánchéng, future)。 我们要不断开拓，才能成功 (chénggōng, to succeed)。 他们正在开拓海外市场 (market)。 让学生们开拓眼界的是这里的绿化工作。 他想搬到上海去，进一步开拓他的事业 (shìyè, career)。 那里的市场开拓得很成功。
fāzhǎn **发展** v.* 2 A	to develop, to recruit, to expand (an organisation, scale, etc.) (antonym: 停滞 tíngzhì) (发, to develop; 展, to unfurl)	这是一个新城市，还在发展之中。 他是新发展的会员 (huìyuán，a member of an association/ club, etc.) 这个大学以前不太好，现在已经发展成很不错的学校了。 我们应该不断发展教育事业 (jiàoyù shìyè, educational enterprise/ cause) 这个地方发展得不快，一直是停滞不前。 这是一个发展中国家，还有很多工作要做。
kāifā **开发** v. 2 C	to open up, to exploit (natural resources, area, etc.), to find/ cultivate (a talent, technology, etc.) (antonym: 封闭 fēngbì)	他年轻的时候，去了北方，在那里开发荒山 (huāngshān, barren mountain)。 这里风景很美，可以开发成旅游景点。 他的工作是开发人才 (réncái，a person of talent) 和新技术 (jìshù, technology)。 他们最近开发了一个新的旅游点。 开发西部是很重要的工作。 这里山美水美，值得 (zhídé, to be worthy of) 开发。 这里以前比较封闭，可是现在开发得很不错了。
kāizhǎn **开展** v.* 2 B	to develop, to expand, to organise (with emphasis on continuation from small to a sizeable coverage; usu. referring to abstract items) (antonym: 结束, jiéshù)	他又聪明又能干，工作开展得很不错。 体育运动对学生有好处，一定要开展下去。 学校经常开展一些课外活动 (activity)，学生们很喜欢参加。 现在学生都在准备考试，这种活动可能开展不起来，还是等考试结束吧。
zhǎnkāi **展开** v. 2 B	to unfold, to open up, to start (emphasising the starting stage, and opening up in all directions;	他把地图都展开以后，才找到了那个地方。 我们大家对这个重大问题展开了讨论 (tǎolùn，discussion)。

| | referring to abstract or concrete items; insertable with 得/ 不) | 讨论展开以后，很多人说出了他们的想法。
大鸟展开翅膀 (chìbǎng, wing) 向天空飞去。
那幅画很长，能展得开吗？ |

Note:
* 发展 n. 'development', as in 他很努力, 工作上很快就有了很大的发展.
* 开展 v. 'to launch an exhibition', as in 花展明天上午开展, 我们都会去看.

---

fán
凡 adv.   all

dàfán 大凡 adv. 3-2 N/A	generally speaking, in most cases (大凡 + 总/ 都)	大凡工作好的人，总是十分努力。 老师大凡都认真教课。 星期天他大凡都和家人在一起。 快乐的孩子大凡会有好父母。 一有时间，他大凡都和孩子们踢足球。 大凡他有能力，他总会帮助朋友的。
fán 凡 adv.* 2 B	all, every, any (凡..., 全/都... emphasising 'no exception'; 凡..., 总... emphasising 'always')	凡在这家餐馆吃过饭的人，都说好吃。 凡见过他的人，总是说他人不错。 凡年满十八岁的人，都可以参加。 他凡事都很认真，从来不马虎。 凡他喜欢的电影，他总是看两遍以上。 凡没来上课的学生，都要去办公室见老师。
fánshì 凡是 adv. 2 C	every, any, all, whatever (凡 and 凡是 are mostly interchangeable; 凡是..., 总/ 全/ 都...)	凡是学生的事情，他都放在心上。 凡是王老师上课，来的学生总是很多。 凡是别人有的东西，他全都想要。 上班他总是来得很晚，但凡是下班的时候， 他却总是第一个走出办公楼。 凡是愿意帮助别人的人，都会有很多朋友。

Note:
* 凡 adj. 'ordinary', as in 他可不是凡人, 什么都会, 而且什么都比别人做得好.
* 凡 n. 'the mortal world', as in 她长得非常漂亮, 像仙女 (xiānnǚ, fairy) 下凡一样.
➢ 凡事 (shì, things) n. 'everything', as in 凡事要好好儿想一想再去做.

---

fǎnfù
反复 adv.   repeatedly

| lǚcì
屡次 adv.
3 D | time after time (stressing
repetition; not 屡次 + 次/ 遍,
nor 屡次地) (屡, repeatedly) | 他学习很努力，屡次被选为优秀学生。
他天天迟到，屡次被批评 (pīpíng, to criticise)，但
就是不改。
这个足球队屡次打破纪录 (jìlù, record)。 |

屡次失败 (shībài, to fail) 后，他最后终于成功 (chénggōng, to succeed) 了。

chóngfù **重复** adv.* 2 B	repeatedly (stressing the repetition of an action) (重, again; 复, to duplicate)	老师看见学生们没有听清楚，就又重复了一遍。 每天都要重复地做同样的工作，所以他打算换一个工作。 这种外卖 (take-away) 饭盒不应该重复使用 (shǐyòng, to use)，因为不卫生 (wèishēng, hygienic)。 他重复练习好多次，才学会了这个动作 (act)。
duōcì **多次** ph. 2 N/A	many times (stressing the quantity)	她多次去医院看望父亲，直到他病好出院。 这是月票 (monthly pass)，可以多次使用。 经过多次劝说 (quànshuō, persuasion)，妈妈终于搬到儿子家去住了。 虽然他以前多次去过北京，可爬长城还是第一次。
fǎnfù **反复** adv.* 2 B	repeatedly, again and again (stressing both frequency and duplication) (reduplication: AABB) (反, to turn over)	这道题很难，他反复想才想出了答案。 他把这本书反复看了三遍，还是有一些看不懂的地方。 请你别再反复说这件事情了，我知道了。 汉字要反反复复地练习写，才能记得住。
yī(í)zài **一再** adv. 2-1 C	time and again (stressing repetition; 一再 oft. used for past tense)	我们一再请他来，可他就是不来。 我一再向他道歉，他最后才原谅了我。 在机场送儿子出国的时候，妈妈一再嘱咐 (zhǔfu, to enjoin) 他要注意身体。 他一再说，今后一定要好好儿学习，对得起父母。 我一再跟你说红灯时不要穿马路，你为什么不听我的话?!
zàisān **再三** adv. 2-1 C	over and over again (also used after a verb, but 一再 isn't; 再三/ 一再 have a stronger tone; also 一而再, 再三再四)	老师再三要求我们按时上课，不要迟到。 对他的帮助，我再三地表示感谢。 他考虑 (kǎolù, to think over) 再三，最后决定买房子了。 他一而再，再而三地说，他这次不是来要钱的，就是想来看看我这个老朋友。 他再三再四地请求，我只好跟他去了。
láihuí **来回** adv.* 1 C	back and forth (involving some kind of movement) (reduplication: AABB)	家里来了很多客人，孩子们高兴得来回跑。 我听明白了，你不用再来回地说下去了。 妈妈来回说了好几遍，女儿还是不想去。 不好意思，让你来来回回跑了好几趟。

Note:

➤ All the above words in this group are used to express an event with human involvement. When describing other types of event, 经常/ 常常 tend to be used, as in 今年这里经常下雨.

✳ 重复 v. 'to repeat', as in 我没有听懂，请再重复一遍，好吗？

✳ 反复 n. 'relapse, setback', as in 他的病本来已经好了，可是最近又出现了反复.

✳ 来回 n. 'a round trip', 去大学一个来回，走路要一个多小时.

➤ V 来 V 去 'backwards and forwards', as in 他想问题的时候，喜欢在屋里走来走去.

---

fàndiàn
饭店 n.   restaurant

cānchē 餐车 n. 2 C	dining car (of a train), mobile dining car (餐, meal)	火车的餐车在五号车厢 (chēxiāng, railway carriage)，请大家去用餐。 吃中午饭的时候，学校附近经常有一些流动 (liúdòng, mobile) 餐车。 今天餐车上的饭菜还不错，大家都说好吃。 他的工作是每天推着餐车给这家医院里的病人送饭。
cānguǎn 餐馆 n. 2 N/A	restaurant (big or small, expensive or inexpensive)	这个餐馆是去年开的，菜做得还可以。 那家餐馆的老板 (lǎobǎn, boss) 是北方人，对人很好。 他刚刚走出餐馆，就看见小王和他的女朋友了。 我听说那家餐馆很贵，所以没有进去过。 他想找一家四川 (Sìchuān) 餐馆，因为他很喜欢吃辣 (là, hot and spicy) 的。
cāntīng 餐厅 n. 2 B	dining hall (of a hotel, work unit, school, etc.), dining room, restaurant (厅, hall, large communal room)	这家旅馆有一个餐厅，在二楼。 他们单位 (dānwèi, work unit) 的餐厅不太大，可是饭菜很好吃。 他家的楼下就有一个餐厅，没有时间做饭的时候，他就去那里买饭。 他家很小，没有餐厅，就在厨房里吃饭。 他是餐厅的服务员，大家都很喜欢他。
fàndiàn 饭店 n. 2 A	restaurant (the same as 餐馆)	那家饭店是他开的，很不错。 你知道哪家饭店的菜做得好吃吗？ 我饿了，咱们到前边那个饭店吃点儿饭吧。 他在饭店工作，今天早上就去饭店了。 这个饭店太小了，请客人吃饭，我们还是找一家大一点儿的饭店吧。

fàntīng **饭厅** n. 2 N/A	a dining room/ hall	他家的饭厅可不小，能坐下二十几个人。 你去把饭厅的地扫一扫。 这套公寓有一个客厅和一个饭厅。 她给他打电话的时候，他正在饭厅吃饭。
jiǔdiàn **酒店** n. 2 C	restaurant (usu. referring to a high-class one; may be used as part of a restaurant's name, also 餐馆、餐厅、饭店)	他们的婚礼 (hūnlǐ, wedding) 就是在这家大酒店举行的。 晨光酒店的服务员对待客人都很热情，每天去那里的人很多。 那里新开了一家酒店，东北菜做得很好。 他是公司的经理 (jīnglǐ, manager)，常常得 (děi, have to) 在酒店陪客人吃饭。
jiǔjiā **酒家** n. 2 N/A	restaurant (oft. with specialities or local flavours), tavern (oft. used as part of a restaurant's name; not a generic term, e.g. we say 他经常去饭店, but not 他经常去酒家)	中华大酒家的烤鸭是很有名的。 他经常到一个水上酒家去喝酒。 他开的那个酒家不错，我们常去。 他在这个酒家当厨师，菜做得很不错，酒家老板每个月给他不少钱。 在一个酒家吃完饭以后，他们就都回家了。
shítáng **食堂** n. 2 A	canteen, dining hall, eatery, cafeteria (where a company/ organisation serves food to its staff) (食, food; 堂, hall)	这个食堂只有早饭和午饭，没有晚饭。 他们的食堂很大，可以坐下几百人。 这个工厂有三个职工 (zhígōng, staff) 食堂，吃饭的时候人很多。 他每天中午都在公司的食堂吃饭，又便宜又好吃。 食堂就在前边，我们去吃点儿饭吧。
fànguǎnr **饭馆儿** n. 2-1 C	restaurant, eatery (oft. a smaller and cheaper dining place)	别看这家饭馆儿小，每天来吃饭的人很多。 这个饭馆儿的面条做得很好吃。 那边有很多饭馆儿，都很便宜。 别在家做了，咱们去外边饭馆儿吃吧。 他没有时间做饭，天天下饭馆儿。
jiǔguǎnr **酒馆儿** n. 2-1 N/A	tavern (can also serve light meals)	这么晚了，那个小酒馆儿里还有很多人。 他在酒馆儿里喝了很多酒，也吃了点儿东西。 这里没有小酒馆儿，只有一个大饭店。 他家就住在一个酒馆儿的楼上，周末的时候经常很吵。

Note:

➢ 饭店/ 酒店 also refer to a hotel with good facilities, often having its own restaurant or dining hall, as in 长城大饭店是一家很有名的旅馆.

➢ 酒吧 n. 'pub', as in 下班以后, 他喜欢去酒吧喝点儿酒以后再回家.

➢ Idiomatic usage: 上饭店 and 下馆子, both mean 'go to eat in a restaurant'.

fāngbiàn
方便 adj.   **convenient**

biànlì 便利 adj. 2 C	convenient (of transportation, facilities, etc.), easy (stressing 'easy to achieve a goal') (antonym: 困难 kùnnan) (便, handy; 利, favourable)	他家就在学校的附近，上学很便利。 这里离哪里都近，便利的生活使他不愿意搬到别的地方去。 那个城市交通 (jiāotōng, transport) 便利极了，去哪里都很容易。 邮局就在学校里面，寄钱又安全又便利。 学校图书馆在他宿舍的前边，他去那里看书有便利的条件 (tiáojiàn, condition)。
fāngbiàn 方便 adj.* 2 A	convenient (of 'doing sth.'; stressing 'without much trouble') (antonym: 不便/ 困难)	他正在上课，出来见你不太方便。 这里什么都很方便，商店、学校、电影院都不远，就在附近。 孩子长大了，还和父母住在一起不方便。 您现在说话方便吗？我想跟您说点儿事儿。 等你方便的时候，我再来找你吧。 你手头方便吗？我想跟你借点儿钱。 真不好意思，最近我手头也不方便，没有钱借给你。 他的腿脚不太方便，走路比较困难。
biàndang 便当 adj. 1 N/A	easy, handy (antonym: 麻烦) (reduplication: AABB)	从这里坐地铁去火车站很便当，不用转车，十分钟就到了。 因为要出去旅游，她把长头发剪短 (jiǎnduǎn, to cut short) 了，这样会便当一些。 他可以在下班的路上去买菜，便当得很。 他每天都带中午饭，不用出去买饭，便便当当的，一点儿都不麻烦。
shěngshì 省事 adj. 1 N/A	not troublesome, handy (antonym: 费劲 fèijìnr) (省, to save; 事, trouble)	这个孩子很省事，吃饱就睡，很少哭。 他就一个人，常常去朋友家吃饭，不用自己做饭，比较省事。 自从她学会开车以后，想去哪儿就去哪儿，比以前省事多了。 自己开车去比较省事，坐公共汽车去太费劲儿。

Note:
➢ All the above four words can also be used as verbs, as in 1)为了方便学生, 图书馆早上七点半就开门了. 2) 对不起, 我要去方便方便 (a euphemism, 'to go to toilet'). 3) 新图书馆建好以后, 便利了学生, 借书不用再走那么远了. 4) 明天你不用来了, 这样也省你一点儿事儿.
* 方便 n. 'convenience', as in 他常常把方便让给别人, 把困难留给自己, 我们都很喜欢他.

fáng'ài
妨碍 v.   **to hinder**

zhàng'ài **障碍** v.* 3 C	to obstruct (view, etc.; usu. unintentional) (障, to block; 碍, to obstruct)	他很高，站在第一排，障碍了大家的视线 (shìxiàn, the line of sight)。 这就是障碍学生进步 (jìnbù, progress) 的原因 (yuányīn, reason)。 不要把车停在这里，障碍交通 (jiāotōng, traffic)。
fáng'ài **妨碍** v. 2 C	to hinder, to disturb (a person or an event; oft. referring to smaller events) (妨, to hamper)	说话小点儿声，不要妨碍别人的休息。 这辆车停在这里，妨碍大家进出。 妨碍学习和工作的事情他从来不做。 喜欢上网 (shàngwǎng, surfing online) 聊天儿没关系，但是不能妨碍工作。 这个书架放在这里，会不会妨碍大家走路？ 你不要这样说话，会妨碍大家的团结 (tuánjié, solidarity)。 我坐在这里妨碍你吗？
zǔ'ài **阻碍** v.* 2 C	to block (can also refer to larger-scale events; intentional or unintentional) (阻, to block)	什么力量 (lìliang, force, power) 都不能阻碍社会 (shèhuì, society) 的进步。 快把车开走，别在这里阻碍交通。 丈夫阻碍她出去工作，让她在家里好好儿带孩子。 这样做不会阻碍生产 (shēngchǎn, production) 的发展 (fāzhǎn, development)。
àishì **碍事** v. 1 D	to be in the way of (insertable) (事, things)	让孩子在这里玩吧，不碍事的。 把这个拿开，放在这里碍事。 我还是出去吧，这里太小，挺碍事的。 桌子放这里，碍你的事儿吗？ 我在说他，碍着你什么(事)了？ 你就是有点儿感冒，不碍大事的。

Note:

* 障碍 n., as in 如果你在学习上有什么障碍，就应该告诉老师.

* 阻碍 n., as in 对他来说，买房最大的阻碍是房价 (jià, price).

---

fángjiān
房间 n.   **room**

fáng **房** n. 2 N/A	house, room (oft. monosyllable + 房; 栋 dòng / 座/ 排 pái/ 所/ 套 + 房 'house'; 间/ 号 + 房 'room')	那排 (row) 房都是小学的教室。 这是一所危 (wēi, dangerous) 房，你们不要到里边去玩儿。 你知道这栋房是谁的吗？ 他住在 202 号房。

他家的房后是一个小花园。
这间卧房 (bedroom) 是他的。
他刚买了一套三房两厅的公寓。
这是他儿子结婚的新房，挺漂亮吧。

fángjiān **房间** n. 2 A	room (个 + 房间; business or residential rooms)	他办公室的房间里有很多画。 我们老师家，书就放满了一个房间。 这个旅馆不太大，一共有五十多个房间。 他的房间在二楼，202 号。 妈妈每个周末都打扫房间。 他上大学的时候，两个人住一个房间。 房间里的书架是他借同学的。 他在旅馆里住的是高级房间。
fángwū **房屋** n. 2 C	house, building (usu. referring to more than one building)	那边的房屋都是出租的，你去看看吧。 大雨把很多房屋都淹 (yān, to flood) 了。 他是一个房屋买卖代理 (dàilǐ, agent)。 这些房屋是他们工厂买的，用来给工厂的工人住的。
fángzi **房子** n. 2 B	house (of one storey or multi-storeyed building), room (间 + 房子 'room'; 栋/ 座/ 排/ 所 + 房子 'house')	这里的房子都是新的，又大又漂亮。 他买了一套房子，是两室一厅 (two bedrooms and one living room) 那所房子的前面是一个花园，有不少花儿。 他没有钱，买不起房子。 那间房子太小，连一个双人床都放不下。 那栋房子是他爸爸的，不是他的。 这间房子是我的，右边那间是他的。
gōngyù **公寓** n. 2 N/A	apartment building, apartment (栋/ 座/ 排/ 所 + 公寓 'apartment building'; 套 + 公寓 'apartment') (公, public; 寓, residence)	这座公寓楼是新盖的，有 100 多套公寓。 他住在一栋高层公寓里。 学生公寓里的房间都比较小。 他买的那套公寓有三间卧房，很不错。 他姐姐租的公寓很不错。 他不喜欢住公寓。
lóu **楼** n. 2 A	storeyed building, storey/ floor (oft. monosyllable + 楼)	他住在前面那栋楼，三楼 302 号。 她除了去茶楼、酒楼、百货大楼以外，什么都不想做。 他下楼吃饭去了。 那幢 (zhuàng, mw.) 教学楼不太高。 那些大楼的停车场都不大。 他住八楼。

lóufáng **楼房** n. 2 C	storeyed building (not number + 楼房, unlike 楼)	他家住的是楼房，不是平房 (píngfáng, bungalow)。 那边的楼房都是新盖的，他的一个朋友住在 那里。 他父母不喜欢住楼房，上下楼不方便。 他家后边还有三排楼房，都是学生宿舍。
sùshè **宿舍** n. 2 A	dormitory (for students of a school, or staff of a work unit) (宿, lodge; 舍, hut)	他住在大学的学生宿舍里。 他的宿舍很干净。 那是我们大学教工的宿舍楼，我的老师就 住在六号楼里。 我和他住在同一个宿舍楼里。 他的宿舍是 2 号楼，202 号房间。
wū **屋** n. 2 B	room, house (oft. monosyllable + 屋; 间 + 屋, 'room')	那是我们家的老屋，现在已经租出去了。 这间屋是他的，那间屋是他姐姐的。 他家是屋前种花，屋后种菜。 他家大屋是睡房，小屋是书房。 他住里屋，弟弟住外屋。 一间屋住两个人，可以吗？
wūzi **屋子** n. 2-1 A	room	屋子里很热，开开门吧。 他周末经常收拾屋子。 我的屋子比他的屋子小一点儿。 女朋友下午要来，他把屋子打扫得干干净 净，还放满了鲜花。 他在北京有一个四合院儿 (sìhéyuànr, a traditional Chinese house with a four-section compound/ quadrangle)，里面有八间屋子。

---

fàng

放 v.   **to put**

bǎi **摆** v.* 2 A	to put, to display (stressing 'to arrange sth. carefully and purposefully'; also used metaphorically) (reduplication: A(一)A)	他家的窗前摆着很多花。 饭做好了，你去把碗筷摆好。 请把汉语书摆在书架的最上边。 在这个图书馆，新书要摆三个星期才可以借出。 他结婚时摆了十桌酒席 (jiǔxí, banquet)。 桌子和椅子摆得都很整齐 (zhěngqí, neat)。 问题摆在了我们的面前，你说怎么办吧？ 他喜欢把自己摆在比别人高一等的位置 (wèizhi, position) 上。 这么多书！摆(一)摆看吧，可能摆不下。

fàng 放 v.* 2 A	to put, to place (stressing 'to put in a certain place'; also used metaphorically) (reduplication: A(一)A)	快把箱子放下，过来喝杯茶。 他忘了把书放在什么地方了。 房间太小，放不下一张双人床。 放鸡蛋 (jīdàn, hen's egg) 时一定要小心。 放在桌子上的相片是他女儿的。 他的办公桌上什么都没放，只有一本书。 把书放到书架上，别放在床上。 教室里放着很多椅子。 这个问题先放放再说。 饭太热了，放一放再吃。
gē 搁 v. 1 B	to put (oft. indicating 'to put in a place for a while'; also used metaphorically; 搁 and 放 are interchangeable, although the former is used more colloquially) (reduplication: A(一)A)	这些钱我也不用，就搁在银行里吧。 夏天到了，妈妈就把冬天的衣服搁进箱子里去了。 有什么麻烦别搁在心里，说出来看看我们能不能帮帮你。 我很忙，出去旅游的事儿先搁一下吧。 报纸先搁那儿，我一会儿再看。 他进门以后就把帽子搁在了小桌上。 雨伞就搁门外吧，别拿进来了。 书不太多，书包搁得下。 他办公室的桌子上搁着他女儿的照片儿。 香蕉还不太熟，搁(一)搁再吃。

Note:
* 摆 n. 'pendulum, bottom part of sth.', as in 1) 钟摆怎么停 (tíng, to stop) 了? 2) 这条裙子的裙摆 (bottom part of a skirt) 很漂亮.
* 摆 v. 'to swing, to wave', as in 他向我摆摆手, 叫我别过去.
* 摆 v. 'to show off', as in 他就喜欢摆架子 (to put on airs).
* 放 v. 'to add', as in 咖啡要放糖吗?
* 放 v. 'to set free', as in 他放学以后就回家了.
* 搁 v. 'to add', as in 水少了, 再搁点儿.

---

fàngxīn
放心 v.   **to feel relieved**

ānxīn 安心 v. 2 B	to keep one's mind on sth., to have peace of mind, to feel at ease (insertable) (安, peaceful)	他对这个工作不太安心，想找别的工作。 这几天儿子病了，他工作时很不安心。 父母都有工作，一家人生活得很安心。 孩子们都已经长大成人，你可以安下心来做你自己想做的事情了。 家里最近有很多事，使他安不下心来。
fàngxīn 放心 v. 2 B	to feel relieved, to set one's mind at ease (insertable; 放心/ 不放心/ 放心不下 + person/ thing,	我在中国一切都好，请父母放心。 回家以后，他还是放心不下工作。 丈夫下班没有回家，她有点儿放心不下，

| | oft. with negatives) (antonym:
担 dān 心/ 挂心) (放, to put down;
心, heart) | 就给他打了个电话。
孩子已经大了，你就放心他去吧。
他是一个老师和父母都放心的好孩子。
自从儿子离家到外地去上大学以后，她一直
不放心他。
孩子太小，第一次出远门，我真的很不放心她。
看到他从房上下来了，她才放下心。
父母总是担心你。你要常常给家里打电话，他们
才放得下心。
你放宽 (kuān, broad) 心 (to rest assured)，我
一定好好儿学习。 |

---

fēnfù
吩咐 v.   to enjoin

zhǔtuō 嘱托 v. 3 D	to entrust sb. to do sth. (嘱, to urge; 托, to entrust)	朋友嘱托的事情，我一定要办好。 妈妈要去医院看护爸爸，嘱托王小姐照顾我 和姐姐。 他嘱托小王一定要找到女儿。
dīngzhǔ 叮嘱 v. 2 D	to urge/ plead repeatedly, to warn, to exhort (reduplication: ABAB) (叮, to say/ ask again to make sure)	明天早上考试，妈妈叮嘱我早点儿起床。 天冷了，他叮嘱孩子们要多穿衣服。 姐姐再三 (repeatedly) 叮嘱我，一定把这封 信送到。 他一再 (repeatedly) 叮嘱我，一下飞机马上 给他打电话。 他叮嘱我一定要早点儿到机场，晚了就赶不 上飞机了。 尽管他叮嘱了好几遍，我还是没有记住。 他忘了叮嘱儿子下雨时把窗关上，大雨把床 都打湿 (shī, wet) 了。 你叮嘱叮嘱儿子，上课一定要认真听讲。
fēnfu 吩咐 v. 2 B	to enjoin (a subordinate, a junior, etc.) to do sth. (in a spoken form) (再三/ 一再/ 一次又一次 + 吩咐, also other words in this group) (吩, to instruct)	妈妈再三吩咐他早点儿起床，上学不要去晚了。 您老有什么事情尽管 (jǐnguǎn, unhesitatingly) 吩咐，我们一定照办 (zhàobàn, to act accordingly)。 老师吩咐过，明天考试不准带书。 他吩咐完以后，就走了。 您吩咐的事情已经做完了，下一步还应该做 什么，请再吩咐。 他吩咐我把车开到门口。
zhǔfù 嘱咐 v. 2 C	to advise and urge, to prescribe (oft. from a senior to a junior, telling them what they should/ should not	医生嘱咐他一定要按时吃药。 在信中，父母嘱咐我要注意身体。 老师嘱咐过他好几次，他还是忘了。

do) (reduplication: ABAB) (咐, to instruct)		妈妈再三嘱咐我，开车一定要小心。 老人嘱咐我五年之内一定要把这个小学校办 成一个大学校。 请嘱咐他一下，回家的路上买点儿菜回来。 你好好嘱咐嘱咐他，一定要好好学习，不要 让大家失望 (shīwàng, disappointed)。

Note:

➢ As a rule of thumb, none of the above words are used from a junior to a senior.
➢ They can be used as nouns, as in 1) 去年他带着家人的嘱托, 到国外去留学. 2) 你要听医生的嘱咐, 好好休息. 3) 这是新来的经理 (jīnglǐ, manager), 以后你们都要听他的吩咐.
➢ 命令 v. mìnglìng 'to order, to command', as in 他命令我马上离开这里.
➢ 指示 v. zhǐshì 'to instruct', as in 他指示我们今天一定要做完这个工作.

---

fēngfù
丰富 adj.   abundant
(see also 饱满/ 多③/ 充分)

fùqiáng 富强 adj. 3 D	prosperous and strong, rich and powerful (of a country, etc.) (antonym: 贫弱 pínruò) (富, rich; 强, strong)	国家富强、人民幸福是我们都希望看到的。 努力工作才能使国家富强起来。 那是一个繁荣 (fánróng, flourishing) 富强的 国家，人们生活得很快乐。 他们的国家比以前富强多了。
fùyǒu 富有 adj.* 3 C	rich (stressing 'plenty', financially or spiritually) (antonym: 贫困 pínkùn, 贫穷 pínqióng)	他的父亲很富有，家里的生活也很好。 虽然他十分富有，却从来不乱花钱。 他是我们当中最富有的。 他富有的原因是努力、认真地工作。 他没有多少钱，可是精神 (jīngshén, spirit) 上 却十分富有。 他家以前贫困，可是现在变得富有了。
fēngfù 丰富 adj.* 2 A	abundant, rich, plentiful (referring to material, things, experience, knowledge, etc.; 丰富多彩, fēngfùduōcǎi, rich and colourful) (antonym: 贫乏 pínfá) (丰, abundant)	那个大商店里的东西很丰富，什么都可以买 得到。 这里有丰富的水源 (yuán, source of water)， 不怕没有水喝。 他是一个经验 (jīngyàn, experience) 丰富的教 师，所以学生们都喜欢他。 丰富的知识 (zhīshi, knowledge) 使他成为一 个很受欢迎的人。 我喜欢这个城市，文化生活比那个城市丰富 多了。 虽然他不喜欢多说话，但是他的感情(gǎnqíng, feeling/ emotion) 并不贫乏，而是很丰富的。 他的家乡山青水秀，物产 (wùchǎn, products) 丰富。

电视里的节目 (jiémù, programme) 越来越丰富多彩了。

fēngshèng 丰盛 adj. 2 N/A	plentiful (of goods, especially food; stressing 'plenty of variety and good quality') (antonym: 简单 jiǎndān) (盛, vigorous)	平时他家吃饭比较简单，可今天是儿子的生日，所以晚餐很丰盛。 丰盛的饭菜使得大家都吃得很开心。 这些年来，生活变好了，人们的菜篮子也丰盛起来了。 他结婚的时候，摆了十八桌丰盛的酒席。
fù 富 adj. 2 B	rich, plenty (antonym: 穷 qióng, 贫 pín)	那边的房子又大又漂亮，是富人住的地方。 他弟弟很富，是做生意 (shēngyì, business) 的；可他却很穷，没有钱。 年轻人常常富于幻想 (huànxiǎng, fantasy)。 我虽然没有他富，但是我生活得很快乐。 他不算富，但是很喜欢帮助别人。
fùyù 富裕 adj. 2 C	wealthy, well-off (financially; stressing 'high living standards') (antonym: 贫困 pínkùn, 贫穷 pínqióng) (裕, plentiful)	他家的生活不太富裕，买不起房子。 这几年他做生意做得很好，富裕了不少。 他们富裕极了，买什么都是买最好的。 我们一年一年地富裕起来。 他和他的太太都是医生，家里比较富裕。 他是我们村里的富裕户 (hù, family)，可是村里还有不少贫困户。
wàngshèng 旺盛 adj. 2 N/A	vigorous, exuberant (referring to person's spirit, energy, plant, etc.) (antonym: 委靡 wěimí, 衰竭 shuāijié) (旺, flourishing)	他常锻炼身体，精力 (jīnglì, energy) 旺盛。 最近市场 (shìchǎng, market) 对绿色食品的需求越来越旺盛。 他今年二十八岁，正是精力旺盛的时候。 篝火 (gōuhuǒ, bonfire) 在旺盛地燃烧 (ránshāo, to burn) 着，学生们围在一起唱着歌。
fùyu 富余 adj. 2-1 D	surplus, extra (of money, time, etc.) (余, surplus)	他把每个月的工资 (gōngzī, salary) 都花得干干净净的，没有富余的钱。 如果明天有富余的时间，我会跟你一起去看电影。 他比我富余得多，借钱你还是找他去吧。 这把雨伞是富余的，你拿去用吧。

Note:
➢ All the above words tend to be used in a positive sense.
* 富有 v. 'to be full of (富有 + abstract item)', as in 1) 他是富有经验 (jīngyàn, experience) 的教师. 2) 他说的话富有代表性 (dàibiǎoxìng, representativeness), 我们应该好好儿想想. 3) 她富有同情心 (tóngqíngxīn, sympathy).
* 丰富 v. 'to enrich', as in 有时间我就去唱唱歌, 跳跳舞, 打打球, 丰富一下自己的生活.

fēngjǐng
风景 n.   **scenery**

fēngguāng 风光 n.* 3 D	view, sight (oft. used literally; describing special characteristics) (光, scenery)	这里的风光真美。 他很喜欢大自然 (zìrán, nature) 的风光，经常出去旅游。 异 (yì, exotic) 国风光使他感到很新奇。 冬天到了，那里是一片北国风光。 青山绿水好风光。 周末他常开车到城外，观赏 (guānshǎng, to appreciate) 田园 (idyllic) 风光。
jǐngsè 景色 n. 3 C	scenery, outlook (oft. describing specific characteristics of scenery; stressing the colour) (色, colour)	大海的景色非常美丽。 他最喜欢的就是秋天满山红叶的景色。 这里的美好景色吸引 (xīyǐn, to attract) 了很多游客前来参观。 他把日出的景色画得好极了。 他被眼前的景色迷 (mí, to be fascinated by) 住了，站在那里看了很长时间。
jǐngwù 景物 n. 3 C	scenery, landscape (stressing an aggregation of objects) (物, things)	我们在公园的小湖上划着船，两边的景物真是漂亮。 我站在小学校的门口，景物依旧 (yījiù, as before)，使我想起小时候的事情。 那里是一个旅游的好地方，景物宜 (yí, suitable) 人。
jǐngxiàng 景象 n. 3 C	scene, sight (stressing a dynamic image that is natural, man-made, social phenomenon, etc.) (象, image)	一个孩子被车撞死 (zhuàngsǐ, to knock down and kill) 了，景象很凄惨 (qīcǎn, heartbreaking)。 今天是春节，到处都是一片欢乐的景象。 下过一场大雨后，天空出现了五光十色的美丽景象。 周末出去玩，春天的景象四处可见。 最近这几年，这个城市发展的很快，到处是一派欣欣向荣 (xīnxīnxiàngróng, thriving) 的景象。 比起春天来，这里的秋天另有一番景象。
jǐngzhì 景致 n. 3 N/A	view (stressing unique/ enjoyable style) (景, scenery; 致, style)	山那边别有一番 (fān, a kind of) 景致。 他看着水天一色的好景致，都不想回家了。 窗外的景致比画上的还美丽，我们坐在窗边看了很长时间。 大学附近有几处好景致，我们常常去那里游玩。

qíngjǐng **情景** n. 3 B	scene, circumstance, situation (oft. specific, emotional or memorable) (情, emotion, situation)	他妈妈在他小的时候就离开了，他现在还记 得妈妈走时的情景。 他们兄弟俩二十年以后再次见面的情景真是 很感人 (moving)。 看到他，我想起了我们以前在一起玩儿的快 乐情景。 请你把当时 (dāngshí, then and there) 的情景 说一下。
fēngjǐng **风景** n. 2 B	scenery, landscape (usu. referring to natural or static scenery; oft. used in general sense)	从这里可以看到大海，风景很美。 坐火车旅游，可以沿 (yán, along) 路看风景。 那里的风景还不错，你有空去看看吧。 夏天的南方，风景非常美丽。 那里风景如画。 那边就是有名的风景区，快走吧。 他买了一幅风景画，是给朋友的生日礼物。 这几张是他去北京旅游时的风景照。 把工厂盖在这里，真是大煞 (shà, to stop) 风景。 学生骑车上学成了这所大学的一道 (mw.) 亮丽的 风景线 (an aesthetic scene)。
shānshuǐ **山水** n. 2 D	landscape (of mountains and water) (reduplication: AABB)	桂林 (Guìlín) 山水甲 (jiǎ, to surpass) 天下 (under the sun, [historically] all China, the world)。 那个地方山水秀丽，我们经常去玩儿。 墙上挂的都是山水画。 他不论走到哪里，都忘不了家乡的山山水水。
jǐngr **景儿** n. 1 D	view, scenery	这个地方景儿不错，咱们照张相吧。 周末我们常常去爬爬山，看看景儿。 山上的雪景儿真漂亮！

Note: *风光 adj. 'famous and respected', as in 他成了电影明星以后，风光极了，大家都知道他的名字。

---

fēngsú
风俗 n.

custom

fēngqì **风气** n. 3 C	common practice, general mood (of a society or a group of people; easily and quickly changeable) (气, air)	这个班的风气很好，人人都努力学习。 抽烟喝酒是不好的风气。 最近几年，请客送礼的不良风气越来越严重 (yánzhòng, serious) 了。 坐公共汽车上下班正在形成 (xíngchéng, to become) 一种新风气。 随地吐痰 (suídì tǔtán, to spit everywhere) 的 风气很不好。

fēngshàng 风尚 n. 3 D	prevailing fashion or custom, a society's collective values and principles (oft. used positively) (尚, esteem)	爱护老人和孩子已经成为一种社会风尚。 助人为乐的风尚在学校里很流行 (popular)。 我们应该提倡 (tíchàng, to advocate) 努力学习的好风尚。 说真话 (truth) 是一种很好的道德 (dàodé, moral) 风尚，人人都应该这样做。
shíshàng 时尚 n. 3 N/A	fad	在年轻人中，使用这种新手机现在已经成为一种时尚。 白色好像不合 (hé, to suit) 今年的时尚吧。 他觉得家里有小猫小狗是一种时尚。
xíxìng 习性 n. 3 N/A	habitual behaviour (of a person, animal or plant) (性, character)	他对自己孩子的生活习性非常了解。 他家狗的习性很不错，全家人都喜欢它。 如果想种好花草树木，一定要认真了解它们的生长习性。 我和姐姐的生活习性不太一样，她喜欢人多，可是我喜欢人少。
fēngsú 风俗 n. 2 B	custom (of a nation, region, etc.) (oft. 风俗 ＋ 习惯)	春节吃饺子，这是中国北方人的风俗。 到一个新的地方，一定要了解当地人 (locals) 的风俗。 那个地方的风俗很有意思，你有时间应该去看看。 那是旧风俗旧习惯，我不愿意那么做。 南方人和北方人有一些不同的风俗习惯。 他们那里还保留 (bǎoliú, to retain) 着古老的风俗。
xíguàn 习惯 n.* 2 A	habit (of a society, group or individual; referring to animals or people; mw. 种/ 个) (惯, to be accustomed to)	吃完晚饭出去走走是他多年来的习惯。 看书时，眼睛离书本太近不是一个好习惯。 他家人的习惯是进屋脱 (tuō, to take off) 鞋。 他这种习惯是以前没有的。 他不抽烟不喝酒，没有什么坏习惯。 晚上睡觉前写日记，已经成为他的习惯了。 早上一起床，他就习惯性地先去洗澡。 孩子从小就要养成 (yǎngchéng, to cultivate) 好习惯。 他家小猫的习惯是晚上不睡，早上不起。
xíqì 习气 n. 2 N/A	unhealthy habit, bad practice	不爱工作只想玩，是不良 (liáng, good) 的习气。 在同学和老师的帮助下，他改掉了不爱学习的坏习气。 他以前有一些不好的习气，结婚以后变得好多了。

fù
付

xísú
习俗 n.
2 D

custom (oft. traditional habits)
(习, custom; 俗, common)

中国有过灯节的习俗。
不好的习俗也应该改 (gǎi, to change) 一改了。
父母跟他说了一些老家的习俗。
他不太知道那个少数民族 (mínzú, race/
nationality) 的习俗。
在中国的北方，结婚时有穿红戴绿的习俗。
他在那里住了很长时间，了解 (liǎojiě, to know)
当地的习俗。

Note: *习惯 v. 'to be accustomed to', as in 他刚来北方, 还不习惯这里寒冷的气候.

---

fù
付 v.   to pay

fùkuǎn
付款 v.
3 D

to pay (money; insertable; usu.
not 付款 + object, unless 付款 +
给 + object) (付, to pay; 款,
money)

我可以用信用卡 (credit card) 付款吗？
他昨天就付款给小王了。
你付过款了吗？
我一共付了两笔 (mw. for money) 款，
一笔是我的，另一笔是替我女儿付的。
他没带钱，付不了 (liǎo) 款。

jiāofù
交付 v.*
3 D

to make a payment

租房子要交付押金 (yājīn, deposit) 吗？
他交付了10%的押金。
他把大家交付的水电费一起给了房东 (landlord)。
交付了房租、水电费以后，他只剩下五十元
钱了。

jiésuàn
结算 v.
3 D

to settle an account, to close an
account (结, to end; 算, to
calculate)

会计 (kuàiji, accountant) 这个星期很忙，正在
结算呢。
他每个月都把账目 (zhàngmù, accounts) 结算
得很清楚。
账目是每个月结算一次。
每个月都要结算一下账目。
结算出来的数目跟账目上的不太一样，还要
再算一遍。

zhīchū
支出 v.*
3 D

to defray (stressing 'money coming
from the payer') (支, to pay)

今年图书馆支出十万元买书。
他每月给儿子支出的生活费是一千元左右。
这笔钱支出给谁了？

zhīfù
支付 v.
3 D

to disburse (stressing 'money going
to the payee') (antonym: 进账
zhàng)

他在银行的钱是支付儿子上大学的。
你可以支付现金 (xiànjīn, cash) 吗？
这个月的工资还没有支付给他，所以他现在还
没有钱买东西。
那笔钱支付的时间是昨天。

fù 付 v.* 2 B	to pay	这个让我来付吧。 你在这里等我，我到收银台 (shōuyíntái, cashier) 去把这双鞋的钱付了。 他每年要付学校一千元的学费。 他连吃饭的钱都付不出来。 你可以付现金，也可以用信用卡。 这本书的钱还没付，请付五十块钱。 电影票的钱他已经付过了。
fùchū 付出 v. 2 D	to pay out, to commit to, to give (not referring to specific amount of money; used figuratively)	为了买好房好车，他付出很多努力。 他付出的不仅是钱，还有很多时间。 人们常说：要想得到，必须先付出 (No pain, no gain) 。 为了做好工作，他付出了辛勤 (xīnqín, industrious) 的劳动 (láodòng, work/ labour)。
fùqián 付钱 v. 2 N/A	to pay money (e.g. in a restaurant; insertable)	这顿饭由我来付钱。 我请客，你付钱，这不好吧？[The speaker hints that the addressee could pay instead] 我请客，你付钱，这不行。[The speaker insists on paying for the meal] 他已经付过钱了，你不用再付了。 他付完钱以后，就回家去了。
fùzhàng 付账 v. 2 N/A	to foot the bill (oft. after getting a service, e.g. having a meal, haircut; similar to 付款; insertable) (帐, account)	吃完饭后，他就去付账了。 他昨天已经付账给我了，你不用再付了。 你付过账了吗？ 对不起，我忘带钱包了，付不了 (liǎo) 账。 我今天付了一笔账，明天再付一笔就都付完了。
jiézhàng 结账 v. 2 N/A	to pay up, to balance the books, to settle accounts (insertable)	今天我请客，我去结账。 快到年底了，他们最近都在忙着结账。 他们吃了很多，结账时才知道钱不够了。 他没有结账就走了，旅馆只好打电话跟他要钱。 你拿去结一下账，这是五百元钱。 他们结了账以后，就去了飞机场。 今天吃饭我没有出钱，是他结的账。
mǎidān 买单 v. 1 N/A	to pay the bill (oft. used in a restaurant; insertable; originating from Cantonese) (单, a bill)	今天吃饭谁买单？ 每次我们出去吃饭，都是他来买单。 服务员，买单。 买单的是他的老朋友，他们好多年没见了。 老婆去商店买衣服，我跟在后边为她买单。 我今天没带多少钱，买不了 (liǎo) 单，你买吧。 你都买了好几次单了，这次该 (to be one's turn) 我买(单)了。

Note:
* 交付 v. 'to consign', as in 他把这个工作交付给我了.
* 交付 v. 'to deliver', as in 那座新大楼是这个月刚交付使用的.
* 支出 n. 'expenditure', as in 这个大学人很多, 每年的支出也很大.
* 付 v. 'to pay (used figuratively), to give', as in 为了孩子, 他付出了一切 (yī(yí)qiè, everything).
* 付 n. 'a surname', as in 我姓付, 你们就叫我老付吧.
➤ 给钱/ 交钱/ 交款 are also commonly used words meaning 'to pay money'.

---

fùjìn
附近 n.   **nearby**

línjìn **邻近 n.*** 3-2 N/A	vicinity (oft. used as a modifier, rather than an item being modified; indicating a longer distance than 附近) (antonym: 远方) (邻, neighbour; 近, near)	邻近有一个体育馆, 那里经常有篮球比赛。 在邻近的一条街上, 昨天新开了一家餐馆。 邻近的一个商店下个月就要搬走了。 他的女朋友是邻近省 (adjacent province) 的人, 他们是在大学的时候认识的。 这个国家和邻近各国的关系都很不错。
fùjìn **附近 n.** 2 A	nearby, vicinity (indicating a longer distance than 旁/ 旁边) (antonym: 远处) (附, to attach)	他住在大学附近, 上学很方便。 他下午去了附近的邮局, 寄了一个包裹。 附近有一家餐馆, 我们去那里吃饭吧。 汽车站附近没有商店, 得 (děi, have to) 去城里。 我在附近的一个酒馆儿里找到了他。
páng **旁 n.** 2 B	side (usu. monosyllable + 旁; not 的 + 旁) (antonym: 正 zhèng)	桌旁是两把椅子。 他在我身旁工作多年, 我很熟悉他。 今天是周末, 街道两旁全是人。 这个房子有两个旁门, 还有一个后门。
pángbiān **旁边 n.** 2 A	side, adjacency	小路的旁边有很多花草, 挺漂亮的。 我抬头一看, 旁边坐着一个人。 照片上站在他旁边的是他的女朋友。 旁边的书店可能有这本书卖, 你去问问吧。 他坐在我旁边, 跟我一起看电视。
sìzhōu **四周 n.** 2 C	all around, all sides (also 四周围, with a slightly stronger tone) (周, circle)	他看了看四周, 没有什么人。 他家花园的四周种满了花。 音乐会就要开始了, 四周坐满了人。 雨下得很大, 他开门一看, 四周围都是水。
zhōuwéi **周围 n.** 2 A	around, surrounding (also used in an abstract sense) (antonym: 中心/ 中间) (围, around)	妈妈坐在中间, 孩子们坐在妈妈的周围, 听她讲故事。 周围的环境 (huánjìng, environment) 还不错, 有花有草。

他是刚搬来的，周围的邻居 (línjū, neighbour) 还都不太认识。

公园周围都是树，空气很好。

他经常跟周围的同学一起出去玩儿。

Note: *邻近 v. 'to be close to', as in 这里邻近山区, 爬山很方便.

G

gǎi
改 v.
(see also 变化/ 交换)

to correct

gēngdòng 更动 v. 3 N/A	to alter, to rearrange (oft. minor changes) (更, to change; 动, to move)	听说明天的比赛时间有所更动，我再问问。 这个计划要更动一下。 计划更动了以后，做起来就容易了一些。 不要更动了，他会不高兴的。
gēnggǎi 更改 v. 3 D	to change (date, decision, plan, route, etc.; oft. changing the whole thing) (antonym: 照旧 zhàojiù)	考试的时间更改了，你知道吗？ 不能再变了，已经更改三次了。 他打算更改一下旅行的日期。 那个计划 (jìhuà, plan) 我们更改了一些。 他们大学更改了校名，比以前好听多了。
gēnghuàn 更换 v. 3 D	to replace (oft. referring to specific items, e.g. sb. or sth.) (换, to exchange)	他更换了睡衣以后，就上床睡觉了。 每天他都更换一次鸟喝的水。 他最近更换了电话和地址。 零件 (língjiàn, parts) 更换了不少，可是车还是开不动。 我们更换了老师，新来的老师是个女的。
gēngxīn 更新 v. 3 D	to renew, to update (referring to concrete or abstract items)	春天到了，万象 (wànxiàng, everything we see) 更新。 那些机器 (jīqì, machine) 都很旧，需要更新了。 那个工厂花了很多钱更新设备 (shèbèi, equipment)。 时代不同了，我们也要不断地更新观念 (guānniàn, concept)。 我们今年更新了教材，学生非常喜欢。
gēngzhèng 更正 v. 3 D	to make correction (usu. to published work, etc.)	他写得很好，只是要更正一些错别字。 今天报纸上有一条更正启事 (qǐshì, notice)，是有关昨天报纸上的一个错误 (cuòwù, error)。 您是老师，请看看有什么需要更正的。
jiǎozhèng 矫正 v. 3 N/A	to remedy, to rectify (oft. referring to physical imperfection) (reduplication: ABAB) (矫, to rectify; 正, correct)	他儿子的牙齿不齐，要矫正一下。 他学的是怎么矫正发音。 他的口吃 (stutter) 被矫正过来了。 他的牙齿矫正得非常好。 汽车轮子 (lúnzi, wheel) 歪 (wāi, askew)了，要矫正矫正。

xiūdìng **修订** v. 3 D	to revise (book, plan, etc.) (修, to repair; 订, to subscribe)	这个教学计划要先修订，然后才能使用。 他们正在对这个计划进行修订。 这本书已经修订完了，你可以拿走了。 这本书修订得比较慢。
xiūzhèng **修正** v. 3 C	to correct, to amend (mistakes, etc.; with a narrower range of usage than 修改; not 修正得很好)	这些数字可能不太准确，要修正一下。 不断地修正错误才能进步。 那个议案 (yì'àn, proposal) 已经修正过了。 他按照我的要求，修正了那个计划。 修正过的文章 (wénzhāng, article) 看起来好 多了。
gǎi **改** v. 2 A	to correct, to change, to revise (reduplication: A(一)A)	这个汉字写错了，请改过来。 他上课经常迟到，老师说他好几次了，可是 他还是不改。 开会的时间改成七点半了。 他改了抽烟的习惯以后，身体好多了。 这篇文章，我已经改过两遍了。 他很忙，天天要改很多文章。 你天天迟到这个坏习惯，也要改(一)改了。
gǎidòng **改动** v. 2 N/A	to alter, to polish (usu. a part of sth.; not 改动 + object) (reduplication: ABAB)	这个计划和以前的一样，我没改动。 这个刚写好，如果有不对的地方，你能不能 帮忙改动一下？ 他写得不错，需要改动的地方不多。 旅游的时间不能改动，他只能那个时间去。 写得还是不太好，再改动改动。
gǎigé **改革** v.* 2 B	to reform (referring to economics, politics, society, technology, etc.) (antonym: 守旧 shǒujiù) (革, to transform)	这个工厂一直很守旧，改革很难进行。 学校改革了考试制度 (zhìdù, system)。 工厂一定要改革技术 (jìshù, technology)，生 产才能提高。 文字改革了以后，中国就开始使用简体 (jiǎntǐ, simplified) 汉字了。
gǎihuàn **改换** v. 2 N/A	to change (over to), to replace	他从北方来到南方以后，改换了生活方式 (shēnghuó fāngshì, lifestyle)。 这个词用得不太对，应该改换一下。 看见他很不高兴，她就改换了口气 (kǒuqì, manner, tone)，变得客气起来。
gǎijìn **改进** v. 2 B	to improve (method, work, attitude, measure, etc.) (reduplication: ABAB) (进, to advance)	改进了学习方法以后，他的考试成绩好了很多。 这家餐馆的服务比去年改进了很多。 我们的工作还有要改进的地方。 服务员的态度 (tàidu, attitude) 还可以再改进 改进。

gǎiliáng **改良** v. 2 C	to make sth. better (oft. referring to concrete items, e.g. soil or breed) (良, good)	他们对这个品种 (pǐnzhǒng, breed) 进行了改良，效果 (xiàoguǒ, result) 不错。 苹果树改良了以后，苹果变得又大又红，也好吃多了。 要想种好花，最重要的就是改良土壤 (tǔrǎng, soil)。
gǎishàn **改善** v. 2 B	to improve (living, condition, relationship, environment, etc.; oft. referring to abstract terms) (善, to perfect)	最近这几年，他和爸爸的关系改善了不少。 那家饭馆重新开业以后，各方面都有所改善。 他工作以后，家里的生活改善了一些。 他家今天改善生活，做了很多好吃的饭菜。 他们关心的问题就是怎么样改善环境 (huánjìng, environment)。 今天别在家做饭了，我们出去改善一下吧。 要改善两国的关系，必须要先加强对话。
gǎizào **改造** v. 2 B	to transform, to reconstruct (people, nature, building, etc.) (reduplication: ABAB) (造, to build)	这个楼要改造一下，多加一层楼。 他的工作是对犯人 (fànrén, prisoner) 进行改造，帮助他们重新做人。 他们正在改造低产田 (dīchǎntián, low-yielding farming)，把它变成高产田。 这里应该好好儿改造改造，把山上都种上水果树。
gǎizhèng **改正** v. 2 B	to put right (not 改正 + pronoun)	有了错误，就应该改正。 你把那个错字改正过来了吗？ 他改正了早晨晚起床的习惯，现在上课不再迟到 (chídào, to arrive late) 了。 不改正错误的人不会有进步。
jiūzhèng **纠正** v. 2 B	to correct (oft. a serious error), to rectify (approach, methodology, action, etc.; a stronger word than 改正) (reduplication: ABAB) (antonym: 坚持 jiānchí) (纠, to rectify)	老师纠正了学生的坏习惯。 他一发现我说错了话，马上就纠正我。 他常常纠正别人，但从不改正自己的错误。 为了保护孩子们的眼睛，他常常纠正他们看书写字的姿势 (zīshì, posture)。 他正在认真地纠正学生的发音。 对社会 (shèhuì, society) 上的不正之风 (unhealthy tendency) 必须加以纠正。 我的发音 (pronunciation) 不好，请你帮我纠正纠正。
tiáozhěng **调整** v. 2 B	to adjust, to regulate (economy, plan, time, speed, etc.) (reduplication: ABAB) (调, to tune; 整, to tidy up)	下个月我们就要调整工资了。 物价 (wùjià, price) 调整以后，东西一下子贵了很多。 这幅画挂得不正 (zhèng, straight)，需要调整一下。

冬天到了，孩子们的起床时间调整到早上七
点了。

他觉得物价应该调整调整了。

xiūgǎi 修改 v. 2 B	to amend, to rework, to edit (usu. of paperwork, including laws, policies, essays, plans, etc.) (reduplication: ABAB)	他常常为我修改文章。 这个很重要，你要好好儿修改一下。 那篇文章修改好了吗？ 这个计划他已经修改了两遍了。 那篇文章他已经看过了，不用再修改了。 那篇修改过的文章我看过了，修改得不错。 这个我刚写完，你帮我修改修改？

Note: *改革 n. 'reform', as in 改革开放使这个国家发展得很快.

---

gānjìng
干净 adj.   clean

jiéjìng 洁净 adj. 3 N/A	spotlessly clean (of things, places etc.) (洁, clear; 净, clean)	那家饭馆的碗筷洁净，饭菜也好吃。 不要吃不洁净的东西。 医院的病房里扫得很洁净。 洁净的养 (yǎng, to provide for) 老院里住着不 少老人。
yī(ì)chénbùrǎn 一尘不染 ph. 3 N/A	spotless (literal meaning, 'not soiled by a speck of dust'; also used metaphorically, 'incorruptible') (尘, dust; 染, to catch)	他的办公室打扫得很干净，一尘不染。 他的鞋总是一尘不染的，擦得很亮。 一尘不染的书架上摆着很多书。 他当了十几年的校长，从来没有多拿过一分 钱，是一个一尘不染的人。
gānjìng 干净 adj.* 2 A	clean (of a person, thing, etc.; also used figuratively) (reduplication: AABB) (antonym: 脏 zāng) (干, dry)	他喜欢穿干净的衣服。 他的房间很干净，一点儿都不脏。 他把杯子擦得非常干净。 姐姐的房间干净极了，可是弟弟的不干净。 桌子已经擦干净了吗？ 他家里干净得很。 你嘴干净点儿，不要骂 (mà, to verbally abuse sb.) 人。 他办事手脚很干净 (clean, honest)，从不多拿 别人的一分钱。 她爱干净，总是把家里收拾得干干净净的。
qīngjié 清洁 adj.* 2 C	as clean as a whistle, fresh, neat (oft. of environment; not 清洁 + complement, unlike 干净) (antonym: 肮脏 āngzāng)	这里的街道和空气 (air) 都很清洁。 医院里打扫得很清洁。 图书馆里清洁又安静，是读书的好地方。 他家里非常清洁。

wèishēng 卫生 adj.* 2 B	hygienic, sanitary (usu. not 卫生 + complement) (antonym: 邋遢 lāta) (卫, to defend; 生, living)	那个饭馆很卫生，去吃饭的人很多。 他肚子疼，可能是吃了不卫生的东西。 这是一个不卫生的习惯，会生病的。 河那边的卫生情况 (qíngkuàng, situation) 不好，很多人不愿意住在那边。 那家餐馆饭菜做得比较卫生，我常去那里。 不要喝生水 (tap water)，不卫生。 你看你那个邋遢样，一点儿都不卫生。
zhěngjié 整洁 adj. 2 D	clean and tidy (整, orderly)	他们的妈妈一定很能干，你看这几个孩子的衣服多整洁。 他每天都穿戴整洁地出现在办公室。 整洁的办公桌上摆着电脑和一些书本。 哥哥的房间比弟弟的整洁多了。 他家里整洁干净得让我都不敢坐下。

Note:

* 干净 adj. 'completely', as in 他们把饭菜吃得干干净净的.
* 干净 adj. 'concise and decisive', as in 他这个人说话办事都是干净利索 (lìsuo, decisive, neatly), 大家都很喜欢他.
* 清洁 v. 'to clean', as in 1) 他们正在清洁街道呢. 2) 他周末做两个小时的清洁工 (cleaner). 3) 用清洁剂 (jì, a chemical agent) 洗碗, 洗得比较干净.
* 卫生 n. 'hygiene', as in 他很讲 (to be particular about) 卫生, 吃饭前总是要洗手.

---

gāngà
尷尬 adj.　　　　　　　　　　　　　　　　　　　　　　　　　**awkward**

wúdìzìróng 无地自容 ph. 3 N/A	too ashamed to show one's face (a stronger word in this group) (无, no; 容, to contain)	他在商店偷 (tōu, to steal) 东西让同学们知道了，觉得无地自容。 老师说得我无地自容，从那以后我就开始努力学习了。 他为了那件事情羞 (xiū, to be shamed) 得无地自容，以后再也没去找她了。
gāngà 尷尬 adj. 2 N/A	awkward, embarrassed (antonym: 坦然 tǎnrán)	他付钱的时候才发现没带钱包，尷尬得很。 女朋友不想见他，他只好尷尬地走了。 这是一件非常尷尬的事情，他也不知道是说好，还是不说好。 听到别人这样说他，他很坦然，一点儿都不觉得尷尬。
lángbèi 狼狈 adj.* 2 D	helplessly awkward (the tale says that the front legs of 狈 were so short, it had to bend over on the back of 狼 to be able to move	他全身都湿透 (shītòu, soaked) 了，走进教室的时候，很狼狈。 他话刚说出口，就知道说错了，狼狈极了。 正讲着课，电脑突然不工作了，他只好狼狈地对

around. 狼狈 depicts a dependent and awkward situation) (狼, wolf; 狈, a kind of wolf with very short forelegs)

大家说: "对不起！"
他游泳的时候衣服被偷了，非常狼狈。
看到他那狼狈的样子，大家都笑了起来。
你看你那个狼狈样！

Note: *狼狈 adj. 'complicit', as in 他们狼狈为奸 (jiān, wicked), 干了不少坏事.

---

gǎndào
感到 v.   to feel
(see also 觉得/ 感觉)

gǎndào 感到 v. 2 A	to feel (physically or emotionally; 深深 shēn + 感到, 'to feel deeply') (感, to feel)	门没有关，他感到有点儿冷。 孩子们深深地感到了父母对他们的爱。 他感到有点儿热，就把毛衣脱 (tuō, to take off) 了。 考试考得不错，他感到很高兴。 他生病了，感到很不舒服。 你不感到你这样做不对吗？ 我没感到他不喜欢我，你是怎么看出来的？
gǎnjué 感觉 v. 2 B	to perceive, to sense (via specific organs; also general feeling; oft. 感觉 + 到) (觉, to become aware)	工作了一天，回到家以后我感觉很累。 他的话使我感觉到温暖。 今天很冷，一出门就感觉到了寒意 (hányì, chill)。 吃了药以后，他感觉好多了。 他最近经常去饭馆吃饭，感觉有点儿胖了。 他一直很喜欢你，你怎么没有感觉出来呢？ 他感觉那个女孩很可爱，很想和她交朋友。 他好像不太高兴，你感觉到了吗？
gǎnshòu 感受 v. 2 C	to experience, to be affected by (usu. 感受 + abstract items, 感受 + 到) (受, to receive)	朋友的帮助使我感受到了温暖。 工作完成得很好，大家都感受到了成功的喜悦 (xǐyuè, happiness)。 通过这件事情，他感受到要想做个好人可真不容易。
tǐhuì 体会 v. 2 B	to understand, to know or learn from experience (sth. abstract, including intention, emotion, enjoyment, etc.) (体, body; 会, to experience)	做了母亲以后，她才真正体会到母亲对孩子伟大的爱。 你的话太难懂了，我体会不出其中 (qízhōng, among) 的意思 (yìsi, indication or hint)。 他把老师的话体会错了。 他对城市生活体会不多。 他做老师已经三十多年了，深深地体会到了当老师的快乐。 他刚开始学钢琴，还没有体会到其中的乐趣 (lèqù, joy)。

juéde 觉得 v. 2-1 A	to feel, to think (of) (physically or emotionally; 觉得 + object, but not 觉得 + 到 or 深深 + 觉得) (觉, to feel; 得, to gain)	看了这本书，你觉得怎么样？ 他老是觉得自己不错。 他工作很忙，很少在家，所以总是觉得对不起妻子和孩子。 他觉得有点儿头痛，就上床躺了一会儿。 你要是觉得冷，就多穿点儿衣服。 他觉得应该学汉语，以后好去中国工作。 虽然喝了一瓶白酒，他还是不觉得怎么样 (he still feels fine)。 都说这里很热，可是我没有觉得热。 我觉得你不该再抽烟了，抽烟对身体不好。

Note:

➤ 意识 v. yìshi 'to realise, to be aware of', as in 我没有意识到他并不想和我交朋友.

➤ 领悟 v. lǐngwù '(after a period of time) to come to understand/ comprehend', as in 他好像领悟了老师的话.

---

gǎndòng
感动 v.   to be moved
(see also 高兴/ 激动)

jīfā 激发 v. 3 D	to stimulate (with positive connotation; usu. + abstract item, also + 了) (激, to arouse; 发, to send out)	老师的话激发了同学们的学习热情。 厂长对他的关心和爱护激发了他工作的积极性 (jījíxìng, enthusiasm)。 看书能激发求知 (qiúzhī, to seek knowledge) 的渴望 (kěwàng, thirst)。
jīlì 激励 v.* 3 D	to encourage, to inspire, to motivate (with positive connotation; usu. + person or abstract item, also + 着) (励, to encourage)	校长总是激励学生们好好学习，天天向上。 山很难爬，又下着大雨，我们大家互相激励着，最后终于都爬上了山顶。 要多表扬 (biǎoyáng, to praise) 孩子，激励他们的上进心 (urge to improve)。
dǎdòng 打动 v. 2 N/A	to touch (深深地 + 打动; not 使/受 + 打动 or 打动 + 得 or 打动 + 地)	他送给她很多花，想打动她的心。 我们大家都被深深地打动了，拿出了很多钱给他妈妈看病。 打动他的是老师的爱心，他说以后一定要努力学习。
gǎndòng 感动 v. 2 B	to move, to be moved (referring to a person; 被/ 受 + 感动, 感动 + 得) (感, to feel)	老师的话感动了学生们，他们都说一定要好好儿学习。 他被爸爸的话感动了，第二天就回家了。 他为那件事情而感动。 看了这本书以后，他深受感动。 他的话让我们大家都非常感动。

知道了是他帮助了自己，我感动得说不出话
来了。
他越听越感动，最后就哭了起来。

| ī 激 v. 2 D | to arouse, to evoke (referring to concrete or abstract items; 激 + 起/ 不起) | 他的行为 (xíngwéi, conduct) 激起了我们的愤怒 (fènnù, rage)。
不管他怎么说，也激不起我的兴趣 (xìngqù, interest)。
你别老拿这件事情去激他，多不好。
小石子儿在湖面上激起了一串儿波纹 (bōwén, ripple)。 |
| īdòng 激动 v.* 2 B | to excite, to stir up (used more as an adjective; not 被/ 受 + 激动) (antonym: 平静 píngjìng) | 他的话激动人心，大家听了以后都很兴奋 (xīngfèn, elated)。
他的歌声使我们都激动起来。
他第一次看到了这么激动人心的场面 (chǎngmiàn, scene)。
刚出国的时候，他激动过，可是现在一点儿都不觉得有什么特别的了。
那部电影一直激动着我的心，让我平静不下来。 |

Note:
* 激励 n. 'encouragement', as in 他考上了大学对我是一种激励, 明年我也一定要考上.
* 激动 adj. 'excited', as in 她激动的脸上挂满了泪珠 (lèizhū, tears).

---

gǎnjué
感觉 n.   **perception**
(see also 感到/ 觉得)

| gǎnchù 感触 n. 3 N/A | thoughts and feeling (usu. stimulated by certain event) (感, feeling; 触, touch) | 听了有关那个老人的故事以后，大家的感触都很深 (shēn, deep)。
看到这个城市的变化，他深有感触。
听了我的话以后，他很有感触地点了点头。
美丽的大海给了他许多感触。
你有什么感触和想法，说出来给我们大家听听？ |
| gǎnshòu 感受 n.* 3-2 C | experience and feeling, taste (more abstract than 感觉) (受, to receive) | 他给我们介绍了在中国学习和工作的感受。
第一次上大学，感受很多。
他大学毕业了，对学习的辛苦深有感受。
和家人分开了几年以后，他对家庭的温暖感受更深，再也不想离开家人了。
越是年龄大，对生活的感受就越深。
那幅山水画给人一种美的感受。 |

gǎnjué
感觉 n.*
2 C

perception, sensation (through awareness; oft. more specific)
(觉, to feel)

第一次到北京，我的感觉是人真多啊!
他给人的感觉是聪明、自信 (confident)。
这房子给我一种舒服的感觉。
今天下雪，但是他并没有冷的感觉。
看过那座房子以后，他和妈妈的感觉都是一样的。
A: 他好像不太喜欢这个工作，你有没有这种感觉？
B: 我和你有同样的感觉。

gǎnxiǎng
感想 n.
2 B

impression, reflection, sentiment

你去国外学习了一年，都有什么感想？
他喜欢把感想写在日记本上。
看完那个电影以后，他的感想很多。
我来的时间不长，谈不出什么感想。
我的感想不多，还是你来说吧。
我有一些感想，想跟你谈一谈，可以吗？

tǐhuì
体会 n.*
2 B

thoughts and understanding (through one's own experience; numeral + 体会) (体, body; 会, understanding)

他给新同学讲了他在大学学习的体会。
他当老师当了三十多年了，对教师这个工作的体会很深。
这是他第三次参加讲演比赛了，这次又有了一些新的体会。
他谈了三点体会。
他跟我说了怎样考试的体会。
他在中国住了很多年，对中国人的友好深有体会。

xīndé
心得 n.
2 B

opinions, what one has learned (acquired from specific experience, e.g. reading a book or a visit)
(心, heart/ mind; 得, gain)

看完这本书以后，他写下了很多心得体会。
你的学习成绩这么好，请给同学们介绍一下你的学习心得，好吗？
他对我们说了他这次参观的心得。
他的心得写得很不错，对大家很有用。
请你把你的心得写下来。

Note:
* 感受 v., as in 他生日那天, 来了很多朋友, 他感受到了温暖的友情.
* 感觉 v., as in 他一出门, 就下起了大雪, 使他感觉到了冬天的寒冷.
* 体会 v., as in 他刚考上大学, 对校园生活体会得还不够.

---

gǎnqíng
感情 n.

emotion

jīqíng
激情 n.
3 D

passion, intense emotion (激, fierce; 情, affection)

他对生活充满 (chōngmǎn, to be full of) 了激情，什么都想去做。
他用歌声来表达对生活的无限 (wúxiàn, infinite) 激情。

十年前，他满怀激情地出国留学去了；十年
以后，当年的激情早已不见了。

他的创作 (chuàngzuò, to create) 激情来自于
对大自然 (zìrán, nature) 的热爱。

qínggǎn **情感** n. 3 D	emotion, sensibility (感, feeling)	他情感热烈，非常喜欢帮助别人。 他对大海有一种特殊 (tèshū, special) 的 情感，一有时间就去海边走走。 他喜欢写作，用他的笔来表达丰富 (fēngfù, rich) 的情感。 他们有着兄弟一样的情感。 他对这个地方有着一种很复杂 (fùzá, complex) 的情感。
gǎnqíng **感情** n. 2 B	emotion, feeling, love	他是一个很重 (to value) 感情的人，有时会感情 用事 (to act impetuously)。 他们在一起工作，慢慢地就有了感情，后来 就结婚了。可是，结婚以后感情却又不好了。 他对人感情真挚 (zhēnzhì, sincere)。 和没有感情的人结婚是不会幸福的。 他很少流露 (liúlù, to reveal) 感情，很难看出 他在想什么。 他的女儿爱说爱笑，感情非常丰富。 你不要这样说，可能会伤 (shāng, to hurt) 他 的感情的。
rèqíng **热情** n.* 2 A	enthusiasm, warmth (antonym: 冷淡 lěngdàn) (热, heat)	他以极大的热情投入 (tóurù, to throw into) 了工 作，干得很好。 他是个热情奔放 (bēnfàng, expressive and unrestrained) 的人。 他对人比较冷淡，不太热情。 他在大会上作了一个热情洋溢 (yángyì, permeated) 的演说。 他学习热情很高，考试考得很不错。 这么多年来，他总是对音乐保持 (bǎochí, to keep) 着高度的热情。 他帮助别人的热情使我很感动。 他饱含 (bǎohán, to be full of) 热情的演讲受 到大家的好评。 他满腔 (mǎnqiāng, full of) 热情地当上了小 学教师。

Note: *热情 adj. 'enthusiastic', as in 他对人很热情，我们都很喜欢他.

gǎnxiè
感谢 v.   **to thank**

gǎnjī **感激 v.** 3 B	to feel grateful, to appreciate (more of a mental activity, so not necessarily making one's gratitude known through language or action; focused on 'to be moved' by favour or help received; 非常 ＋ 感激, 感激 ＋ 得; 感激 ＋object) (感, to feel; 激, to arouse)	他对朋友的帮助十分感激。 您对我的孩子这么好，太感激您了。 他很感激朋友们给他的帮助。 看到他们送来了这么多东西，他感激得不知 道说什么好了。 对父母的爱，他感激不尽。 他这个人不愿意说话，虽然嘴上不说什么， 但是心里还是非常感激大家对他的帮助的。
gǎnxiè **感谢 v.** 2 A	to thank (focused on 'to be thankful'; usu. expressing one's appreciation through language or action; 非常 ＋ 感谢, not 感谢 ＋ 得; repeated to enhance the tone)	你们能来参加婚礼，我非常感谢。 你给我的礼物很漂亮，真是太感谢了。 他为你做了那么多， 你感谢过他吗？ 感谢你多年来一直对我这么关心。 他再三感谢同事们，没有他们的帮助，他不 可能把工作做好。 这是我应该做的，不用感谢。 我在此衷心 (zhōngxīn, wholeheartedly) 地感 谢各位的大力帮助。 人家姑娘对你那么好，还不快感谢感谢她！
xiè **谢 v.** 2 N/A	to thank (oft. used to thank others directly face to face; 不 ＋ 谢, 谢 ＋ 过, 谢 ＋person)	他谢过我以后，就走了。 你听听，他又在谢你这个老师呢。 他不是你要谢的张老师。 你对孩子这么关心，叫我怎么谢你才好呢？ 你别谢我，是他帮了你的忙。 A: 谢谢你 ／ 谢谢了！ (to familiars and for small favours) B: 不用谢/ 不谢不谢。
xièxie **谢谢 v.** 2 A	to thank, 'Thank you!' (usu. thanking others verbally and face to face; not 谢谢 ＋ 得, 很 ＋ 谢谢 or 不 ＋ 谢谢, 谢谢 ＋person/ thing; repeated to enhance the tone; can be used alone)	A: 这是你的生日礼物，希望你能喜欢。 B: 谢谢！ 谢谢大家来参加我们的婚礼。 谢谢你的好意。 这么晚了，你还来看我，真是太谢谢你了。 你帮了我的大忙，真应该好好儿谢谢你。 A: 你要去医院看孩子，我可以帮你值班 (zhíbān, to do a shift)。 B: 谢谢！谢谢！十分感谢！
duōxiè **多谢 v.** 1 N/A	to thank, 'Thanks a lot!' 'Many thanks' (a stronger word than 谢谢/ 谢; can be used alone; repeated to enhance the tone)	A: 这是你要借的书，我给你带来了。 B: 多谢！ 你们来帮我搬家，多谢了! 多谢老朋友的帮忙。

A: 下个星期是你的生日，我给你买了两张音乐会的票。
B: 多谢！多谢！

---

gāng
刚 adv.

a short while ago

cái 才 adv.* 2 A	a very short time ago, just, immediately (才…就…, stressing the actions follow one another closely)	A: 对不起，你等我很长时间了吧？ B: 没关系，我也才到没几分钟。 这本书我才买来就被他借走了。 他才睡着 (zháo) 就被吵醒了，所以很生气。 我们也是才认识，不好意思问他太多。 他们怎么才结婚就又要离婚了？ 你的病才好，别做太累的工作，要多休息。 我才到家他就来了。 才买了一辆新车就被偷 (tōu, to steal) 走了。
gāng 刚 adv. 2 A	a short while ago (刚…, 就…, stressing the timing of actions that follow one another closely)	我去找他的时候，他刚下课。 他刚一下飞机，就下起了大雨。 他刚来了一会儿，就走了。 刚吃完饭，最好别马上跑步。 他刚开始学习汉语，还不太会说。 昨天刚说的话，你今天怎么就忘了？ 春天刚到，这里就已经像夏天那么热了。 他刚想说什么，看到老师来了就没说。 三点刚过，他就下班回家了。 这是我刚买的饭菜，你也一起吃点儿吧。
gāngcái 刚才 adv. 2 A	just now (oft. with relevance to a current event; no other specific time expression)	刚才我说的话你可别忘了。 他刚才接到了一个电话，让他马上去医院。 他刚才谈到的，我也知道一些。 刚才发生的一切，他都看在眼里。 你刚才看的书是谁的？ 他刚才吃的饺子是妈妈包的。 刚才来找你的那个人是谁？ 你刚才说得太快了，请慢一点儿说好吗？
gānggāng 刚刚 adv. 2-1 B	just a moment ago (a shorter time interval than 刚; 刚刚…就…)	他刚刚说他今天晚上八点才能回家。 刚刚四点钟，他就起床往机场去了。 他进来的时候，我刚刚吃完饭。 上午我刚刚问过，那个商店不卖这个。 电影刚刚开始，你们快进去吧。 冬天刚刚过去，花园里的花就快开了。 孩子刚刚还好好儿的，怎么一转眼就哭起来了呢？

Note:

* 才 n. 'talent', as in 他很有才, 不但学习好, 还能说 (articulate) 会唱.
* 才 adv. 'not until', as in 现在都十点了, 你怎么才来?!
➤ 刚/ 刚刚 adv. 'just right, exactly', as in 1) 这双鞋我穿刚/ 刚刚好, 不大不小. 2) 他到家的时候刚好是晚上六点钟.
➤ 刚才/ 刚刚 n. 'a moment ago', as in 刚才/ 刚刚是我的不对, 对不起了.

**gāoxìng
高兴 adj.**　　　　　　　　　　　　　　　　　　　　　　　**happy**
(see also 感动/ 激动)

huānlè **欢乐** adj.* 3 C	joyful (oft. referring to a crowd; 欢乐 + 的 + noun; not 很/ 非常 + 欢乐) (antonym: 忧伤 yōushāng) (欢, joyous; 乐, cheerful)	今天是中国的春节, 到处都充满 (chōngmǎn, full of) 着欢乐的气氛 (qìfēn, mood). 想起过去那些欢乐的日子, 他更觉得忧伤了. 这个国家的足球队赢了球, 街上到处都是欢 乐的人群. 大学里, 欢乐的毕业生们正忙着照相呢. 那张照片使他想起了欢乐的童年 (tóngnián, childhood). 听到他那欢乐的歌声, 我们就知道他一定很 高兴.
xǐyuè **喜悦** adj.* 3 C	glad, exhilarated (not used with 很) (antonym: 哀愁 āichóu) (悦, happy)	他怀着喜悦的心情坐上了去北京的飞机, 他 要在那里旅游一个月. 他哭 (kū, to cry) 了, 可那是喜悦的眼泪. 他们就要结婚了, 我们都感到无比喜悦. 一听说儿子平安无事, 两位老人哀愁的脸上马上 露出了喜悦的笑容.
xìnggāocǎiliè **兴高采烈** ph. 3 C	in high spirits (antonym: 垂头丧 气 chuítóusàngqì) (兴, enthusiasm; 采, spirit; 烈, fierce)	大街上, 到处都是兴高采烈的人群. 舞会上, 人人都是兴高采烈的. 兴高采烈的老王说他涨工资 (zhǎnggōngzī, to have a pay rise) 了. 我们兴高采烈地爬上了长城. 别人都兴高采烈的, 只有她垂头丧气地坐在一边
huānkuài **欢快** adj. 3-2 N/A	cheerful, lighthearted, bright (oft. referring to sth. with rhythm)	我们都很喜欢听他那欢快的歌声. 他的屋里传出了欢快的音乐. 他的舞蹈像春天那欢快的脚步一样. 明天就要放假了, 你看学生们多欢快啊! 家里来了客人, 孩子们欢快地跑来跑去. 他迈着欢快的脚步走了进来. 一听说要去看电影, 儿子欢快得跳了起来.

huāntiānxǐdì **欢天喜地** ph. 3-2 N/A	with boundless joy, rapturous (天, heaven; 地, earth; literal meaning 'the whole universe is filled with joy')	中国队赢了球，全国上下欢天喜地。 他考上了大学，全家人欢天喜地，高兴极了。 这里从来没下过雪，今天下了第一场大雪， 大家都欢天喜地跑出来玩雪。 你看你这欢天喜地的样子，快说说有什么好事 了。
gāoxìng **高兴** adj.* 2 A	happy, pleased (usu. showing externally) (reduplication: AABB) (antonym: 难过 nánguò)	女儿考上了大学，父母都很高兴。 他一高兴，就愿意去饭馆吃上一顿 (mw., for meal)。 他高兴地唱了起来。 认识你很高兴。 他考试考得很不错，高兴了好几天。 能在这里见到你，我真高兴。 妈妈不让他开爸爸的车，他很不高兴。 你别高兴得太早了，有你难过的时候！ 他生日那天，来了很多朋友，他高兴极了。 他高兴的时候，喜欢听听音乐。 看完电影以后，我们就高高兴兴地回家了。
huānxǐ **欢喜** adj. 2 C	rejoicing with excitement, joyful (reduplication: AABB) (antonym: 伤心 shāngxīn)	儿子要回家过年了，他感到十分欢喜。 他满心欢喜地去看了那场足球赛。 儿子打电话说不能回家过年了，妈妈白 (in vain) 欢喜了一场，感到有些伤心。 这个电影是一个爱情的故事，结尾 (jiéwěi, ending) 是皆大欢喜 (jiēdàhuānxǐ, everyone is happy)。 今天是他结婚的日子，大家都欢欢喜喜地来 参加他的婚礼。 欢欢喜喜过新年！
kuàilè **快乐** adj. 2 B	delighted, joyous, merry (of one's mood) (reduplication: AABB)	今天是他的生日，他很快乐。 儿子回家过春节，一家人都觉得很快乐。 他爸爸在这里享受了快乐的晚年。 祝你生日快乐！ 圣诞 (shèngdàn, Christmas) 快乐！ 他快乐地唱着歌。 他快乐得流下了眼泪。 自从开始了这个新工作以后，他感到没有以 前那么快乐了。 他是一个快乐的人，每天都是笑呵呵的。 我暑假去了中国，过得很快乐。 他很喜欢看电视节目《快乐时光》(Happy Hours)。 孩子们在公园里快快乐乐地玩着。

xīngfèn
兴奋 adj.*
2 B

excited, exciting (兴, rise; 奋, excitement)

要去国外旅游了，孩子们都很兴奋。
明天是第一次在大学讲课，他兴奋得睡不着觉。
在电话里听到了他的声音，她兴奋极了。
你先不用这么兴奋，你最后能不能去成还不好说呢。
女朋友终于答应和他结婚了，他兴奋地把这件事情告诉了妈妈。
他太兴奋了，都不知道说什么好了。
十年前，他带着兴奋的心情来到了北京。
你看你兴奋的，像个孩子一样。
在这兴奋的时刻，让我们一起来唱一首歌。

xìngfú
幸福 adj.*
2 A

blessed, blissful (oft. referring to life, circumstances, etc.) (antonym: 不幸 bù(ú)xìng) (幸, lucky; 福, happiness)

三十多年了，他们的婚姻一直是幸福美满。
他觉得很幸福，妻子和孩子都很爱他。
妈妈常常对他们说，幸福的生活不是等来的，而是要经过努力得来的。
照片上，他幸福地抱着刚出生的儿子，笑得可高兴了。
他的家庭生活不太幸福，去年跟妻子离了婚，真是不幸。
他的一生过得很幸福。

yúkuài
愉快 adj.*
2 A

cheerful, pleasant, joyous (oft. referring to mind/ spirit; not 愉快得跳了起来) (antonym: 不快 bù(ú)kuài) (愉, happy)

出去旅游时，他的心情特别愉快。
忙了一天，终于把工作做完了，我们都觉得很愉快。
旅途 (lǚtú, trip) 愉快！
他的生活好像过得不太愉快。
我常常想起当学生时那些愉快的日子。
他愉快地唱着歌，看起来没有什么不快的事情。
他的脸上总是带着愉快的微笑。
他的老年生活过得很愉快。
祝你身体健康，精神 (jīngshén, spirit) 愉快！

kāixīn
开心 adj.*
1 D

happy, amused, chuffed (reduplication: AABB) (开, open; 心, heart)

今天我们都很开心，因为明天就要放假了。
孩子在游泳池里玩得十分开心。
舞会来了很多人，大家都开心极了。
听了他的话，她开心地笑了。
公园里很多人，孩子们开心得又跑又跳。
他们周末到海边去玩了，觉得非常开心。
他最开心的事就是坐在花园里看看报纸，喝喝茶。
看样子你很不开心，能告诉我为什么吗？
你看，我们就这样开开心心地聊聊天多好。

kuàihuo
快活 adj.
1 C

cheerful, chirpy (of body, mind, etc.) (reduplication: AABB) (antonym: 痛苦 tòngkǔ) (活, alive)

他今天把作业做完了，觉得很快活。
他和朋友出去玩了一天，快活极了。
在他的生日晚会上，大家都非常快活。

树林里的小鸟快活地飞来飞去。
朋友们在一起快活地唱着歌。
当学生的时候，是我一生中最快活的日子。
别人都玩得很好，就他好像有点儿不快活。
他们在一起生活了几十年，天天都是快快活
活的。

Note:
* 欢乐 n. 'joy', as in 他的到来给大家带来了欢乐.
* 喜悦 n. 'gladness', as in 1) 明天就要出院了，他心中充满了喜悦. 2) 朋友们满怀喜悦地来参加他的婚礼.
* 高兴 v., as in 我们去喝杯酒吧，一起高兴高兴.
* 兴奋 v., as in 运动员不应该使用兴奋剂 (xīngfènjì, steroids or 'happy pills')。
* 幸福 n. 'happiness', as in 对他来说，幸福就是有自己的时间，做自己喜欢做的事情.
* 愉快 n. 'delight', as in 儿子的出生给全家人带来了愉快.
* 开心 v. 'to make fun of sb.', as in 你们别拿我开心了，我不会唱歌.

---

gàobié
告别 v.   to say goodbye to

gàocí 告辞 v. 3 C	to take leave, to notify a host politely of one's leaving (usu. with no object, e.g. 向朋友告辞, but not 告辞朋友) (告, to tell; 辞, to take leave)	刚才告辞的那位先生叫什么名字？ 时间不早了，我们该告辞了。 不打扰 (dǎrǎo, to trouble) 了，告辞！告辞！ 告辞时，我们感谢了他的热情招待 (zhāodài, entertainment)。 他要去上课，就告辞了。 他是在七点钟告辞的。 我向他告辞以后，就回家了。
gàotuì 告退 v. 3 N/A	to inform politely about/ before withdrawing from a meeting, formal dinner, etc. (退, to withdraw)	他跟朋友们说了一会儿话，就告退休息去了。 我先告退了，各位慢用 (please continue to enjoy your meal)。 他觉得不太舒服，就先告退了。 他从会议告退出来以后，就去机场了。 看见老王很忙，我们就告退离开了。 对不起，我有事先走一步，告退了。
gàobié 告别 v.* 2 B	to say goodbye to, to part from (used figuratively; insertable 告个别, 告了别) (别, to leave)	去年他告别了父母，去北京上大学了。 舞会以后，大家互相握手告别。 他告别了过去，开始了新的生活。 他告别了故乡 (gùxiāng, hometown)，去国外学习去了。 告别亲人以后，他就离开了这个城市。 在跟儿子告别的时候，妈妈哭了。 大家都去向他的遗体 (yítǐ, remains) 告别。 毕业的时候，他向老师和同学们告了别。

你等我一会儿，我过去跟小王告个别再走。

Note:

* 告别 n. 'farewell', as in 1) 这是一个告别酒会，王先生要离开这里了. 2) 明天是他的告别演出，他要退休 (tuìxiū, to retire) 了.

➤ 告老还乡 v. gàolǎohuánxiāng 'to retire and go back home', as in 他想明年就告老还乡，回家抱孙子去.

---

gàosu
告诉 v.   to tell

gào 告 v.* 3 B	to inform, to notify, to warn (a classical expression)	他没有钱了，只好打电话向我告急，要我借给他一百块钱。 敬告各位，前方修路，不便之处 (any inconvenience)，请多加原谅 (yuánliàng, to forgive)。 学校大门口贴着一张《告全校师生书》。 到达时间，请信告。
gàozhī 告知 v. 3 N/A	to inform, to announce	如果您还需要什么，请告知，不用客气。 电视台告知明天可能会有八级大风。 请告知老王，我今天不能去上课了。 发生了什么事情，请你一定如实 (rúshí, truthfully) 告知。 我们要马上告知孩子的父母，让他们去医院。 他们还没有告知买方。 他们被告知从下个月开始就没有工作了。
jiǎngshù 讲述 v. 3 D	to narrate, to tell about (a theory, mood, procedure, etc.) (述, to state)	他给学生讲述了那个原理 (yuánlǐ, theory)。 他对我讲述着想见到我的心情 (xīnqíng, mood)。 他讲述得非常认真。 他把事情的经过 (jīngguò, the course of events) 讲述了一遍。
tánlùn 谈论 v. 3 C	to discuss, to talk about (with others) (谈, to talk; 论, to comment)	在课堂上，我们谈论了这个问题。 他们谈论了很长时间。 他们正在谈论昨晚的足球赛呢。 他们最爱谈论的是足球赛。 他不喜欢谈论旅游。 你们在谈论什么呢？
jiǎngjiě 讲解 v. 3-2 D	to explicate, to expound (sth., oft. of an academic nature) (解, to unwind)	他正在给学生讲解着这个问题。 我不会做这道题，请讲解一下。 考完试以后，老师给我们讲解答案 (dá'àn, solution)。 他讲解了以后，我们都明白了。

老师不讲解，我怎么能会呢？
我讲解完以后，你们还要动手做才行。
他讲解了好几遍，但是我还是听不懂。
他指着地图为我们讲解。

shuōmíng **说明** v.* 3-2 A	to explain, to demonstrate, to illustrate (usu. not + complement, because 明 is a complement already)	他向我们说明了他为什么不去的原因。 他把困难说明了以后，我们同意帮助他。 你不说明，别人怎么能知道呢？ 他向大家说明了怎样包饺子。 这说明他是爱你的。 这不能说明问题。
gàosu **告诉** v. 2 A	to tell, to let sb. know (告诉 + person, 告诉 + person + sth., not 告诉 + sth.) (诉, to tell)	明天上课的时间，他已经告诉我了。 他已经告诉我明天上课的时间了。 你不用再说一遍了，刚才他告诉过大家了。 请你告诉他，明天上午九点开会。 他没有告诉过我，所以我不知道。 我问他好几遍，可他就是不告诉我。 你千万不要把这事儿告诉给她。
jiǎng **讲** v.* 2 A	to describe, to tell, to teach, to speak (reduplication: A(一)A)	妈妈每天晚上睡觉前都给他讲一个故事， 讲着讲着他就睡着了。 老师讲错了，今天应该讲第八课。 他会讲英语，也会讲法语。 他讲课讲得很不错，学生都很喜欢听。 别再讲下去了，时间到了，讲不完。 有困难，你不讲出来，大家怎么帮你呢？ 他讲了好几遍，我才听懂。 看到学生没听懂，他就一遍又一遍地讲。 他讲的你们听清楚了吗？ 听说他要出国讲学去了。 他没有跟我们讲过他会说汉语。 那个故事还没有讲完，我们就下课了。 请你给大家讲讲有关他的事儿。 你随便讲一讲，想讲什么就讲什么。
shuō **说** v.* 2 A	to say, to speak, to talk (说 + things; oft. 说 for the northerners, 讲 for the southerners) (reduplication: A(一)A)	他对我说: "你先去吧，我等一会儿再去。" 你说什么？ 他没说话就走了。 他不说我也知道，他不想去外面吃饭。 他一说我就明白了。 他没有把话说清楚。 他的英语说得很不错。 你说的我怎么越听越不明白呢？ 他说着说着就哭 (kū, to cry) 了起来。 他说他不想去看电影了。 请你给我们说说，你是怎么学会汉语的。

你去北京觉得怎么样，给我们说一说吧。

| tán 谈 v. 2 A | to talk/ chat about, to discuss (with others purposefully), to comment (on things, not a person) (reduplication: A(一)A) | 他俩已经谈了两个小时了。
我们谈的都是大学里的事情。
他们一见面就谈得很高兴，有说不完的话。
不知为什么，他们谈着谈着就吵了起来。
他们在里面谈着什么，你等一下再进去吧。
他看到老师来了，就没再谈下去了。
他们以前谈过一次话。
他们正在谈恋爱 (tánliàn'ài, to date) 呢。
老师要找他去谈谈话。
我想谈一谈我的看法 (kànfa, opinion)。 |

Note:
* 告 v. 'to sue', as in 他被人告了，说他在商店里偷 (tōu, to steal) 东西.
* 告 v. 'to tell (informal, dialect)', as in 我跟你说的那个事儿，你别告别人.
* 说明 n. 'illustration', as in 这是说明书 (instruction book), 你好好儿看看.
* 讲 v. 'to negotiate', as in 他买东西不好意思讲价 (jià, price), 人家要多少他就给多少.
* 讲 v. 'to be particular about', as in 他可讲卫生 (wèishēng, hygiene) 了，饭前一定要洗手.
* 说 v. 'to tell sb. off', as in 他今天又来晚了，老师说了他.
➤ 通知 v. tōngzhī 'to notify', as in 有什么变化，请马上通知我.

---

gè
各 pr.   each
(see also 自己)

| gègè 个个 pr. 2 N/A | each and every one, everybody (stressing 'each'; oft. in a descriptive sentence; not 个个 + 的 + noun) | 他们个个累得路都走不动了。
老师说班里个个都是好孩子。
要考试了，学生们个个都在认真复习。
不是个个人都把钱看得那么重要。
这些苹果真不错，个个都又大又红。 |
| gè 各 pr.* 2 A | each, every (stressing 'individuality'; 各 + mw. + noun, not 各 + time noun/ number) | 他学习不努力，各门功课都不好。
图书馆里有各种各样的书籍。
他去欧洲各国旅游的时候，认识了她。
各位朋友，你们好！
三月份了，各学校都开学了。
毕业以后，同学们各奔 (bèn, to head for) 一方。
运动服来了，各位请拿一套吧。
你不要客气，我们还是各付各的钱吧。
他有不少邮票，各种各样 (various) 的。
各有各的爱好，你喜欢的他不一定就喜欢。 |

gègè 各个 pr. 2 N/A	each and every one (stressing 'the whole thing')	各个学校都有图书馆。 他各个方面 (fāngmiàn, aspect) 都很不错。 这个项目 (xiàngmù, project) 很大，各个环节 (huánjié, link/ segment) 都要做好。 这本书写了中国社会的各个侧面 (cèmiàn, side)。 他各个房间都看过了，都不喜欢。
gèzì 各自 pr. 2 C	each, one's own (stressing 'oneself') (自, oneself)	学生们都回到各自的座位上去了。 看完电影以后，他们就都各自回家了。 各自付各自的饭钱，这样方便一点儿。 毕业以后，他们各自找各自的工作去了。 他们各自在家里做好了一盘菜，带到公园里一起吃。 吃完饭以后，他们回到了各自的房间。
měi 每 pr.* 2 A/B	every, each, per (stressing 'universality'; 每…都/ 就; 每 + (number) + measure word + noun, not 每 + noun, except 每人/ 每家/ 每年/ 每月/ 每日/ 每天/ 每星期)	每个学生都想自己能有好成绩。 这种药他每天都吃。 他每天早上都在河边跑步。 他聪明能干，我们每一个人都喜欢他。 他每两天就去医院看望父亲一次。 每次到中国，他都去长城看看。 他每场足球赛都看，非常喜欢足球。 每一位教师都希望自己的学生学习好。

Note:
* 各 adv., as in 门的两边各站着一个人.
* 每 adv., as in 他每去一次北京, 都要买回来很多书.

---

gěi
给 v.   to give

fùyǔ 赋予 v. 3 D	to entrust (an important task, a mission, etc.; 赋予 + abstract item; used figuratively) (赋, to endow with; 予, to give)	大家信任 (xìnrèn, trust) 你，才对你赋予重任 (zhòngrèn, important task)。 这是历史 (lìshǐ, history) 赋予我们的使命 (shǐmìng, mission)。 他说他一定努力完成学校赋予他的任务 (rènwu, assignment)。 这本书赋予爱情 (àiqíng, love) 一个新的内容 (nèiróng, content)。 我们的使命是历史赋予的，任重而道远 (rènzhòng ér dàoyuǎn, arduous task and long winding road)。
jiāyǐ 加以 v. 3 B	to provide, to give (usu. 加以 + disyllable and abstract/ verbal object) (加, to add; 以, with)	对你们提出来的问题，我们会加以考虑 (kǎolǜ, to consider) 的。 这种学习方法很不错，应该加以推广

(tuīguǎng, to popularise)。

请你对这个问题加以详细 (xiángxì, detailed) 说明。

有了问题，就要加以解决 (jiějué, to solve)。

yǔyǐ **予以** v. 3 D	to grant (positively), to impose (negatively)	他犯了这么大的错误 (cuòwù, error)，可能要予以处分 (chǔfèn, punishment) 他经常帮助别人，老师对他予以鼓励 (gǔlì, encouragement)。 你这样做是对的，我们予以支持 (zhīchí, support)。 对于那些犯错误的人，应该予以改正 (gǎizhèng, to correct/ reform) 的机会 (jīhuì, opportunity)。
gěiyǐ **给以** v. 3-2 C	to offer (usu. 给以 + abstract/ disyllable; 对 + receiver + 给以, not 给以 + receiver)	对家里困难的学生，学校会给以帮助。 他病了，朋友们都来看望他，给以关爱。 学校对学习努力的学生给以表扬 (biǎoyáng, to praise); 对学习不努力的学生给以批评 (pīpíng, to criticise)。 他常常不按时来上课，在给以一定的教育 (jiàoyù, inculcation) 以后，就不再迟到 (chídào, to arrive late) 了。 很多人对灾区 (zāiqū, disaster area) 人民给以同情 (tóngqíng, sympathy) 和帮助。 我们对工作特别好的人给以奖金 (jiǎngjīn, bonus) 鼓励。
jǐyǔ **给予** v. 3-2 C	to bestow (usu. 给予 + disyllable)	大家给予他很大的期望，他觉得自己一定要努力做好工作。 在他病重住院，需要钱的时候，是朋友们给予他帮助。 日常生活中发生的事情常常会给予人们很重要的启示 (qǐshì, revelation)。 老师对他的论文 (lùnwén, thesis) 给予很高的评价 (píngjià, appraisal)。
gěi **给** v.* 2 A	to give (给 + concrete/ abstract items – but note that others in this group are oft. 给 + abstract items)	他给了她一本书。 他从来没有给过孩子一分钱。 他少给了我一块钱。 那个饭店饭菜给得比较多，学生们常去。 你把书给他了吗？ 我饿死了，请给我点儿饭吃吧。 他给大家的帮助很大。 这束花是谁给的？

Note: *给 prep. 'to, for', as in 他给她写了一封信.

gēnr
根儿 mw.   **measure word**

gēnr 根儿 mw.* 2 A	for long/ thin/ pillar-shaped/ non-liquid objects, and possibly with root (e.g. pillar, tree branch, spring onion, ice lolly, chopstick; bendable or non-bendable objects)	那个楼前有两根儿大柱子 (zhùzi, pillar)。 他买了几根儿冰棍儿 (bīnggùnr, ice lolly) 给 孩子们吃。 他家门口有一根儿电线杆子 (diànxiàn gānzǐ electrical pole)。 他给我拿了两根儿筷子来。 他把一根儿木头 (mùtou, a piece of wood) 放 在地上。 妈妈已经有很多根儿白头发了。 这根儿绳子 (shéngzi, rope) 太长，换一根儿。 他买了几根儿葱 (cōng, spring onion)。 他刚才吃了一根儿黄瓜 (cucumber)。 他向我借一根儿电线 (electrical wire)。
tiáo 条 mw.* 2 A	for long/ thin/ flat-surfaced/ soft/ fabric/ liquid objects (e.g. ribbon, river, street, leg, rope, snake, dog; oft. bendable)	他买了两条鱼。 那边有一条河，河上有一条小船。 那条围巾 (wéijīn, scarf) 是谁的？ 她买了一条裙子，很漂亮。 那条街上有一个饭馆儿。 他送给我一条烟，里面有十盒。 这孩子像他的爸爸，长了两条长腿。 他跟我借了一条绳子 (shéngzi, rope)。 他养了两条狗。
zhī 枝 mw.* 2 C	for long/ thin/ stick-like objects (e.g. flower, branch, etc.; also written as 支, e.g. pen, gun, arrow, but not for flower or branch)	他送给她一枝玫瑰 (méigui, rose) 花。 那枝树杈 (chā, tree branch) 上站着一只鸟。 他用 ·枝/ 支毛笔写汉字。 孩子今年两岁，生日蛋糕上有两枝/ 支蜡烛 (làzhú, candle)。 他有一枝/ 支枪 (qiāng, gun)。 桌子上有两枝/ 支箭 (jiàn, arrow)。 你有烟吗？给我一支/ 枝烟抽吧。[oft. 支] 他有一支/ 枝笛子 (dízi, flute)。[oft. 支]

Note:
* 根儿 n. 'root', as in 那棵大树的树根儿很深 (shēn, deep)。
* 条儿 n. 'a long narrow piece', as in 他就喜欢吃面条儿.
* 条 mw. 'measure word for abstract noun, such as news, opinion, regulation', as in 我今天要说三条意见 (yìjian, opinion)。
* 条 n. 'an itemised item', as in 那个新闻在今天报纸上的头版 (tóubǎn, the front page of a newspaper) 头条 (first item of the front page)。
* 枝 n. 'branch', as in 这棵树有很多大树枝.
➤ 支 mw. 'a measure word for abstract noun, e.g. song or troop', as in 这支歌真好听.

gèng
更 adv.

even, more

duō 多 adv.* 2 A	more, much (when modifying a verb, placed before or after the verb; when modifying an adjective, oft. placed after it, e.g. 好 + 多 + 了) (reduplication: AA) (antonym: 少)	今天很冷，多穿点儿衣服，穿少了会感冒的。 多吃点儿，别客气。 吃多点儿，别客气。 他昨天晚上喝多了，现在头还疼呢。 他老家的空气 (air) 比这里好多了。 这个孩子比以前胖多了。 她比以前漂亮多了。 今天苹果便宜，他就多买了三斤。 他是个好学生，你们要多多向他学习。
gèng 更 adv. 2 A	even, more (更 + monosyllabic or disyllabic words; in comparison of three items，还 not used this way)	姐姐漂亮，妹妹比姐姐更漂亮。 昨天很冷，今天比昨天更冷。 学说汉语不容易，学写汉字更不容易。 他比我更喜欢吃中国菜。 换了这个电视，就更看不清楚了。 她本来就高，穿上高跟鞋就更高了。 他比我更了解那个人。 她想要一个更大的桌子。 下了一场雨以后，花园里的花更美丽了。 病好了以后，他要更好地工作。 他的汉语比你的好，比我的更好。 他喜欢画画儿，更喜欢唱歌。 你干得不错，好好儿努力，更上一层楼 (to achieve more)。
gèngjiā 更加 adv. 2 B	even more, much more (oft. 更加 + disyllable; unlike 更，更加 does not connect clauses) (加, to add)	他学习努力，他的同学更加努力。 他到中国去了一年，汉语说得更加流利了。 几年没见，这孩子更加漂亮了。 他比过去更加努力工作了。 他说了以后，我更加不明白了。 要考试了，他学习更加认真了。 今天是春节，这里变得更加热闹了。 他去了外地，来看父母的时间就更加少了。
hái 还 adv.* 2 A	even more, yet (stressing 'unexpected'; oft. used together with 比；还 + adj./ v. + accurate or approximate number)	你比他说话还快。 他不好，他的女朋友比他还坏。 儿子比父亲还能干一些。 她比我女儿还小两岁呢。 这个花园比那个花园还好看。 你看，这个手机比那个还好呢。 孩子的脸比苹果还红，是不是发烧了？

yuèfā 越发 adv. 2 N/A	even more, all the more (a degree change of the same item, not the difference between two items) (发, to send out)	几年没见，她越发漂亮了。 时间越长，我越发喜欢他。 听了他的话以后，我越发不明白了。 到了晚上，他的头疼得越发厉害。 他看了这封信以后，越发觉得不高兴。 人越多，他讲得越发好。
zài 再 adv.* 2 A	more again (usu. in a suggestion, request or comment)	我还是听不见，请再大声一点儿。 时间还早，我们再玩一会儿吧。 你好好儿努力学习，明年再考一次。 妈妈都想把自己的孩子穿得再漂亮一些。 请再给两瓶啤酒。 再多加点儿糖。 你们再等她五分钟，她应该很快就到。 人再多两个就好了。 把那幅画挂得再高点儿。 这种裙子有没有颜色再深一点儿的？ 我是学生，再便宜十块钱，好吗？

Note:
* 多 adj. 'many', as in 那边有很多人.
* 还 v. huán 'to return', as in 他到图书馆还书去了.
* 还 adv. 'still', as in 这么晚了，他还没来.
* 再 adv. 'again', as in 我没有听清楚，请你再说一遍，好吗?
* 再 adv. 'any more, any longer', as in 1) 我不想再唱了. 2) 他不再跟我好了.

➤ The difference between 她比我漂亮, 她比我更漂亮, 她比我还漂亮 is that 我 of the first sentence could be plain looking (她比我漂亮 [I am plain, and] she is more beautiful than I am), 我 in the other two sentences would be beautiful as well (她比我更/ 还漂亮 [we both are beautiful, but] she is more beautiful than I am). 更/ 还 both indicate 'even more', 还 also implies 'unexpectedness'.

➤ 他不但喜欢足球, 还喜欢篮球. (He likes football, and also likes basketball.)
  他喜欢足球, 更喜欢篮球. (He likes basketball more than football.)

➤ 现在, 他的汉语比我的还好. (My Chinese was better than his, but now he has overtaken me.)
  现在, 他的汉语比我的更好了. (He was better than I, now he is much better than I.)

➤ 越来越 'more and more', as in 雨下得越来越大了.

---

gōngzī
工资 n.   **salary**

bàocháng 报偿 n.* 3-2 N/A	repay, recompense (of money, things, spirituality, etc.) (报, to reply; 偿, to repay)	老师今年都涨工资 (zhǎnggōngzī, to get a pay rise) 了，这也是对他们工作的一种报偿吧。 他这么做，并不是为了得到什么报偿。 他为这件事情花 (to spend) 了很多时间，可是一点儿报偿也没有得到。 辛辛苦苦养大了这几个孩子，看到他们都过得很幸福，这对父母来说也是一种报偿。 他做过很多好事，这可能是对他的报偿吧。

bàochou **报酬** n. 3-2 C	reward (of money or things), remuneration (酬, reward)	他是义工 (yìgōng, volunteer)，不要报酬的。 他们为你工作，你就应该给他们报酬。 节假日工作，报酬比平时 (normal day of work) 的工资要高一些。 他帮助别人，从来不要报酬。 有没有报酬对他来说不重要，只要对孩子们好他就很高兴了。 他给孩子十块钱作为送牛奶的报酬。
chóuláo **酬劳** n.* 3-2 N/A	payment (for service or help; in the form of money, meal, etc.) (劳, labour)	这一百块钱是给你的酬劳，请收下。 为他干 (gàn, to work) 了一天，才给这么少的酬劳，下次不给他干活儿 (gànhuór, to work) 了。 大家别客气，也没有什么酬劳给你们，请多吃点儿！ 这点儿酬劳太少了，请你别见怪 (jiànguài, to take offence. [In Chinese culture, regardless of how expensive or valuable a reward/ payment/ gift is, the presenter should always say 'this is humble, please don't take offence'])。
chóuxiè **酬谢** n.* 3-2 N/A	reward (of money or things, usu. thanking sb. for their work)	他送给朋友一台电视，作为酬谢。 他结婚的时候，来帮忙的人都得到了酬谢。 我帮你的忙，可不是为了酬谢。 红包里的钱是给他的酬谢。 这么贵重的东西我可不敢要，不用什么酬谢了，这是我应该做的。
xīnjīn **薪金** n. 3-2 D	wages (stressing 'money for living'; used more in southern China, so is 薪水 below) (薪, firewood; 金, gold)	做教师的薪金不是太高，但是他就喜欢当教师。 买这个大电视要用掉他一年的薪金。 他每个月都要把薪金交给他的妻子。 他白天拿国家的薪金，晚上又到歌厅去演唱，再拿一份钱。
gōngzī **工资** n. 2 B	salary, wages (stressing 'payment for one's work') (工, labour; 资, money)	他的工资比我高。 他从来不问别人的工资是多少。 除了工资，他还有房租收的钱。 等下个月工资发 (to send out) 下来后，我想买几本书。 他今天很高兴，因为刚涨了工资。 他很能花钱，每月的工资很快就花完了。 他买了一双皮鞋，用去了半个月的工资。 他们每个星期四发工资。
shōurù **收入** n. 2 D	income (referring to an individual or collective income)	近年来，这个国家的旅游外汇 (wàihuì, foreign exchange) 收入提高了不少。 除了工资以外，他们还有什么别的收入吗？

他父亲每个月的固定 (gùdìng, regular) 收入不太
高，有八九百元吧。

xīnshuǐ		
薪水 n.	wages, pay (used more than 薪金,	他靠薪水养家，不能想买什么就买什么。
2 D	but less than 工资)	他今年的薪水比去年的多了不少。

他今年的薪水比去年的多了不少。
每个月一拿到薪水，他就先去饭馆儿吃一顿。
薪水多少对他来说不太重要，重要的是他是
不是喜欢那个工作。

gōngqian
工钱 n.　　pay (oft. paid for odd jobs), wage
1 C

这份工的工钱是多少？
他周末在饭馆打工，工钱是每小时二十块。
他每天下班的时候就可以拿到工钱。
他的工钱还没有拿到，明天才给。
虽然这个工作的工钱比那个工作的多一点儿，
但是时间也长一些。
做一条这样的裙子，工钱是多少？
他的工钱不多，所以买不起这么贵的东西。

Note:
* 报偿 v. 'to repay', as in 他不知道怎样报偿父母为自己所做的一切.
* 酬劳 v. 'to thank sb. for their service/ help', as in 他做了很多菜，酬劳帮他盖房子的朋友们.
* 酬谢 v. 'to thank sb. for their help', as in 你帮了我的大忙，我应该好好儿酬谢你.
➤ 工薪阶层 ph. gōngxīnjiēcéng 'ordinary working class', as in 这里的房子太贵，工薪阶层的人买不起.

---

gōnggòng
公共 adj.　　　　　　　　　　　　　　　　　　**public**

gōng		
公 adj.*	public (公 + monosyllable)	公休日的时候，他们常常出去旅游。
2 C	(antonym: 私 sī, individual,	你不用着急，谁对谁错自有公论 (gōnglùn,
	private)	public opinion; 自有公论, truth will prevail) 的。

大家都要有公德 (gōngdé, social morality)。
他这个人从来都是公事公办 (business is
business)。
这是公家 (publicly owned) 的东西，不能随
便私用。

gōnggòng		
公共 adj.	public, common (facilities,	他坐公共汽车 [also 公车/ 公交车] 上班。
2 B	places, etc.) (共, common)	请问，公共厕所 [also 公厕] 在哪里？

公共场所 (place)，不准抽烟。
公共财产 (cáichǎn, property)，人人要爱护。
我们都要有公共道德 (public morality, also 公
德)。
这个城市的公共交通 (jiāotōng, transport) 不太
好。
她在大学学习公共关系* (public relations)。
那个河边儿是公共的地方，谁都可以去。

gōngyòng **公用** adj. 2 C	communal	那边是公用电话，我过去打个电话。 他住在宿舍里，一楼有一个公用洗衣房。 这个是公用的，还是私人的？ 那几本字典是公用的，谁都可以用。 这个公用厕所不太干净，还是等回家再上吧。 图书馆的公用电脑太少了，不够用。
gōngyǒu **公有** adj. 2 D	publicly owned (antonym: 私有)	这个公司 (gōngsī, company)是公有还是私有的？ 这个国家的中小学大多数都是公有的，私立学校比较少。 你知道公有经济 (jīngjì, economy) 和私有经济有什么不同吗？ 老师今天讲了什么是公有制 (zhì, system)。

Note:

* 公 adj. 'male (animals)', as in 那是一头公牛.
* 公关 (abbreviation of 公共关系), as in 她是这个酒店的公关小姐.
➢ 国有 adj. 'government/ state-owned', as in 这个公司是国有的.
➢ 共用 v. gòngyòng 'to share', as in 这个厨房是两家共用的吗?

---

gūniang
姑娘 n.   **girl**

shàonǚ **少女** n. 3 C	teenage girl (usu. unmarried) (antonym: 少男) (少, young)	那个电影里的少女真可爱。 少男少女都喜欢他的歌。 他认识的那个少女是从中国来的。 这种裙子只有少女穿才好看。 她在少女的时候，就想当电影演员了。 我这么老了，哪能跟少女一样去追星 (zhuīxīng, to worship a star) 呢？
xiǎojiě **小姐** n.* 3-2 A	Miss, young lady (surname + 小姐)	年轻的姑娘叫"小姐"，年龄大一些的可以叫"女士"。 小姐，请问那双鞋多少钱？ 服务台的小姐很热情，办事也很认真。 我说大小姐 [the speaker is being sarcastic here, indicating the addressee is not willing to get her hands dirty]，你也该过来帮帮忙吧！ 这位是张小姐，她是北京人。 她是航空小姐，长得很漂亮。 她是刘家的千金小姐 (xiǎojie, a young daughter of a rich family)。 我家二小姐 (xiǎojie [old usage]) 出去了，不在家。

nǚháir 女孩儿 n. 2 N/A	girl (also 女孩子, used more in southern China)	上大学的时候，他认识了一个女孩儿。 那个女孩儿是我的朋友。 为什么你们男孩儿可以去，我们女孩儿就不能去呢？ 很多女孩儿喜欢穿漂亮的衣服。 你一个女孩儿，怎么像男孩儿一样，整天去踢球。 她生了一个女孩儿，全家人都很高兴。
nǚshēng 女生 n.* 2 N/A	girl student, schoolgirl, girl	我们班有二十名男生，二十五名女生。 给我打电话的那个人是男生还是女生？ 那边是女生宿舍，她就住在二楼。 今晚电视上有"超级女生 (super girl)"的比赛，八点半开始。 他对女生十分客气，总是为她们开门。 我只是一个小女生，你不用那么紧张 (jǐnzhāng, nervous)。
gūniang 姑娘 n. 1 A	girl (usu. unmarried; when used in address, the speaker is often an older person; also applies to 闺女/丫头 below) (antonym: 小伙儿 xiǎohuǒr, 小伙子, lad) (姑, aunt; 娘, a woman, mother)	刚进来的姑娘是谁？ 他不认识那个姑娘。 听说王姑娘的妈妈是一个医生。 姑娘，你叫什么名字？ 他喜欢漂亮的姑娘。 那位从中国来的姑娘很可爱。 姑娘和小伙儿都喜欢看那个电影。 几年不见，她已经长成大姑娘了 她是个老姑娘 (spinster)，从来没有结过婚。 老奶奶说："姑娘，你过来跟我说说话。"
guīnü 闺女 n. 1 D	young girl (usu. unmarried; used more in northern China) (闺, a girl's apartment)	你是谁家的闺女？ 那个小闺女唱歌唱得真好听。 当着人家大闺女的面，你别把话说的那么难听好不好？ 他老是看着那个闺女，看得她脸都红了。 我们家的老闺女 (the youngest girl [northern dialect]) 和他家的大儿子 (the oldest son) 结了婚。 闺女，你今年多大了？
yātou 丫头 n.* 1 N/A	lass (used more in northern China) (antonym: 小子) (丫, sth. that branches or forks upward; 头, head)	那个小丫头唱歌真好听。 你这个丫头，怎么连妈妈的话都不听！ 傻 (shǎ, silly) 丫头 (silly girl [an intimate usage])，说了这么多，你怎么还不明白？ 丫头，去把你弟弟叫回来吃饭。 那边有很多丫头和小子正在唱歌和跳舞呢。

Note:

* 小姐 n. 'prostitute (a new usage)', as in 他老婆跟他离婚了，因为他找小姐被人看见了.
* 女生 n. 'female', as in 女生坐到这边来，男生坐到那边去. This term used to mean 'young female student' in Mainland China. In recent years, it has become a blanket term meaning 'female'.
* 丫头 n. 'servant girl, maid (old usage)', as in 她是王小姐的丫头.
➢ 闺女/ 姑娘/ 丫头 n. 'daughter', as in 他有两个闺女/ 姑娘/丫头, 大的十岁, 小的八岁.
➢ 黄花闺女 ph. huánghuāguīnü 'virgin', as in 她今年二十五岁了, 听说还是一个黄花闺女呢.
➢ 大家闺秀 ph. dàjiāguīxiù 'an unmarried and well mannered girl (oft. from a rich/ good family)', as in 她是个大家闺秀, 不会没有礼貌的.
➢ 小家碧玉 ph. xiǎojiābìyù 'a daughter of a humble/ middle-class family', as in 他的女朋友是一个小家碧玉, 我们都喜欢她。
➢ 美眉 n. měiméi 'girl (newly coined word, specially popular online)', as in 他正在和一个美眉说话。

---

guān
关 v.   **to turn off**

guānbì 关闭 v. 3 D	to close down (door, business, shop, school, etc.) (antonym: 敞开 chǎngkāi)	等我们去到那里的时候, 大门已经关闭了。 那间学校已经关闭了三年了。 那家饭馆是去年被关闭的。 我们谁也不知道图书馆关闭的时间。 雪下得太大, 机场已经关闭。 关闭开关 (switch) 的时候, 要小心。
bì 闭 v. 2 B	to shut, to close (eye, mouth, meeting, etc.) (antonym: 开)	我走进她的办公室的时候, 看到她正闭着眼睛, 在沙发上休息。 现在闭会, 大家可以走了。 他闭着嘴, 什么也不说。 他最近身体不太好, 所以就闭门谢客 (to shut one's door and decline to receive visitors/ to sport one's oak), 这样可以有时间好好儿休息一下。 运动会今天开幕, 后天闭幕 (mù, curtain)。 别闭灯, 我想再看一会儿书。 闭嘴 (Shut up)! 你也太过分 (guòfèn, undue) 了!
guān 关 v.* 2 A	to turn off, to close (antonym: 开)	睡觉的时候, 别忘了关灯。 外面下雨了, 把窗户关好。 那个书店早上九点开门, 晚上五点关门。 门坏了, 关了好几次也关不上。 把电视关上, 你应该去睡觉了。 不要总把孩子关在屋子里, 让他们多去外面玩玩儿。 东西不多, 箱子关得上。 朋友往他手机 (mobile, cell phone) 上打了很多次电话, 可是一直是关机。 那家工厂去年就已经关门 (to shut down) 了。

| hé **合** v.* 2 B | to close (book, eye, mouth, etc.) | 儿子过年回来看他，他高兴得合不上嘴。
老师让学生把书合起来，听他读课文。
孩子昨晚没回家，他一夜都没合眼。
他一听有人敲门，就马上把日记本合上，收了起来。 |

Note:
* 关 v. 'to concern', as in 这不关你的事, 请不要多嘴 (This is none of your business, don't speak out of place).
* 关 n. 'customhouse', as in 他下了飞机, 过了关以后就回家去了.
* 关 n. 'pass, obstacle', as in 上大学就要过高考 (university/ college entrance examination) 这一关.
* 合 v. 'to suit', as in 这个菜不合他的口味儿 (kǒuwèir, taste), 他就吃了一点儿.
* 合 v. 'to share', as in 我们两个人合用一部车, 这样不用花太多钱.

---

guānxīn
关心 v.   to care for

guānhuái **关怀** v.* 3 C	to pay kind attention to, to show loving care for (sb. else, rather than oneself; oft. from a senior to a junior; not 不 + 关怀) (关, to concern; 怀, bosom)	他多年来一直关怀着他的学生。 他虽然忙，但还是非常关怀孩子们的成长。 他对我们十分关怀，常打电话来问长问短 (to take the trouble to keep in contact)。 对年轻人，他总是热情关怀。 我觉得我对孩子关怀得还不够。
guānqiè **关切** v.* 3 N/A	to be deeply concerned (about sth. or sb., not oneself; not 关切 + object) (切, anxious)	他对这个问题十分关切。 这是他最关切的事情。 他所关切的是父母的身体。
guānxīn **关心** v. 2 A	to care for, to be concerned for (someone else or oneself; 不 + 关心) (reduplication: ABAB) (心, heart)	这是我们大家的事，都应该关心着点儿。 他最关心的是孩子的学习。 他非常关心考试的成绩。 妈妈工作太忙，对孩子关心得不够。 最近，他突然对天气变化关心起来。 离婚以后，他们互相还是很关心的。 他非常关心他的女朋友，每天都给她打电话。 他对我一点儿都不关心。 你对自己的身体也应该关心关心了。
guānzhào **关照** v.* 2 B	to look after, to keep an eye on (someone else, physically and/ or spiritually; also used as a phatic expression) (reduplication: ABAB) (照, to shine on)	初次 (chūcì, first time) 见面，请多关照。 大家是朋友，要互相关照。 他比你小，一路上你要关照他一下。 如果有没关照到的地方，还请大家多原谅。 孩子小不懂事，还请老师多关照关照。 这件事情还麻烦您关照关照。

zhàogù 照顾 v.* 2 A	to take care of (referring to practical care; also used figuratively) (reduplication: ABAB) (顾, to attend to)	父母年龄都大了，需要人照顾。 他的孩子还小，上班的时候就把孩子送给父母照顾。 我一个人照顾四五个孩子。 他把家里的每个人都照顾得很好。 他身体不好，女儿来照顾他几天。 为了照顾他的面子 (miànzi, face)，我没有把这件事情告诉别人。 儿子病了，我今天在家照顾照顾他。

Note:
* 关怀 n. 'care', as in 感谢您对我们的亲切关怀.
* 关照 v. 'to notify by word of mouth', as in 我已经关照了朋友, 他们会去机场接你的.
* 关照/ 关照关照 'to favour unfairly', as in 我儿子上大学的事儿, 还请您多关照关照.
* 照顾 v. 'to favour unfairly', as in 我父亲请他照顾我一下, 给我一个好一点儿的工作.

---

guǎnlǐ
管理 v.   to manage

guǎnxiá 管辖 v. 3 D	to govern, to administer (管, to control; 辖, to have jurisdiction)	这个地方归 (guī, to belong to) 他们管辖。 北京市政府 (zhèngfǔ, government) 管辖的人口非常多。 这里在上海市的管辖之内。 他们管辖着这两个地区 (dìqū, district)。 这个地方由他们管辖。 这个省管辖着八个市。
guǎnlǐ 管理 v.* 2 B	to manage	谁在管理这个工厂？ 他们把这个城市管理得很不错。 我一定会认真管理，你就放心吧。 大学管理得越好，学生来得就越多。 管理好教学是学校重要的工作之一。
jīngguǎn 经管 v. 2 N/A	to be in charge of	他经管着这家工厂。 校长病了，学校这几天先由王老师经管。 他退休后就把饭馆儿交给儿子经管了。 他经管了这个饭馆儿以后，服务变得越来越好了。
jīngyíng 经营 v.* 2 C	to run (usu. business, enterprise, etc.)	他是从去年开始经营这家饭店的。 他经营得不错，生意很好。 这个工厂因为经营得不好而关门 (to shut down)了。

| guǎn
管 v.*
B | to manage, to discipline, to be responsible for (reduplication: A(一)A) | 他是管教学的，我是管学生的。
他在家里是管钱的。
工厂还管接送工人上下班。
他管学生管得太严 (yán, strict)，我们不喜欢他。
旅行社管给旅客买票、办签证等等。
这件事归 (guī, to go back to) 他管。
这个就交给他管吧，他一定能做好。
他很会管孩子，谁都说他的孩子是一个很听话的好孩子。
儿子不好好学习，咱们应该好好儿管(一)管他了。 |

Note:

* 管理 n. 'management', as in 他是学管理的.

* 经营 n. 'operation', as in 这是一种家庭式 (shì, style) 的经营.

* 管 v. 'to interfere', as in 你不要管得太多了.

---

guǎngkuò
广阔 adj.   wide

guǎngbó 广博 adj. 3 N/A	extensive, broad (of knowledge, feelings, etc.; 广博 + abstract items) (广, wide; 博, rich)	张老师知识 (zhīshi, knowledge) 广博，学生们都喜欢他。 他去过很多地方，见识 (jiànshi, experience) 广博。 他有着广博的情怀 (qínghuái, affections)。
liáokuò 辽阔 adj. 3 D	expansive, boundless (of land, field, ocean; not + abstract items; with a strong literary flavour) (辽, distant; 阔, broad)	辽阔的大海美丽而平静 (píngjìng, tranquil)。 成群的羊儿正在辽阔的大草原 (cǎoyuán, prairie) 上吃草。 中国的国土辽阔，人口众多。 这个国家幅员 (fúyuán, dimensionality) 辽阔，资源丰富 (zīyuán fēngfù, rich resources)。
guǎngdà 广大 adj. 2 B	large and vast (of land or territory), large-scale, massive, numerous (of people) (antonym: 狭小 xiáxiǎo)	中国北部的广大地区今天都下了大雪。 他这个人神通 (shéntōng, extremely well-connected) 广大，认识很多人。 他的歌受到广大歌迷 (mí, fan) 的欢迎。 这部新电影今天和广大观众 (guānzhòng, audience) 见面了。
guǎngfàn 广泛 adj. 2 B	wide-ranging, widespread, extensive (usu. referring to abstract items) (antonym: 狭窄 xiázhǎi) (泛, extensive)	他的书内容 (nèiróng, content) 广泛，我很喜欢看。 会上大家广泛地交换了意见 (yìjian, opinions)。 这个汉字的用法比较广泛。 他说的得到了大家的广泛认可 (rènkě, approval)。 近年来，电脑得到了广泛的使用。

她喜欢看书、弹钢琴、画画儿等等，爱好非常广泛。

guǎngkuò **广阔** adj. 2 B	wide, broad, far-reaching, capacious (of sky, plain, future, etc.; broader than 宽阔) (antonym: 窄小 zhǎixiǎo)	鸟儿向广阔的天空中飞去。 大家都看好了中国的广阔市场。 这里的田野 (tiányě, field) 广阔，山美水美，是个好地方。 这个大学办得很好，有着广阔的前景 (qiánjǐng, future)。 广阔的草原上，一群群牛羊正在吃草。
kāikuò **开阔** adj. 2 D	open, wide, spacious (of area, mind, etc.)	他家住在农村，房前是一片开阔的田野。 他坐在船上，望着开阔的海面。 那条江的江面十分开阔。 要想快乐地生活，心胸 (xīnxiōng, breadth of mind) 就一定要开阔。 他的书我很喜欢看，因为他的思路 (sīlù, a train of thought) 很开阔。
kuānchang **宽敞** adj. 2 D	roomy (of a place, etc.; also used figuratively) (antonym: 狭窄 xiázhǎi) (宽, wide; 敞, spacious)	他家的房子很宽敞，也很漂亮。 那个教室宽敞极了，可以坐下很多学生。 宽敞的客厅里有很多客人。 如果把这张桌子搬出去，办公室就会变得宽敞一点儿了。 这栋楼里的房子都比较小，不太宽敞，走廊 (zǒuláng, corridor) 也有些狭窄。 这个院子真宽敞！ 这套房子又宽敞又舒服。 晚会要来很多人，我们需要一个宽敞的地方。 话说出来了以后，他觉得心里宽敞了很多。
kuāndà **宽大** adj. 2 D	spacious, wide, generous (referring to concrete or abstract items) (reduplication: AABB) (antonym: 狭窄 xiázhǎi)	他喜欢穿宽大的衣服，觉得比较舒服。 那个办公楼有着宽大的窗户。 宽大的胸怀 (xiōnghuái, mind/ heart) 是我们每一个人都应该有的。 他有一张宽大的脸，像他爸爸一样。 握着他那宽大的手掌，我感到很温暖。 她自从怀孕 (huáiyùn, to become pregnant) 了以后，穿的衣服和鞋都变得宽宽大大的了。
kuānguǎng **宽广** adj. 2 D	broad, vast, capacious (of land, field; also used figuratively)	他一出城就看到了宽广的田野。 他的胸怀很宽广，对人总是那么热情。 中国近年来发展得很快，前景 (qiánjǐng, prospect) 宽广。 他的知识面 (zhīshimiàn, the range of knowledge) 宽广，很受学生的欢迎。

他的办公室在二十六楼，那里的视野 (shìyě, sight) 非常宽广。

kuānkuò 宽阔 adj. 2 C	wide, broad, square-built, capacious (of body parts, road, field, mind, view, etc.)	这里的道路都很宽阔，开车很方便。 他有着宽阔的胸怀。 宽阔的海面平静而美丽。 他的前额 (qián'é, forehead) 很宽阔，像他的爸爸。 那条公路宽阔得很，有八条车道 (lane)。 车开过那座山以后，前面就变得宽阔起来。 宽阔的天安门广场上有很多人。 读书能使人的眼界宽阔，学到很多东西。

---

guòfèn
过分 adj.

exorbitant

guòdù 过度 adj. 2 D	excessive, overmuch (referring to the body, emotion, etc.) (antonym: 适度 shìdù) (过, over; 度, limit)	过度的劳累 (láolèi, fatigue) 使他病倒了。 对孩子不能过度宠爱，没有好处。 那里的楼房过度集中 (jízhōng, concentrated)，人太多了。 喝酒要适度，喝酒过度对身体不好。 做什么事情都不能过度。 妈妈身体不好，孩子们不让她过度劳累。 考试的时候，不要过度紧张 (jǐnzhāng, nervous)。 他兴奋 (xīngfèn, excited) 过度，昨天晚上没睡着觉。
guòfèn 过分 adj. 2 C	exorbitant, crossing over the line, undue (oft. of words, deeds, etc.) (antonym: 适当 shìdàng) (分, mark)	他连自己的孩子都不放过，也太过分了！ 他做错了，说说 (to tell off) 他不过分。 过分的话是不应该说的。 他有时认真得有些过分。 就是好话也不能说得太过分了。 他这个人什么都好，就是过分客气。 他那过分的热情使得女同学都离他远远的。 因为是第一次见面，你说话要适当一些，最好不要开过分的玩笑 (joke)。
guòliàng 过量 adj. 2 N/A	redundant in quantity, excessive (antonym: 适量) (量, amount)	吃药要适量，不能过量。 葡萄酒少喝可以，但是过量的葡萄酒对人的身体也不好。 吃得过量会发胖 (fāpàng, to gain weight)。
guòhuǒ 过火 adj. 1 N/A	too far, overdone (of argument, cooking, etc.) (火, fire)	尽管他做得不好，我觉得你这样说他还是有点儿过火。 他这个人从来不做过火的事儿。 这盘羊肉做得正好，一点儿都不过火。

过火的话不能说，说了别人会不高兴的。
她爱孩子爱得太过火，连孩子自己都觉得受
不了 (liǎo)。
大鱼大肉不能吃得太过火，对身体不好。

guòtóu
过头 adj.　　 too much, overdone (antonym:
1 N/A　　　 正好) (头, head)

那份牛排 (niúpái, steak) 做得正好，一点儿都不
过头。
不要把话说得太过头了。
他知道儿子做的那些过头的事儿以后，
马上打电话找他。
他今天早上睡过头了，没有按时去上课。
炒过头的青菜就会变黄的。

Note: 过于 adv. 'too', as in 考试时不要过于紧张 (jǐnzhāng, nervous).

H

háihǎo

还好 adj.   **not bad**

còuhe **凑合 adj.*** 1 D	not too bad (dialect; 还 + 凑合; also 凑合事儿) (reduplication: AABB) (凑, to pool together; 合, to close)	他不会法语，英语还凑合。 他身体不算健康，可还凑合。 听说那个电影还凑合，有时间去看看。 A: 你的汉语说得不错。 B: 凑合吧。 这本书写得还凑合事儿吧。 他俩谁也不爱谁，但还是凑凑合合地在一起 生活了几十年。
háihǎo **还好 adj.** 1 N/A	not bad	这辆车我很喜欢，价格还好，我就买了。 他不是我最好的朋友，但是我们的关系 (guānxi, relationship) 还好。 他已经九十多岁了，身体还好，没有什么大病。
háikěyǐ **还可以 ph.*** 1 N/A	just fine	这双鞋太大了，那双鞋还可以。 他饭菜做得还可以。 A: 你昨天看的那个电影怎么样？ B: 还可以吧。
háixíng **还行 adj.** 1 N/A	okay	这棵苹果树去年还行，长了不少苹果；可是今 年就不行了，一个苹果也没长。 你觉得还行吗？累了就休息一下。 他打篮球还行，可是不会踢足球。
mǎmahūhū **马马虎虎 ph.** 1 N/A	so-so (马, horse; 虎, tiger)	A: 你的汉语说得不错。 B: 马马虎虎。 房子不大，但还能住，马马虎虎吧。

Note:

* 凑合 v. 'to do a substandard job', as in 这个工作我们一定要做好，别凑合.

* 凑合 v. 'to put sth. together temporarily', as in 这个房间很小，找不到大的，只好先凑合着吧.

* 还可以 ph. 'can also', as in 这里可以游泳，还可以划船.

➢ 凑合/ 马马虎虎 are often used as polite words, to show humility and modesty when being praised by others.

➢ 马虎 adj. 'careless', as in 他这个人比较马虎，考试的时候写了不少错字.

háizi
孩子 n.   **child**

értóng **儿童 n.** 3 B	children (a generic term, used in the plural) (antonym: 老人) (童, child)	儿童是我们的未来 (wèilái, future)。 有些电影不应该让儿童看。 他是儿童医院的医生。 他喜欢为儿童写书。 儿童节是每年的六月一日。 他带孩子去看了一部儿童电影。
zǐnǚ **子女 n.** 3-2 N/A	offspring (子, son)	那家人生活得很幸福，父母关心子女，子女 孝敬 (xiàojìng, to be filial and respectful to) 父母。 他对子女和父母都很好。 父母对子女的爱是最无私 (wúsī, selfless) 的。 作为子女，谁都想自己的父母身体健康。
érnǚ **儿女 n.** 2 C	sons and daughters (plural only)	他非常疼爱自己的儿女。 儿女长大以后，工作一忙就很少有时间回家 看父母了。 他们的一对儿女， 一个在读大学，一个在银行工 作。 儿女不能总是靠 (kào, to depend on) 父母。 退休 (tuìxiū, to retire) 在家，她给儿女们带孩子 做饭。 他们老俩口没儿没女，家里很冷清。
háizi **孩子 n.** 2 A	child (男/ 女 + 孩子, the only word in this group that can be used this way) (antonym: 大人)	他有两个孩子，一个男孩子，一个女孩子。 那个孩子是谁家的？ 孩子说妈妈一会儿就会来接他回家。 孩子的老师是北京人。 今天是周末，公园里有很多大人和孩子。 他家孩子多，天天都很忙。 他今年十八岁，已经不是孩子了。 他们结婚已经十年了，可一直还没有孩子。 现在的孩子比我们小时候幸福多了。 他正在给孩子们讲故事。 他送孩子去学校了。
xiǎopéngyǒu **小朋友 n.** 2 B	child, little boy or girl (oft. used by an adult to a child)	小朋友，你多大了？ 老师带着很多小朋友去公园玩了。 哪个小朋友想回答这个问题？ 穿着红裙子的小朋友是王老师的女儿。 那边走过来一群小朋友。 公共汽车上坐着不少小朋友。 这个小朋友真可爱！

xiǎoháir
小孩儿 n.　kid (also 小孩子; singular or plural)
1 A　(antonym: 大人)

这个小孩儿真漂亮！
他家有四个小孩儿。
小孩儿都喜欢玩儿，这很正常 (zhèngcháng, normal)。
他不喜欢小孩儿，所以一直没要孩子。
你已经二十多岁了，怎么还像一个小孩儿一样喜欢玩。
他很有名，连小孩儿都知道他。
那边好像有小孩儿的哭声，我们过去看看。
他的小孩儿今年八岁，比我的大一岁。
这种地方，只有大人可以进去，小孩儿不能进。

---

hǎiwài
海外 n.   **overseas**

jìngwài
境外 n.　beyond the border, offshore
3-2 N/A　(境, border; 外, outside)

从这里可以往境外寄钱吗？
这个学校是和境外的一所大学合办的。
这是一家境外公司 (gōngsī, company)，我们没有听说过。
今年来中国的境外游客比去年多。

guówài
国外 n.　abroad, foreign (antonym: 国内)
2 N/A

广东菜在国内、国外都很有名。
他今年要到国外去学习。
他去国外旅游去了，一个月以后回来。
这是从国外来的老师，他是教英语的。
从国外进口的汽车，质量 (zhìliàng, quality) 还可以，但是比较贵。

hǎiwài
海外 n.　overseas, expatriate
2 D

这个大学有很多海外学生。
这个电影在海外很受欢迎。
他是去年从海外回来的，回来以后一直在这个大学里教课。
海外的中国人有很多，不少是最近这几年刚出去的。
他在海外生活了二十多年以后回到了中国。
这份海外中文报纸比较受欢迎。
那本书的名字是《中国人在海外》。

wàiguó
外国 n.　foreign country
2 A

他很小就去外国了。
他有很多外国朋友。
他的妻子是一个外国人。
外国好是好，但是他退休以后还是回国来养老 (yǎnglǎo, to enjoy life in retirement) 了。
他很少看外国电影。
到了外国以后，他觉得很多东西都很新鲜。
那个人说外国话，我一点儿都听不懂。

hàixiū
害羞 v.   **to blush**

bùhǎoyìsi **不好意思** ph. 2 B	to feel embarrassed, to find it embarrassing (意思, meaning, hint)	他看到她来了，还有些不好意思。 真不好意思，我得 (děi, have to) 先走一步。 他很想知道，但又不好意思问。 他的话使她很不好意思，脸都红了。 不要不好意思，过来跟大家见个面。 他越这么说，我就越不好意思。 有什么需要帮忙的就说，别不好意思。
hàixiū **害羞** v. 2 D	to blush, to feel shy (害, to suffer from；羞, shy)	他这个人很害羞。 别害羞，再大声一点儿。 她一进门看到那么多人，就害羞起来。 在这么多人面前唱歌，他害羞极了。 他连跟人说话都害羞，别说在这么多人面前 唱歌了。 真不害羞，这么大了还跟孩子抢 (qiǎng, to fight for) 吃的。
hàisào **害臊** v. 1 N/A	to feel ashamed, to feel awkward (oft. with negative connotation) (臊, shy)	你这种话都说，不害臊吗？ 你这样做，我真替你害臊！ 头一次在这么多人面前唱歌，而且唱得又很 不好，她害臊极了。 他是一个不害臊，什么话都能说出来的人。

Hànyǔ
汉语 n.   **Chinese language**

Guóyǔ **国语** n. 2 N/A	Mandarin (used more in Hong Kong and Taiwan; an old usage in Mainland China) (国, country; 语, language)	香港人用"国语"这个词。 越来越多的香港人开始学习国语。 他国语和广东话都会说。 他是我们的国语老师。 他的书桌上放着国语课本。
Hànyǔ **汉语** n. 2 A	Chinese language (汉, Han nationality in China)	他会说汉语，也会说英语。 汉语是他的母语 (mother tongue)。 这本书是用汉语写的。 他觉得学汉语最难的是写汉字。 他不会汉语拼音 (pīnyīn)。 他在大学学的是汉语。 他汉语说得很不错，和中国人差不多。 他是研究 (yánjiū, to research) 汉语的。

Huáyǔ 华语 n. 2 N/A	Chinese language (popular in Singapore and ethnic Chinese communities outside China) (华, China)	他喜欢学华语。 他是在美国出生的华人，华语会说一点儿。 他喜欢听华语歌。 这是一家华语电视台。 他的孩子们周末都去学华语。 在新加坡有很多人说华语。
Pǔtōnghuà 普通话 n. 2 C	Putonghua, Mandarin, common spoken Chinese (普通, common)	在中国的大学里，大家都要说普通话。 他的普通话说得很好。 普通话里有四个声调 (shēngdiào, tone)。 北京话和普通话差不多。 普通话他会说，广东话他不会说。 他会说一口流利的普通话。
Zhōngwén 中文 n. 2 A	Chinese language (oft. referring to written Chinese) (antonym: 外文)	他在中国学了三年的中文。 中文是他最喜欢学的语言。 他在大学上的是中文系 (xì, department)，毕业以后就当了中文教师。 这里卖中文书，也卖外文书。 中文报纸你能看得懂吗？ 他的中文学得很快，现在都已经可以用中文写信了。

---

hángbān
航班 n.   scheduled flight

bānjī 班机 n. 2 D	airliner on a scheduled flight, regular air service (number + 号/次 + 班机) (班, shift; 机, plane)	北京到上海的班机上午 11 点起飞。 QF86 号班机是飞往哪里的？ 他乘坐的班机明天下午到达。 今晚有去香港的班机吗？ 每天都有去北京的班机。 他的班机晚点 (delayed) 了。 飞往上海的班机就要起飞了。 他去飞机场接 CX211 次班机。
fēijī 飞机 n. 2 A	aircraft	飞机比火车快多了，你还是坐飞机去吧。 那架红色的飞机是哪个航空公司的？ 飞机场离这里远吗？ 这架飞机很大，可以坐得下几百人呢。 你买到飞机票了吗？ 北京来的那趟 (tàng, mw.) 飞机几点到？ 这个工厂是制造 (zhìzào, to make) 飞机的。

hángbān
航班 n.
2 D

scheduled flight or voyage (number + 次/ 号 + 航班) (航, to navigate)

今天下大雪，从北京到上海的航班不能按时起飞。
这个航班是上个月新开的。
从大连到上海的飞机每天有多少次航班？
这个机场有国内航班，也有国际 (guójì, international) 航班。
你坐的飞机的航班号是多少？
我想买一张 CX22 次航班的机票。
从上海到大连的客轮 (kèlún, passenger ship)
今天有一个航班，航班号是 MU68。
上个星期，他就是坐的这个航班去英国的。

---

hǎo
好 adj.

good

bù(ú)cuò
不错 adj.*
2 A

not bad, pretty good (错, wrong)

今天天气不错，我们去公园玩儿吧。
他的儿子很忙，过年过节的时候能打个电话回家就不错了。
他对你从来都不错，现在他有困难了，你应该帮助他。
他这次考试考得不错。
这是一本不错的书，你应该看看。
他父母的身体都不错，没有什么大病。
他学了两年的汉语了，说得已经很不错了。

hǎo
好 adj.
2 A

good, nice (used in comparison; 好 + 得 + 很) (antonym: 坏 huài)

他这个人真好，大家都喜欢他。
他买了一本好书，马上打电话告诉了我。
今天天气好极了，我们出去走走吧。
他的汉语说得越来越好了。
我不会喝酒，分不出好坏。
他是我的好朋友，我们认识很多年了。
这个饭馆的菜不好，咱们去别的饭馆吧。
他的汉语比我的好。
他的汉语好得很。
要想把工作做好，就一定要努力。
好姐姐，你就让我去吧。

bàng
棒 adj.
1 C

excellent, great (antonym: 差 chà, 坏)

棒！唱得太棒了！
他天天锻炼，身体很棒。
那个棒小伙子 (xiǎohuǒzi, young man) 就是他的儿子。
他跳舞跳得棒极了。
他的学习成绩在我们班上是最棒的，而且体育 (tǐyù, sports) 也不差。

| kù
酷 adj.
1 N/A | good, in vogue (a loan word from English 'cool') | 他这个人很酷，年轻人都喜欢他。
年轻人都学那位歌星的酷发型 (fàxíng, hair style)。
他唱得酷极了。
那辆车非常漂亮，真酷！ |

Note: *不错 adj. 'correct', as in 不错，他是北京人。

hǎoróngyì
好容易 adv.

with great difficulty

hěnbùróngyì 很不容易 ph. 2 N/A	having a hard time, very hard (used as a predicate, adverbial, complement, etc.; oft. commenting on sth.) (容易, easy)	要当好一个医生很不容易。 他才十六岁，自己去国外读书，很不容易。 这个门很不容易开，已经两年没有开过了。 这个很不容易说清楚，等有时间我再慢慢地跟你说吧。 这是一件很不容易的事情。 他能把房子给了你，是很不容易的。 他没有钱，日子过得很不容易。
hǎobùróngyì 好不容易 ph. 1 N/A	after all the trouble (usu. interchangeable with 好容易)	停车场车很多，他好不容易才停下车。 饭不好吃，他好不容易才吃完了。 他好不容易考上了大学。 他太高，好不容易才买到了能穿的裤子。
hǎoróngyì 好容易 adv. 1 B	with great difficulty, not at all easy (oft. 好容易 + 才 + verb; usu. used as an adverbial, not a predicate or complement)	车上人很多，他好容易才找到了一个座位。 他很忙，我好容易才见到了他。 那本书很难买，他好容易才买到了。 我好容易把饭做好了，他又说不想吃了。 好容易买到了火车票，他很高兴。 他好容易问到了她的电话，可是一打却是一个错号。

hǎoxiàng
好像 v.

to look as if

| fǎngfú
仿佛 v.*
3 B | as if, to be alike (usu. 仿佛 + object; 仿佛...一样/ 一般/ 似的) | 冬天的寒风吹在脸上，仿佛刀割 (gē, to cut) 一样。
这本书的故事和那本书的相仿佛。
灯火把广场照得仿佛白天一般 (yī(i)bān, the same kind)。
晚霞 (xiá, afterglow) 映红了天边，仿佛一团 (mw.) 火。
他们几个人的年龄相仿佛。
他们俩仿佛亲兄弟一样。 |

谁的电话他都不接，仿佛一个聋 (lóng, deaf) 子似的 (shìde, similar)。

jìnsì **近似** v. 3 D	to be similar to, to be close to (有点儿/ 有些 ＋ 近似) (近, close; 似, similar)	这几个汉字有点儿近似，别写错了。 这个菜的味道近似于那个菜，两个都好吃。 他的唱法近似中国的京剧。 他们近似父子，谁都离不开谁。 这个颜色近似红色，我喜欢。 他的话语有些近似抱怨 (bàoyuàn, complaint)，我们都听出来了。
rútóng **如同** v. 3 C	to resemble (如同 ＋ object) (如, to like; 同, the same)	女儿如同妈妈的小棉袄 (mián'ǎo, cotton-padded jacket)，和妈妈特别亲。 他特别着急，心里如同着火 (zháohuǒ, to be on fire) 一样。 他家如同花园，到处都是花草。 广场上到处都是灯火，如同白天。 他如同一个小孩子，看到什么都觉得新鲜。
yóurú **犹如** v. 3 D	to be like (犹如 ＋ object) (犹, just as)	他对待学生，犹如自己的孩子。 春天到了，公园里犹如花的海洋。 自从搬到这个新城市，他犹如笼 (lóng, cage) 中的鸟，很少出门。 他读着那本书，犹如走进童话 (fairy tale) 的世界，感到很美好。 老师的话犹如一股 (gǔ, mw.) 春风，让他有了努力的方向 (fāngxiàng, direction)。 同学们好得犹如一家人。
hǎoxiàng **好像** v.* 2 A	to look as if, to seem, to be like (unlike 仿佛, not used with 相) (好像 ＋ object)	他们好像亲兄弟一样，是很好的朋友。 孩子没吃晚饭，好像病了。 今天好像是冬天，特别冷。 他好像不高兴了，你知道为什么吗？ 他家里好像一个花园，摆满了花。 他的脸好像一张白纸，可能是病了。 他们一见面，就好像多年的老朋友一样。 他敲了敲门，好像屋里没人。 孩子们高兴得好像小鸟一样，叫个不停。 他站得笔直 (as straight as a pen)，好像一个军 (jūn, army) 人。 他看上去好像有话要说。
xiàng **像** v.* 2 A	to resemble, to look like (referring to physical appearance or other types of resemblance)	他长得很像他的父亲，不太像母亲。 他在教室里是学生们的老师，可是回到家里就马上像一个大孩子了。 他看起来不像一个老师，倒是像一个学生。 这一定是你儿子吧？真像你。

这是他画的马，你看像不像？
这不太像苹果树。
他的手机像我的一样。
他学狗叫可像啦！
他学你说话学得像极了。
他已经六十岁了，可还像四十多岁似的。

hǎobǐ		
好比 v.	to be just like, to be the same as	他好比我的大哥哥，从小就保护我。
1 C	(好比 + object)	他的话好比一把刀，深深地刺痛了我。

他很怕父亲，见到父亲就好比老鼠见了猫。
锻炼对他来说好比吃饭，必不可少 (a must)。
他对这个孩子很好，就好比对自己的孩子。
他的妻子长得很漂亮，好比电影明星。
他出去玩的时候，好比鱼儿得水，很开心
(happy)。

Note:
➤ The words in this group, although verbs, do not go with 了/ 着/ 过, nor do they have reduplication form. Only 像 takes complement or degree adverbs (e.g. 很/ 非常 + 像).
* 仿佛 adv. 'seemingly', as in 他病好以后，仿佛老了十年.
* 好像 adv. 'perhaps', as in 我们好像在哪见过.
* 像 n. 'portrait', as in 桌上摆的是他女儿的像.
* 像 adv. 'seemingly', as in 从北京回来以后，他像变了一个人.
➤ 好似 v. hǎosì 'to be like', as in 那个小姑娘好似一朵花，人见人爱.
➤ 类似 adj. lèisì 'similar', as in 他也买了一辆类似的汽车.
➤ 相似 adj. 'similar', as in 这两张画看起来有些相似.
➤ 相近 adj. xiāngjìn 'close, similar', as in 这两个人有着相近的工作经历 (jīnglì, experience).
➤ 相像 v. xiāngxiàng 'to resemble', as in 这两张画非常相像.
➤ 象 n. 'elephant', as in 他坐在大象上，看起来非常高兴.
➤ 有如 v. 'to be just like', as in 对他来说，读书有如吃饭一样重要.

---

héli
合理 adj.   reasonable

gōngpíng	fair and equitable (in dealing with	他这样做很不公平。
公平 adj.	things; less referring to money or	他说的既公平又合理 (héli, reasonable)。
2 D	price) (公, impartial; 平, equal)	做什么事情都要公平合理。

做生意要公平交易 (jiāoyì, to deal)、公平竞
争 (jìngzhēng, to compete)。
时间对每个人来说都是公平的，每天都有
24 小时，每年都有 365 天。
那个球判 (pàn, to judge) 得不公平，我们都
很不高兴。
那位老师总是公平地对待每一个学生，大家
都很喜欢他。

gōngzhèng **公正** adj. 2 N/A	fair-minded, just (正, just)	他很公正。 你这么说 (to make a comment about) 他，有点儿 不太公正。 我们应该给他一个公正的评价 (píngjià, evaluation)。 法律 (fǎlǜ, law) 应该公正无私 (wúsī, selfless)。 要公正地对待每一个人。 他是一个公正的裁判员 (cáipànyuán, referee)。 这不公正，我不能同意 (tóngyì, to agree)。
hélǐ **合理** adj. 2 B	reasonable, rational (antonym: 无 wú 理) (合, to suit; 理, reason)	他说的话很合理。 学生应该合理地安排 (ānpái, to arrange) 学习 和休息。 这个要求不合理，无理的要求我是不能接受的。 合理的安排运动和休息对身体有好处。 他每天都合理地安排工作和休息，所以身体 一直都不错。 他这样做合情 (qíng, feeling) 又合理。 那家饭店的价钱不合理，去吃饭的人不多。
gōngdao **公道** adj.* 1 D	just (道, way, doctrine)	说句公道话 (to be fair)，他唱得还不错。 这个饭店的价钱很公道，来吃饭的人不少。 这家旅馆的价钱贵了一些，但是还算公道。 他这个人办事一向公道，我们都很喜欢他。 他是一个公道人，你就放心吧。 不公道的事情他从来不做。 你这样对 (to treat) 他，太不公道了！ 王老师这个人公道得很，他不会这么说的。

Note: *公道 n. 'justice', as in 他一定要为孩子们讨 (tǎo, to demand) 回个公道, 把这个小学校办下去.

---

hézuò
合作 v.   **to cooperate**

xiélì **协力** v. 3 N/A	to unite efforts (协, to join; 力, strength)	大家同心协力，把这件事做得很好。 他们夫妻俩协力供 (gōng, to support sb. financially) 儿子上大学。 齐心协力才能办好这个学校。
xiétóng **协同** v. 3 N/A	to work in coordination with, to act together in harmony (同, together)	他们两家工厂协同生产。 他把办公室搬到了这个楼里，以便协同我们 完成这个大项目 (xiàngmù, project)。 他们协同作战 (zhàn, to fight)，打了一个漂 亮仗 (zhàng, battle)。

在那场足球赛中，他与其他队员协同作战，最后
赢了球。

xiézhù **协助** v. 3 C	to assist, to support (not playing the dominant role)	他协助我办了这个画展，我很感谢他。 在协助张老师上中文课的时候，小王认识了那个学生。 为协助儿子考大学，他每天一下班就回家给孩子做饭。 他的工作是协助学生毕业时找个好工作。 他一直是一个人做这个工作，没有人协助。
xiézuò **协作** v. 3 C	to collaborate (either all parties playing an equal role or one of them playing a leading role; oft. more than two parties) (antonym: 单 dān 干)	他们密切 (mìqiè, closely) 协作，把这个工作做得很好。 今年的春节晚会很受欢迎，这是很多人大力协作的成果 (chéngguǒ, achievement)。 这次他们协作得很成功 (chénggōng, successful)。 这个电影是由他协作拍摄 (pāishè, to shoot) 的。 我们不要单干，大家要多协作才行。
hélì **合力** v. 2 N/A	to join forces (合, join)	我们齐心 (qíxīn, to be of one mind) 合力才能办好这所学校。 汽车坏了，他们几个人只好合力把车推到了路边。 他们同心合力，把那个坏人按倒 (àndǎo, to push down) 在地上。
hézuò **合作** v. 2 B	to cooperate (oft. referring to all parties' cooperation; 合作 + time) (antonym: 分工)	他俩分工合作，很快就把这个工作做完了。 这本书是他和小王合作写成的。 项目是他们自己完成的，没有和别人合作。 那就让我们合作一次吧。 我们几家工厂可以互相合作。 他们合作得很好，今后还想合作下去。 他们已经合作了十几年了，非常成功。
hùzhù **互助** v. 2 C	to help each other (not 互助 + object) (互, mutual)	人和人之间要互爱、互助。 这两个国家有着互惠 (huì, to benefit) 互助的关系。 他们班的同学们团结 (tuánjié, to hold together) 互助，相处 (xiāngchǔ, to get along) 得很好。 他们是好朋友，多年来一直互帮互助。
dādàng **搭档** v.* 1 N/A	to team up, to pair up (搭档 + time) (antonym: 单干) (搭, to build; 档, files)	他们俩搭档办起了这个饭店。 如果你愿意的话，咱们就搭档干吧。 和他搭档的是一个很能干的人。 这对男女搭档的歌手很受欢迎。 他们俩从几年前就开始搭档，合作得不错。 以前我两各自单干，现在已经搭档了几年了。

hé
和①

| héhuǒ
合伙 v.
1 D | to be in partnership (oft. referring
to business; can be pejorative)
(antonym: 单干) (合, to join;
伙, board) | 你们得 (děi, have to) 合伙，一个人单干不行。
他没跟别人合伙做，是一个人单干 (go it alone)。
这所学校是他们合伙办的。
那几个人经常合伙干坏事。
他们合伙买的那套房子很漂亮。
你想不想跟我合伙开这个饭馆儿？ |

Note:

* 搭档 n. 'partner', as in 我们是老搭档, 在一起工作十几年了.

➤ 搭伙 v. dāhuǒ 'to share resources', as in 我们搭伙一起吃饭,这样可以省 (shěng, to save) 点儿钱.

---

hé
和①prep.   **with**
(see also 和②)

yǔ **与** prep. 3 B	with, from, as	这个工作与你大学学的有关吗？ 我与他不同，他喜欢的我不一定喜欢。 毕业以后，我一直没有与他联系过。 南方与北方的气候不一样。 他与朋友们的关系很好。 他想与我一起出去旅游。 工作与学习一样，都要努力才行。
tóng **同** prep.* 3-2 B	together with, with	父母要多同孩子交流 (jiāoliú, to communicate)。 他没有同我联系过，我不知道他的地址。 那个人不太好，不要同他交往。 他说他可以同我一起去旅游。 妈妈同女儿一起去商店买东西了。 老师在同他谈话呢。
hé **和** prep. 2 A	with, as, from (indicating relationship, comparison, etc.)	我很愿意和你一起聊天儿。 我和他一起去了北京。 他和我不一样，他喜欢足球，我喜欢篮球。 他和他父亲一样高了。 他有空经常和父母一起出去走走，坐在公园 里聊聊天儿。 今天和昨天比，热多了。 他和我借的钱，从来就没有还 (huán, to return) 过。 他和父母住在一起，所以吃的、喝的他都 不用自己花钱。
gēn **跟** prep.* 2-1 A	with, to, from, as	这里跟那里一样，人都很多。 你有什么困难就跟我说，我一定帮你的忙。 他跟他父亲长得很像，一看就知道是父子。 这个跟那个不一样，这个便宜两块钱。

他的书是跟朋友借的。
他来晚了，一进门就跟我们说对不起。
明天看电影，谁跟你一起去？
他没跟那个人说过话。

Note:
* 同 adj. 'same', as in 我们是同班同学，在一起上了四年大学.
* 跟 v. 'to follow', as in 他在前面走，儿子在后面跟着他.

---

hé
和②conj.   **and**
(see also 和①)

bìng
并 conj.   and (oft. linking verbs or clauses)
3 C

周末他都要好好打扫并整理一下房间。
今年他大学毕业，并要找一个工作。
从老师身上，他看到并学到了很多。
在这间小屋里，他生活并工作了十几年。

jí
及 conj.*   as well as (connecting juxtaposed
3 B   nouns or noun phrases; the items
           following 及 are often subordinate)

校长及老师们都参加了我们的舞会。
机票、护照及其它东西都准备好了。
小王、小张及其他人都没有来。
请写上您的名字、地址及电话。
他十分感谢老师及同学们的帮助。

yǐjí
以及 conj.   along with (oft. linking more than
3 B   two items, and used between the
            last two; also linking clauses;
            以及 + generic word; a pause
            can be placed before 以及)

他买了书、本、笔，以及各种要用的文具。
老师、同学以及其他人都去看了足球赛。
去不去以及去了以后住在哪里，这些他们
还没有想好呢。
这个大学有中文、英文、日文、法文以及
其它语言课程 (kèchéng, course)。
他想在后院种花、养鱼，以及再建一个游泳池。
这个小商店卖蔬菜、水果、牛奶以及面包之
类 (zhīlèi, and so on) 的东西。
他喜欢打球、跑步以及听音乐。
在电话里，他告诉我们那里的风景、气候，
以及他学习的情况 (qíngkuàng, situation)。

yǔ
与 conj.   and (oft. linking verbs or adjectives)
3 B

行与不行，就看今天了。
他们经常到这里来唱歌与跳舞。
他在这里学习与工作了十年了。
抽烟与喝酒都不是好习惯。
中国与日本都参加了。
他喜欢看《红与黑》这本书。

---

178 hěn 很

tóng 同 conj. 3-2 B	and (oft. linking nouns or pronouns; less used than other words in this group)	电影同电视他都喜欢看。 你同他都可以去。 他们在电话里说好了时间同地点。 他同老王谈了很长时间。
hé 和 conj. 2 A	and (oft. linking nouns or pronouns, also linking more complex phrases)	他和我都是中国人。 你、我、小王和他的姐姐都去看球。 他们没有去过北京和上海。 这些书和本子一共花了多少钱？ 她和她的姐姐都很漂亮。 篮球和足球他都喜欢。 明天在哪儿上课和上什么课我们都不知道。 他的鼻子和嘴都很大。 他和我都是北京人。
yòu 又 conj.* 2 N/A	and (oft. linking adjectives or verbs, 又 + adj./ v. + 又 + adj./ v.)	他能说又能干，我们都喜欢他。 苹果又大又红，我们吃了不少。 他长得又高又大，像他父亲。
gēn 跟 conj. 2-1 A	and (oft. linking nouns or pronouns)	他的桌子上放着书跟电脑。 他是学生，我跟小王不是学生。 他工作跟学习都很好。 我跟他都是北京人。 我的朋友跟他的朋友都在北京旅游。 他跟我是同学。

Note:
* 及 v. 'to match', as in 说汉语, 他不及我.
* 又 adv. 'again', as in 他说了又说, 我们都不想听了.
➤ 还是 conj. 'or', as in 去还是不去你说吧, 我听你的.

---

hěn
很 adv.   very

jídù 极度 adv. 3 D	exceedingly (usu. + disyllabic adjectives, as 极其 below) (极, extremely; 度, degree)	考试的时候，他极度紧张 (nervous)，没有考好。 因为极度贫困 (pínkùn, poor)，这里的孩子不能上学。 极度兴奋 (xīngfèn, excited) 的他一个晚上都没睡着觉。 工作了一天一夜没休息，他觉得极度劳累。
jíqí 极其 adv. 3 B	most, extremely, awfully (其, that)	这个饭馆的饭菜极其具有特色 (characteristic)。 去北京极其方便，坐飞机、火车都可以。 他这个人极其自私 (zìsī, selfish)，从来不帮助别人。

这个人学习极其认真，考试成绩很不错。
他家里极其困难，连买菜的钱都没有。
父母对他极其关心，经常给他打电话。

pō
颇 adv.　considerably (颇 + monosyllable)
3 D

那位女子的容貌 (róngmào, looks) 颇佳 (jiā, beautiful)。
对中国颇感兴趣的他几年前开始学习汉语，现在已经说得很不错了。
他在外边忙了一天，晚上回到家的时候颇感劳累。

fēicháng
非常 adv.　very much, greatly, highly
2 A　　(非常 + 不) (非, not; 常, normal)

女儿回家过春节，她非常高兴。
公园里的花非常漂亮。
他非常累，回到家就睡下了。
这个菜非常容易做。
今天非常冷，多穿点儿衣服。
他非常努力地学习中文，进步 (to progress) 得很快。
他的汉字写得非常好。
他今天非常不舒服，头很痛。

fènwài
分外 adv.　particularly (分, marking;
2 D　　外, outside)

看到自己种的花开了，他分外高兴。
她穿上红裙子时分外漂亮。
今晚天上的星星分外明亮。
过生日那天，儿女都回来了，妈妈觉得分外幸福。

géwài
格外 adv.　especially (格, the normal order
2 C　　of things)

今天是她结婚的日子，大家都格外高兴。
他从小就格外喜欢踢足球。
因为对中文格外感兴趣，他打算今年去中国学习。
今年热得格外早，现在就有人穿裙子了。
他身体很不好，需要格外关照 (to look after)。
外边下着大雪，开车要格外小心。

hěn
很 adv.　very (好得很, 不很好 'not very
2 A　　good' vs. 很不好 'very bad')

他很聪明，学习也很好。
他的中文好得很。
外面下着很大的雨，你等一会儿再走吧。
他很会说话，有很多朋友。
小时候很想当老师的他现在却当医生了。
已经八点多了，他很可能不来了。
他在这里住得不很习惯，准备明天就走。
他最近身体很不好，经常得 (děi, have to) 去看医生。

hěn
很

jí 极 adv. 2 A	extremely (oft. 极 + monosyllable; 极 + adj., adj. + 极了)	这个办法极好，就这么做吧。 他说他极不愿意去那里。 他是一个极聪明的人，不会说这种话的。 他说话说得极快，没听清楚他说什么。 今天天气好极了，我们去公园玩儿吧。
shífēn 十分 adv. 2 A	fully, terribly	朋友们都来为他庆祝生日，他十分高兴。 今天是周末，大街上人来人往，十分热闹。 他十分热爱自己的家乡。 她今天穿得十分漂亮。 北京是一个十分美丽的城市。 妈妈十分想念远在国外的女儿。 昨天我没能去看你，十分抱歉 (bàoqiàn, to feel apologetic about)。
tài 太 adv. 2 A	excessively (in the negative), very much (expressing approval or compliment) (oft. in an exclamation, ending with 了/ 啦; 不太好 'not very good' vs. 太不好 'very bad')	这个菜太好吃了！ 你帮了我一天的忙，太感谢你了！ 这里太美啦！ 你也太不客气了，怎么这么说话。 这双鞋太小啦，他穿不下。 这里人太多了，我们去别的地方吧。 今天的考试他考得太不好了。
tèbié 特别 adv. 2 C	exceptionally, unusually, specially, especially (特, unusual; 别, difference)	他学习特别努力，老师很喜欢他。 那棵树特别高，很难爬上去。 他特别想买那部 (bù, mw.) 汽车。 他特别爱吃鱼。 山路不好走，你们要特别小心。 他这个人干什么都特别认真。 应该特别指出的是，他是班上最好的学生。
wànfēn 万分 adv. 2 C	extremely, extraordinarily (a stronger word in this group, with a bit of exaggeration; used before or after the predicate) (万, ten thousand/ a lot)	听说孩子考上了大学，妈妈万分高兴。 和丈夫离婚以后，她心里万分痛苦。 行李不见了，他万分焦急 (jiāojí, very anxious) 地到处找。 孩子不见了，大家焦急万分。
zhēn 真 adv. 2 A	really (expressing some kind of strong emotion; 真 + 没/ 不)	这花真美！ 时间过得真快！ 这些相片真好看！ 他真想马上回家，可是工作还没做完呢。 真讨厌 (tǎoyàn, a pain in the neck)！不要再给我打电话了。 这个电影真不好看，我们走吧。 我真没看出来是你，你变得年轻多了。

hǎo
好 adv.　quite
B

好长时间没见了，你怎么样啊？
屋里已经有好几个人了，你进去看看吧。
好大的苹果！
他好多年没给我打电话了。
孩子的脸好红啊！可能是发烧了。
这车开得好慢！
好黑的天！走路要小心。

tè
特 adv.　extraordinarily, specially, especially
C　(oft. in northern dialect)

他特喜欢那个女孩儿，天天给她打电话。
他已经六十多岁了，但看起来还特年轻。
他的球打得特好。
他特爱喝酒，每天都喝。

tǐng
挺 adv.　rather, quite (oft. 挺…的)
A

他这个人挺好的，是我的朋友。
这个房间挺干净的，不用打扫了。
他来晚了，觉得挺不好意思的。
他今天来得最晚，他姐姐来得也挺晚的。
他挺不客气地叫那个人出去。
妈妈，我在外边挺好的，你就放心吧。
我挺想家的，但是没时间回去看看。
他一个人在外边打工，也挺不容易的。

Note: 不太 'not quite', as in 1) 他肚子不太舒服，去看医生了. 2) 今天天气不太好，明天再去吧. 3) 他的房间不太大.

---

hòuhuǐ
后悔 v.   **to regret**

huǐhèn
悔恨 v.　to repent deeply (悔, to regret; 恨, to hate)
D

对这件事情，他十分悔恨。
没能见到父亲最后一面，他一直悔恨不已 (yǐ, to end)。
他悔恨当时不应该那么说话。
他知道那件事以后，悔恨极了。

yíhàn
遗憾 v.*　'It's a pity that …', to regret (oft. used to express displeasure or to protest in diplomatic rhetoric) (遗, to leave behind; 憾, to regret)
C

他俩最后也没能结婚，我们都很遗憾。
他因为有病不能来了，遗憾得很。
对最近发生的事情，我国政府 (zhèngfǔ, government) 感到十分遗憾。
非常遗憾，我不能去了。

hòuhuǐ
后悔 v.　to regret
B

说了那些话以后，他十分后悔。
什么事情都要想好了再去做，不然你会非常后悔的。
他刚买了那辆汽车，马上就后悔了。
他后悔不应该借钱给别人。
他为这件事情后悔了很长时间。

你不听我的，现在后悔已经晚了。
他后悔今年没去旅游，明年一定去。
既然来了，就别后悔了。
没听老师的话，他现在后悔极了。

Note:
* 遗憾 n. 'regret', as in 没有上大学是他一生的遗憾.
* 遗憾 adj. 'regretful', as in 那是一件遗憾的事情.
➤ 可惜 adj. kěxī 'unfortunately', as in 听说她今天不能来了，真可惜！

---

hòulái
后来 n.
later on

zhīhòu **之后** ph. 3 B	after that (antonym: 之前)	下班之后，他常常去打篮球。 他十年之前见过那个小女孩，十年之后她已经成了一个大姑娘了。 毕业之后，他就一直在这里工作。 三天之后，他就把钱还 (huán) 给我了。 他上了四年大学，之后，又上了三年的研究生 (yánjiūshēng, postgraduate student)。
jīnhòu **今后** n. 3-2 B	from now on (antonym: 以前)	他已经十八岁了，今后要自己养活 (yǎnghuo, to support) 自己了。 我刚来，今后还请您多关照。 他还小，今后需要学的东西还很多。 今后我一定好好学习，要对得起我的父母。 以前我喝酒喝得太多了，今后要少喝点儿。 快毕业了，你对今后有什么打算？ 今后，我们会常来看望您的。 他找到了好工作，今后的日子会越来越好。 他说了他今后的打算。 他还年轻，今后的路还很长。
hòu **后** n.* 2 A	after (oft. monosyllable + 后) (antonym: 前)	他课后总是去图书馆看书。 他三天后就把那本书还给我了。 他走后，家里就没有人会修电脑了。 那个电影他看后觉得很不错。 药是饭前吃还是饭后吃？ 他想等日后有了钱，买一个大房子。 他后天去北京。 你先吃，我后吃。
hòulái **后来** n. 2 B	later on (only referring to a time in the past; not used at the end of the first clause, because it doesn't indicate a clear starting point in	他来过一次，后来就再也没来了。 他们生了一个女儿，后来又有了一个儿子。 他们刚结婚时那么好，可是后来却离婚了。 他后来去哪里了？

time) (antonym: 起先/ 从前)

他起先没打算去，后来又去了。
后来，我才知道他是你的儿子。
他先走了，不知道后来发生了什么事情。
他总是说要去北京，后来去了没有？
一开始还有二十几个学生来上课，到后来只
有几个学生了。
开始他还给家里打电话，后来就不打了。

jiānglái	
将来 n.	the future, in the future (attributive
2 A	+ 将来) (antonym: 过去)

过去的就让它过去吧，要多想想将来。
他还没想好将来要找什么样的工作。
将来退休以后，他想出去旅游一年。
为了孩子们的将来，他们努力地工作着。
这家饭馆的生意现在还可以，但是将来怎么
样还很难说。
他想将来去国外读书。
人人都希望自己有一个美好的将来。
不久的将来，他想回北京工作。
他希望将来的生活会更美好。

yǐhòu	
以后 n.	after, then, at a later date (can have
2 A	a clear starting point in time)
	(antonym: 以前)

慢走，以后常来玩。
大学毕业以后，他就去北京工作了。
这个以后再说吧。
父母在他很小的时候就离婚了，从那以后他
就再也没有见到过妈妈。
他先打了电话，不久以后就出现在我面前。
以后，你们要多回去看看老人。
从此 (今) 以后，你不要再来这里了。
他想以后去北京工作。
他早上九点以后都在办公室。
以前他常来，可是以后他不会再来这里了。
八月份以后，他就要来这里工作了。
说说你以后的打算吧。

wǎnghòu	
往后 n.	from now on, in the future, later on
1 D	(往, to go towards)

这个工作做好了，往后就好办了。
你一分钱都没有，往后的日子怎么过呢？
他往后不想再开车上班了。
往后你要早点儿来，不要老是迟到 (chídào, to
arrive late)。
以前他常帮你，往后呢，要看你自己的了。
往后，这种事情我可不想再看到了。
往后多联系。

Note:

* 后 n. 'back', as in 那个房子没有后门，只有一个前门.

* 后 n. 'behind (of a place)', as in 山后有一片苹果树林.

➤ 走后门 ph. 'to secure advantages through pull or influence', as in 谁都不应该走后门.

➤ 此后 conj. 'after this', as in 她两年前生了一个孩子，此后就再也没有工作过了.

➢ 然后 conj. 'then', as in 他先吃了点儿饭，然后就去看电视了.

➢ 以来 n. 'since', as in 长期以来，他一直在为孩子们而努力地工作着.

➢ 从来 adv. 'always', as in 他从来都没有给我打过电话.

---

hūrán
忽然 adv.   **suddenly**

hūrán **忽然** adv. 2 A	suddenly (忽, suddenly; 然, an adv. or adj. suffix)	他正在看书，忽然电话响了起来。 刚才天还很好，忽然下起大雪来了。 他忽然跑了出去，我们都不知道为什么。 他忽然不见了，大家都感到很奇怪 (qíguài, strange)。 他说着说着，忽然间就不说了。 忽然，他拿出一把刀，大家都吓得大叫了起来。
měng **猛** adv.* 2 C	with a rush	最近房租猛涨 (zhǎng, to rise)，人们都快要 租不起房子了。 听到电话响，他猛地从床上爬了起来。 猛一回头，他看见那个人还在跟着他。 他一阵猛跑，好不容易才赶上了公共汽车。 他猛地一转身，向公园方向走去。
měngrán **猛然** adv. 2 C	abruptly (with force and speed)	公共汽车猛然停下，原来是车门没关好。 他走着走着，猛然间 (jiān, during a definite period of time) 倒了下去，我们马上把他送往医院。 猛然间，他从睡梦中惊醒，后来就再也睡不 着了。
tūrán **突然** adv.* 2 A	unexpectedly (突, to dash forwards)	他突然肚子痛，我们把他送到了医院。 由于这是突然发生的事情，我们都不知道 怎么办才好。 他突然打电话来说他今天不能来了。 最近他的体重 (tǐzhòng, body weight) 突然下降了 不少，他也说不清楚是为什么。 突然下起雨来，我们都向教室跑去。
yī(í)xiàzi **一下子** adv. 1 B	all of a sudden (also 一下)	看到老师来了，学生们一下子都静了下来。 他正在看电视，电一下子就停了。 听说弟弟考上了大学，他高兴得一下子跳了 起来。 他走到树下的时候，鸟一下子全飞走了。 他一说，我一下子就都明白了。 他一下子拿不出这么多钱，多给他一点儿时 间吧。 他哭了一会儿，一下子又笑了起来。

Note:

* 猛 adj. 'fierce', as in 听说那边山上有两只猛虎.
* 突然 adj. 'unexpected', as in 这是一件很突然的事情, 我们都没有什么准备.
➤ 一下儿 n. 'for a short while', as in 他休息了一下儿, 就又接着工作了.
➤ 一会儿 n. 'in a (little) while', as in 一会儿见.

---

hùxiāng
互相 adj.   **mutually**

bǐcǐ **彼此 adv.* 3 C	each other (彼, that; 此, this)	我们彼此关心, 共同进步 (to progress)。 他们彼此不认识, 也没见过面。 同学之间要彼此帮助。 他和妻子已经结婚二十多年了, 两人彼此信任 (xìnrèn, to trust), 十分恩爱。
hù **互 adv.** 2 N/A	mutually (usu. 互 + monosyllable)	他们认识好多年了, 一直互帮互助。 毕业的时候, 同学们互送祝福。 他们是一对互敬互爱的夫妻。 大家互致 (zhì, to send) 问候, 祝新的一年幸福美 好。 他们的关系不好, 见面的时候互不说话。 他们在大学读书时住在一个房间里, 但两人 从来都是互不干扰 (gānrǎo, to disturb)。
hùxiāng **互相 adv.** 2 A	mutually, each other (相, each other)	他们互相学习, 互相帮助。 有了问题以后, 不要互相埋怨 (mányuàn, to point the finger at)。 新年的时候, 大家互相打电话拜年 (bàinián, to wish Happy New Year)。 请大家互相介绍一下吧。 出门在外, 你们要互相照顾。 他们互相说了声再见, 就都离开办公室回家了。
xiānghù **相互 adv.* 2 B	one another	他们相互学习, 进步都很快。 在困难的时候, 大家要相互理解 (lǐjiě, to understand)。 他们相互交往了很多年, 关系一直都很好。 通过一个朋友, 他们相互认识了。 他们夫妻多年, 工作和生活上都是相互支 持 (zhīchí, to support)。

Note:

* 彼此 pr. bǐcǐ 'you and me', as in 我们都是一家人, 还分什么彼此?
* 相互 adj. 'mutual', as in 他们相互的关系很不错。
➤ 彼此彼此 'all concerned are about the same (a polite expression)', as in A: 你的汉语真好. B: 谢谢!
  彼此彼此.

> 双方 n. shuāngfāng 'both sides', as in 双方都同意 (tóngyì, to agree) 了，就这么办吧.

---

huā
花 v.   **to spend**
(see also 花费)

hàofèi **耗费 v.** 3 D	to squander, to (gradually) consume (time, energy, material, etc.; usu. with a negative connotation) (antonym: 积累 jīlěi) (耗, to consume; 费, to waste)	他在大山里耗费了青春年华 (youth)。 不要在我这里耗费时间了，我不会答应的。 他们把精力 (jīnglì, energy) 都耗费在开会上了，但是光说不做是没有用的。 这种牌子的汽车比较耗费汽油 (petrol)。
xiāofèi **消费 v.** 3 B	to consume, to expend (daily commodities) (消, to disappear)	他们今晚在那个饭馆消费了五百多元钱。 这里的东西这么贵，我可消费不起。 他喜欢超前 (chāoqián, ahead of time) 消费。 五号房间的顾客消费不多，只喝了点儿啤酒。 有些人是低收入 (shōurù, income) 高消费，而有些人又是高收入低消费。
xiāohào **消耗 v. *** 3 C	to use up, to exhaust (energy, time, etc.; oft. wastefully)	他为这件事消耗了很多时间和精力。 这栋楼盖了几年还没盖完，消耗了不少人力和物力。 这么大的电视机可能要消耗很多电吧? 这种运动所消耗的体力 (physical strength) 非常大。
huāfèi **花费 v.** 2 D	to spend, to use, to cost (money, time, energy, etc.; oft. not used with any specific amount of money)	孩子出国留学要花费很多钱。 他为准备考试花费了不少时间。 谁都不知道他为孩子花费了多少心血 (xīnxuè, great care and effort)。 朋友们没让我花费什么，都是他们出的钱。 为了出国旅游，时间和钱他都花费了不少。
zhīchū **支出 v.** 2 D	to pay out (money) (支, to pay)	他每个月支出的酒钱就有几百元。 他是从这个银行支出的钱。 这笔 (mw.) 钱支出的时间是前天。 他从公司 (company) 的帐 (zhàng, account)上支出了那笔钱。
huā **花 v.** 2-1 A	to spend (money, time, energy etc.; can be used with a specific amount of money)	他从来都不随便花钱。 该花的就要花，不该花的就不要花。 他花了五十块钱买了那本书。 他这个月的钱花得太多了。 他花了两天的时间看完了那本书。 这些钱可以花到下次发工资 (fā gōngzī, to pay out salaries)。

他来这里一个月了，带来的钱全花完了。

fèi **费** v. 1 B	to cost, to expend, to waste (oft. indicating a sense of waste or excess; used with degree adverbs or complements) (antonym: 省 shěng)	他为买名牌儿 (míngpáir, famous brand) 费了很多钱。 这样做太费时间，我们还是想别的办法吧。 这个太费电，还是买那个省电的吧。 对不起，我结婚费了不少钱，现在已经没有钱借给你了。 他们费了很大劲儿 (jìnr, strength) 才把那个大桌子搬回了家。 他花钱费极了，一点儿都不知道省钱。 不要跟他费口舌 (kǒushé, considerable talking and persuading) 了，没有用的。 A: 谢谢你帮忙！ B: 没关系，也不费什么事儿。

Note:
* 消耗 n. 'consumption', as in 如果这次的消耗太大的话，下次就别做了.
➤ 破费 v. pòfèi 'to pay for' (oft. used as a polite word by a guest to express appreciation to a host who spends money for the dinner or gift), as in 这饭菜真好吃，让您破费了.

---

huāfèi
花费 n.   **spending**
(see also 花)

fèi **费** n. 2 B	fee	这里是先吃饭，后交费。 你每个月的书费是多少？ 他没有钱，付不起医药费。 这个公园是收费的。 俗话说 (as the saying goes)，没有免 (miǎn, to exempt) 费的午餐。 房费他付，我付水电费、煤气费、电话费和上网 (wǎng, the Internet) 费。
fèiyòng **费用** n. 2 B	costs, charges (用, use)	这里的生活费用不太高。 他钱不多，付不起这么一大笔 (mw.) 费用。 十万块钱的费用太高了。 我们大家分担 (fēndān, to share) 去北京旅游的费用。 今年的办公费用比去年的多了一点儿。 他上学的费用是父母给的。
huāfei **花费** n. 2 D	spending (花, to spend)	孩子上学的花费很大。 家里人多，花费也就不能少了。 这里的花费不太多。 现在的花费比以前多了。

一百块钱对他来说可是一笔不小的花费。
家里这个月的花费都记在这个本子上了。

kāixiāo 开销 n. 2 N/A	expenses (销, to spend)	他每月喝酒的开销比较大。 上大学时开销不太大，可是工作以后就大多了。 他花钱不多，一个星期一百多块钱就够他的开销了。 他的钱被别人借去了，连自己的开销都不知道从哪儿来了。
kāizhī 开支 n. 2 D	expenditure, outgoings (支, to pay)	这个工厂很大，工人很多，开支也很大。 我们要减少 (jiǎnshǎo, to reduce) 开支，别乱花钱。 他在家不管钱，不知道每月的开支是多少。
xiāofèi 消费 n.* 2 N/A	consumption (消, to disappear; 费, fee)	听说这个歌厅的最低消费是一百元。 这些是合理 (hélǐ, reasonable) 的消费吗？ 这种消费可不是我们这样的人能付得起的。
zhīchū 支出 n. 2 D	payout	家里住着客人，所以最近的支出比较大。 他支出非常多，总是觉得钱不够花。 他不知道自己每个月的支出是多少。 这笔支出是给谁的？ 他是用支票 (cheque) 付这笔支出的。

Note:
* 消费 v., as in 对每一位消费者，我们都要认真地服务.
➤ 花销 n. huāxiāo 'spending (informal)', as in 他每个月的花销都不少.

---

huài
坏 adj.   **bad**

| liè 劣 adj. 3 D | of inferior quality, bad (of goods, deed, etc.) (antonym: 优 yōu) | 这是伪 (wěi, false/ illegal) 劣产品 (chǎnpǐn, product)。
劣质 (zhì, quality) 产品就是再便宜我也不买。
那是一匹劣马，跑不快。
人与 (yǔ, and) 人应该是平等的，没有优劣之分。
听说他有不少劣迹 (jì, trace, mark)。
他们在谈劣根性 (liègēnxìng, deep-rooted bad habits) 的问题。 |
| chà 差 adj.* 2 B | inferior, not up to standard, poor (antonym: 好) | 他汉语的听力和写作都不差。
他的英语不差，日语也很好。
饭馆最近的生意 (shēngyi, business) 很差，来吃饭的人不多。 |

他才开始学太极拳，但打得并不差。
他讲课讲得差极了。
他这次考试的成绩 (chéngjī, grade) 比较差。
这车便宜，但是质量 (zhìliàng, quality) 差。
那里的条件 (tiáojiàn, conditions) 差，工作比较艰苦。
对学习差的学生，你要多帮助他们。
他唱歌唱得好，我比他差多了。

cì 次 adj.* 2 C	substandard, second-rate	你看看，这双鞋太次了！ 他从来不买次品 (pǐn, product, antonym: 正品)。
huài 坏 adj.* 2 A	bad, evil, spoiled (坏 + noun) (antonym: 好)	他什么都好，就是脾气 (píqi, temper) 坏。 你这个坏脾气什么时候才能改呢？ 他的脾气坏极了，谁都怕他。 他不是坏人，你不要这么说他。 他吃坏了肚子，去看医生了。 他这个人很差，经常说别人的坏话。

Note:
* 差 v. 'to fall short of', as in 现在差十分两点.
* 差 chā (差别 'difference'), chāi (出差 'a business trip'), cī (参 cēn 差 'uneven').
* 次 mw. 'times', as in 他去过两次，可是都没有看到她.
* 坏 v. 'to go bad', as in 这个鸡蛋坏了，不要吃.
* 坏 adj. 'broken', as in 那个电视机坏了，不能看了.
* 坏 adj. 'extremely', as in 他今天累坏了，回到家就睡觉了。

---

huì
会 v.   to meet

huìjiàn 会见 v. 3 B	to meet (sb., oft. for diplomacy; meeting sb. of a similar rank or a senior meeting a junior)	他会见了一位外国客人。 那个国家的总理 (zǒnglǐ, premier) 他会见过 两次。 总理很高兴地会见了他们，还和他们一起照了 相。 他们正在会见的时候，外边下起了大雨。
huìkè 会客 v. 3 B	to meet a guest (insertable) (客, guest)	他很忙，今天不能会客。 对不起，他今天病了，不能会客。 他昨天会了一个小时的客。 你知道他今天要会什么客吗？ 请告诉他我今天会不了 (liǎo)客了。

huìtán **会谈** v.* 3 B	to meet and hold talks (bilaterally or multilaterally; usu. an official event) (谈, to talk)	他们今天下午跟来访的客人会谈了。 他们会谈得很成功。 听说他们两人会谈了三个小时。 有关这个问题，双方正在会谈。 他是代表 (dàibiǎo, to represent) 那个大学来跟我们会谈的。
huìwù **会晤** v. 3 D	to meet sb. (oft. for diplomacy; meeting sb. of a similar rank) (晤, to meet)	他会晤了几位外国客人。 他们会晤得很成功。 两国领导人 (lǐngdǎorén, leader) 昨天进行了会晤。
huì **会** v.* 2 A	to meet up with (friend, guest, etc.; oft. an informal event) (reduplication: A(一)A)	他今天去会了个朋友，一起喝酒聊天儿。 他病了，今天不能去会你了。 他想会小王一次。 他正在会客，不能来接电话。 已经会过他了，我们都认识了。 为这件事请，他们会过两次了。 他去晚了，没有会着 (zháo, particle – indicating the completion of an action) 那个人。 我的朋友想会(一)会你。
jiàn **见** v.* 2 A	to see (reduplication: A(一)A)	他见我进来了，就站了起来。 他去见一个朋友了。 老师叫我到办公室去见他。 这本书我从来没有见过。 这种花我以前见得多了。 好久没见，你还好吧。 眼见为实 (shí, real)，我亲眼看见他来了。 他已经走了，你见不到他了。 那我先走了，明天见。 他俩想先见见面，认识一下。
jiànmiàn **见面** v. 2 A	to meet (not 见面 + object; insertable) (reduplication: A(一)AB) (面, face)	我们在哪里见面？ 他打电话给我，想见(一)见面，好好儿聊聊。 我跟他以前见过面，我们认识。 他们是昨天见的面。 他们见了面以后，就一起去吃饭了。 和他见一面吧，他有话要跟你说。 他突然病了，所以我们没能见到面。 他俩只见过一次面，还不太熟悉。 我很长时间没有见到她的面了。

Note:

* 会谈 n. 'talks', as in 这次会谈对他们来说很重要.
* 会 n. 'meeting', as in 明天的会是在上午十点开.
* 见 (verb + 见 resultative complement), as in 1) 你看见她了吗? 2) 我听见她在说话.

> 参观 v. cānguān 'to visit (somewhere)', as in 他们要到北京大学参观.
> 见面礼 ph. 'a gift given at one's first meeting, oft. to a relative of a junior generation', as in 这是他叔叔给的见面礼.
> 接见 v. 'to receive/ meet sb. (oft. sb. of lesser status)', as in 总理昨天接见了这些学生.

---

huòzhě
或者 conj.   or
(see also 不是…就是)

bù(ú)shì…jiùshì
不是…就是 ph. either...or (usu. limited
2 C   to two choices)

能帮助他的，不是小王就是小张。
他不是坐公共汽车，就是自己开车来。
他不是姓王，就是姓李。
他住在不是这条街，就是那条街。
我们想见个面，不是他来，就是我去。
他想学一门外语，不是英语就是法语。
他下了班回家，不是看电视就是打电脑。
我住的地方比较吵，不是这家的孩子哭，就
是那家的大人叫。

háishì
还是 conj.*   or (oft. 是…还是; oft.
2 A   used in a question)

你喜欢喝咖啡还是喝茶？
弹钢琴，你会还是不会？
你想去还是不想去？
不管你还是他，现在都不要进去。
无论你高兴还是不高兴，我都要去。
这本书是他的还是你的？
我们去，还是他们来？
这本书是小王借去了，还是小张借去了？
听说你是老师，大学老师还是中学老师？
他不知道是说好，还是不说好。
我想给他买点儿礼物，你说是买书好还是买衣
服好？
书我给你买了，你来拿还是我给你送去？

huò
或 conj.   or
2 B

明天小张或小王来帮我搬家。
你明天或后天来都可以。
今年我们想出去旅游，去北京或上海。
你把这个交给小张或小李。

huòshì
或是 conj.   or
2 D

他想学一门外语，中文、法文或是韩文。
今天或是明天，我想去看看你。
或是去，或是不去，我们都应该早点儿告诉他。
公园里有不少人，他们在唱歌、跳舞或是打太
极拳。

huòzhě
或者 conj.　　or
2 A

他晚上常常看看电视或者听听音乐什么的。

苹果、橙子或者葡萄，你想要什么？

书看完以后，先放在你那里或者给我送过
来，都可以。

商店里人很多，大家在买东西或者闲逛
(xiánguàng, to stroll)。

舞会在你家或者我家办 (bàn, to do) 都可以。

我得 (děi, have to) 看医生，张医生或者王医
生都行。

或者你去，或者他去，谁去都可以。

你去或者我去都可以，去一个就行。

yàome…yàome　either…or (usu. limited to
要么…要么 conj. two choices; connecting
2-1 D　　　　　　two sentences only; a softer
　　　　　　　　tone for suggestions)
　　　　　　　　(also 要末)

你说话，要么走，要么不走。

他要么睡觉，要么吃饭，就是不看书。

要么去北京，要么去上海，你决定吧。

最近天气不好，要么下雪，要么下雨。

要么去旅游，要么去公园，你想去哪儿？

Note:

➢ Words in this group link choices with a similar structure, e.g. 要么<u>下雪</u>，要么<u>下雨</u> (all verbal
phrases).

* 还是 adv. 'still', as in 他虽然病了，但还是想去工作.

J

jīhū
几乎 adv.   almost
(see also 差不多)

jīběnshang **基本上 adv.** 3 N/A	basically, on the whole (oft. 基本上 + 都) (基, base; 本, principal)	他的汉语学得很快，基本上能说了。 我们班里的同学基本上都是二十多岁。 他的病基本上好了。 他人还不错，朋友请他帮忙，他基本上都去。 他的考试成绩基本上都还不错。 学生提的问题这个老师基本上都能回答。
jīhū **几乎 adv.** 2 B	almost, close to (usu. in a positive sentence; not used for sth. wanted by the speaker that doesn't happen, e.g. 我差点儿就赶上飞机了, where 几乎 cannot be used to replace 差点儿)	他考上了大学，高兴得几乎跳了起来。 他在这里很有名，几乎没有人不知道他。 他长得跟我弟弟几乎一样。 公园里的花几乎都开了。 他在车上睡着了，几乎睡过了站。 他太忙了，几乎忘了去接孩子。 多年没见的老同学，再见到的时候我几乎没认出他来。 爷爷的头发几乎全白了。 这本书很贵，几乎花了他一个星期的工资 (gōngzī, wage)。
jiāngjìn **将近 adv.*** 2 N/A	nearly, close to (将, to get; 近, near)	儿子的车越走越远，妈妈一直看到将近看不见了才转身进了家。 他们的大学生活将近结束 (jiéshù, to end)，同学们准备好好儿庆祝庆祝。 就在他的书将近完成的时候，他认识了一个漂亮的女孩儿。 今天来了将近有两千人。
chàbùduō **差不多 adv.*** 2-1 N/A	almost (describing a fact without much indication of the speaker's feelings, unlike 差点儿 below; not in the negative; 差不多 + 都/全)	树上的苹果差不多全红了。 这些留学生差不多都是从中国来的。 这些画差不多都是他画的。 晚会开完后，他们差不多都走了。 等别人差不多都说完了，他才开口说话。 他的衣服差不多都是妈妈给买的。 看电影的时候，我们差不多都哭了。 我进去的时候，他差不多说完了。 从这里到火车站差不多要走十分钟。 这个苹果真大，差不多有半斤重。 今天的功课他差不多做完了。

chàdiǎnr 差点儿 adv.* 1 B	nearly (A: sth. that the speaker doesn't want to be realised, came close but didn't happen in the end, so s/he feels 'fortunate'. In this case, the positive 差点儿 and the negative 差点儿没 both mean 'the wanted happened'. B: sth. that the speaker wants to be realised. B1 (positive form): 差点儿 means 'the wanted came close but didn't come through in the end', so 'unfortunate'. B2 (negative form): 差点儿没 + v. means 'the wanted did come through'; also 差一点儿)	他很忙，差点儿忘了吃饭。[A: ate his meal] 他很忙，差点儿没忘了吃饭。[A: ate his meal] 路上车太多，他差点儿来晚了。[A: came on time] 路上车太多，他差点儿没来晚了。[A: came on time] 孩子病了，妈妈急得差点儿哭了。[A: didn't cry] 孩子病了，妈妈急得差点儿没哭了。[A: didn't cry] 他差点儿就赶上公共汽车了。 [B1: positive form, didn't catch the bus] 他差点儿没赶上公共汽车。 [B2: negative form, did catch the bus] 买票的人很多，我差点儿就买到了。 [B1: positive form, didn't get the ticket] 买票的人很多，我差点儿没买到。 [B2: negative form, did get the ticket] 去年他差(一)点儿考上大学，今年还要再考。 [B1: positive form, didn't pass the exam] 去年他差(一)点儿没考上大学。 [B2: negative form, did pass the exam]

Note:
* 将近 v. 'to approximate', as in 他将近六十岁了，但是看起来还很年轻.
* 差不多 adv. 'more or less', as in 他们的汉语差不多一样好.
* 差点儿 adj. 'not quite there yet', as in 我做的菜还是差点儿，没有妈妈做的好吃.
➤ 差不离儿 adj. 'almost (informal)', as in 饭做得差不离儿了，准备吃饭吧.

---

jīhuì
机会 n.   opportunity

jīyù 机遇 n. 3 D	favourable circumstances, good luck (unexpected and very rare) (机, chance; 遇, meet)	我们一定要抓住 (zhuāzhù, to seize) 这个机遇。 机遇对成功 (chénggōng, success) 是重要的。 他毕业两年多了，还没有找到工作，可能是没有碰 (pèng, to run into) 上机遇吧。 这次机遇对他来说很难得。 他的机遇不坏 (huài, bad)，工作和生活都不错。 不知道是不是机遇，他得到了那份好工作。 他能碰上这个机遇是很不容易的。
shíjī 时机 n. 3-2 C	a moment of opportunity, a timely chance (mw. 个)	他的年龄还小，正是学习的好时机，结婚等以后再说吧。 爸爸今天特别高兴，是跟他说这件事的最好时机。 先不要着急，等待 (dài, to wait for) 有利 (yǒulì, advantageous) 时机。

时机已经成熟 (chéngshú, mature)，我们应该
告诉他了。
上次我们失 (shī, to miss) 去了时机，这次一定不
能再失去了。
这个时机很好，我们应该去。
时机一到，他就跳出来捣乱 (dǎoluàn, to make
trouble)。
我们要好好掌握 (zhǎngwò, to seize) 时机，把
工作做好。

jīhuì **机会** n. 2 A	opportunity, chance (could be created and planned) (mw. 次/ 个, etc.) (会, meet)	他考试考得不好，没有上大学的机会了。 他特别忙，难得有和孩子们在一起的机会。 我很忙，没有机会来参加你的生日晚会了。 出国留学这种机会很难得，你一定要好好学习。 一次偶然 (ǒurán, accidental) 的机会，他们俩 认识了。 去北京旅游的机会很多，你下次再去吧。 这是一个好机会，千万不要错 (cuò, to miss) 过。 他还年轻，再给他一次机会吧。 如果有机会，我一定去那里看看。 他很喜欢她，一有机会就给她打电话。 他很想去中国看看，但一直没有机会。
huǒhou **火候** n. 1 N/A	crucial or appropriate moment (火, fire; 候, time: literal meaning, 'amount and duration of heat' in baking/ cooking/ smelting, etc.; not 好 + 火候; oft. 火候儿)	这个菜还差点儿火候。 他很会说话，火候儿掌握得非常好。 学习要非常努力，火候到了，会出好成绩的。 他的菜做得很好吃，火候正好。 他刀工和火候都掌握 (zhǎngwò, to master) 得很 好。
yuán **缘** n. 1 N/A	predestined relationship, fate	他很有人缘儿，我们都喜欢他。 你们俩要是有缘的话，以后还会再见面的。 这就叫"千里有缘来相会 (Separated by thousands of miles, we come together as if it was meant to be) "。
yuánfèn **缘分** n. 1 N/A	predestined affinity, lot or luck by which people/ things are brought together	我们真有缘份，又见面了。 咱们俩没有缘分做夫妻就算了。 能不能结婚，就看你们有没有缘分了。 缘分这个东西不是谁想有就可以有的。

Note: 良机 n. liángjī 'golden opportunity', as in 这是一个向她求婚 (qiúhūn, to propose) 的良机，你
一定要去.

jīdòng
激动 adj.
(see also 感动/ 高兴)

excited

gāoxìng **高兴 adj.*** 2 A	happy (reduplication: AABB) (antonym: 难过) (兴, cheerful)	今天他很高兴，因为晚上要和女朋友去看电影。 听说儿子要回家过春节，他高兴得很。 好不容易买到了足球票，他高兴了一天。 今天是春节，孩子们高兴地跑来跑去。 他们两个要结婚了，这是一件高兴的事情。 他一高兴就唱歌。 他不高兴的时候，我不会去烦他。 明天就能见到女朋友了，他高兴极了。 知道儿子就要回家来了，他高兴得睡不着觉。 别不高兴了，我明天和你一起去就是了。 他越说越高兴，后来就唱了起来。 别难过了，今天是你的生日，应该高兴才是。 他们高高兴兴地在一起吃了一顿 (mw.) 饭。
jīdòng **激动 adj.*** 2 B	excited, agitated (by sth. good or bad; oft. an impulsive reaction) (antonym: 平静 píngjìng) (激, to arouse; 动, to stir)	听说儿子考上了大学，他很激动。 他一开始挺平静的，说着说着就变得激动起来。 看到多年没见的老朋友，他十分激动。 他太激动了，话都说不出来了。 他激动得哭了起来。 看见了我们，他就激动地跑了过来。 他一听说不让进去，马上就激动了起来。 他的情绪 (qíngxù, mood) 很激动，又吵又叫。 爸爸，不要激动，你心脏 (xīnzàng, heart) 不好。 看到老朋友来了，他的脸上露出激动的表情 (biǎoqíng, facial expression)。 他越说越激动，还哭了起来。
xīngfèn **兴奋 adj.*** 2 B	exhilarated, excited (usu. by sth. pleasant) (antonym: 沮丧 jǔsàng) (奋, to raise)	看了那个电影以后，大家都非常兴奋。 听到那个令 (lìng, to make) 人兴奋的消息 (xiāoxi, news)，我们都很高兴。 他咖啡喝多了，太兴奋，睡不着觉。 就要见到十年没见的老朋友了，他兴奋地走来走去。 他兴奋得跳了起来。 赢了足球赛，大家都兴奋极了。 他是赢 (yíng, to win) 了球就兴奋，输 (shū, to lose) 了球就沮丧。 他看着孩子们兴奋的笑脸，感到非常高兴。 看到了孩子的相片儿，他显得 (xiǎnde, to appear) 十分兴奋。 他越说越兴奋，后来就站起来说了。

Note:

* 高兴 v., as in 1) 咱们今晚一起出去吃饭, 高兴高兴. 2) 我高兴去就去, 不高兴去就不去.
* 激动 v., as in 他们唱起了国歌, 真是激动人心.
* 兴奋 v., as in 大家都要睡着了, 一起唱个歌兴奋兴奋吧.
➤ 冲动 adj. chōngdòng 'impulsive', as in 不要冲动, 你先让我把话说完.
➤ 振奋 v. zhènfèn 'to inspire', as in 听了他的话以后, 学生们都很振奋.

---

jí
急①adj.　　　　　　　　　　　　　　　　　　　　　　　　**anxious**
(see also 急②/ 急忙/ 立刻)

jíqiè **急切** adj. 3 D	eager, anxious (reduplication: A(A)BB) (切, anxious)	他怀 (huái, to have) 着急切的心情 (xīnqíng, mood) 来到学校, 询问他的孩子为什么还没有 回家。 他站在门口, 急切地等着客人的到来。 老师急切地问我们发生了什么事情。 大家都急切希望他的病能早点儿好。 电话里传来了他急切的声音。 急切的毕业生们都想一毕业就找到工作。 他急切地等待着火车的到来。 他急(急)切切的, 很想知道她是不是也喜欢他。
jízào **急躁** adj. 3 C	irritable, impetuous (usu. of one's disposition) (antonym: 耐心 nàixīn) (躁, impetuous, rash)	听说他这个人很急躁, 是吗? 他这个人急躁得很, 我不喜欢他。 学习的时候不能急躁, 要有耐心才能学好。 等了半天, 车还没来, 他就急躁起来。 天越黑, 他就越急躁。 孩子吃了药以后, 就不那么急躁不安了。 这个工作要耐心, 不能急躁。
jiāojí **焦急** adj. 3 C	very uneasy, very anxious (over sth. unresolved and its immediate and pressing outcome; oft. referring to the embodiment of one's anxiety) (antonym: 平静 píngjìng)	他坐在那里, 显得 (xiànde, to look) 非常焦急。 飞机已经晚点两个小时了, 大家都等得很焦急。 看到孩子那张焦急的小脸, 我马上给他父母打了 电话。 他焦急地在房间里走来走去。 听说孩子病了, 他焦急万分。
jiāolù **焦虑** adj. 3 N/A	worried, concerned about (sth. unpleasant or difficult; sth. could go terribly wrong; oft. referring to psychological status) (焦, burnt; 虑, concern)	孩子的病使他感到非常焦虑。 他心里十分焦虑, 觉也睡不好。 让他焦虑不安的是孩子的病。 他焦虑地跑出家门, 去找孩子了。 心情焦虑对身体不好, 应该多想一些高兴的事 情才对。 飞机晚点了, 他焦虑万分。 他的学习越来越不好, 妈妈也感到越来越焦虑。

jí
急 adj.*   anxious, impatient
2 A

他刚来就急着要走。

大家都别急，我马上打个电话去问问。

听说买不到机票，他有点儿急了。

不急不急，急什么，还有时间呢。

电话打不通，他急得不得了 (liǎo)。

他一急就忘了关门，开着门走了。

他的性子 (xìngzi, temper) 特别急，像他爸爸。

你怎么才来，我们都急死 (sǐ, extremely) 了。

孩子不见了，她急得直 (zhí, continuously) 哭。

他的眼睛都急红了。

Note:
* 急 v. 'to anger', as in 你要是不来参加我的婚礼，我就真跟你急.
* 急 adj. 'fast', as in 河里的水很急，下去游泳要小心一点儿.
➤ 着急 v. 'to be worried, to be annoyed' as in 1) 这么晚了，孩子还没有回家，妈妈非常着急. 2) 别着急，他都是个大人了，会照顾好自己的. 3) 他一着急就说不出话来.

---

jí
急②adj.   urgent
(see also 急①/ 急忙/ 立刻)

jípò
急迫 adj.   urgent, pressing (of task, need,   情况 (qíngkuàng, situation) 急迫，他马上就坐飞
3 N/A   situation, time, etc.) (急, urgent;   机去了。
                迫, urgent)   这是一个急迫的任务 (rènwu, task)，要马上做。

                                                     电话里的声音有些急迫，是从医院打来的。

                                                     时间十分急迫，他连衣服都没穿就跑出去了。

                                                     他急迫地跑了进来，拉着我就往外走。

                                                     看着他那急迫的样子，我马上把电话给了他。

                                                     如果情况不急迫，我们也不会这么晚来找你的。

jíqiè
急切 adj.   hurried (of a person or a thing)   在急切之中，他都不知道应该做什么好了。
3 D   (切, anxious)   急切的电话铃声把我从睡梦中吵醒了。

                                                     急切间，他抓起一件衣服就走了。

                                                     很多人都急切地跑了过来，想帮助这位老人。

                                                     他急切地想见到自己的儿子。

jǐnpò
紧迫 adj.   pressing (of time, task, job, etc.) 时间非常紧迫，我们快去吧。
3 D   这个任务紧迫地摆在了我们面前，需要尽快去完
                                                     成。

                                                     考试下个星期就要开始了，我们大家都有一种
                                                     紧迫感 (a sense of urgency)。

                                                     现在最紧迫的就是马上把人送到医院去。

                                                     这个工作比那个工作紧迫，先做这个吧。

                                                     形势 (xíngshì, situation) 十分紧迫，一定要快。

pòqiè **迫切** adj. 3 B	pressing (of desire, mood, request, problem, etc.; 迫切 used with or without 地)	他想上大学的愿望 (yuànwàng, desire) 十分迫切。 学生们迫切要求图书馆多买一些图书。 现在迫切的问题是人人要有饭吃。 这是学生们的迫切要求。 他想见到她的愿望迫切得很。 上大学是他的迫切愿望。 他迫切地想知道自己的考试成绩。 他想上大学的愿望比我的可迫切多了。 他想出国旅游的心情 (mood) 越来越迫切了。
jí **急** adj.* 2 B	urgent, pressing (referring to sth. or sb.) (antonym: 缓 huǎn)	他有点儿急事，先走了。 这是个急件，快去送。 他的奶奶得的是急病，已经送到医院去了。 这件事很急，我们要马上办。 结婚的事不急，等你们都毕业了再说吧。 你比我急，你先用吧。
jǐn **紧** adj.* 2 C	pressing, close, tight (antonym: 松 sōng) (reduplication: AA)	时间紧，任务重，你们能行吗？ 他先走了进来，紧接着走进来的是他的姐姐。 这件事他催 (cuī, to urge) 得紧，你快点儿办。 自从借了他那点儿钱以后，他就天天紧催我还 (huán, to repay) 钱。 这么紧的时间，我到哪里去给你找人？ 时间太紧了，我做不完这个工作。 你这次来北京，如果时间不紧的话，请一定来我家坐坐。 太紧了，再松一些。 他们这次去北京的时间表安排得紧紧的，连去看朋友的时间也没有。
jǐnjí **紧急** adj. 2 C	emergent (usu. of sth., not a person) (antonym: 从容 cóngróng)	他们正在开一个紧急的会议。 这件事情非常紧急，你快去吧。 如果前面的车紧急刹 (shā, to brake) 车，你就要马上停车。 这是一个紧急任务，我们马上就去。 情况紧急得很，我们没有时间吃饭了。 他们正在紧急集合 (jíhé, to assemble)，不知道要去什么地方。 如果有紧急情况，一定不要紧张 (jǐnzhāng, nervous)。

Note:
* 急 v. 'to worry', as in 这么晚了，他还没来，真急人.
* 急 n. 'emergency', as in 他打电话向父母告急，说已经没钱吃饭了.
* 急 adj. 'rapid', as in 他酒喝得很急，喝完以后就有点儿醉了.
* 紧 adj. 'tight', as in 这双鞋有点儿紧了，换一双大一号的吧.

* 紧 v. 'to tighten', as in 这个螺丝 (luósī, screw) 松了，我把它紧一紧.

➤ 十万火 (huǒ, fire) 急 ph. 'very urgent', as in 这件事十万火急，你马上来见我.

---

jímáng

急忙 adj.　　　　　　　　　　　　　　　　　　　　　　　　**hurried**

(see also 急/ 立刻)

cōngcōng **匆匆** adj. 2 D	rushed (less used as a predicate)	他常常是来去匆匆，很少跟别人说话。 他很忙，在孩子的眼里他是个来去匆匆的爸爸。 时间匆匆过去，他突然发现自己老了很多。 他这次来得匆匆，去得也匆匆。 飞机就要起飞了，他匆匆告别了父母就上飞机去了。
cōngmáng **匆忙** adj. 2 C	hasty (indicating unprepared; 很/ 太 + 匆忙) (reduplication: AABB) (antonym: 悠闲 yōuxián)	他看起来很匆忙，连和我说句话的时间都没有。 时间太匆忙，我没有时间吃饭了。 功课做得太匆忙了，做错 (cuò, wrong) 了不少。 匆忙中，他没有关门就走了。 这次旅游，我们来去都很匆忙。 他走得很匆忙，都没能跟大家说声再见。 他匆忙地走进来，拿了一本书就走出去了。 这次考试准备得太匆忙，没考好。 他匆匆忙忙地跑了。 你看你匆匆忙忙的样子，要去哪儿? 别总是匆匆忙忙的，你看我多悠闲，坐下来喝杯茶吧。
huāngmáng **慌忙** adj. 2 C	flustered, nervous (reduplication: AABB) (antonym: 沉着 chénzhuó) (慌, confused)	看见我来了，他显得 (xiǎnde, to appear) 有些慌忙。 看到他慌忙的样子，我们都问他出什么事儿了。 慌忙之中，他把杯子打了。 一看坐过站了，他慌忙下了车。 早上起来晚了，他慌忙地向学校跑去。 他慌慌忙忙地跑了。 别慌慌忙忙的，沉着点儿。
jícōngcōng **急匆匆** adj. 2 N/A	in a great hurry	他走得急匆匆的，也没说要去哪里。 我刚才在路上看见他了，走得急匆匆的。 接了个电话以后，他就急匆匆地走了。 他急匆匆得连水都没喝就走了。 看他那急匆匆的样子，一定是有什么急事。 别急匆匆的，坐下来喝杯茶吧。 孩子病了，他急匆匆地给妻子打电话。 上学的路上，他走得急匆匆的。 做事要认真仔细，别总是急匆匆的。

jímáng **急忙** adj. 2 B	hurried (indicating sth. done hurriedly due to anxiety; not used as an attributive or complement, unless in its AABB form) (reduplication: AABB)	电话响 (xiǎng, to sound) 了，他急忙去接。 看到王老师来了，我急忙站了起来。 他一听有人敲门，就急忙去开门。 下了车，他就急忙向学校跑去。[when 急忙 is used as an adverbial, no 地 is needed] 他走得急急忙忙的，都没跟朋友们说声再见。 他急急忙忙地喝完茶以后，就去图书馆了。 他到哪儿都是急急忙忙的，从来都不坐下。 你看你这急急忙忙的样子，要去哪里？

Note:
> Words in this group are usually not used with degree modifiers (很/ 十分/ 非常), except 匆忙.
> 急切 adj. 'anxious', as in 他向我借钱，满脸急切的样子，说是孩子病了要用钱.

---

jìhuà
计划 v.   to plan

cèhuà **策划** v. 3 D	to design, to plot (used positively or pejoratively) (策, to plan; 划, to draw)	他精心地策划了这场音乐会，我们都很感谢他。 这件事情他们已经策划好了，你就别管了。 他们为这个已经策划了三个月了。 他们策划得非常周密 (zhōumì, thorough)。 他们正在策划着怎么抢劫 (qiǎngjié, to rob) 那个银行。 这是他们暗中 (ànzhōng, in secret) 策划的。 这个我们还没有策划好。 我策划过这种演出，知道应该怎么做。 这个应该怎么做，请你为我们策划一下。
chóubèi **筹备** v. 3 D	to arrange (fees, exhibition, wedding, competition, sports meeting, etc.; usu. 筹备 + noun) (筹, to prepare; 备, to have)	他们正在筹备一个运动会。 晚会筹备得很顺利。 为了这个运动会，他们已经筹备了一个多月了。 他就是筹备这个展览会的，你们有什么问题就问他吧。 那个会你们筹备好了吗？ 为了筹备学费，他现在打三份 (mw.) 工 (to have three jobs)。 不用为他们筹备了，他俩现在又不想结婚了。 他筹备过婚礼，知道应该怎么做。
móu **谋** v. 3 D	to work for (usu. in a general sense)	他出国谋生去了。 你现在在哪里谋事 (to work) 呢？ 早年外出谋生的时候，他还不到二十岁。 他不应该利用工作之便谋私利 (sīlì, personal gain)。 大家一定要认真工作，这也是给我们自己谋福利 (fúlì, welfare)。

jìhuà **计划** v.* 2 A	to plan (institution's projects or personal activities; oft. having a written plan of some sort; 计划 + verbal phrase) (reduplication: ABAB) (计, to plan)	他们计划在这里修路。 他计划暑假去国外旅游。 政府 (zhèngfǔ, government) 计划在这里建一个飞机场。 这件事情我们先好好儿计划一下再说。 这个你们计划好了吗? 他们计划得很周密 (zhōumì, thorough)。 这个他们也计划过,可是没做成。 他们正计划着这个暑假去哪儿玩儿呢。 这个暑假我原来计划得很好,可是现在病了就哪儿也去不成了。 你把这个先计划计划。
pánsuan **盘算** v. 2 N/A	to calculate shrewdly, to think over (referring to sth. complex and difficult to deal with; oft. personal matters; can be pejorative) (reduplication: ABAB) (盘, to check; 算, to count)	他盘算着见到她的时候都说些什么。 他天天都盘算着怎么赚 (zhuàn, to make) 钱。 这件事他也不是没盘算过,但是最后也没能想出一个好办法。 咱家钱不多,花钱一定要仔细盘算一下。 大家在一起一盘算, 就把那件事情定了下来。 听了他的话,我心里又盘算开了。 你心里盘算的事情,我怎么能知道? 他们一家人为了这件事情盘算了好几天。 他一边走,一边不住地盘算着。 这件事儿很重要,我们要好好儿盘算盘算。
zhǔnbèi **准备** v.* 2 A	to plan (oft. 准备 + verbal phrase; interrogative: A 不 AB) (reduplication: ABAB) (准, to aim)	这个暑假他准备去北京旅游。 他不准备今年退休,想再多工作两年。 我正准备给他打电话的时候,他就来了。 他准备考大学,不喜欢在商店里工作了。 我已经见过他了,不准备再给他打电话了。 周末我们本来 (originally) 是准备去公园玩儿的,但是下了大雨就没去成。 你准不准备到国外去旅游? 明天就要考试了,我今天晚上要多准备准备。
dǎsuan **打算** v.* 2-1 A	to intend (oft. referring to casual or personal activities; usu. just a thought not detailed nor in writing; 打算 + verbal phrase; interrogative: A 不 AB) (打, to make)	暑假你打算去哪里玩儿? 他打算现在去图书馆。 他打算买这本书。 他不打算去看电影了。 我从来就没有打算去看电影。 他们已经打算好了,三十岁以前不要孩子。 这个他也打算过,可是最后没有去做。 他原来打算今晚来,可是下大雨就没来成。 你打不打算今晚早点儿回家?

Note:

* 计划 n. 'plan', as in 这个五年计划, 你看过了吗?

* 准备 v. 'to prepare', as in 他正在准备早饭.
* 准备 n. 'preparation', as in 他们已经做好了比赛的准备.
* 打算 n. 'intention', as in 明年就要毕业了, 你的打算是什么?
➢ 谋划 v. móuhuà 'to plan carefully', as in 这件事很难办, 你帮我谋划一下.
➢ 筹划 v. chóuhuà 'to plan', as in 他们正在筹划姐姐的婚礼.
➢ 筹办 v. chóubàn 'to prepare', as in 他们都在忙着筹办这场音乐会.

---

jì
记 v.   to memorise

jìzǎi 记载 v.* 3 C	to put down in writing, to record (sth. significant recorded in an essay/ book/ account; usually historical) (antonym: 抹去 mǒqù) (载, to carry)	这本书真实地记载了那段 (duàn, part) 历史 (lìshǐ, history). 这段历史记载得很清楚. 他把这段历史用文字记载了下来. 这本书里记载着一位伟大的母亲. 这个在历史上没有被记载过.
jì 记 v. 2 A	to memorise, to write down (antonym: 忘 wàng)	你把这个电话号码记一下, 别忘了. 这是一个记生词 (shēngcí, new words) 的本子. 这些汉字不容易记, 得 (děi, have to) 多记几遍. 他的地址我记不清了. 您说的话我都记在心里了. 不记了, 太多东西了, 记不过来 (too much to write down). 你结婚的时候, 一定记着告诉我. 他说得太快了, 我没记下来. 他的电话号码你记下来了吗? 他每天都记日记.
jìde 记得 v. 2 B	to remember (negative form: 不; not 记得 + 着/ 过) (antonym: 忘记)	你走的时候, 要记得关窗. 他的地址我不记得了. 你还记得他是谁吗? 那件事情我没有忘记, 记得很清楚. 他还清清楚楚地记得小时候的事情. 他年轻时的样子我现在还能记得一点儿. 记得有一次, 我们大雨天还在外边踢球. 不知道为什么, 他教的东西, 学生们就记得快. 我不记得他是哪一年来这里的了. 很多年没见了, 我都不大记得他长得什么样了. 你到了那边以后, 一定记得马上给妈妈打个电话, 要不她会为你担心的.
jìlù 记录 v.* 2 B	to take notes, to record (in the form of meeting minutes, photo, book, etc.; by written words or audio/ video; also 纪录) (录, to copy)	他把自己看到的都记录下来了. 他正在认真地记录着. 书里记录了他一生中所走过的路, 我看了以后很感动.

他先把这些用相机拍了下来，回去以后再进行记录、整理。

这些照片记录了那次火山爆发 (bàofā, eruption)。

你记录完了吗。

他把那个记录下来给我了。

你为什么不把他说的话记录下来？

他没有记录这件事情，觉得它不重要。

这本书记录了这个城市近年来的变化。

jìzhù **记住** v. 2 N/A	to bear in mind, to learn by heart (indicating to keep sth. firmly in mind; not 记住 + 着/ 过; insertable) (antonym: 忘记) (住, to stay, the complement of 记)	老师的话我都记住了，不会忘记的。 他的地址我没有记住。 妈妈的话你记住了没有？ 这些汉字他写了三遍也没记住。 你不用担心，他一定能记住你说的话。 记住，不要告诉妈妈。 他没记住我的地址，只好打电话来又问了一次。 如果不记住这些生词，明天考试不会考好的。 电话号码太长，他记不住。 你放心，这个我一定记得住。

Note:

* 记载 n. 'a written record', as in 据 (jù, according to) 记载, 这座火山已经有两千多年了.
* 记录 n. 'the minutes' (also 纪录), as in 会议记录在哪儿？
* 记录 n. 'the best record' (also 纪录), as in 他在运动会上打破了学校短跑一百米的记录.
➤ 记述 v. jìshù 'to narrate', as in 这本书记述了他的一生.
➤ 记要 n. 'a summary of proceedings' (also 纪要), as in 请你把会议 (huìyì, conference) 记要拿给我看看.
➤ 记事 v. 'to keep a record of events', as in 这个本子是记事用的.

---

jìjié
季节 n.　　　　　　　　　　　　　　　　　　　　　　**season**

jì **季** n.* 2 C	season, a particular period of time in a year	一年有四季：春季、夏季、秋季、冬季。 现在是雨季，天天下雨。 水果淡 (dàn, slack) 季的时候，一般来说价钱会贵一些。 要换季了，商店里冬天的衣服都摆出来了。 这里四季分明。 这个大学是秋季开学。 从去年春季开始，他就在这里工作了。
jìdù **季度** n. 2 D	quarter (of a year; usu. a company sets its production task and budget quarterly or annually) (度, limit)	一年有四个季度：第一季度、第二季度、第三季度、第四季度。 每一个季度都有三个月。 这个商店第四季度的营业额 (yíngyè'é, turnover) 非常好。

他们完成了第一季度的生产任务 (rènwu, task)。
这个季度的生产任务完成了吗？
他把第四季度的季度报告 (report) 写好了。

jìjié **季节** n. 2 B	season (节, section)	春天是这里最好的季节，不冷也不热。 现在是农 (nóng, farming) 忙季节，他回老家帮忙去了。 反 (fǎn, in reverse) 季节 (unseasonal) 蔬菜和水果会比较贵一些。 西瓜季节到了，满街都是卖西瓜的。 他是季节工，干完下个月，还要再找工作。 给孩子穿衣服的时候一定要注意季节的变化，要不会感冒的。 人们都喜欢在这个季节外出旅游，车票很不好买，我们等一等再说吧。 这种蔬菜没有季节性 (jìjiéxìng, a seasonal nature)，什么时候都可以吃得到。
shíjié **时节** n. 2 C	season, period of time (referring to different climates)	现在是清明时节 (early April)，经常下雨。 时节一过，那种花儿就看不见了。 农忙 (nóngmáng, [season] busy for farmer) 时节一过，他们就马上结婚。 冬天是练习滑雪的最好时节。 他们是在春暖花开的时节认识的，一年以后就结婚了。 早春时节，公园里的树叶开始变绿了。

Note:
* 季 n. 'a family name', as in 我们的老师姓季，是一个女的.
* 李 n. 'quarter', as in 这个杂志是月刊 (kān, periodical)，不是季刊 (quarterly).

---

jìxù
继续 v.　　　　　　　　　　　　　　　　　**to continue**
(see also 不断)

chíxù **持续** v.* 3-2 D	to sustain, to last (stressing '持, to hold on to'; in unbroken succession, 持续 + 了, 持续 + specific time duration) (antonym: 中断 zhōngduàn)	他希望最近的好天气能持续下去。 运动会持续了四天，开得很成功。 虽然下雨了，可是他们的婚礼还在持续进行。 这种高增长 (zēngzhǎng, increase) 是很难持续下去的。 如果阴雨天气持续不变的话，我们的比赛就不能进行了。 这么多年来，他们的友谊 (yǒuyì, friendship) 一直持续着，从来没有中断过。 这里的阴雨天气已经持续了很长时间了。 他的讲演持续了好几个小时。

雨天已经持续了一个星期了。
他不喜欢这持续了两个月的阴雨天。

yánxù 延续 v. 3-2 D	to go on (stressing '延, to prolong', to stay the same; oft. referring to behaviour or condition) (antonym: 停止 tíngzhǐ)	这种做法不对，不应该再延续下去了。 这种习惯一直延续至 (zhì, until) 今。 展览将延续到今年年底。 看起来这阴雨天还要延续几天。
jìxù 继续 v. 2 A	to continue (stressing '继, to continue'; in broken or unbroken succession) (antonym: 中止 zhōngzhǐ)	下雨了，比赛不能再继续下去了。 篮球比赛一直继续到了下午。 几十年当中，他们的友谊一直继续着。 今天就讲到这里，明天再继续吧。
liánxù 连续 v. 2 B	to keep on (stressing '连, to connect'; oft. referring to specific items; in unbroken succession; 连续 + specific time duration)	他连续三年是班里考试的第一名。 他们连续三次得了篮球比赛的第一名。 由于连续工作没有休息，他病倒了。 连续不停的雨天使得比赛不能进行。

Note:
* 持续 n., as in 他们谈论着"持续性发展" (sustainability) 的问题.
➤ 陆续 adv. lùxù 'one after another (in broken or unbroken succession)', as in 上课的时间到了，学生陆陆续续地走进了教室.

---

jiā
家①n.   family
(see also 家②)

jiājuàn 家眷 n. 3 N/A	one's family, wife (an old usage) (眷, family dependant)	他要回北京把家眷接来。 他的家眷昨天刚到，妻子和孩子都来了。 他带着家眷和行李，急急忙忙地开车走了。 退休 (tuìxiū, retirement) 以后，他带着家眷回老家了。 你的家眷在这里吗？ 他们几个年轻人没有家眷，经常去饭馆儿吃饭。 这次走得比较匆忙，他们谁也没有带家眷。
juànshǔ 眷属 n. 3 N/A	one's family dependants, family members, wife and children, relatives (an old usage) (属, dependant)	春节的时候，他打电话给国内的眷属拜年。 他们是"有情人终 (zhōng, in the end) 成眷属" (Jack shall have Jill/ The lovers finally get married)。 我们都为这对"终成眷属"的有情人而高兴。 今晚，那几位贵客都带着他们的眷属来参加我们的音乐会。 他在讲课的时候突然去世 (qùshì, to die)，学校马上打电话告知他的眷属。

jiāshǔ **家属** n. 2 C	family dependants, family members, spouse	这几位是老王的家属。 我的家属不在这里，他们回老家去了。 她去年去了丈夫那里，当了随军 (suíjūn, go along with an army) 家属。 他们住在工厂的家属院里，孩子们在一起玩得很 高兴。 他早就把家属从老家接来这里和他一起住了。 他们住在厂里的家属宿舍楼里。
jiātíng **家庭** n. 2 A	family, household (focusing more on spiritual and emotional side of a family; oft. used with disyllables, sometimes with monosyllables as well) (庭, a front courtyard)	他的家庭很幸福。 他出生在一个教师家庭，从小就很喜欢读书。 他有一个大家庭，一共有十二口人。 他的朋友是一位家庭教师。 一个幸福的家庭对他来说是非常重要的。 他的家庭教养 (jiàoyǎng, upbringing) 很不错，对 人非常有礼貌。 他们结了婚，组成了一个幸福的小家庭。 他生出来就不知道谁是自己的父母，从来没有得 到过家庭的温暖 (wēnnuǎn, warmth)。 她结婚以后，就没再工作了，成了家庭妇女 (fùnǚ, women)。
jiā **家** n.* 2-1 A	family, household (focusing more on physical side of a blood-related family; oft. used with monosyllables) (reduplication: AA)	他家有三口人。 他还没有成家 (married) 呢。 他家中有两位老人需要他照顾。 他家里很有钱。 他全家人我都认识。 我们两家人是好朋友。 春节的时候，一家人全都回来过年了。 他们兄弟几个早就分家另过 (to divide up family property and live in separate households) 了。 他回老家看父母去了。 王家的人对邻居不太友好。 他正在看一封家信。 他家是妻子管 (guǎn, to manage) 钱。 春节到了，家家户户都在庆祝这一节日。

Note:
* 家 n. 'house', as in 他家有两个房间，不大但很舒服.
* 家 n. 'place where a group of people meet who share common interests/ activities', as in 今晚的舞会
在 "教师之家"举行，很多教师都想去.
* 家 suffix 'some sort of specialist', as in 他是一个钢琴家/ 作家/ 画家/ 歌唱家/ 科学家.

jiā
家②mw.
(see also 家①)

measure word

jiā 家 mw. 2 A	measure word used mostly for families or business establishments (e.g. restaurants, hotels, factories) (reduplication: (一)AA, 一 A 一 A)	那家饭馆的菜很好吃，我们经常去。 这条街上有两家旅馆，你可以去看看。 他在一家工厂工作。 这里有几十家商店。 他是一家电视台的记者 (jìzhě, reporter)。 他不喜欢看那家报纸，喜欢看这家的。 这里有几家银行？ 春节到了，家家商店都挂起了红灯笼。 他每天都要一家家地去送报纸。 他一家一家地问，看有没有人看见过他的女儿。
suǒ 所 mw.* 2 B	measure word used mostly for buildings (e.g. house, school, hospital, etc.; oft. referring to non-industrial/ non-commercial service industry establishments) (reduplication: 一 AA, 一 A 一 A)	这里有一所医院、两所学校。 这所房子是给他儿子结婚用的。 那边有两所学生宿舍。 这里有学校二十多所。 最近几年，那里盖 (gài, to build) 起了一所所漂亮的房子。 从山上往下看，海边那一所一所的房子都能看得很清楚。
zuò 座 mw. 2 A	measure word used mostly for large/ fixed objects (e.g. mountains, bridges, cities, islands, buildings, temples, etc.) (reduplication: 一 AA, 一 A 一 A)	那边有一座山。 那是一座古老的城市。 河上有一座小桥。 我刚才看到他走进那座楼的。 山上那座水库 (shuǐkù, reservoir) 里面已经没有水了。 一座座高楼在那里盖起来了。 这个地方发展得很快，盖起了一座座的大工厂。 家乡变化得太大了，看着那一座一座的高楼大厦，他都不认识路了。

Note:

* 所 n. 'institute', as in 他在一个研究 (yánjiū, research) 所里工作.

* 所 particle, used together with 被 or 为 to indicate the passive voice, as in 这本书为学生们所喜爱.

➤ 座儿 n. 'seat', as in 请问，这个座儿有人吗？

jiǎ
假 adj.

false

xūjiǎ **虚假** adj. 3 D	false, sham (antonym: 真实 shí)	他虚假地笑着。 他很实在 (real, solid, honest)，一点儿都不虚假。 他虚假得很，我不喜欢他。 我写的都是真实的，没有一点儿虚假的东西。
xūwěi **虚伪** adj. 3 D	hypocritical (antonym: 真诚 zhēnchéng)	他喜欢真诚的朋友，不喜欢虚伪的人。 他也太虚伪了！ 他一点儿都不虚伪。
jiǎ **假** adj. 2 B	false, artificial (antonym: 真)	爷爷的假牙不见了。 那里有不少卖假药的。 他这个人很假。 要说真话，不要说假话 (lie)。 那是真花儿，还是假花儿？
xū **虚** adj. 2 D	empty	这只是一个虚名，没有什么用的。 他这个人太虚，一点儿也不实在。 不要太爱虚荣 (xūróng, empty glory)。
shānzhài **山寨** adj.* 1 N/A	unauthorised, illegal, fake unconventional (new word)	他买了一个山寨手机，很便宜。 昨晚你看山寨春晚 (The Spring Festival Evening Gala [broadcast nation-wide]) 了吗？ 他很喜欢"山寨文化"。 他长得很像奥巴马 (Àobāmǎ, Barack Obama)，大家都叫他"山寨奥巴马"。

Note:

* 山寨 n. 'fortified mountain village', as in 这个山寨里住着十几户人家.
➤ 仿造 v. fǎngzào 'to imitate', as in 这个是仿造的.
➤ 复制 v. fùzhì 'to duplicate', as in 这张地图你去复制一张.
➤ 冒牌货 n. màopáihuò 'counterfeit', as in 他买的是一个冒牌货.
➤ 伪造 v. wěizào 'to forge', as in 这封信是他伪造的.
➤ 剽窃 v. piāoqiè 'to plagiarise', as in 他在书中剽窃了别人的东西.
➤ 假冒 v. jiǎmào 'to pose as', as in 他假冒是一个医生，骗 (piàn, to deceive) 了不少人.
➤ 水货 n. shuǐhuò 'shoddy goods, smuggled goods (informal)', as in 1) 这双鞋真是水货，刚穿一个月就坏了. 2) 这条街上卖的东西都是水货，从国外走私 (zǒusī, to smuggle) 过来的.
➤ 盗版 n. dàobǎn 'pirated edition (of software, book, etc.)', as in 这是一本盗版书.

jiàqian
价钱 n.
                                                                 cost

jiàgé 价格 n. 3-2 B	price (oft. used in a general/ abstract sense, e.g. price on the stock market or wholesale price) (价, price; 格, section)		最近股票 (gǔpiào, shares) 价格高了很多。 我给你的是批发 (pīfā, wholesale) 价格，不能 再便宜了。 这本书的零售 (língshòu, retail) 价格是九十 五元。 最近电视机的价格便宜了不少。 蔬菜和水果的价格一高，他家就吃不起了。 在价格上，他说可以给你再便宜一点儿。 最近几年，商品价格波动 (bōdòng, to fluctuate) 很大。 这个国家的商品价格没有多大波动。 一到夏天，水果的价格就会便宜一些。
wùjià 物价 n. 3-2 B	price (of commodities; not used with specific numbers) (物, thing)		他的工作是检察 (jiǎnchá, to inspect) 物价。 现在的物价太高了！ 人们希望物价不要太高。 他是去年搬到这里来住的，因为这里的物价低。 越来越高的物价使得人们都买不起东西了。 今年的物价比去年高了一倍 (bèi, times)。 大家都很关心 (guānxīn, to concern) 物价问题。 这里的物价很高，不要在这里买东西。 他钱很多，不太关心物价的高低。
jiàqian 价钱 n. 2-1 C	cost, price (oft. used in a more specific sense than others in this group)		这个饭店的价钱比较便宜，学生们都喜欢去， 苹果的价钱是多少？ 他一问价钱，才知道苹果贵了不少。 房子卖了一个好价钱，他很高兴。 买一部好车的价钱够给孩子上十年学的了。 如果东西好，价钱贵点儿也可以。 房子他想再等等，卖个更好的价钱。 因为价钱谈不下来 (because he could not haggle the price down)，他就没有买。 因为价钱谈不上去 (because he could not negotiate a high enough price)，他就没有卖。
jià 价 n.* 1 C	price (oft. used with monosyllables; also 价儿)		苹果什么价儿？ 这个东西怎么没有标 (biāo, to mark) 价？ 那是标价牌，你自己看吧。 这个商店的东西物美价廉 (wùměijiàlián, excellent quality and reasonable price)。 你如果真想买，就出个价吧。 他没多少钱，只好买一些廉价 (cheap) 的东西。 批发价是多少？ 零售价比批发价贵一些。

这里的房价很贵，他买不起。
说个最低价吧。
别不好意思讲价，不讲白不讲 (it would be a shame not to haggle to save money)。

| jiàmǎ 价码 n.* 1 N/A | marked or listed price (码, a sign or thing indicating number) | 这里要用美元买东西，价码用的都是$。
这套西装真便宜，这个价码在别的地方只能买一条裤子。
租金的价码要看地点，好区要贵很多。
这个怎么没有价码？
不同商店价码不同，咱们多看几家。
他说他不能接受这个价码，太高了。
这张画儿标 (biāo, to label) 出了三万元的价码。
商店都把价码标得高高的，我可买不起。
最近猪肉的价码升 (shēng, to rise) 得很快，我们都快吃不起了。
卖东西应该标明价码。 |

Note:
* 价 n. 'value', as in 这个花瓶是无价之宝 (wújiàzhībǎo, priceless treasure, invaluable asset).
* 价码 n. 'price (used figuratively)', as in 他现在比以前有名了，价码也高了很多.
➤ 价值 n. jiàzhí 'value, importance', as in 这部电影的艺术 (yìshù, art) 价值很高.

---

jiānchí
坚持 v.   to insist on

| bǎochí 保持 v. 2 B | to keep, to remain, to retain (antonym: 丧失 sàngshī) (保, to protect; 持, to hold) | 毕业以后，我们一直保持联系 (liánxì, contact)。
这里是医院，大家要保持安静。
他保持着早起锻炼的习惯。
妻子做饭他洗碗，这在他们家里多年来一直保持不变。
他对这个问题不再保持沉默 (chénmò, silent) 了。
妈妈刚收拾干净房间，你们一定要保持好啊。
他要把游泳的习惯保持下去。
他喜欢把屋里的温度保持在二十度左右。
多少年来，他一直保持着不走后门的作风 (zuòfēng, an attitude to life, work, etc.)。
他体型 (tǐxíng, figure) 保持得很不错。
多种 (zhòng) 树可以保持水土。 |
| jiānchí 坚持 v. 2 A | to insist on, to persevere, to uphold (usu. under difficult conditions; with nominal or verbal object) (reduplication: ABAB) (antonym: 放弃 fàngqì) (坚, unwavering) | 他虽然病了，但还是一直坚持工作。
他每天都坚持锻炼身体。
他是一个坚持原则 (yuánzé, principle) 的人。
他坚持不下去了，只好放弃了比赛。
外边太冷，他坚持不住就跑回屋里去了。
为了孩子，他要努力地坚持下去。 |

他坚持说这件事情不是他做的。

他坚持己见 (one's own view)，别人的话一点儿都听不进去。

他今天能来，都是我坚持的结果 (jiéguǒ, outcome)。

他在水里坚持了十分钟才上来。

你再坚持坚持，医生马上就到。

| wéichí
维持 v.
2 C | to maintain, to hold out (oft. more of a passive action for 'getting by'; sometimes indicating a sense of 'temporary' or 'limited'; having nominal objects) (维, to maintain) | 他努力工作，为的是维持一家人的生活。
他病得很重，现在只能用药来维持。
这里的治安 (zhì'ān, public security) 一直维持得非常好。
他的婚姻 (hūnyīn, marriage) 很难再维持下去了。
他的学习成绩一直维持在中等水平 (shuǐpíng, level)。
父亲在艰难 (jiānnán, hard) 地维持着这个家。
没有什么人买东西，这个商店维持了两个月就关门 (to shut down) 了。
听说学费还是和去年一样，维持不变。
不要只是维持现状 (xiànzhuàng, the status quo)，要努力做得更好。 |

Note:

➤ 保存 v. bǎocún 'to keep, to save', as in 他有一张保存了几十年的相片.

➤ 持续 v. chíxù 'to last', as in 从今天早上就开始下雨，一直持续到晚上.

➤ 保护 v. bǎohù 'to protect', as in 小时候，我哥哥总是保护我.

---

jiǎndān
简单 adj.   simple

| jiǎnbiàn
简便 adj.
2 C | simple and convenient, handy (usu. of method, operation, procedure, etc.; used positively) (antonym: 繁琐 fánsuǒ) (简, simple; 便, convenient) | 这种方法 (fāngfǎ, method) 简便易行。
现在办护照的手续 (shǒuxù, procedure) 比以前简便多了。
办护照的手续简便得很。
办护照的手续比较简便。
办护照的手续简便极了！
这种电器的操作 (cāozuò, operation) 很简便。
为了简便，学生可以在网上 (wǎngshang, the Internet) 交作业。
这是最简便的方法，一点儿都不繁琐。 |
| jiǎndān
简单 adj.*
2 A | simple, uncomplicated, brief (of a person, content, thing, etc.; used positively or negatively) (reduplication: AABB) (antonym: 复杂 fùzá) (单, single) | 他吃饭很简单，一菜一汤。
他把这个问题想得比较简单。
他写的东西简单、明了 (liǎo, to understand)。
这个问题比他想的简单多了。
他把这个事情简单地说了一下。 |

这个问题不像他想的那么简单，复杂得很。
他这个人可不简单，你们都要小心一点儿。
他头脑简单，经常被人骗 (piàn, to fool)。
他说的比你说的简单得多。
最简单的方法就是给他打一个电话问清楚。
不要总是把问题想得太简单了，要多想想会有什么困难。
他简简单单地吃了一点儿饭，就出去了。

jiǎnlòu **简陋** adj. 2 D	simple and crude, humble, primitive (of house, facility, etc.; oft. used pejoratively) (antonym: 齐全 qíquán, 华丽) (陋, humble)	他住的房子非常简陋，又小又黑。 他在这个简陋的房子里住了很多年。 生活虽然简陋，但他们两人觉得很幸福。 这个工厂简陋得很，没有什么值钱的东西。 这个小饭店有点儿简陋，可是饭菜还不错。 那边有一些简陋、矮小的房子。 他虽然钱不多，但住的房子一点儿也不简陋，里面摆的东西华丽极了。 这个房子太简陋了，我可不想住在这里。
jiǎnyì **简易** adj. 2 D	simple and easy, simply constructed and equipped (of house, dictionary, etc.; rarely used as a predicate; when used as an attributive, no 的 is needed, unlike the rest of the words in this group) (antonym: 完备 bèi) (易, easy)	刚来这里的时候，他们先盖了一个简易房。 他买了一本《简易英语》，想学点儿英语。 这个简易沙发坐上去舒服吗？ 他坐在这个简易办公室里，整天忙个不停。 最近这里盖了不少简易房，租金比较便宜。 他家住在那栋简易楼里的三楼。 这里修了一个简易机场。
róngyì **容易** adj.* 2 A	easy (referring to level of difficulty) (antonym: 难) (容, to tolerate)	这个问题不难，比较容易。 今年的考试比去年的容易一些。 他们这个孩子来得可不容易呀！ 这最不容易做了，还是你来吧。 这位老师讲课很容易懂，我们都喜欢听。 他不穿白裤子，因为太不容易洗干净了。 这件事情容易得很，小孩子都可以做。 这么容易的事情不用找他，我就可以做了。 说说容易，做起来可就难了。

Note:
* 简单 adj. 'oversimplified, casual', as in 这个很重要，一定要认真，不能简单从事.
* 容易 adj. 'highly probable', as in 夏天天气热，容易吃坏肚子.
➢ 好(不)容易 ph. 'with great difficulty', as in 他好(不)容易才买到了两张足球票.

jiǎnmíng
简明 adj.

concise

jiǎnduǎn **简短** adj. 2 D	brief (of content, speech, article, etc.; used positively or negatively) (antonym: 冗 rǒng 长) (简, simple; 短, short)	老师简短的几句话就把他说服 (to convince) 了。 因为时间不多，所以他讲得比较简短。 他写的文章 (wénzhāng, essay) 都很简短，因为冗长的没人看。 他简短地说了说，就出去了。 回答问题的时候，请简短一些。 他昨天给儿子写了一封简短的信。 他回答得太简短，应该再多说一些。
jiǎnjié **简洁** adj. 2 N/A	succinct (of speech, writing, style, etc.; used positively) (antonym: 繁琐 fánsuǒ) (洁, clean)	回答问题要简洁，不要繁琐。 他把这件事情简洁地跟我们说了一下。 他的画看起来简洁明快。 这个电影用的是一种简洁而独特的表现手法 (a technique of expression)。 说话越简洁越好。 写文章时，简洁性 (xìng, characteristic) 很重要。 他的文章写得简洁而优美。
jiǎnmíng **简明** adj. 2 D	concise, simple and clear (of writing, speech, principle, etc.; used positively) (antonym: 详细 xiángxì 'detailed', 繁冗 fánrǒng 'lengthy and tedious')	写文章要简明、深刻 (shēnkè, profound)。 他的报告 (report) 简明扼要 (èyào, to the point)。 他简明有力地说明了自己的想法。 这是一本简明词典，所以没有太多的详细解释 (jiěshì, explanation)。 他写得既简明又清楚，我没有什么问题了。 文章经过修改以后，更为简明。
jiǎnyào **简要** adj. 2 D	concise, brief and to the point (of writing, speech, etc.) (antonym: 详尽 xiángjìn) (要, important)	他做了一个简要的报告。 他的文章简要、深刻，我喜欢看。 文章要写得简要一些。 他简要地把这件事说了一遍。 他说这个报告太简要了，叫我写得详尽一些。 见面的时候，他们互相简要地介绍了一下。

Note:

➢ 简练 adj. jiǎnliàn 'succinct', as in 他写的东西文字非常简练.

➢ 精练 adj. jīngliàn 'concise', as in 他的文章写得很精练.

➢ 扼要 adj. 'to the point', as in 他扼要地说了几句就离开了.

➢ 简略 adj. jiǎnlüè 'brief', as in 他给我们做了一个简略的说明.

jiāngyào
将要 adv.   **soon**

jíjiāng **即将** adv. 3 C	to be about to, to be on the point of (即, immediately; 将, to be about to)	大学运动会即将开始，已经来了很多人了。 即将开始新的生活了，他感到很高兴。 就在他即将出国留学的时候，奶奶突然生病住进 了医院。 他们全家人都在等待着这个即将到来的小生命 (xiǎoshēngmìng, unborn baby) 春节假期即将过去，他又要回去上班了。 这里即将成为一座大学城，有三所大学都要搬来 这里。 大学快毕业了，他们即将走出校门，走向社会。
jiāngyào **将要** adv. 2 B	soon, before long, planned (also indicating the necessity of an approaching event or action)	他俩将要结婚了，我们大家都很高兴。 运动会将要举行三天。 将要做爸爸的他最近工作特别努力，朋友们都说 他变得成熟 (chéngshú, mature) 了。 大学毕业了，他将要离开父母去另外一个城市。 大学将要在这里建 (jiàn, to build) 一个图书馆。 他对将要去的地方一点儿都不了解。
jiùyào **就要** adv. 1 N/A	in no time, very soon (oft. 就要 + 了; used in a suggestion, same as 快要; 马上/ 后天 (a specific time in the future) + 就要)	飞机马上就要起飞了，你快进去吧。 妈妈就要回来了，他连忙把房间收拾了一下。 天就要黑了，可孩子们还没有回家。 假期就要结束了，他下个星期就回学校了。 就要到春节了，大家都在忙着准备过年。 每天他一起床就要出去跑步。 他就要去机场的时候才知道飞机晚点 (to delay) 了。 他后天就要去北京了。 他两个小时后就要走了。
kuàiyào **快要** adv. 1 N/A	very soon, shortly (oft. interchangeable with 快)	天快要下雨了，我们快点儿走吧。 她快要生孩子了，应该马上送她去医院。 啤酒快要喝完了，他又去买了一箱回来。 他长得快要和爸爸一样高了。 快要到家的时候，他看见了她。

Note:
➢ The antonym of all the words in this group is 已经.
➢ 将 adv. 'will', as in 他明年将来中国看我.

jiǎng
讲 v.
to speak
(see also 交谈)

jiǎng 讲 v.* 2 A	to speak, to tell (sb. or sth.; more of a descriptive nature especially sth. with plots, e.g. 讲故事) (reduplication: A(一)A)	我没听谁讲过这件事情。 他越着急就越讲不清楚。 有什么话别不讲，要讲出来。 把你看到的讲给我们听听。 他讲得很好，大家都喜欢听。 他讲了两遍才讲清楚这件事情。 他对你讲的是真话吗？ 我没什么准备，随便 (suíbiàn, spontaneously) 讲几句吧 [a polite phrase]。 他讲着讲着就讲不下去了。 有什么想说的，大家都讲讲吧。 他还没有来，那我就先讲一讲吧。
jiǎnghuà 讲话 v.* 2 B	to speak, to give a speech (to sb. or on sth.; insertable) (reduplication: AAB)	他讲话比较客气。 他这个人很爱讲话，有不少朋友。 那个讲话的人是我们学校的校长 (xiàozhǎng, principal)。 他这次讲话的口气 (tone) 比上次客气多了。 王老师，给学生们讲讲话吧。 今天的会上他没有讲什么话。 他讲完话就走了。 他在那所大学的校庆上讲过一次话。 他很会讲话，见什么人讲什么话。 大会上，校长正讲着话。 请老师讲几句话吧。
shuō 说 v.* 2 A	to say, to talk (A 说 or A 对 B 说; oft. of a descriptive nature without too many plots, e.g. 说笑话、说谜语 míyǔ 'riddle') (reduplication: A(一)A)	他说他七点钟来。 他跟我说过两次，我没有答应他。 我今天看见他了，可是他没有说什么。 他就是嘴能说，动手就不行了。 他喜欢说笑话，很有意思。 他常常是只说不做，我们都不喜欢他。 酒馆儿里太吵 (chǎo, noisy)，我听不清楚他在说什么。 看到了他，我却一句话也说不出来了。 他说的对不对？ 不管我怎么说，他就是不去。 他不说，你就把看到的跟我们说说吧。 你已经说了不少了，让别人说一说吧。

shuōhuà **说话** v. 2 N/A	to say, to chat, to talk (insertable) (reduplication: AAB)	说话别那么难听，客气点儿！ 老师讲课的时候，学生不应该在底下说话。 他从小就会说话 (smooth-tongued)，大家都 喜欢他。 有时间常来玩儿，和我说说话什么的。 他今晚喝了点儿酒，说了很多真话。 他高兴得说不出话来。 我跟他说过两次话。
tán **谈** v. 2 A	to talk about, to discuss, to comment (with two or more people; oft. with a certain purpose; 谈朋友 'dating', 谈恋爱 'dating', 谈生意 'having a business negotiation') (reduplication: A(一)A)	他谈了对这个问题的看法。 我们经常在一起谈天说地的，什么都聊。 他们俩从去年开始谈恋爱，现在快要结婚了。 电话里说不清楚，咱们找个时间面谈吧。 没有时间了，我们不能再谈下去了。 他们谈了半天了，谈得很高兴。 我们已经谈过一次了，不用再谈了。 他们正谈着什么，你等一会儿再过去吧。 你把这件事跟他们谈一下儿。 他们谈成了生意以后，就一起去吃饭了。 大家正在谈工作，已经谈了一个下午了。 我们会上谈的就是这个问题。 有什么想法，你就谈谈吧。 你有时间吗，我想跟你谈一谈。
tánhuà **谈话** v. 2 B	to discuss, to talk with (two or more people; oft. a formal conversation with a purpose; insertable) (reduplication: AAB)	你们谈话都谈了些什么？ 他不知道我们谈话的内容 (nèiróng, content)。 他们谈话谈了一个小时。 先不要进去，他们正在屋里谈话呢。 听说老师要找你谈谈话，你快去吧。 你跟校长谈过话吗？ 他和那个学生谈了一个小时的话。 我们还没谈完话，他就走了进来。 他很少和别人谈心里话。
liáo **聊** v. 1 B	to chat (reduplication: A(一)A)	我跟他聊过几次，觉得他这个人不错。 他在电话上已经聊了很长时间了。 他们是好朋友，经常在一起聊工作，聊孩子。 他一见到老朋友，就聊个没完。 他来了以后，我们俩就聊了起来。 他跟我聊了几句就走了。 他这个人就爱瞎 (xiā, aimlessly) 聊，一聊就是几 个小时。 他俩聊得连饭都不想吃了。 你现在有空吗，我想跟你聊聊。 有什么事和朋友聊一聊，别总放在心里。

liáotiānr **聊天儿** ph. 1 B	to chat (also 聊大天儿; insertable) (reduplication: AAB) (天, weather)	他就爱找人聊天儿。 他太忙，没有时间聊天儿。 别聊天儿了，快看书吧，马上就要考试了。 上班时候，他从不聊天儿。 他俩一边抽烟，一边聊天儿呢。 有时间多回家看看父母，和他们聊聊天儿。 吃完饭后，他和儿子聊了一会儿天儿。 下午我们在一起聊大天儿了，别的什么都没干。 他们聊了一个晚上的天儿。
tántiānr **谈天儿** ph. 1 D	to chew the fat (insertable) (reduplication: AAB)	每天吃完饭以后，他就和朋友谈天儿。 他不喜欢谈天儿，有时间就喜欢看书。 别老在屋里自己坐着，出去找朋友谈谈天儿。 我没和他谈过天儿，以后有机会一定要好好儿谈谈天。 和他谈了一会儿天以后，我就回家了。

Note:
* 讲 v. 'to teach, to explain', as in 他讲课讲得很好，我们都很喜欢他.
* 讲 v. 'to be particular about', as in 他很讲礼貌，对人很客气.
* 讲话 n. 'speech', as in 校长的讲话很受学生们的欢迎.
* 说 v. 'to blame', as in 1) 他考试没考好，爸爸正说他呢. 2) 你说谁呢？把话说清楚一点儿.
➤ The disyllabic/ polysyllabic words in this group have verb + object structure already, so there is no object after them. They are all insertable as well, e.g. 说着/ 过/ 了话, 说起话来, 说了一次话, 说了一个晚上的话.
➤ 讲/ 谈 v. 'to negotiate', as in 他们俩正在讲价 (jiǎngjià, to haggle).
➤ 谈论 v. 'to discuss', as in 同学们就这个问题已经谈论了一个多小时了.
➤ 交谈 v. 'to have a conversation with', as in 交谈以后，他们就都回家了.
➤ 告诉 v. 'to tell', as in 他告诉我晚上七点钟去看电影.
➤ 对话 v. 'to converse', as in 他们经常用汉语对话，汉语进步得很快.

---

jiāohuàn
交换 v. to exchange
(see also 变化/ 改)

diàohuàn **调换** v. 2 D	to change, to swap (sb./ sth. of same nature; also 掉换) (调, to shift)	王老师病了，他今天的课要和别人调换一下。 调换了工作以后，他上班离家近了一些。 调换的原因是因为他明天要去旅游。 把这两个字调换一下就好了。 这样调换过来可以吗？
duìhuàn **对换** v. 2 N/A	to trade, to exchange (对, to fit)	我眼睛不太好，我们对换一下座位好吗？ 你比我高很多，我们俩的衣服不能对换。 工作对换了以后，他觉得很高兴。 他需要双人房，就跟我对换了房间。 我们对换吧，你用我这个。

duìhuàn
兑换 v.
2 C

to convert (currency)
(兑, to convert)

你知道哪儿可以兑换外币 (bì, currency) 吗？
今天美元兑人民币的兑换率 (lǜ, rate) 比较好。
他想用日元兑换人民币。
他想把日元兑换成欧 (Ōu, Europe) 元。
飞机场可以兑换钱。
他去那间银行兑换过几次美元。
我用这个可以兑换现金 (xiànjīn, cash) 吗？
今天兑换的美元他都给妈妈了。
这个窗口兑换不了外币。

gēnghuàn
更换 v.
2 D

to replace (更, to change)

他们班今年更换了老师。
更换这些旧电脑的时间是下个月。
天冷了，孩子的衣服需要更换了。
他的医生已经更换两次了。
那个展览馆的画经常更换，他每个月都去看看。
听说他最近搬家了，电话也更换了。

huàn
换 v.
2 A

to change, to exchange
(reduplication: A(一)A)

他用一件衣服换了一双鞋。
他们两家想换一下房，可是后来没有换成。
他把前面的座位换给了我，因为我眼睛不太好。
他想换一套大一点儿的房子。
这里住的人都换了，他谁也不认识。
去天安门要换几次车？
我们想不换人，行吗？
春天换季的时候，人们会把冬天的衣服收起来。
我换一下衣服就来。
他想换点儿钱去美国旅游。
他得去换点儿硬币 (yìngbì, coin) 打电话。
请把这张 100 元的换成五张 20 元的。
图书馆已经关门了，今天书是换不了 (liǎo)
了 (le)。
如果你不喜欢的话，咱俩换换？
周末出去走走，换一换新鲜空气。

jiāohuàn
交换 v.
2 B

to exchange, to swap (concrete or
abstract items between parties)
(reduplication: ABAB)
(交, to hand over)

他们互相交换了名片 (business card)。
他们经常在一起交换学习经验 (jīngyàn,
experience)。
他们正在交换场地 (chǎngdì, site)。
他们交换了一下意见 (yìjian, opinion)。
他俩交换邮票的时间是今天下午三点钟。
我们开个会，交换交换意见。

tìhuàn
替换 v.
2 D

to substitute for (i.e. the exchange
of A for B) (替, to take the place of)

他今天病了，需要别人替换他去上课。
你替换我一天，行吗？
他看起来很累了，你去替换他一下。
他被替换下来了。
这两个词不能相互 (xiānghù, one another) 替换。

Note:

➤ 轮换 v. lúnhuàn 'to rotate, to take turns', as in 饭店里客人很多，服务员们只好轮换吃饭.

➤ 交流 v. 'to exchange (usu. referring to an abstract item)', as in 他们经常在一起交流学习经验 (jīngyàn, experience).

➤ 替代 v. tìdài 'to substitute for (oft. referring to a person)', as in 在工作上，别人都替代不了 (liǎo) 他.

---

jiāotán
交谈 v.   **to converse**
(see also 讲)

jiāoshè **交涉 v.** 3 D	to negotiate, to take up a matter with (reduplication: ABAB) (交, to intersect; 涉, to wade)	你去和他们交涉一下学生考试的问题。 这个还需要他去交涉才行。 这个问题可能还要再交涉几次。 这次交涉得很不错，谢谢你了。 这个已经交涉好了，你们去就行了。 这个还没交涉完呢，还要继续 (jìxù, continuously) 交涉下去。 你认识他，去跟他交涉交涉吧。
qiàtán **洽谈 v.** 3 D	to hold talks, to negotiate (usu. referring to business/ official meetings)	他们正在洽谈生意 (shēngyi, business)。 洽谈完了以后，他们就去吃饭了。 他们已经洽谈了两个小时了。 他们洽谈了三次，可还是没能谈成这笔 (mw.) 生意。
gōutōng **沟通 v.** 2 D	to link up the two sides, to communicate (oft. indicating there might be some misunderstandings) (reduplication: ABAB) (antonym: 中断 zhōngduàn) (沟, a ditch; 通, to open up by poking)	这件事情很重要，要和他们认真地沟通一下。 他不会说汉语，所以很难和学生们沟通。 在会上，大家互相沟通了信息 (information)。 他们之间沟通得不错，工作做得都很好。 我们沟通的办法是用电子邮件 (diànzǐ yóujiàn, email; also 伊妹儿 yīmèir [transliteration])。 他为沟通两国文化的交流做了很多工作。 什么事都要多沟通沟通才好。
jiāoliú **交流 v.*** 2 B	to exchange, to intercommunicate (usu. referring to abstract items) (reduplication: ABAB) (流, to flow)	他这个人不大会交流感情 (gǎnqíng, feelings)。 他们经常联系，交流得很频繁 (pínfán, frequent)。 他们经常互相交流。 他们在学习和交流中，慢慢地成为了好朋友。 我们几个人在一起交流了一下信息。 跟学生要经常交流交流，不然你就不知道他们需要什么。

jiāotán 交谈 v. 2 C	to converse, to discuss (with a certain purpose; usu. not 交谈 + object)	他俩今天下午交谈过了。 他们一边看电视一边交谈。 他和我们交谈了一会儿就离开了。 他可以用汉语交谈。 在我们交谈的时候，他问了很多问题。 他们找了一个地方坐下，就交谈起来。
shāngtán 商谈 v. 2 N/A	to exchange views, to talk about (usu. relating to work, business, etc.) (商, to consult)	我们还在商谈这个问题。 他们对这个问题商谈了以后，就作出了决定 (juédìng, decision)。 他俩正在商谈工作。 他们商谈得不错。 他们和我们多次商谈，但还是没有作出决定。 为这件事儿，他们商谈了三个小时。

Note:

* 交流 n. 'exchange', as in 这两个大学之间有不少学术 (xuéshù, academic) 交流.

➤ 交心 v. jiāoxīn 'to lay one's heart bare', as in 他们是好朋友，常常在一起交心长谈.

➤ 攀谈 v. pāntán 'to engage in small-talk', as in 他在和朋友们攀谈着.

➤ 谈心 v. tánxīn 'to have a heart-to-heart talk', as in 他们常在一起谈心.

---

jiāo
教 v.
to teach

chuánshòu 传授 v. 3 D	to pass on (knowledge, skill, etc.) to others (usu. 传授 + 给 + sth. animate) (reduplication: ABAB) (传, to pass on; 授, to award)	他正在上课，传授中医知识 (zhīshi, knowledge)。 他把中医知识传授给学生们。 他传授的中医知识很有用。 这门手艺 (shǒuyì, craft) 是谁传授给你的？ 我想把这门手艺传授下去。 这门手艺在他家里一代一代地传授下来。 把你的知识和手艺给年轻人传授传授。
gǎnhuà 感化 v. 3 D	to influence and reform (a person; to help sb. to change by persuasion, setting example, etc.)	老师的话感化了他，他决心一定要做一个好学生。 他被朋友们的爱心所感化。 不管他父母做什么都感化不了 (liǎo) 他。
jiàodǎo 教导 v.* 3 C	to give guidance to (sb., about thinking, morality, character, manner, etc.; with a complimentary connotation) (导, to guide)	父亲经常教导我们要好好学习，努力工作。 他教导学生的方式 (fāngshì, manner) 很好。 他经常教导我们，帮助我们。 老师教导我们说："做人要诚实 (chéngshí, honest)。" 你的孩子们学习这么好，都是你教导有方 (effective teaching) 啊！

jiāo
教

fǔdǎo **辅导** v. 2 A	to tutor (sb.), to tutor in (a subject) (reduplication: ABAB) (辅, to assist)	他辅导我们汉语。 他每个星期给我辅导两次。 他辅导得很好。 他今天下午辅导了一个小时。 他去年辅导过数学，今年准备也辅导汉语。 我的数学不太好，有时间你给我辅导辅导?	
jiāo **教** v. 2 A	to teach (sth. or sb., of knowledge or skills) (reduplication: A(一)A) (antonym: 学)	他教孩子们唱歌儿。 他在大学里教书。 他教得很好，学生都喜欢他。 他教我们怎么写汉字。 他很聪明，一教就会。 他教过中文，但是没教过数学。 汉语他教了两年，数学他教了三年。 他是王师傅教出来的，一定错不了。 这个班比较难教，他觉得有点儿教不下去了。 他教书教得不好，学生学得也不好。 英语课由王老师来教。 你过去教(一)教他怎么做。	
jiàosuō **教唆** v. 2 D	to egg on, to stir up (with a negative connotation) (antonym: 劝阻 quànzǔ) (唆, to incite)	他不但不劝阻，反而教唆别人干坏 (huài, bad) 事。 不要教唆孩子抽烟喝酒。 这个孩子慢慢地被教唆坏了。 我不知道是谁教唆他去的。 孩子那么小，不会想到这些，都是他教唆的。	
jiàoxùn **教训** v.* 2 B	to lecture sb. (for wrongdoing), to reproach (reduplication: ABAB) (训, to dress down)	父亲正在教训儿子。 他刚教训了几句，孩子就哭了起来。 我刚进屋，他就教训起我来。 你教训得很对，是我做得不对。 他总是喜欢教训人。 他教训人的时候，常常提高声音 (shēngyīn, voice)。 他今天上课又来晚了，被老师教训了一顿 (dùn, a measure word for meals, reproach, etc.)。 等他回来，我一定好好儿教训教训他。	
jiàoyù **教育** v.* 2 A	to educate (sb.; could be a life-long process; the subject of the sentence could be sb. or sth.) (reduplication: ABAB) (育, to educate)	他教育孩子要好好儿学习。 他教育孩子教育得非常好。 他教育出很多优秀学生。 老师把孩子教育成有用的人。 他担心这样的学生他教育不了 (liǎo)。 他一定能教育好这个学生。 他把学生教育得很好。 你教育孩子的方式不太对。 那个电影使我们很受教育。	

教育孩子不能急，要慢慢来。
孩子不愿意学习，我要好好儿教育教育他。

zhǐdǎo 指导 v.* 2 B	to instruct, to guide, to supervise (sb. or sth.) (reduplication: ABAB) (指, to point at)	他来我们这里指导工作。 他指导得很认真。 你那么聪明，我可指导不了 (liǎo) 你。 你那么聪明，不用我指导了。 他指导了三个研究生 (yánjiūshēng, postgraduate students)。 我汉语说得不好，请多指导指导。
zhǐdiǎn 指点 v. 2 C	to direct, to point out (reduplication: ABAB) (点, a spot)	我没有听明白，请指点一下。 不对的地方，还请您多多指点。 他正在指点学生们画画儿呢。 重要的事情，他都请父母指点。 老师一指点，他就明白了。 这里还请您给指点指点。
zhǐjiào 指教 v.* 2 N/A	to give advice or opinions (a polite word; usu. not 指教 + object) (reduplication: ABAB)	我刚来，今后还请您多多指教。 这是我画的画儿，请先生指教。 您能花时间指教，我很感谢您。 孩子不懂事儿，还请您多指教。 我学习不太好，请老师指教指教。

Note:
* 教导 n. 'guidance', as in 我一定记住您的教导，永远做一个好人.
* 教训 n. 'lesson', as in 这次考试考得不好，你要接受教训.
* 教训 v. 'to beat up', as in 他不听大哥您的话，我们去教训了他一顿 (mw.), 把他打得直叫.
* 教育 n. 'education', as in 他们家非常重视 (zhòngshì, to value) 对孩子的教育.
* 指导 n. 'instruction', as in 在王老师的指导下, 他在学习上进步很快.
* 指教 n. 'direction', as in 您的指教对我帮助很大.
➤ 讲授 v. jiǎngshòu 'to teach (formal)', as in 他在大学讲授数学.
➤ 指指点点 v. 'to criticise, to pick holes (with a negative connotation)', as in 不要总是在别人背后指指点点的.
➤ 请教 v. 'to seek advice from sb. (formal and polite)', as in 有什么问题, 要多向老师请教.
➤ 教诲 n. jiàohuì 'edification', as in 你一定要记住老师的教诲, 好好儿学习.
➤ 管教 v. guǎnjiào 'to discipline', as in 我的孩子不用你来管教.
➤ 指使 v. zhǐshǐ 'to incite (with a negative connotation)', as in 说你不好是他指使我的.
➤ 教化 v. jiàohuà 'to moralise', as in 他的工作是教化干过坏事的青少年.

---

jiàoshī
教师 n.   teacher

shīzhǎng 师长 n.* 3 D	teacher (a respectful word) (师, teacher; 长, a senior person)	您是师长，请您先说。 在学校要尊敬 (zūnjìng, to respect) 师长，在家里 要尊敬父母。

你要多听师长的话，学习要努力。
大学毕业了以后，他还经常回去看望师长。

dǎoshī **导师** n. 2 C	supervisor (of a postgraduate/ research student) (导, to guide)	他是我的博士 (bóshì, doctor [as an academic degree]) 导师。 在导师的指导下，他学习进步很快。 这所大学的博士生导师有一百多名。 他问了导师一个问题。
fǔdǎoyuán **辅导员** n. 2 N/A	tutor, counsellor (员, oft. a suffix for an ordinary job, e.g. 服务员, 售票 员, 图书管理员; a term of address) (辅导, to tutor)	他是辅导员，辅导我们数学。 我们辅导员是北京人。 他当辅导员的时候，才十八岁。 他是我们班的辅导员，不是上课的老师。 他做过一所中学的校外辅导员工作。 辅导员的工作对他来说很有意思。 辅导员，谢谢您对我的帮助！
jiǎngshī **讲师** n. 2 N/A	lecturer (teaching at a university)	他去年成了一名讲师。 这所大学有不少讲师。 他的妻子是大学讲师。 讲师这个工作不错，他很喜欢。 他今年刚提升 (tíshēng, to promote) 为高级讲师。
jiàoliàn **教练** n. 2 C	coach, instructor (surname + 教练; a term of address) (练, to practise)	他是一名篮球教练。 王教练是一个好人。 这位教练很不错。 他不能当篮球教练，但能当足球教练。 他们那里来了一位新教练。 我们都叫他王教练。 如果教练不好，学员再努力也不行。 教练，我做的可以吗？[可以 is a predicate] 教练，我做得可以吗？[可以 is a complement]
jiàoshī **教师** n. 2 B	teacher, lecturer (emphasising professionalism, oft. 优秀/ 特级 + 教师, etc.)	他父亲是中学教师，母亲是大学教师。 今天是教师节。 那位教师是他的哥哥。 他在那里当英语教师。 他是一位优秀教师。 教师们讲课讲得都很不错。 教师的工作可不容易做，一定要认真。 他是特级 (tèjí, of the best grade or class) 教师， 教课教得特别好。
jiàoshòu **教授** n. 2 B	professor (surname + 教授; a term of address) (授, to teach)	他在大学里当教授。 那位老教授的身体很好，天天都出去跑步。 我们大学有两位中文教授。 这位北京大学的教授讲课讲得很好。

王教授很有名。
他三十多岁，去年提升为教授。
他已经当了二十多年的教授了。
那位教授的讲话受到了学生们的欢迎。
张教授，我可以明天去见您吗？

jiàoyuán **教员** n. 2 B	teacher, instructor (usu. referring to school teachers; also used for being modest; a term of address)	他是我们中学的一名教员。 他是教中文的教员。 毕业以后，他就当了教员。 他非常喜欢做教员。 我一个小教员买不起那么贵的房子。 今天是周末，教员和学生都不在学校。 这是教员用的休息室。 这所小学有不少年轻的教员。 王教员，你好。
lǎoshī **老师** n. 2 A	teacher, lecturer (surname + 老师; a term of address; indicating a 'role model', not necessarily working in a school. Nowadays 老师 also refers to someone who is respected in a profession)	他是一名好老师，学生都喜欢他。 他从小就想当老师，可是一直没有当上。 你们新来的老师是男的，还是女的？ 他爸爸是大学教授，妈妈是中学老师。 他是大学的数学老师。 老师是他所喜欢的职业 (zhíyè, occupation)。 你的汉语说得这么好，都可以当我的老师了。 我们老师的身体不太好。 他是幼儿园 (yòu'éryuán, kindergarten) 的老师。 王老师，我最喜欢看您演的电影了。 老师，我有一个问题。 张老师，你早。 他是一个老演员，大家都叫他"老师"。

Note:
➤ The antonyms for words in this group are 学生/ 学员.
* 师长 n. 'divisional commander (military)', as in 他爸爸是师长.
➤ 先生 n. 'teacher (an old usage)', as in 他是一位教书先生.
➤ 博导 n. bódǎo 'supervisor of a PhD student (abbreviation of 博士导师)', as in 他是一位博导，很有名气.
➤ 恩师 n. ēnshī 'a teacher to whom one is greatly indebted', as in 他是我的恩师.

---

jiējìn
接近 v.   **to approach**

bījìn **逼近** v. 2 D	to close in (of time, space, etc.; with a sense of force, urgency or aggressiveness; oft. with a negative connotation) (antonym: 离开) (逼, to force; 近, close)	考试逼近, 他学习得更加努力了。 汽车声越来越逼近了，他很害怕。 逼近了那只羊以后，老虎一下子就把它咬住了。 他悄悄地逼近了那只鸡，想抓住它。 警察逼近了那个房子，房子里的人还不知道。

他一步步地逼近，我一步步地后退 (tuì, to move backwards)。

敌人 (dírén, enemy) 正在逼近他们。

大火逼近了树林，你们要马上离开那里。

今天很热，气温 (qìwēn, air temperature) 逼近四十度了。

他还不知道危险 (wēixiǎn, danger) 正在逼近他。

jiāngjìn **将近** v. 2 D	to be close to (oft. 将近 + number) (将, to be about to)	他将近九十岁了，走路已经不太方便了。 将近晚秋，天气变得冷了起来。 他在这里的工作将近完成，下星期就要离开了。 这所大学有将近一万个学生。 从这里到那里将近二十里路，要走很长时间。 这个大楼将近三十层，里面住了很多人。 他用将近两年的时间写完了这本书。
jiējìn **接近** v.* 2 B	to approach (referring to abstract or concrete items) (antonym: 远离) (接, to meet)	他这个人很友好，比较容易接近。 他的汉语水平已经接近高级班了，可以从中级班去高级班上课了。 这个图书馆大楼接近完工，下个月就可以用了。 接近春节的时候，大家都在忙着准备过年。 越接近考试，他就越努力学习。 他这个人很少说话，不太容易接近。 那条狗很凶 (xiōng, ferocious)，要远离它，接近不得。 他的病好多了，体温 (tǐwēn, body temperature) 已经接近正常 (zhèngcháng, normal)。
kàojìn **靠近** v.* 2 C	to be near to, to draw near (usu. of space) (antonym: 疏远 shūyuǎn) (靠, to lean against)	他家靠近学校，上学很方便。 靠近车站的地方，站着几个人在等车。 他坐的飞机越来越靠近机场了。 他慢慢地把车靠近了我，停下来和我说话。 别靠近，这里很危险。 靠近了以后，他才看清楚墙上写的字。 靠近桌子的地方，放着一把椅子。 两个人的心越来越靠近了，关系不再像以前那么疏远了。 坐过来，靠近一点儿。 他的房间靠近大街，不太安静。
línjìn **临近** v. 2 D	to draw on (of space, time, etc.) (临, just before)	她临近生产 (shēngchǎn, to give birth)，肚子很大，走路都不太方便了。 考试临近，你们要好好儿准备。 他住在临近大学的学生宿舍里。 冬天临近，天气变得越来越冷了。 火车临近北京，他马上就能和父母见面了。 临近春节了，你们家过年的东西都买好了吗？

Note:

* 接近 adj., as in 他们俩的考试成绩很接近, 都不错.
* 靠近 adj., as in 这两棵树种得太靠近了, 应该离远一点儿.
➤ 挨近 v. āijìn 'to get or stay close to', as in 他挨近了她, 想跟她说几句话.
➤ 贴近 v. tiējìn 'to press close to', as in 1)自从认识以后, 他们俩的心越来越贴近了. 2) 他从贴近胸口 (xiōngkǒu, chest) 的口袋 (kǒudai, pocket) 里拿出很多钱来.
➤ 邻近 v. 'to be nearby', as in 他家邻近一个公园, 空气很好.

---

jiéguǒ
结果 n.   **result**

chéngguǒ **成果** n. 2 B	achievement (oft. referring to team effort; complimentary; mw. 个/项) (成, to succeed; 果, fruit)	这是一个新成果, 大家都很高兴。 请你给大家讲一下你们的工作成果。 这一成果比我们想象 (to imagine) 的要好得多。 这不是我们做的, 是别人的成果。 成果喜人, 谢谢大家! 这一重大成果十分宝贵。 这两项 (xiàng, mw.) 成果都是他们大学的。 他们研究所 (yánjiūsuǒ, research institute) 这几年出了不少研究成果。 这是一个研究成果的展览会。
hòuguǒ **后果** n. 2 C	consequence (pejorative; mw. 个) (antonym: 前因)	做什么事情都要先想想可能产生的后果。 考试考得不好的后果是不能上大学。 酒后开车的后果是很可怕的。 你如果一定要去的话, 后果自负 (fù, to bear)。 他工作不认真, 造成了严重的后果。 后果严重, 他也不知道怎么办好了。 妈妈常常告诉他说, 做什么都要先想好前因后果以后再去做。
jiéguǒ **结果** n. 2 C	result (mw. 种) (结, to produce)	他们这次谈的结果很不错, 大家都很高兴。 他还不知道这次考试的结果。 学生算出的结果有对的, 也有错的。 这都是大家努力的结果。 结果表明 (to indicate) 他是对的。 医院的化验 (huàyàn, lab test) 结果出来了, 他的病不太严重。 他这样做会有两种结果, 对他都不好。 他算了三遍, 但是得出的结果都不一样。 那件事情还没有结果, 他很着急。
xiàoguǒ **效果** n. 2 B	effect (oft. a subjective perception or judgement; mw. 种) (效, effect)	这种药的效果不错, 他的咳嗽现在已经好了。 这种药没有什么效果, 吃了跟没吃差不多。 他改进了学习方法 (fāngfǎ, method), 收到了很大的效果。

这种药的效果比那种好一些。

他的教学效果越来越好。

他认真向别的老师学习，取得了良好的效果。

如果你觉得这种药没有效果，就换另外一种吧。

他每天锻炼的效果十分明显 (míngxiǎn, distinct)。

他的话产生 (chǎnshēng, to bring about) 了很大的效果。

这样做的效果可能会不太好。

要想达到那种效果，我们就必须这样做。

这个音乐厅的音响 (yīnxiǎng, acoustics/ sound) 效果很好.

Note:

➢ 恶果 n. èguǒ 'evil consequence', as in 这就是不好好教育孩子的恶果.

➢ 硕果 n. shuòguǒ 'great achievement', as in 经过十几年的努力，他们的研究已经是硕果累累 (lěilěi, heaps of) 了.

---

jiéhūn
结婚 v.   to marry

jiéhūn **结婚** v. 2 B	to marry (each other; insertable) (antonym: 离婚) (结, to tie; 婚, wedding)	他结婚的时候才十八岁。 他们刚结婚几个月就离婚了。 他们结婚结得很热闹，大家都来了。 他们俩还没结婚，工作太忙没时间。 他们结婚十年，生活得很幸福。 他没有钱，结不起婚。 他们结了婚以后，就去国外旅游了。 他们早就想结婚了，可是到现在也没有结成婚。 他已经结过两次婚，这次是第三次。 他们是去年结的婚，墙上是结婚照。
jià **嫁** v.* 2-1 C	(of a woman) to marry (a man) (as opposed to 娶 below)	她去年嫁人了。 他听说她嫁了人，也就没有再去找她了。 他女儿还没嫁呢。 她还小，不想这么早就嫁出去。 她说她不愿意嫁人。 从嫁给他以后，她就很少出来跟我们一起玩了。 她说要嫁就嫁个有钱的丈夫。 她嫁的老公 (husband) 是她的中学同学。 自从嫁到他家以后，她一直很幸福。 她很想嫁给他，可是不好意思说出口。 她自从改嫁 (gǎijià, to remarry) 以后，就离开了这里。

qǔ		
娶 v.	to marry (to take a woman as wife)	他今年娶了一个老婆 (lǎopo, wife)。
2-1 C		那几辆娶亲 (to get a wife) 的车可真漂亮啊！
		他娶媳妇儿 (xífur, wife) 的时候，花了很多钱。
		他为娶她，连父母的话都不听了。
		他四十岁的时候才娶上一个老婆。
		老人想让儿子快点儿把她娶过来。
		老婆一娶进门，家里就变得干干净净的了。
		你是怎么娶到这么漂亮的老婆的?

bànxǐshì	to organise a wedding (insertable)	今天他家办喜事，儿子结婚。
办喜事 ph.	(办, to manage; 喜事, happy	朋友家办喜事，他被请去喝喜酒。
1 N/A	event, wedding)	为儿子办喜事，父母早就准备好了钱。
		办喜事的那一天，家里来了很多人。
		这个饭馆儿每个星期都有几家人来这里办喜事。
		他们办喜事办得很热闹。
		大家高高兴兴地办着喜事。
		他们去年办了喜事。
		他们俩是去年办的喜事。
		这个村子里今年办了三次喜事了。
		他病得很重，这个月办不了 (liǎo) 喜事了。

Note:

* 嫁 v. 'to impute', as in 你不要嫁祸于人 (jiàhuòyúrén, to lay the blame on sb. else).

➤ In Chinese, a woman 嫁(给) a man, but a man 娶 a woman. The two verbs are not interchangeable, unless in a passive sentence (only applicable to a woman). For example, 她被一个有钱人娶了过去 (possible 'unwillingness' from the woman).

---

jiéshù
结束 v.   to end

bìmù	to lower the curtain (of), to close	音乐会在热烈的掌声 (zhǎngshēng,
闭幕 v.	(conference, exhibition, etc.;	clapping) 中闭幕了。
3 C	insertable; not 闭幕 + object)	这个展览会今天开幕，后天闭幕。
	(antonym: 开幕) (幕, curtain)	大会闭了幕以后，我们就都离开那里了。
		大家的掌声一直不停，所以就闭不了 (liǎo) 幕。

wánbì	to finish (oft. verbal noun +	在北京大学的学习完毕以后，他就回到了上海。
完毕 v.	完毕; not 完毕 + object)	考试即将 (jíjiāng, soon) 完毕，他很高兴。
3 D	(antonym: 开始 shǐ)	演出完毕，大家都去吃饭了。
		工作完毕以前，谁都不能离开。
		他已经准备完毕，可以开始了。
		操练完毕，解散 (jiěsàn, dismiss)！

zhōngzhǐ **终止** v. 3 D	to terminate, to cease (of relations, contracts, etc.) (antonym: 继续 jìxù) (终, end; 止, to stop)	这两个敌对 (díduì, hostile) 国家终止了往来。 他们认识了多年，从来没有终止过联系。 他们生活得很不好，最后只好终止了婚姻 (hūnyīn, marriage) 关系。 他们都觉得这样的生活应该终止了。 这个工作终止得很突然，为什么呢？ 他们终止了和那个工厂的合同 (hétong, contract)。 他不想终止他们的婚姻，可是太太不想再继续和 他生活在一起了。 他大学的学习是去年终止的, 因为他没通过 (tōngguò, to pass) 考试。
jiéshù **结束** v. 2 A	to end, to conclude, to be over (antonym: 开始) (结, to tie; 束, to bind)	大会今天开始，后天结束。 考试结束以后，他就回家看望父母了。 篮球比赛结束得很快，我们赢 (yíng, to win) 了。 这个会下午六点也结束不了，你别等我吃饭了。 他讲话结束以后，大家都为他鼓掌。 他们刚刚结束了一次愉快的谈话。 虽然这次访问结束了，但我们以后还会再来。 学期快要结束了，你假期要去哪？ 学期一结束，我就出去旅游。
tíng **停** v. 2 A	to stop (停 + monosyllable)	雨停了，我们走吧。 他一听我叫他，就停了下来。 别把车停在这里，这里不许停车。
tíngzhǐ **停止** v. 2 B	to stop (antonym: 开始)	他病了，只好停止工作两天。 他从来没有停止过学习，读了很多书。 要想有一个好身体，就不能停止锻炼。 我们得先停止几个小时，等他来了再接着做。 天下起了大雨，比赛不得不停止了。 他的歌声停止了，可是我们还没有听够。 大雨停止以后，比赛又开始了。 那个工厂已经停止生产了。
wán **完** v.* 2 A	to complete, to end (完 + monosyllable)	工作还没完，你不能走。 考试要三个小时才能完。 这个大楼下个月可以完工。 他们准备明年给儿子完婚 (to get married)。 我马上就完了，再等我一会儿。 你完事了吗？
wánchéng **完成** v. 2 A	to accomplish (insertable)	工作已经完成了，他很高兴。 工作没有完成，他很不高兴。 工作不完成，他就不能回家。 这个计划完成得很好。

这个计划完成得了 (liǎo) 吗？

这个工作完成不了 (liǎo)，因为他病了。

他也不知道这个计划完得成完不成。

Note:

* 完 adj., as in 他说完 (a resultative complement) 以后，就走了.

➤ 完结 v. wánjié 'to be over and done with', as in 他花了很多时间，好不容易才完结了这件事情.

➤ 你有完没完 (Have you quite finished)? 不要再说了!

➤ 你怎么没完没了 (liǎo, end) 的 (Why do you want to drag on)? 不要再说了!

➤ 终结 v. zhōngjié 'to finalise', as in 他的案子 (ànzi, case) 已经终结了.

➤ 了结 v. liǎojié 'to put an end to', as in 他很想了结这个婚姻.

➤ 中止 v. zhōngzhǐ 'to suspend (may resume later)', as in 雨下得很大，比赛只好中止.

➤ 收场 v. shōuchǎng 'to end (oft. with a pejorative connotation)', as in 这件事情很麻烦 (máfan, troublesome)，他都不知道怎么收场才好.

---

jiěgù
解雇 v.   to lay off

jiěgù 解雇 v. 3-2 D	to lay off, to terminate an employment contract (oft. used in the passive) (antonym: 雇用) (解, to untie; 雇, employment)	他刚被解雇了。 工厂昨天刚解雇了两个人，今天又新雇用了三个人。 老板 (lǎobǎn, boss) 也不应该随便解雇人。 父亲被解雇了以后，他就上不起学了。 听说他被解雇以后就离开了这里，没有人知道他去哪里了。 他被解雇了三次，都是因为不认真工作。 被解雇的那个人，后来又找到工作了。
kāichú 开除 v. 2 C	to expel, to dismiss (usu. for a fault) (antonym: 接收) (除, to get rid of)	这个大学今年开除了两个学生。 像他这样的人，早就应该把他开除出去了。 他被这个学校开除了以后，别的学校也都不愿意接收他。 被开除的是谁？ 他经常不去上班，后来工厂就把他开除了。 他被开除的原因是他没有说真话。 我做错什么了，为什么要开除我？ 你如果再不来上班，我就开除你!
chǎoyóuyú 炒鱿鱼 ph. 1 N/A	to sack (originated from Cantonese; a metaphor: when being cooked, squid rolls up, just as when being sacked, one rolls up one's quilt to leave; oft. used in the passive; insertable; not + object) (炒, to fry; 鱿鱼, squid)	不好好儿工作是要被炒鱿鱼的。 如果被老板炒鱿鱼，一家人的生活怎么办？ 听说炒鱿鱼来自广东话。 他把那个人炒鱿鱼了。 今年被炒鱿鱼的已经有十几个人了。 他经常不上班，所以被炒了鱿鱼。 他炒过十几个人的鱿鱼。 他已经被炒了两次鱿鱼了。

这次不是他被炒鱿鱼，而是他炒了老板的鱿鱼
(he quit his job)。

xiàgǎng **下岗** ph. 1 N/A	to lose one's job, to be fired (insertable) (antonym: 上岗) (下, to come off; 岗, sentry duty)	他去年刚上岗，怎么这么快就下岗了呢? 下岗以后，他就自己开了一家饭馆儿。 别担心，学校不会让你下岗的。 他下岗两年多了，到现在还没找到工作。 你工作干得那么好，下不了 (liǎo) 岗。

Note:

➤ 解聘 v. jiěpìn 'to end one's contract (formal, 聘 'contract')', as in 他今天被解聘了.

➤ 解职 v. jiězhí 'to dismiss from one's job (formal, 职 'duty, post')', as in 他工作做得很不好，最后就被解职了.

➤ 除名 v. 'to have one's name struck off the roster or list', as in 他被足球队除名了，因为他不来参加球队的训练 (xùnliàn, training).

➤ 辞退 v. cítuì 'to dismiss (polite word)', as in 工作了几个月以后，不知道为什么他突然被辞退了.

➤ 买断 v. mǎiduàn 'to take voluntary redundancy (new word)', as in 他打算去问一下买断工龄 (length of service) 的事情.

---

jiěshì
解释 v.   **to explain**
(see also 表示)

jiǎngjiě **讲解** v. 3-2 D	to expound (lesson, theory, technology, etc.) (讲, to speak; 解, to untie, to explain)	他正在讲解第一课的课文。 学生没有听明白，他就又讲解了一遍。 他讲解得很清楚。 他讲解完以后，我们问了几个问题。 他讲解得不太清楚，我还得再自己去看看书。 请您来讲解吧。 你把这个给学生讲解一下。 他指着墙上的画给我们讲解着。 要是没有人讲解，学生可能会看不懂的。
jiěshì **解释** v.* 3-2 B	to explain (reason, meaning, etc.), to clarify (misunderstanding, etc.) (reduplication: ABAB) (释, to release, to explain)	这个汉字是什么意思，请解释一下儿。 他已经解释两遍了。 他一解释我们就明白了。 他解释得很清楚，我们再没有什么问题了。 他解释错了，让我来解释吧。 这没有什么，解释明白就行了。 我来是为了解释一下我们之间的误会 (wùhuì, misunderstanding) 的。 他解释了半天，可是我们还是不明白。 关于这个问题，还要多解释解释才行。 这个我有点儿不清楚，能不能再解释解释。

你说的话使他很不高兴，你得 (děi, have to) 向他解释解释。

| shuōmíng
说明 v.*
3-2 A | to tell about, to show, to illustrate
(by sb. or with sth.) | 他说明了来晚的原因 (yuányīn, reason)。
他说明了情况以后，我们就按照他说的去做了。
应该怎么做，请给我们仔细说明一下。
他能借给你钱就说明他还是愿意帮助你的。
要说明的是这次的考试和以前的考试不一样。
这张照片能说明什么呢？
孩子一直在哭，说明他哪里不舒服或者是饿了。
要说明的就这些，还有什么问题吗？
能考得这么好，说明他还是下了不少工夫 (time, work)。
他一边做，一边向大家说明这道 (mw.) 菜的做法。
他的话非常说明问题。 |

Note:
* 解释 n. 'explanation', as in 你能给我们一个解释吗?
* 说明 n. 'instruction', as in 这是电视的说明书, 你自己看看吧.
➤ 解说 v. jiěshuō 'to explicate and comment', as in 他指着墙上的画为我们解说着.
➤ 讲述 v. jiǎngshù 'to tell about', as in 父亲向我们讲述了他小时候的事情.
➤ 阐明 v. chǎnmíng 'to clarify', as in 他对这个问题阐明了自己的看法.
➤ 阐述 v. chǎnshù 'to elaborate', as in 他阐述了学习的重要性.

---

jìnzhǐ
禁止 v.　　　　　　　　　　　　　　　　　　to prohibit
(see also 不许/ 不要)

| fángzhǐ
防止 v.
2 B | to prevent (unpleasant things) from
happening (防, to prevent;
止, to end) | 冬天洗澡的时候水不要太凉，防止感冒。
为防止小猫跑出去，出去的时候一定别忘了关门。
他开车的时候一点儿酒都不喝，为的是防止出车祸 (chēhuò, car accident)。
防止病从口入 (rù, to enter)。 |
| jìnzhǐ
禁止 v.
2 B | to prohibit (with the strongest tone;
usu. 禁止 + verbal object)
(antonym: 支持 zhīchí) (禁, to ban) | 墙上写着：禁止吸烟。
这个国家禁止进口这种东西。
教室里正在考试，这里禁止大声说话。
酒后开车怎么也禁止不住。
这是一个禁止醉酒开车的办法。
应该禁止走后门 (to pull strings [a metaphor])。
这里禁止停车，你找别的地方停吧。
禁止大吃大喝是对的。
这家商场禁止他进入。 |

zhìzhǐ 制止 v. 2 C	to stop (from continuing or taking place) (antonym: 鼓励 gǔlì) (制, to make)	这是一种不正之风 (unhealthy tendency)，一定要制止。 如果现在不制止，以后可能就制止不住了。 不管我怎么制止，他还是要去。 他不但不制止，还和小王一起去了。 他制止不了 (liǎo) 这件事，只有校长才制止得了 (liǎo)。 我们要制止请客送礼。 他想去，可是被老师制止住了。 他不但不鼓励，反而制止我们去。	
zǔzhǐ 阻止 v. 2 C	to hold back (usu. someone else's action, which happened or is happening) (antonym: 促进 cùjìn) (阻, to stop)	父母阻止他和那个人交朋友。 这种事不是你和我能阻止得了 (liǎo) 的。 我阻止不了(liǎo) 他，由他去吧。 学生们想说什么，可是被老师阻止了。 不要阻止他，看他还要说些什么。	

Note:

➢ 防备 v. fángbèi 'to guard against', as in 他总是防备她，不对她说心里话。

➢ 防范 v. fángfàn 'to be on guard (formal)', as in 最近天气非常热，我们要对山火有所防范。

---

jīngcháng
经常 adj.   **regular**
(see also 常常/ 一般)

yī(í)guàn 一贯 adj.* 3 D	consistent, persistent (of thinking, style of work, etc.) (antonym: 偶尔 ǒu'ěr) (贯, to follow in a continuous line)	这是他一贯的做法。 他一贯的作风 (style) 是说到做到，不做不说。 考试应该有一贯的标准 (biāozhǔn, standard)。 我们的标准是一贯的，你放心好了。 他把他们的一贯标准给我们介绍了一下。
tōngcháng 通常 adj. 3-2 C	usual (not used as a predicate, nor with adverbs of degree, e.g. 很) (antonym: 独特 dútè) (通, general)	对付感冒，通常的办法是多喝水、多休息。 按照通常回家的时间，他应该马上就到家了。 这是解决 (jiějué, to solve) 这种问题的通常办法。 在通常情况下，他是不会不去上课的。 这种菜的通常做法是油炸 (yóuzhá, to deep fry)，但他的做法很独特。 按照通常的习惯，他如果不来上班一定会打电话来告诉我的。
cháng 常 adj.* 2 N/A	constant, frequent, ordinary (常 + monosyllable)	他是我们家的常客。 他这样做，很难得到常人 (ordinary people) 的理解 (lǐjiě, understanding)。 他常年不在家，妻子一个人带着孩子很辛苦。 在数学上这叫做常量 (chángliàng, constant)。

他工作很努力，周末去办公室是常事儿。

这是常识 (chángshí, common sense)，你应该知道。

你来我往 (giving and receiving favours) 是人之常情 (rénzhīchángqíng, natural and normal)。

jīngcháng **经常** adj. 2 A	regular, common (很/ 更 + 经常) (经, regular)	晚上工作到很晚，这对他来说是很经常的事。 爸爸不在家，他不去上学就更经常了。 一饭一菜成了他经常的工作午餐。 他喜欢旅游，周末出去旅游是很经常的。 上课来晚对他来说不是经常的事。
píngcháng **平常** adj.* 2 B	usual, common, ordinary (很/ 非常 + 平常) (reduplication: AABB) (antonym: 特殊 tèshū/ 特别) (平, flat)	他晚上睡不着觉是很平常的事。 他这个人可不平常，别小看了他。 他们的关系可不平常，非常特殊。 这个周末他过得十分平常。 有平常心的人会过得比较快活。 他穿得很平常，没有什么特别的地方。 他是一个平常人，有着一颗平常心。 这太平常了，小孩儿都会。 话说得好像很平常，但他是话中有话。 那是一段多么不平常的日子呀！ 这种事在这里平平常常，没有人会觉得有什么不好。
rìcháng **日常** adj. 2 B	day-to-day, regular, everyday (日, daily)	他只带了一些日常的衣服。 他不大会安排自己的日常生活。 他的汉语学得很快，可以说很多日常用语了。 他把日常工作都做得非常好。 在日常生活中他很注意自己的身体。

Note:

* 一贯 adv., 'all along', as in 他一贯很喜爱孩子.
* 常 adv. 'often', as in 1) 他常去北京. 2) 他种了几棵树，四季常青 (qīng, green).
* 平常 n. 'ordinary days, as usual', as in 和平常一样，他下了班就马上回家了.
➤ 常常 adv. 'often (with a stronger degree of claim than 常)', as in 他常常在河边唱歌.
➤ 一般 adj. yìbān 'ordinary, common, plain', as in 他买的手机很一般, 有更好的.
➤ 平时 n. píngshí 'in ordinary times', as in 他平时很少说话.
➤ 平凡 adj. píngfán 'common', as in 他是一个平凡的人.
➤ 寻常 adj. xúncháng 'usual', as in 他觉得这件事情有点儿不寻常.
➤ 一向 adv. yíxiàng 'all along', as in 他一向喜欢音乐, 经常去听音乐会.
➤ 时常 adv. shícháng 'frequently', as in 他时常不吃早饭.
➤ 往往 adv. wǎngwǎng 'often (usu. a tendency emerged from what happened in the past)', as in 考试时，他往往会觉得时间不够用.

jīngyàn
经验 n.   **experience**

yuèlì **阅历** n. 3 N/A	experience	他的生活 (shēnghuó, life) 阅历很深。 和阅历丰富的老王相比，我还差一些。 多年的阅历使得他能把这个工作做得非常好。 人的阅历不同，看法也会不一样。
jīngguò **经过** n.* 2 A	the course of events	他把他的口试 (oral test/ interview) 经过讲给我们听。 你不把事情的经过说出来，我们怎么帮助你呀？ 那件事的经过我都写下来了，你看看吧。 那本书里写了他俩的恋爱经过，很有意思。 他去看了比赛，知道比赛的全部 (quánbù, entire) 经过。
jīnglì **经历** n.* 2 B	one's past experience (experienced in person; can be used with quantifiers, e.g. 两年的经历, as is 经验 below)	他的工作经历很不错，比我的好。 光有工作经历还不行，还要有生活经历。 他们是没有什么经历的学生，还要在工作中学。 他过去的经历使得他很难和别人交朋友。 在他的大学经历中，最难忘的就是他的好朋友。 这次来北京的经历和上次的不太一样。 请给我们说说你去那里的经历。 你那二十多年的旅行经历很有意思，为什么不把它写下来呢？ 这部电影是根据 (gēnjù, according to) 他自己的亲身经历写出来的。 你们这些人有着各种不同的经历，可以互相学习学习。
jīngyàn **经验** n. 2 A	experience (of one's own or in a general sense; oft. referring to sth. positive that should be learned by others) (antonym: 教训 jiàoxùn)	他教课很有经验，学生非常喜欢他。 他的学习经验丰富极了，同学们都向他请教。 他在工作中得到了很多经验，工作越做越好。 他是一个经验丰富的老师。 他有二十年的工作经验，你们要向他学习。 他没有这方面的经验，还是叫别人去办吧。 我们要记住历史 (lìshǐ, history) 的经验和教训。 我们是来向您学习经验的。 这几年的经历使他得到了不少宝贵的经验。 根据多年的经验，那位医生治好了老王的病。

Note:
* 经过 v. 'to pass through', as in 他每天上班，都要经过那个邮局.
* 经历 v. 'to go through', as in 虽然来的时间不长，但是他经历了很多事.
➢ 简历 n. jiǎnlì 'curriculum vitae', as in 他想找个工作，简历已经写好了.

jìngrán
竟然 adv.   **unexpectedly**

bù(ú)liào **不料** adv. 2 C	unexpectedly (the weakest word in this group; same as 没想到*) (料, to expect)	他今天没上学，和朋友一起去看电影，不料被妈妈看见了。 他去书店买书，不料那本书卖完了。 他以为她不会去，不料她出现在酒会上。 我们以为他一定会来的，不料他没有来。
jìng **竟** adv. 2 C	to one's surprise, eventually (sometimes indicating disapproval) (antonym: 果真)	没想到，他竟敢在商店里偷 (tōu, to steal) 东西。 这么小的孩子，竟爬到那么高的地方！ 我们不认识，他竟花这么多时间来帮助我。 他是一个教师，竟这么没有礼貌。 这本新书一天竟卖出去一万多本！ 我们两年没见，见面竟认不出他了。 大雨竟把他家的房子冲倒了。
jìngrán **竟然** adv. 2 C	unexpectedly, actually (sometimes indicating disapproval) (antonym: 果然)	这么高的大楼，竟然三个月就完成了！ 昨晚的舞会竟然来了一百多个人。 说着说着，他竟然哭了起来。 没看过这样当妈妈的，竟然连自己的孩子都不想见！ 他离开的时候，竟然没说一声再见就走了。 他竟然连考试都没有参加就回家去了。 没想到，这次比赛他们大学的足球队竟然得了第一名。 他竟然在上课的时候睡着了！
jūrán **居然** adv. 2 C	beyond expectation, in the end (oft. indicating disapproval) (antonym: 果然)	真看不出，他居然是这种人。 当着孩子的面，他居然说出这么难听的话来！ 这么好的孩子居然因为没钱而上不起学，真是可惜 (kěxī, pity) 了。 这么晚了，居然还有人打电话来。 他那么大声叫，你居然没有听见！ 他病了很多天没来上课，但是考试的时候居然还是考了全班第一。 才三岁的孩子，居然会写这么多的汉字。 刚来上海几个月，他居然会说不少上海话了。 他居然用两年的时间就上完了大学。 我们这么小声说话，他居然听见了。

Note: *没想到 ph. 'have not expected (informal)', as in 1) 我没想到他会来. 2) 真没想到, 他连自己的女儿都不要了. 3) 你没想到的事情多着呢！

jiūjìng
究竟 adv.   **actually**
(see also 终于)

bìjìng **毕竟** adv. 2 C	at (long) last, after all, all in all (used where a fact is known, presumed or identified with; not in a question; placed before or after the subject) (毕, fully)	虽然花了很多时间，毕竟他还是学会了。 他毕竟是年轻人，还需要多学学。 孩子毕竟大了，父母也不能管得太多了。 毕竟是老师，他知道很多东西。 大学生毕竟是大学生，就是聪明。 他毕竟是一个男人，给他点儿面子 (miànzi, face) 吧。 他毕竟是学过汉语，能说一些。 毕竟是大师，画得好极了。 他是来晚了，但毕竟还是来了。 毕竟是老了，他的身体不如以前了。 他毕竟是我的朋友，我还是应该帮一下他。
jiūjìng **究竟** adv.* 2 B	actually, after all, what did actually happen or will happen in the end? What on earth …? (usu. used in a question to push for an exact answer, but not in a yes/ no question with 吗, not 你究竟是学生吗?; used with 谁/ 什么, 究竟 can be put before or after the subject) (究, after all; 竟, in the end)	你究竟去还是不去? 他究竟是不是听懂了，我也不太清楚。 他没有说话就走了，究竟是为什么? 这样说究竟对不对? 她还没有想好究竟是不是要和他结婚。 你究竟把那本书放哪里啦? 究竟什么人把他打了? 究竟谁要来，怎么这么多人在这里等? 这里究竟发生 (to happen) 了什么? 你究竟是谁? 你在大学究竟读什么?
dàodǐ **到底** adv. 1 B	after all, at (long) last, exactly, all in all, finally, what on earth? (not in a question with 吗; oft. subject + 到底) (底, bottom, 到底 implies 'to the bottom of sth.')	你到底还是来了，我以为你不来了呢。 他到底是不是你的男朋友? 你一会儿说认识他，一会儿又说不认识他， 你到底认不认识他? 我也不知道他到底去哪里了。 你们两个长得都很年轻，我看不出来到底谁 大一些。 他看了很多书，到底搞明白了这个问题。 到底还是年轻人身体好，一晚上不睡觉也 不觉得怎么样。 到底怎么样才能让你高兴?

Note: *究竟 n. 'the whys and wherefores', as in 1) 他想找她问个究竟. 2) 有关这件事，我们大家都想知道一个究竟.

jiùshì
就是 conj.   even if

zòngrán **纵然** conj. 3 N/A	even if, even though (with the strongest degree of concession)	你纵然把什么都给他，他也不会对你好。 纵然不吃不睡，我也做不完这么多工作。 他必须这样做，纵然是刀山火海也得上。
jíbiàn **即便** conj. 2 D	even if, even though (oft. interchangeable with 即使)	即便父母不同意，他也要和那个女孩结婚。 即便是老师说他，他都不会听的。 即便你不愿意，也得把这个工作做完。 这个工作很重要，即便不睡觉也要把它做好。 这个电影很受欢迎，即便很早去买票，也不一定 能买到。 他这个人非常客气，即便是很不高兴也不会说出 来的。 他工作很努力，即便是生病都不休息。 即便他叫我们去，我们也不会去。
jíshǐ **即使** conj. 2 C	even if, even though	即使你在家，也帮不上什么忙。 别说他是我的爸爸，即使不是，我也会原谅他。 他没有那本书，即使有也不一定借给我，因为我 上次借他的书还没还给他呢。 现在已经晚上十一点了，我们即使想去也不行， 因为商店已经关门了。 他不经常看电视，即使看时间也不长。 他很忙，即使来了也只能坐一会儿就走。 功课太多了，即使是好学生也做不完。 他结婚我们谁都不知道，即使他父母也不知道。 即使是不认识的人，他都会热心地帮助他们。
jiùshì **就是** conj.* 2-1 B	even if, even though (with a lower degree of concession than 就算)	就是有病，我也得去参加考试。 有什么话你说，就是说错了也没有关系。 他很爱她，就是父母不同意，他也要和她结婚。 我没有时间，就是有时间也不会跟他去看电影， 因为我不喜欢他。 这里很少刮风，就是刮风都不太大。 他不喜欢喝咖啡，就是喝也喝得不多。 这里就是夏天也不太热。 他太没有礼貌了，就是三岁的孩子都知道不应该 这么对别人说话。 他很爱生气 (shēngqì, angry)，就是一点小事也会 生半天的气。
nǎpà **哪怕** conj. 2-1 B	even if, even though (oft. with some exaggeration)	哪怕是不睡觉，他也要把功课做完。 哪怕是下大雪，我们都必须去。 哪怕你们人再多，我也不怕。 她特别喜欢那辆车，哪怕借钱也一定要买。

哪怕没有家具，房子干净就行。

她觉得只要丈夫对自己好就行，哪怕没有钱也没有关系。

哪怕再苦再累，他也要把孩子们照顾好。

哪怕是一百年，他也要等她回来。

jiùsuàn 就算 conj. 1 D	even if, even though	就算我借十万块钱给你，你也还是买不起那所大房子。 就算有再大的困难，我们也不怕。 就算你来了也没有用。 没有关系，就算他不来，别人也会来的。 就算有人来，也应该不会太多。 就算你杀 (shā, to kill) 了我，我也不会告诉你。

Note:

➤ Words in this group can be used to express supposition, including an actual situation ('even though') or an unreal situation ('even if'). They tend to be used together with 也/ 都; both are used after the subject (if any) of the second clause or if not, before the verb.

* 就是 adv. 'just', as in 不管我怎么说, 他就是不去.

➤ 虽然 conj. 'although (usu. for a real situation)', as in 虽然他学习很努力, 但还是没有考上大学.

---

jǔxíng
举行 v.   **to hold**

jìnxíng 进行 v. 2 A	to proceed, to carry out (usu. a formal activity; can be continuous; oft. 进行 + verbal object) (antonym: 停止 tíngzhǐ) (行, to do)	教室里正在进行考试，请不要大声说话。 老师对学生们进行了学习方法的教育。 他们对这个问题进行过讨论 (tǎolùn, discussion)。 把这两个房子进行比较以后，他就知道应该买哪一个好了。 这个工作还要进行下去，不能停止。 比赛正在顺利地进行着。 比赛进行得很顺利。 我们一定把这个工作进行到底。 会议已经进行了两个小时了，我们休息一下吧。
jǔbàn 举办 v. 2 C	to organise and run (exhibition, party, etc.; 举办 + nominal object; can introduce the organiser) (举, to act; 办, to manage)	春节就要到了，我们准备举办一个春节晚会。 这次举办展览会的是北京的一所大学。 舞会举办不起来，因为大家都太忙，没有时间。 2008 年的奥运会 (Olympics) 是由中国举办的。 他们举办了一个汉语学习班。 他有举办音乐会的经验 (jīngyàn, experience)。 这次运动会举办得很成功 (chénggōng, successful)。

| jǔxíng 举行 v. 2 B | to hold (meeting, contest, etc.; emphasising the implementation part of an event; the subject can be a person, activity, etc.; with a nominal or verbal object) | 他们昨天举行了会谈。
他突然病了，明天的婚礼举行不了 (liǎo) 了。
上个月举行的比赛有很多人参加。
音乐会明天上午举行。
舞会将在楼下大厅里举行。
正在举行会谈的是两个学校的校长。
演唱会将于明晚在这里举行。 |

Note: Words in this group are used with a disyllabic object.

---

jùyǒu
具有 v.   to possess
(see also 包括)

jùbèi 具备 v. 3 B	to possess (conditions, skills, qualities, etc.; negation: 没有/不 + 具备) (antonym: 缺少 quēshǎo)	他不具备当老师的条件 (tiáojiàn, qualification)。 他具备这个工作所需要的全部技能 (jìnéng, skills)。 只有具备这种技能的人才能做好这种工作。 他太小，还不具备开车的条件。 条件还不大具备，再等等吧。 这种技能只有他才具备。
jùyǒu 具有 v. 3 B	to possess (ability, meaning, feature, confidence, etc.; negation: 不 + 具有) (antonym: 没有)	他具有很好的汉语听说能力 (ability)。 蔬菜具有很多对身体好的东西。 他喜欢具有中国特色的花园。 他歌唱得很好，具有报考音乐学院的条件，但是没有上大学的钱。 钱对她来说并不具有很大的诱惑力 (yòuhuòlì, allure)。 我们要具有信心 (confidence)，工作才能做好。
cúnzài 存在 v. 2 B	to exist (of phenomenon, problem, etc.) (antonym: 消失 xiāoshī)	考试中存在着一些问题，需要尽快解决 (jiějué, to solve)。 他找的那所大学根本 (gēnběn, at all) 就不存在。 走后门 (to pull strings) 这种现象 (xiànxiàng, phenomenon) 已经存在很多年了，要想使它消失很难。 他身上存在的问题还不少呢。 这种现象不应该再存在下去了。
yǒu 有 v. 2 A	to have, to be in existence (concrete or abstract items; negation: 没 + 有) (antonym: 没)	他很有才华 (talent, brilliance of mind)。 老王有三个孩子。 北京有很多漂亮的公园。 这种鞋有大号、中号，但是没有小号。 他有钱，也很爱帮助人。

Note: 存 v. cún 'to exist', as in 愿我们的友谊 (yǒuyì, friendship) 长存.

---

juéde
觉得 v.   **to feel**
(see also 感到/ 感觉)

rènwéi **认为 v.** 3-2 A	to consider, to deem (based on reasoning; referring to significant or insignificant events)	老师认为这个考试不难，可是学生却觉得很难。 他认为我们不应该去那里。 我们都认为那个学生很不错。 人们都认为和平 (hépíng, peace) 是美好的。 他们认为这样做是不对的。 你认为这样可以吗？ 我以前也这样认为过。 他被认为是我们当中最聪明的。 这本书我们都说好，可是他认为不好。 你认为这样好，可我不认为这样好。
xiǎng **想 v.*** 2 B	to think, to suppose (based on one's own perceptions) (reduplication: A(一)A)	我想他今天一定会来的。 我想这次考试可能考不好。 你想，他怎么会什么都知道呢？ 我想你妈妈见到你一定会很高兴。 他说他会来参加婚礼的，你没想到吧？ 你想得美，我才不会借给你钱呢。 关于这件事，我再想想吧。 你想一想我怎么会说他不好呢？
yǐwéi **以为 v.** 2 A	to reckon, to wrongly think (oft. 'I thought A, but it turns out to be B', e.g. what one thought to be true turns out untrue)	我以为这么做是对的。 他以为我会听他的，我才不呢。 他以为只有他一个人会说汉语，其实 (qíshí, in fact) 我们都会说。 你这样说让别人以为你不高兴了。 你别以为你是大学生就比别人聪明了。 屋里没开灯，我还以为你没在家呢。 他的日语说得真好，我还以为他是日本人呢。 这次考试考得不好，他以为爸爸会很不高兴，没想到爸爸没有不高兴。 我以为是小王呢，原来是你。
juéde **觉得 v.*** 2-1 A	to feel, to think (based on one's own feelings; oft. with an unassertive, tentative tone; sometimes to show politeness/ modesty)	我觉得学汉语很有用。 我觉得他比我聪明。 大家都觉得应该帮助他。 他觉得老王很聪明，可我不觉得。 我没有觉得他不喜欢我。 他总觉得应该多帮助别人。 我一直觉得妈妈不喜欢我，喜欢我妹妹；可是妈妈说我想错了。

我觉得我们应该先问问他。

对不起，我觉得你们还是出去说话好一些，这里
的病人需要休息。

Note:

➢ Words in this group often take an object made up of a 'subject + predicate' phrase (e.g. 我觉得<u>汉语很
有用</u>). All, except 想, tend to have no complement.

* 想 v. 'want', as in 我想明天去看电影.

* 觉得 v. 'to feel (physically)', as in 他觉得有些不舒服，就先回家去了.

K

kāipì
开辟 v.   **to open up**
(see also 发展)

kāicǎi **开采 v.** 3 D	to mine, to extract (采, to pick)	他们正在这里开采石油 (shíyóu, petroleum)。 那里有石油，他们准备进行开采。 石油开采得比较顺利。 这里有大量的矿产 (kuàngchǎn, mineral products) 还没有被开采。
kāikěn **开垦 v.** 3 D	to reclaim wasteland (垦, to cultivate)	他们正在开垦荒 (huāng, barren) 山。 那片荒山已经开垦完毕，现在都种上了树。 因为有很多大石头，那片荒山开垦得很慢。 他们在被开垦出来的荒山上种上了果树。 他们已经在那里开垦了两年了。
kāipì **开辟 v.** 3 B	to open up (sth. new), to build (new road, etc.) (辟, to open up)	那里的一切都等待着你们去开辟。 这个旅游点是新开辟的。 他大学毕业以后，准备去西部开辟新天地。 他们正在开辟一条通往山里的公路。 去年他们又开辟了一条从北京到这里的航 线 (hángxiàn, an air route)。 他从大学毕业以后，第一个工作就是到国外 去开辟市场 (shìchǎng, market)。 他们在山上开辟了一大片荒地，种上了很多苹 果树。

Note:
➢ 开掘 v. kāijué 'to dig', as in 他们正在开掘一条地下通道 (tōngdào, passageway).
➢ 发掘 v. fājué 'to excavate', as in 我们要发掘自己的潜力 (qiánlì, potential).
➢ 开创 v. kāichuàng 'to start, to initiate', as in 他在去年开创了这个学校.
➢ 开发区 ph. 'new investment and development zones (oft. in a suburban area)', as in 那里是新建的经济 (jīngjì, economic) 开发区, 有很多新工厂.

---

kàn
看①v.   **to see**
(see also 看②③)

gù **顾 v.*** 3 C	to turn round and look	他出了门，环顾左右，然后就往东边去了。 别左顾右盼 (pàn, to look around) 的，开车要认真 才行。 照片上的女孩回头顾盼的样子漂亮极了。 听了老师的话，他俩相顾一笑。

guānchá 观察 v. 3 B	to observe carefully (referring to concrete or abstract items) (reduplication: ABAB) (观, to see; 察, to look into)	他病得很重，需要住院观察一下。 他观察问题观察得很认真。 请你跟我说说你都观察到了什么。 别着急，先观察观察再说吧。
guānkàn 观看 v. 3 C	to view, to watch (usu. concrete items)	今天来观看比赛的人很多。 他们正在观看演出。 他们观看了两个小时的演出。 他们观看得都很认真。 这个展览他去观看了两次。 王老师的画展以前他观看过。 他从来没有观看过画展。
guānshǎng 观赏 v. 3 D	to view and admire, to appreciate (reduplication: ABAB) (赏, to enjoy)	他很喜欢观赏花草。 他在画展厅里观赏了一个小时。 他观赏鱼的时候，一坐就是半天。 他坐在船上，观赏着美丽的夜景。 我不懂画，也不会观赏。 把那张名画拿出来，让大家观赏观赏。
kàn 看 v. 2 A	to see, to look (at), to have a look (at), to watch (不/ 没 + 看) (reduplication: A(一)A)	他不想再看下去了，就出去玩了。 你看，这花儿多漂亮啊！ 我看清楚了，是他。 你看一下儿，这个可以吗？ 他看电影看得很高兴，还想再看一遍。 他打算买那家饭馆儿，昨天他去看了一下。 他们今天到山上看风景去了。 听说那个大学很不错，他想去看看。 我可以看看那本书吗？ 我可以看一看那本书吗？
kànjiàn 看见 v. 2 A	to catch sight of (not 正在/ 在 + 看见; insertable; 没 + 看见; 看 + 得/ 不 + 见)	今天我看见他了。 我今天没看见他来上班，听说他病了。 他以前没有看见过这种花。 我看见过他好几次了，他经常来这里借书。 我今天看见他了，他和他的女朋友在一起。 坐在后面的同学看得见看不见？ 我的眼睛好，看得见。 他不带眼镜就看不见。
wàng 望 v. 2 B	to look into the distance	他站在山上，望着远处那美丽的大海。 望着她离去的身影，他没有说话。 果树林真大，一眼望不到边。 他望了一下天上，看看是不是要下雨。 他远远地望见了我，就走了过来。 我向那边一望，看见走过来一个人。 他回头望了我一下，对我点了点头。

他站在门口望了又望，还是没有看见儿子回来。
只有站得高，才能望得远。

dīng **盯** v. 2-1 C	to stare at, to fix one's eyes on	他盯着那个女孩看，把她看得脸都红了。 一定要盯住前面那辆车，快点儿！ 妈妈把他盯得紧紧的，一天都没让他出门。 别老盯着我看，我脸上也没长花儿。 我没盯你看，你不看我怎么会知道我看你呢？ 老盯着人看是不礼貌的。 盯着你看的那个人，你认识吗？ 他喝得太多了，你盯着他，千万不能让他开车.
qiáo **瞧** v. 1 B	to glance at, to look (reduplication: A(一)A)	今天是春节，孩子们都出去瞧热闹 (rènao, scene of bustle and excitement) 了。 我刚才还瞧见他在这里的。 他拿过去瞧了一会儿，也没有说什么。 他也瞧不出来那是干什么用的。 他瞧了我一眼，就走出去了。 瞧你，别这么紧张 (jǐnzhāng, tense)。 你过去瞧一下，看看发生了什么事儿。 过来，让我瞧瞧你的手干不干净。 你们来瞧一瞧这是什么。

Note:

* 顾 v. 'to attend to', as in 别只顾玩儿, 你的作业 (zuòyè, homework) 做完了吗?

➢ 看到 v. 'to catch sight of', as in 我今天看到他了.

➢ 瞅 v. chǒu 'to take a look at, to gaze', as in 他转身瞅了瞅我, 没有说什么.

➢ 察看 v. chákàn 'to examine', as in 让医生来察看一下他的伤口 (shāngkǒu, wound).

➢ 查看 v. chákàn 'to inspect', as in 我过去查看一下, 你等在这里别动.

➢ 眺望 v. tiàowàng 'to look into the distance from a high place', as in 他站在山头上, 眺望着远方.

➢ 瞥 v. piē 'to shoot a glance at', as in 他说着说着, 回头瞥了我一眼.

---

kàn
看②v.   **to visit**
(see also 看①③)

bàifǎng **拜访** v. 3 C	to pay a visit with respect (to a person or a place; honorific; suggesting 'to visit a respected person'; could be just a courtesy call) (拜, to call on; 访, to visit)	昨天我去拜访了王老师。 他是有名的歌唱家，我拜访过他两次。 您如果有时间，我想去拜访您。 我有机会一定去拜访贵公司 (gōngsī, company)。 他去年拜访过你们公司，还和你们的经理 (jīnglǐ, manager) 谈了很长时间。 他说要去老王家里拜访。 他今天要拜访的是他的好朋友。

他第一次去拜访女朋友的父母的时候，心里还真有点儿紧张 (jǐnzhāng, nervous)。

bàihuì **拜会** v. 3 C	to pay an official visit (a person only; honorific; referring to government, official, diplomatic events, and people of importance) (会, to meet)	总理 (zǒnglǐ, the Prime Minister) 在北京拜会了澳大利亚的客人。 他就这一问题拜会过贵国大使 (ambassador)，双方曾进行过协商 (xiéshāng, negotiation)。 今天上午王总经理 (General Manager) 拜会了张总经理。 拜会完以后，我们就一起去吃饭了。 他们拜会了一个小时。
bàijiàn **拜见** v. 3 N/A	to pay a formal visit (oft. to a person of senior or higher rank; expressing politeness and modesty)	他今天去拜见的是他的老师。 拜见他的时候，我们请教了很多问题。 他前去拜见那个国家的总理。 你要去拜见哪一位？
fǎngwèn **访问** v. 3 A	to call on (someone or somewhere; oft. an official visit) (访, to call on)	昨天有很多人来学校访问。 几年前，他们访问了英国。 他明年将对我国进行访问。 我们这次访问得很成功 (chénggōng, successful)。 出国访问回来以后，经理又去了北京。 就两天的时间，他们访问不了 (liǎo) 太多的城市。
tànwàng **探望** v.* 3-2 D	to call on (sb. in prison, hospital, sb. who lives far away, etc.) (探, to investigate, to visit; 望, to look into the distance)	他今天去监狱 (jiānyù, prison) 探望了儿子。 父母住在外地，他去年春节去探望过他们。 他去英国的时候，去探望了多年未见的老师。 今天是周末，他要去探望朋友。 他准备去北京探望一个老朋友。 听说只有星期五下午才可以去监狱探望。 他住院时，我去探望过他两次。
bài **拜** v. 2 D	to make a courtesy call, to do obeisance to (expressing politeness and modesty)	爷爷生日那天，大家都来给他拜寿 (shòu, birthday)。 春节的时候，中国人都有拜年的习惯。 他想拜老王为师，学习汉语。 您的大作 (your work, a polite word) 我已经拜读 (dú, to read) 过了，写得真好。 王老师，我的孩子还小，就拜托 (tuō, to entrust) 您了。 我们刚搬到这条街，昨天去拜了拜邻居们。
kànwàng **看望** v. 2 D	to pay a visit (to a person)	他去看望老师了。 来看望那位老人的是他的儿子。 今天校长来学生宿舍看望了我们。

那个朋友他已经看望过多次了。
去医院看望他以后，我就回家了。
他朋友不多，平时很少有人来看望他。
他说下了班就来家里看望我。

zǒufǎng
走访 v.   to go and see (usu. a business visit,
2 D   for getting information)

老师走访了那个学生的家长 (jiāzhǎng,
parent)，因为他的孩子最近没来上学。
今天来走访的老师姓什么？
那个记者为了写好这篇 (piān, mw.) 文章
(wénzhāng, article)，走访了好几个人。

kàn
看 v.   to visit (a person or a place)
1 A   (reduplication: A(一)A)

他出去看朋友了。
他正在医院看一个病人。
他今天有病没来上课，我们去他家里看他吧。
他看过父亲以后，就走了。
父母年龄大了，你有时间要常回家看(一)看。

Note:

* 探望 v. 'to look about', as in 他走到窗口，向外面探望了一会儿.

➢ 拜望 v. bàiwàng 'to call (to pay one's respects; a polite word)', as in 他去拜望他的老师去了.

➢ 探亲 v. tànqīn 'to go home to see the family', as in 他每年春节都回家探亲.

---

kàn
看③ v.   **to read**
(see also 看①②)

yuèdú
阅读 v.   to read (usu. silently)
3 B

他经常在公园的椅子上阅读报纸。
他已经把那本书阅读一遍了。
报纸他已经阅读过了。
他阅读得很仔细。
他们正在做阅读练习。
这些书是给老师们阅读的。
他刚开始学英文，还阅读不了 (liǎo) 英文报纸。
他已经能阅读中文报纸了。

dú
读 v.   to read (aloud or silently)
2 A   (reduplication: A(一)A)

老师叫他把第一课读一遍。
老师带我们读生词 (shēngcí, new words)。
他读课文 (text) 读得很不错。
他不读书不看报，就喜欢喝酒。
他读了半个小时了，已经读累了。
这本书值得 (zhídé, to be worthy of) 一读。
他才五岁，已经能读懂大人的书了。
你能把这句英文读出来吗？
他读不懂的时候就去问老师。
你来读(一)读这一段 (duàn, paragraph)。

kàn
看 v.   to read (usu. silently)
2 A   (reduplication: A(一)A)

他正在看书呢。
他看书看得很累。
他没有看完那本书。
他坐上公共汽车就看起报纸来。
那本书他看了两遍才看懂。
他看书看得太认真，我走过来他都没感觉到。
他昨晚没有睡觉，一口气 (non-stop) 把那本书看完了。
他拿过那本书就看了起来。
我没看过这本书，可以借我看两天吗？
他早上看了一个小时的书。
我不看这种书。
在用新买的电视之前，要先看(一)看说明书 (instructions)。

lǎngdú
朗读 v.   to read aloud (oft. with certain
2 B   emotions) (antonym: 默读
          mòdú) (朗, loud and clear)

学生们正在朗读课文。
他朗读得很流利。
老师叫他先默读一遍，再朗读两遍。
他朗读完课文以后，又开始唱歌。
你朗读一下儿这一课。
朗读的时候，要注意发音 (pronunciation)。
他朗读的声音很好听。

niàn
念 v.   to read aloud (reduplication:
1 A   A(一)A)

你把报纸念给奶奶听。
他不会念这个汉字。
他拿起书就念了起来。
他念了一会儿书就上床睡觉去了。
他一边走一边念着英文。
这篇课文太长，十分钟念不完。
这个太难，我念不了 (liǎo)。
多念课文，可以帮助学好发音。
你把信给奶奶念(一)念。

Note:
➢ 读/ 念 v. 'to attend school', as in 他的儿子正读/ 念大学呢.
➢ 阅览 v. 'to read (formal)', as in 他在阅览室看报纸.
➢ 朗诵 v. lǎngsòng 'to recite', as in 他朗诵得很不错, 大家都喜欢听.

---

kǎolǜ
考虑 v.   **to consider**

sī
思 v.   to speculate
3 D

他做什么事情都要前思后想的。
思前想后可不像你，你以前不是这样的。
你可要三思而后行 (to act after thinking it through) 啊！

这件事值得 (zhídé, to be worthy of) 我们深思 (to do some hard thinking)。
他思来想去，觉得还是上大学好。

sīkǎo		
思考 v.	to think deeply	我需要时间来思考这个问题。
3 C		他正坐在那里思考着什么。

不能光听别人说，要自己多思考。
他正在里面思考问题，别进去。
关于这个问题，他思考很长时间了。
经过认真思考以后，他坐飞机去了北京。

sīsuǒ		
思索 v.	to ponder over (sth. complex)	他一边看书，一边思索着。
3 C	(索, to search for)	他思索了一会儿，就开始说话了。

他喜欢到图书馆里去思索问题。
他思索过这个问题，觉得还是父亲说得对。
他坐在河边，思索了很长时间。
学习的时候要用心思索。
这么多年来，他一直在思索着人生的真谛
(zhēndì, true meaning)。

kǎolù	to consider (pros and cons of sth.	你再考虑一下吧。
考虑 v.	important) (reduplication: ABAB)	考虑得太少或者太多都不好。
2 B	(考, to study; 虑, to consider)	有没考虑到的地方，还请大家多原谅。

我已经考虑过了，决定不去国外工作了。
他考虑还是应该让儿子上大学。
如果你还需要时间考虑，别不好意思说。
你考虑好了以后，请给我打个电话。
能把你考虑的结果 (jiéguǒ, outcome) 告诉我吗？
你都考虑两天了，应该有个结果了。
他考虑再三 (over and over)，最后还是去了。
我还需要时间再考虑考虑。

xiǎng		
想 v.	to think about (reduplication:	我还没有想好去不去呢。
2 A	A(一)A)	他正在想问题。

他已经想清楚了，不去北京了。
你想办法把他请来一起吃个饭。
他的名字我想不起来了。
他想了很长时间，最后还是没有去。
他想着想着就睡着了。
他想了想，就同意 (tóngyì, to agree) 了。
你想想，年轻人不学习怎么行呢？
上大学不是一件小事，你应该好好儿想想。
多给我一点儿时间，我再想(一)想。

yánjiū		
研究 v.*	to look into (reduplication: ABAB)	今天的会我们要研究三个问题。
2 B	(研, to study; 究, to investigate)	我们要研究一下才能做出决定。

这个我们再研究研究，过几天给你回话 (reply)。

我一听到他说"研究研究"， 就知道这件事情可能办不成了。

你们回去研究研究吧，希望你们能同意我们的意见 (yìjiàn, opinion)。

你再多花点儿时间研究一下这个问题。

zuómo **琢磨** v. 1 D	to think over (reduplication: ABAB) (琢, to carve; 磨, to grind)	他一直在琢磨怎么把工作做得更好。 这件事情他已经琢磨很长时间了。 别坐在那里瞎 (xiā, foolishly) 琢磨了，打个电话问问就知道了。 他这个人就喜欢琢磨事儿，人也很聪明。 他琢磨了半天也没有琢磨出什么来。 你琢磨一下这样做可以吗？ 这个孩子很会琢磨大人的心思 (xīnsi, intentions)。 我只能说这些了，其余 (qíyú, the rest) 的你们自己琢磨吧。 再给我点儿时间，我再琢磨琢磨。

Note:
* 研究 v. 'to research', as in 他研究的是汉语.
➤ 斟酌 v. zhēnzhuó 'to consider carefully in detail', as in 这个我还需要时间斟酌斟酌.
➤ 寻思 v. xúnsi 'to think sth. over', as in 你在寻思什么呢?
➤ 揣摩 v. chuǎimó 'to try to figure out', as in 我就告诉你们这些，其余的你们自己揣摩吧.
➤ 思量 v. sīliang 'to consider carefully', as in 他们一家人再三思量，最后还是买下了那套房子.

---

kǎoshì
考试 n.   **examination**

cèshì **测试** n.* 2 C	test (of proficiency or capability; oft. with a wider coverage, e.g. a national test), testing (e.g. machinery, instrument or electrical appliances) (测, to measure; 试, to try)	他打算参加汉语水平 (standard) 测试。 英语水平测试一共有八级，他考过了第四级。 听说他拿到了翻译三级测试的证书 (zhèngshū, certificate)。 对这台机器的测试已经做完了。 每台电视机出厂前都要做测试。
cèyàn **测验** n.* 2 B	test, quiz (usu. taken by students; oft. less formal/ significant than 考查/ 考试) (验, test)	听说这种测验比较容易，你不用怕。 这门课一共有一次考试，五次测验。 这次虽然是一个小测验，但他还是认真地准备着。 老师说测验的时间是明天下午两点。 这是我们的第二次英语测验。 他人很聪明，智力 (zhìlì, intelligence) 测验的分数总是很高。

kěyǐ
可以

kǎochá 考查 n.* 2 N/A	pass/ fail type of exam (oft. different type from 考试), assessment (of a project, business feasibility, etc.) (考, examination; 查, to consult)	老师说这门课没有考试，只有考查，就是说只有通过 (tōngguò, pass) 或不通过两种成绩。 他通过了这次考查，非常高兴。 经过各种各样的考查，他终于得到了这份工作。 经过多方面的考查，他们决定买下这家银行。 考查了很长时间以后，他还是没买那家饭馆儿。 你这次考查的成绩怎么样？
kǎoshì 考试 n.* 2 A	examination (oft. more formal and significant than 测验/ 考查)	期末考试就要到了，学生们都很忙。 他这次考试的成绩比上次的好。 考试以后，他准备出去玩玩儿。 下个星期的汉语考试你准备好了没有？ 他说这次考试不太难。 他没有通过这次考试，心里很不高兴。 明天有一个考试，他正忙着看书准备。 他学习不太好，最怕的就是考试。 这次入学考试，我一定得 (děi, have to) 考过 (to pass)。

Note:
* 测试 v., as in 今天的考试是要测试学生的口语能力.
* 测验 v., as in 我们先测验口语, 然后再测验听力.
* 考查 v., as in 这次主要是考查一下学生的综合 (zōnghé, comprehensive) 能力.
* 考查 v. 'to research', as in 他对这个词的出处考查了很长时间.
* 考试 v. (not 考试 + object), as in 你今天考试考得怎么样?
➢ 考 v. 'to give/ take an examination', as in 他考上了大学.
➢ 考核 v. 'to check carefully (whether or not certain standards or requirements are being met)', as in 他们打算考核一下我的汉语听说能力.

---

kěyǐ
可以 aux.

can

huì 会 aux.* 2 B	shall, to have the possibility/ ability to (emphasising 'know how' or 'having certain required skill'; used with adverbs of degree, 很/ 非常, etc.; 不会不 = surely)	他会来的，你不用着急。 他是一个好人，不会不帮助你的。 他会说汉语。 他身体很好，不会生病的。 他会明白的，给他一点儿时间。 今天会不会下雨？ 他很会说话 (He is a smooth talker)，见什么人说什么话。 你会不会说汉语？ 已经六点钟了，他不会不在家的。
kěyǐ 可以 aux.* 2 A	can, may (not used to express 'speculation' on sth. uncontrollable) (antonym: 不许 xǔ)	这个房间可以住两个人，但不许再住多了。 我可以帮助你整理房间。 这个孩子不可以吃花生 (peanuts)。

这次考试我们可以用词典吗？
我可以去机场接他。
你现在可以进去了。
这双鞋很漂亮，我可以试一试吗？
这个地方可以照相吗？
只要认真学，你是可以学会的。
他的肚子不疼了，可以去上学了。
我可不可以坐在这里？

néng **能** aux.* 2 A	to be able to, can (used with adverbs of degree, 很/ 非常, etc.; positive reply: 能/ 可以; negation: 不能; 不能不 = must)	这个房间能住几个人？ 他一定能来，你就放心吧。 他还小，不能自己做饭。 他一分钟能吃一碗面条。 这里不能游泳。 雨下了一天了，你看这雨还能停吗？ 这个很重要，我怎么能不认真呢？ 你很快就能见到他了。 他非常能说 (He can talk for a long time)，一说就 是几个小时。 他能用汉语和我说话了。 他病了，不能去上课了。 明天是我的生日晚会，你不能不来。 儿女不能不对父母好。
nénggòu **能够** aux. 2 A	to be capable of	明年他就能够买得起这套房子了。 这个房间能够放下一个双人床。 时间太短，我不能够完成这个工作。 你是我的朋友，我怎么能够不帮你呢？ 你喝醉了，我不能够让你开车。

Note:
* 会 n. 'meeting, conference', as in 那个会是明天下午两点开.
* 可以 adj. 'okay', as in 他的汉语说得还可以.
* 能 adj. 'able', as in 他是个能人，没有什么他做不了的.
➤ Regarding a newly acquired ability, 会 and 能 can be used interchangeably, e.g. 他已经能/ 会说汉语
  了. Regarding a regained ability, use 能/ 可以 but not 会, e.g. 他病好了，又能/ 可以上学去了.
  When talking about doing sth. under certain conditions, use 能/ 可以 but not 会, e.g. 今天天气好了，
  我们能/ 可以出去旅游了.
➤ 很会, 'good at sth. in terms of skilfulness', 很能, 'good at sth. in terms of capability'. 他很会吃 (He
  is a gourmet, knowing what to eat and where to eat) vs. 他很能吃 (He eats a lot).

kèrén
客人 n.

guest

guìbīn **贵宾** n. 3 C	distinguished guest, VIP (of a more official and formal nature; a polite word) (贵, noble; 宾, guest)	他们都站在大门口迎接贵宾。 这位贵宾是从哪里来的？ 贵宾的房间一定要收拾干净。 他们是从英国来的贵宾。 他在贵宾室休息呢。 这是贵宾的名单，一共十位。 他坐在贵宾席 (seats for guests of honour) 上。 我们要像接待 (jiēdài, to play host to sb.) 贵宾一样接待他。
guìkè **贵客** n. 3 N/A	honoured guest (oft. of non-official nature; a polite word)	您是贵客，请坐上座 (seat of honour)。 贵客的到来使我们全家人都很高兴。 这个门只有贵客来的时候才开。 今天家里有贵客，我要去买点儿好吃的。 他是我的贵客，你们对他都要客气点儿。 他去机场接一位北京来的贵客。
láibīn **来宾** n. 3 C	guest (invited for ceremonies or gatherings, especially in an official or formal capacity; a polite word)	各位来宾，大家好！ 今天他们已经接待了一百多位来宾了。 邀请的来宾都到了，我们开始吧。 他们在这里宴 (yàn, banquet) 请各国的来宾。 来宾休息室在那边。
kè **客** n. 2 C	visitor, guest (used with monosyllables) (antonym: 主)	他今天家里有客，先下班走了。 他去机场送客了，一会儿就回来。 他家客最多，每个周末都有人来。 他最不喜欢请客送礼。 客随主便 (the guest does whatever the host suggests)，你喝什么我就喝什么。 来参加他婚礼的，女客比男客多。 家里来客了，妈妈叫你快点儿回家。
kèrén **客人** n.* 2 B	guest, visitor (antonym: 主人)	他家来了两位客人。 客人都到了，现在可以吃饭了。 客人们玩得都很高兴。 他带着客人去吃饭了。 你是主人，我是客人，我听你的。 来了几位外国客人，谁会说英语？ 客人想吃面条，我马上去做。
láikè **来客** n. 2 C	guest, visitor (less official capacity)	今天来客特别多，我们忙得饭都没吃。 舞会开得很成功，每个来客都很高兴。 您是远方的来客，我们要好好儿喝一杯。

我到的时候，有些来客已经走了。

Note:

* 客人 n. 'customer', as in 这个旅馆的 501 房间住着一个从北京来的客人.

➤ 宾客 n. bīnkè 'guest', as in 你能去给宾客送一下茶水吗？

➤ 宾朋 n. bīnpéng 'guest and friend', as in 今天是他的七十大寿 (shòu, birthday, a polite word for an elder's birthday), 家里宾朋满座.

➤ 嘉宾 n. jiābīn 'distinguished guest (of a wedding, opening ceremony, festival celebration, etc.)', as in 请各位嘉宾入席 (rùxí, to take one's seat at a banquet, ceremony, etc.).

---

kǒu
口 n.   mouth

kǒu 口 n.* 2 A	mouth, taste (of sth. animate/inanimate; emphasising the inside of a mouth; can be used figuratively)	他觉得口渴，想喝点儿水。 你别张口闭口的都是钱，我不爱听。 他的口很重，菜里要放很多盐 (yán, salt)。 他就喜欢吃这口，啤酒加香肠 (xiāngcháng, sausage)。 他们正在上汉语口语课。 这个瓶口太小，放不进去。 这棵树像碗口一样粗 (cū, wide in diameter)。 我可不敢"虎口拔 (bá, to pull out) 牙 (to pull a tooth from the tiger's mouth – to dare to confront the greatest danger)"，还是你去跟他说吧。 那个狮子大口一张，很吓人。 火车站出口 (exit) 在左边。 他站在门口等我。
zuǐ 嘴 n. 2 A	mouth (of sth. animate or inanimate; emphasising the outside of a mouth; when 小 + 嘴, oft. pronounced as zuǐr; can be used figuratively)	他家人的嘴都长得很大。 那个孩子红红的小嘴儿真漂亮。 进来以后，他就一直闭着嘴不说话。 猪嘴大，又能吃。 他的嘴上有很多红点儿，不知道是什么。 小鸟儿都张着小嘴儿，等着鸟妈妈喂 (wèi, to feed)。 他不能没有工作，因为他家里有好几张嘴等着吃饭呢。 他不用茶杯，喜欢直接从茶壶嘴儿喝茶。 他经常用烟嘴儿 (cigarette holder) 抽烟。 他这个人很能说，张嘴就来。 他这个人嘴很快，什么事儿他一知道就会告诉很多人。

| zuǐba
嘴巴 n.
1 D | mouth (of sth. animate) | 他的嘴巴长得很像他的父亲。
那种鸟儿嘴巴很长。
他感冒了，鼻子不通 (blocked nose)，要用嘴巴呼吸 (hūxī, to breathe)。
他的嘴巴被人打红了。
张大嘴巴，让我看看你的牙。 |

Note: *口 mw. (used for family members, pigs, food, etc.), as in 他家有三口人.

---

kuòdà
扩大 v.   to enlarge

kuòchōng **扩充** v. 2 D	to expand and extend (military strength, content, function, etc.) (扩, to enlarge; 充, full)	部队 (bùduì, army) 由两千人扩充到了三千人。 他们的部队在不断地扩充。 多读书才能扩充知识 (zhīshi, knowledge)。 他们的部队近年来扩充得很快。 他们的实力 (shílì, strength) 得到了扩充。 他想扩充一下这本书的内容 (nèiróng, content)。
kuòdà **扩大** v. 2 B	to enlarge, to broaden the scope, to enhance (influence, etc.; could be either man-made or a natural act)	大学的校园扩大了不少。 他想把花园扩大一些。 上大学使他扩大了眼界 (jiè, scope)。 图书馆的面积 (miànjī, area) 扩大了一倍，能坐得下更多的学生了。 天上的那团 (tuán, mw.) 黑云扩大了很多，马上就要下雨了。 这个城市人均 (rénjūn, per capita) 住房面积比去年扩大了两平方米。 他们想扩大海外市场 (market)。 他们正在努力扩大这个产品 (chǎnpǐn, product) 的影响 (yǐngxiǎng, impact)。 不要把事情扩大化 (huà, -ise/ -ify)。
kuòjiàn **扩建** v. 2 D	to expand (building, etc.), to extend (factory, mine, etc.) (建, to build)	这个城市近几年来扩建了不少公园。 工厂需要扩建厂房。 这个图书馆正在扩建。 马上要扩建的厂房有三个。 扩建后的图书馆漂亮极了。 学生越来越多，学生宿舍必须扩建。
kuòzhǎn **扩展** v. 2 D	to spread, to develop (展, to open up)	这个校园不断地向外扩展。 这个城市扩展得越来越大。 那个城市扩展的速度 (sùdù, speed) 快极了。 这个工厂从一个厂房扩展到五个厂房。

kuòzhāng **扩张** v. 2 D	to outspread; to overspread (power, territory, etc.; oft. used pejoratively; not 到 + numerals) (张, to spread)	这个国家的海军 (hǎijūn, navy) 不断地扩张，使得其它国家感到不安。 近年来，他们进一步扩张，引起了一场战争 (zhànzhēng, war)。 几年的时间，这个国家从一个小国扩张成了一个大国。 他们的势力 (shìli, power) 从这里扩张到了那里。 听说喝酒可以扩张血管 (xuèguǎn, blood vessel)。

Note: The antonym for all words in this group is 缩小 suōxiǎo.

lā
拉

L

lā
拉 v.

to pull

bá 拔 v. 2 B	to pull out (sth. fixed or hidden, oft. with force; also used figuratively)	他正在花园里拔草呢。 他的那颗牙拔不下来。 他一个人拔不动，我们过去帮帮他吧。 他用力把钉子 (dīngzi, nail) 拔了出来。 他拔出刀来，孩子们吓得哭了起来。 别拔白头发，听说越拔越多。 你帮我把这个拔出来，好吗？ 一看我们来了，他拔腿就跑。 我们在学生中选拔最好的去参加汉语比赛。
chě 扯 v.* 2 C	to tug (sth. light, a quick action) (reduplication: A(一)A)	他一下子就把我扯了过来。 他扯住我，不让我走。 他向左一扯，那条狗就跟着他走了。 他扯了我一下，让我别再说了。 别拉拉扯扯的了，饭钱我们一人付一半吧。 孩子扯(一)扯妈妈的衣角，说想回家。
chōu 抽 v.* 2 A	to draw out (from among; also used figuratively)	他从一堆书里抽出了这本书。 他从钱包里抽出一张一百块的给我。 大家快过来抽签 (chōuqiān, to cast lots) 吧。 他想抽一道 (mw.) 容易一点的题 (tí, question)。 他们用抽水机抽水。 他从信封里把信抽了出来。 他说他很忙，抽不出身来参加这个会。 老师从我们班抽出两个人去帮助他们班。 他常常抽时间 (to manage to find time, also 抽空儿) 去看望父母。
lā 拉 v.* 2 A	to pull (sth./ sb. towards/ with oneself) (reduplication: A(一)A) (antonym: 推 tuī)	天黑了，把窗帘拉上。 孩子们拉着手 (hand in hand) 在跳舞。 他把椅子拉过来坐在我的旁边。 他拉车拉得比我快。 他伸手把我从地上拉了起来。 你一定要拉住他，别让他走了。 他拉开门，走了进去。 我拉不动，你来试一下吧。 别拉了，你要推门才能进去。 再拉两次就可以拉完了。 把窗帘往下拉(一)拉。

tuō 拖 v.* 2 B	to tug, to haul (dragging sth. / sb. along some kind of surface, and towards the doer) (reduplication: A(一)A)	他拖着一个大箱子，走得很慢。 他的车坏了，请人来把它拖去修理了。 别把椅子拖坏了。 他把箱子从床底下拖了出来。 他们把那个孩子从树上拖了下来。 这个太重，我拖不动。 把床往里拖(一)拖。
zhuài 拽 v. 2-1 D	to drag, to pull (reduplication: A(一)A)	他拽着那个人来见我。 别拽我，我自己会走。 天很冷，他把被子往上拽了好几次。 他把孩子从地上拽起来就一起回家了。 这个不重，我拽得动。 那个太重，你拽不动。 是他把我从河里拽了上来，我很感谢他。 把窗帘往左拽(一)拽。

Note:
* 扯 v. 'to tear off', as in 1) 他把那张画从墙上扯了下来. 2) 他把我的包扯坏了.
* 扯 v. 'to chat', as in 别把话扯远了.
* 抽 v. 'to inhale', as in 抽烟对身体不好.
* 抽 v. 'to shrink', as in 游泳的时候, 他的腿突然抽筋 (chōujīn, to have cramp) 了.
* 拉 v. 'to defecate', as in 他这几天拉肚子 (to suffer from diarrhoea), 没有来上课.
* 拉 v. 'to part', as in 他们俩要动手打架, 我把他们拉开了.
* 拖 v. 'to delay', as in 他拖了很长时间才把钱还给我.
* 拖 v. 'to mop', as in 1) 今天是周末, 他把地拖了, 衣服也洗了. 2) 一会儿我拖拖地, 你去把衣服洗了.
➤ 牵 v. qiān 'to lead along', as in 他牵着一头牛在路上走着.

---

láiwǎng
来往 v.   to come and go

wǎnglái 往来 v.* 3-2 C	to come and go (往, to go)	路修好了，车辆往来方便了很多。 下班时间到了，路上的行人往来不断。 从这里到那里，航空信往来要十天。
láiwǎng 来往 v.* 2 C	to come and go (insertable) (reduplication: AABB)	他常常来往于北京和上海之间 (personal or business trips)。 前面正在修路，不许车辆来往。 公路上的车辆来往不断，非常繁忙。 这条路修好了以后，车辆来往方便了不少。 公园里的人来来往往 [idiom]，很热闹。 飞机场里人来人往 [idiom]，大家要看好自己的行李。 旅店里住的人是南来北往的 [idiom]，哪里的人都有。

wǎngfǎn		他每天上、下班往返要一个小时。
往返 v.	to go back and forth, to go and	为了孩子上大学的事情，他往返北京两次。
2 D	return (返, to return)	他常常往返于北京和上海之间 (likely referring to business trips)。

Note:

* 往来 n. 'contact, dealings (oft. of non-personal nature)', as in 这两个国家一直保持着友好往来.

* 来往 n. 'contact (oft. of personal nature)', as in 他跟大学的同学们一直有来往.

➤ 来回 n. 'to and from', as in 我走路去大学，一个来回要半个小时.

➤ 往返票 n. 'return ticket', as in 他买了一张上海飞北京的往返票.

---

láiyuán
来源 n.   source

gēnyuán		他结婚了，但并不幸福，根源在于他不爱她。
根源 n.	the root cause (根, root; 源, the	只有找到根源，才能解决问题。
2 C	cause or source)	酒后开车是车祸 (huò, disaster) 的根源。
		这可能是问题的根源之一。
		不努力学习是他不能毕业的根源。

láilì		这个人来历不明，你们要小心一点儿。
来历 n.	past history, background	听说这件事很有来历，你去问问吧。
2 D	(历, calendar)	这个名字有什么来历吗？
		你说说这个东西的来历吧。
		他没有说过老王的来历，我也不知道。

láiyuán		他的工钱是家里的经济 (jīngjì, financial) 来源。
来源 n.*	source	你听谁说的，来源可靠 (kěkào, reliable) 吗？
2 C		这个大学办得很好，学生来源十分充足 (chōngzú, sufficient)。
		如果不工作，他就没有生活来源了。

qǐyuán		你知道人类 (rénlèi, mankind) 的起源吗？
起源 n.*	origin, birth	关于人类的起源，这本书讲了很多。
2 C		他对人类起源的问题很感兴趣，看了很多这方面的书。
		生命 (shēngmìng, life) 的起源是他这堂课要讲的。
		他很想知道文字的起源。

Note:

* 来源 v. 'to come from (followed by 于)', as in 他的消息 (xiāoxi, news) 来源于老王.

* 起源 v. 'to originate (followed by 于)', as in 听说足球起源于英国.

➤ 源头 n. yuántóu 'head-waters', as in 你知道长江的源头在哪儿吗？

➤ 来头 n. láitou 'connections (informal)', as in 他这个人很有来头.

---

lèi
累 adj.   **tired**

píbèi **疲惫** adj. 3 D	exhausted (antonym: 精力充沛 jīnglìchōngpèi) (疲, tired; 惫, exhausted)	他刚坐了十几个小时的飞机，但还是精力充沛， 没有疲惫的样子 (look)。 他非常疲惫，靠着墙就睡着了。 他疲惫得连饭都不想吃了。 他疲惫得很，让他休息一下吧。 他疲惫地坐在地上。 他太疲惫了，已经一天一夜没有睡觉了。
pífá **疲乏** adj. 3-2 D	fatigued (乏, lacking)	工作了一天，晚上回到家里感到十分疲乏。 他病了，身上疲乏无力。 他很喜欢旅游，在外边玩一天也不觉得疲乏。 回到家里，他有点儿疲乏，就上床睡觉了。 他拖着疲乏的身子为儿子到处去联系学校。 他疲乏地闭上了眼睛，想休息一会儿。
píjuàn **疲倦** adj. 3-2 C	tired and sleepy (倦, weary and sleepy)	不知道为什么，他最近总是感到疲倦。 我现在很疲倦，很想去睡一会儿。 为了这个家，他不知疲倦地奔忙着。 他看起来疲倦极了，可能昨晚没有睡觉。 他在外面跑了一天，回到家疲倦得连饭也没吃就 去睡觉了。 他老是在课堂上睡觉，样子十分疲倦。
píláo **疲劳** adj. 3-2 B	worn out, tired (due to overwork) (劳, fatigue)	他感到很疲劳，下了班就回家休息去了。 疲劳的工作使他的身体变得很不好。 别太疲劳了，身体最重要。 他年轻的时候，从来不觉得疲劳。 你看起来有点儿疲劳，去休息一会儿吧。 他常年不知疲劳地工作着。 他疲劳得要死 (sǐ, extremely)，只好坐下来休息一 会儿。 讲了一天的课，他疲劳极了。 他在外面跑了一天，感到特别疲劳。
lèi **累** adj.* 2 A	tired, tiring (referring to sth. animate or inanimate)	他的工作很累，每天要干十个小时以上。 他累得都走不动了。 那是一个累活儿 (huór, work)，他不愿意去干。 我身体好，累一点儿没关系。 年轻人从来不觉得累。 你跑累了就坐下休息休息吧。 他累极了，连话都不愿意说。 爬了一天的山，累死我了。 你把书全看完了，够 (gòu, enough) 累的了。 他总是做最累的工作，真是个好人。

Note:

* 累 v. 'to make sb. tired', as in 这个孩子真累人, 晚上不睡觉白天睡觉.

➢ 乏 adj. fá 'tired (informal)', as in 他上了一天的班, 回到家里感到乏极了.

➢ 劳累 adj. láolèi 'over-worked', as in 别太劳累了, 要注意身体.

➢ 困 adj. kùn 'sleepy', as in 他很困, 就去睡觉了.

➢ 困乏 adj. kùnfá 'sleepy and fatigued', as in 他感到很困乏, 就回家睡觉去了.

➢ 困倦 adj. kùnjuàn 'sleepy and tired', as in 干了一个晚上, 他困倦得不得了 (liǎo, 不得了 'extremely').

---

lěng

冷 adj.   **cold**

hán 寒 adj.* 2 D	freezing, glacial (antonym: 暑)	寒冬到了, 外面下起了大雪。 一开门, 他就感到了一股 (gǔ, mw.) 寒气。 寒风吹在脸上, 他觉得有几分 (some) 凉意。 睡觉时受了点儿风寒, 他早上就开始发烧。 外边天寒地冻 (dòng, freezing) 的, 我们在家别出去了。 冬天要注意防 (fáng, to prevent) 寒保暖。 学校放寒暑假的时候, 他经常回家看父母。
lěng 冷 adj.* 2 A	cold (colder than 凉) (antonym: 热)	今天冷极了。 昨晚冷得很, 我没有出去, 在家看书。 天气太热了, 去把冷气 (air conditioning, southern dialect) 打开。 他喜欢喝冷饮 (yǐn, drinks)。 昨天比今天冷多了。 昨天最冷, 还下了大雪。 这么冷的天儿, 你就别出去了。 今天的菜有两个冷盘儿 (cold dish), 六个热菜。
liáng 凉 adj.* 2 B	cool, cold (oft. felt by touching) (antonym: 热)	早上挺凉, 多穿点儿。 他喜欢喝凉水, 不喜欢喝热水。 水太凉, 不能下去游泳。 孩子的手真凉, 快带他进屋暖和暖和 (nuǎnhuo) 吧。 饭凉了, 去热 (v. to heat) 一下再吃。 凉凉的晚风吹在脸上, 他觉得很舒服。 他喜欢吃凉一点儿的饺子。 他做的那个黄瓜凉菜 (cold dish), 我很喜欢吃。 夏天到了, 他穿上了凉鞋 (sandal)。 他睡觉的时候肚子受了凉, 起来以后肚子很疼。 天气凉了, 多穿点儿衣服。 饭都放凉了, 快来吃饭吧。 这里中午热, 早晚凉。

Note:

➢ 寒/ 冷/ 凉 + monosyllable.

* 寒 adj. 'bitterly disappointed', as in 他对父母这样无情, 真叫人心寒.
* 冷 adj. 'cold (figurative)', as in 1) 他冷冷地看了她一眼, 什么也没有说. 2) 今天公园里冷清清的, 没有人.
* 凉 adj. 'discouraged', as in 我一听, 心里就凉了.
* 凉 v. liàng 'to cool', as in 汤太热了, 凉一凉再喝.
➢ 寒冷 adj. 'chilly', as in 北方的天气很寒冷, 你要多带点儿衣服.
➢ 冰冷/ 冰凉 adj. 'icy', as in 孩子的手脚冰冷/ 冰凉, 再给他多穿点儿衣服吧.
➢ 凉快 adj. 'nice and cool', as in 大夏天吃西瓜, 真凉快!

---

lǐmiàn
里面 n.   **inside**

nèi **内** n. 3 A	within, inside (oft. referring to scope; used particularly with monosyllables) (antonym: 外)	他在国内很有名。 不要在室内抽烟。 这是谁的内衣? 他住在校内。 这里对内不对外。 他年内 (this year) 想去一次北京。 医院内很安静。 院内院外都是花儿, 很漂亮。
nèibù **内部** n. 3 B	the internal part, inside (antonym: 外部) (部, part)	饭馆这几天不开门, 内部装修 (zhuāngxiū, renovation)。 我们要开一个内部会议。 这个工作只要大学内部的人。 他们内部很团结 (tuánjié, united)。 这是在学校内部用的电话号码。 这是内部消息 (xiāoxi, news), 很多人还不知道。
qíjiān **其间** n. 3 D	during this/ that time, among (其, that; 间, among)	他上大学上了三年, 其间学到了很多东西。 他们已经结婚了几十年了, 其间经历 (jīnglì, to go through) 了很多风风雨雨。 他很小就离开了家, 其间受了不少苦。 他在中国住了一年, 其间他去了很多地方。
qízhōng **其中** n. 3 B	among	他家一共有三个孩子, 其中有两个男孩儿。 他有很多朋友, 其中小王跟他最好。 我看了你写的计划, 其中有不少问题。 他去过很多国家, 其中最喜欢的是新西兰。 他种了很多果树, 其中苹果树有不少。 他出去旅游了半年, 其中两个月在英国。 我们班毕业了十几个人, 我也在其中。 我们班有四个中国人, 我是其中的一个。

zhījiān **之间** n. 3 A	between (usu. nominal modifier + 之间, also 之内/ 之中 below; also verb/ adverb + 之间)	他坐在爸爸和妈妈之间。 那两个大楼之间有一个运动场。 他打算在十一月和十二月之间去旅游。 你可以在晚上八点到九点之间给我打电话。 这个电视机的价格在一千到一千二百元之间。 我们俩之间什么话都可以说。 同学之间要互相帮助。 说话之间，他就到了。 突然之间，一条大狗跑了过来。
zhīnèi **之内** n. 3 C	within (antonym: 之外)	展览馆之内不准照相。 球没有落在白线之内。 他计划三年之内从大学毕业。 考试必须在三个小时之内完成。 今天大雾 (wù, fog)，十米之内才能看见人。 坐飞机，二十公斤之内的行李可以，二十公斤之 外的可能不行。 他的钱不多，只能买二十块钱之内的衣服。
zhīzhōng **之中** n. 3 B	among, during (noun/ verb + 之中) (antonym: 之外)	他可能藏 (cáng, to hide) 在树林之中。 学生之中有很多是中国人。 两个月之中他住了两次医院。 言谈之中他好像很想家。 他在大雨之中把车开回了家。 开会之中他突然感到肚子疼。 这个问题正在讨论 (tǎolùn, to discuss) 之中。
dāngzhōng **当中** n. 2 C	among, in the midst of	我们当中有三个人是学生。 人群当中有很多是老人。 家人当中他最聪明。 一年当中他最喜欢春天。 这么多认识的人当中他是我最好的朋友。 最近这三个月当中，他每个周末都回家看父母。 这几年当中他从来没有来晚过。 家里的孩子当中，就他一个人上了大学。
lǐ **里** n.* 2 A	in, inner (usu. not used as a subject or object) (reduplication: AA) (antonym: 外)	家里他最忙。 他在里屋呢，你进去吧。 外屋是书房，里间是卧室。 他在咖啡里加了一点儿糖。 他在屋里看书呢。 书包里都是书。 他一年里最忙的就是六月份。 他心里只有她一个人。 他从里到外穿的都是名牌儿 (famous brand)。 上车的人请往里走。 春节快到了，他把房子里里外外地打扫了一遍。

lǐmiàn 里面 n. 2 B	inside (antonym: 外面)	图书馆里面有很多人。 里面热，外面比较凉快。 他肚子里面老叫，可能是饿了吧。 图书馆里面坐满了人。 这里面有不少问题。 他坐在最里面。
zhōng 中 n.* 2 A	in between, in the middle of (referring to people, time, etc.; also verb + 中; oft. no fixed point; 在…中) (antonym: 外)	水中有很多鱼。 假期中他出去旅游了。 学生中他学习最好。 在大学的三年中，他的成绩都很好。 他们正在谈话中。 在看过的电影中，他最喜欢这部。 听了他的话以后，我心中很不高兴。 从书中他学到了很多东西。 他的茶中从来不放牛奶。 他正在休息中，我们等一会儿再进去吧。 他在幸福中成长，父母都很爱他。
zhōngjiān 中间 n. 2 A	among, between (in the centre of the two ends; oft. having a fixed point or a specific position) (antonym: 外边儿, 两头儿)	中间的那辆红车是他的，两头儿是别人的车。 在我们中间，没有人去过中国。 在他家和我家中间有一家饭馆儿。 屋子中间有一张桌子。 从这里去图书馆，中间要换车吗？ 那些树中间有很多是苹果树。
lǐbian 里边 n. 1 A	inside (antonym: 外边)	外边很冷，但是房子里边暖和 (nuǎnhuo)。 看来这里边还有不少我们不知道的东西。 请往里边坐坐。 书里边的人物 (rénwù, character) 我都很喜欢。 房子的最里边放着一张床。 里边有人吗？ 里边的座位已经有人了。 这张唱片儿里边没有我喜欢的歌。
lǐtou 里头 n. 1 C	inside (antonym: 外头)	厨房里头的事情由他来做。 请往里头走走，别站在车门旁边。 听了他的话，我心里头很不舒服。 他觉得这里头有点儿问题。 碗里头没有饭了，我再去加点儿。 坐在最里头的是我姐姐，最外头的是我哥哥。 他一年里头去了两次北京。

Note:

➤ There are differences in terms of 'parts of speech' between Chinese and English in this group, for
example, 里 is a noun in Chinese, but its translation 'in' in English is not.

* 里 n. 'a unit of length equal to half a kilometre', as in 从我家到大学有三里路.

* 中 adj. 'medium', as in 这种衬衫, 他穿中号.

---

lǐxiǎng
理想 n.   **ambition**
(see also 希望)

huànxiǎng **幻想 n.** 2 C	illusion, fancy, fantasy (oft. not realisable, with a slim chance of coming true) (antonym: 现实 xiànshí, suitable to all others in this group, except 妄想) (幻, illusory)	孩子们常常有很多幻想。 他心中充满 (chōngmǎn, to be full of) 了幻想。 这只是一种幻想。 我们要打破幻想, 认认真真地干好工作。 想一夜之间成为百万富翁 (fùwēng, a man of wealth), 那只是幻想。 你不能老生活在幻想之中, 要回到现实当中来。 他喜欢看幻想小说 (novel)。 不要对他抱有太多的幻想。
kōngxiǎng **空想 n.** 2 D	daydream (not realisable, used with slight negativity) (空, empty)	这是一个空想, 不会成为现实的。 他的想法跟空想不同, 我觉得是可以实现 (shíxiàn, to realise) 的。 那永远只能是一种空想。 他的那些空想是很可笑的。 我们都叫他"空想家"。 光空想是没有用的。
lǐxiǎng **理想 n.*** 2 B	ambition, ideal (of an individual or collective; usu. founded and reasonable) (理, reason)	他的理想是当一名教师。 这个理想很美好。 他是一个没有理想的人。 只要努力去做, 理想是会变成现实的。 他的理想终于 (zhōngyú, at last) 实现了。 人们的理想是国家强大, 生活幸福。
mèngxiǎng **梦想 n.*** 2 C	dream (with some hope it will come true) (梦, dream)	他有一个梦想, 有一天能飞到天上去。 梦想是美丽的, 但是很难变成现实。 多年的梦想终于实现了, 他高兴得跳了起来。 这只是一个梦想, 能不能实现还很难说。 他终于考上了大学, 梦想成真 (zhēn, real) 了。 祝大家梦想成真, 心想事成。 他的梦想还没有实现呢。 梦想被打破了, 他觉得很伤心。 当一名宇航员 (yǔhángyuán, astronaut) 是他小时候的梦想。
wàngxiǎng **妄想 n.** 2 D	wishful thinking, mirage (usu. not realisable, used pejoratively) (妄, irrational)	他想当这个大学的校长, 真是妄想。 痴心 (chīxīn, infatuation) 妄想, 绝对不可能! 他的妄想是不会得逞 (déchěng, to succeed) 的。

如果让他们的妄想得逞，那我们就不会有幸福
的家园了。

Note:
* 理想 adj. 'ideal', as in 他觉得这种车很理想.
* 梦想 v. 'to dream', as in 他梦想着能有一个漂亮的女朋友.
➤ 抱负 n. bàofù 'ambition (of an individual)', as in 年轻人一定要有理想, 有抱负.
➤ 痴想 n. chīxiǎng 'silly thoughts', as in 你的想法只是一种痴想, 不要再这么想了.

---

lì
力 n.   **strength**

lì 力 n. 2 B	strength, power, ability (oft. used with monosyllables; also figuratively)	他用力把门推开，走了进去。 这种药的药力很大，吃太多可能不好。 他很累，无力再跑了。 他握手的时候很有力。 他的说服力 (persuasiveness) 很大，我们都愿意听他的。 尽 (jìn) 力而为 (to try one's best) 吧。 这头大象力大无比 (wúbǐ, matchless)。 做这个中国菜，火力一定要大。
lìliang 力量 n. 2 B	(physical) strength, power (of a person, machine, nature, etc.; also used figuratively) (量, capacity)	他身体好，力量也大。 我的力量没有他的大。 这张大桌子要两个人的力量才能搬得动。 团结 (tuánjié, solidarity) 就是力量。 人多力量大。 我们要尽一切力量去帮助孩子们。 他的话在孩子们的心里产生了神奇 (shénqí, magical) 的力量。 这个机器的力量可真不小。 大海的力量是无穷 (wúqióng, infinite) 的。
lìqi 力气 n. 2 B	(physical) strength, might (usu. of sth. animate; also used figuratively)	孩子哭了一天了，现在已经没有力气再哭了。 他的力气真大，这么重的箱子也能拿起来。 帮女朋友干活儿 (gànhuór, to work)，他最卖力气了。 家里的力气活儿都由哥哥干。 我们这几个人当中，他的力气是最大的。 他用了最大的力气才把我拉了上来。 他花了很大力气才把老师请来了。 他累得连说话的力气都没有了。 那头牛的力气可真不小。 我们要先计划好，别白 (in vain) 花 (to spend) 力气。

nénglì **能力** n. 2 B	ability, capacity (usu. of a person; also used figuratively)	他的工作能力很强 (qiáng, strong)。 他的学习能力比我强很多。 你很有写作能力，应该去当作家。 他没有自己照顾自己的能力，妈妈很担心他。 他有能力把这个工作做好。 他有能力，一定会是一个好老师。 一个人的能力有大有小，帮多帮少都行。 他是一个生活能力不太强的人。 我自己孩子的能力，我最清楚。 你有这个能力吗？ 没有能力就说没有能力，要说真 (zhēn, true) 话。
qìlì **气力** n. 2 D	effort, energy (usu. of sth. animate) (气, energy)	要想学好数学 (maths)，一定要花大气力才行。 去年他病了一年，气力不如以前了。 她已经九十多岁了，说话都没有气力了。
shílì **实力** n. 2 D	actual strength, power (of a person, enterprise, organisation, etc.) (实, fact)	他很有实力，比赛总是前几名。 这个工厂发展得很好，实力不错。 这个国家的实力比那个国家强。 他要努力学习，进一步增强自己的实力。 你们一点儿实力都没有，能盖成这个大楼吗？
jìnr **劲儿** n. 1 N/A	(physical) strength, energy (usu. used with monosyllables; also used figuratively)	他们用劲儿推着一辆车。 他的手劲儿比我大。 跑了很长时间，大家都没劲儿了。 他费了很大劲儿才把儿子找到。 你有劲儿，过来帮我一下。 他越干越来劲儿，很快就干完了。 借着酒劲儿，他对她说出了心里话。 那头牛的劲儿很大。 他干什么都认真卖力，真有股 (gǔ, mw.) 劲儿。 大家再加把 (mw.) 劲儿，把这个工作做完。

Note:
➢ 劲头儿 n. '(physical) strength (informal)', as in 这些年轻人身体好，劲头儿大.
➢ 牛劲儿 n. 'stubbornness', as in 他一上来牛劲儿，谁的话也不听.

---

lìkè
立刻 adv.   **right away**
(see also 急/ 急忙)

dùnshí **顿时** adv. 3-2 C	immediately, in no time (oft. cause + 顿时 + result) (顿, suddenly)	他一说，我顿时明白了。 一阵大雨过后，空气 (air) 顿时清新了很多。 孩子看见妈妈走了出去，顿时就哭了起来。

lìjí 立即 adv. 3-2 B	promptly	他进门以后，立即把灯打开了。 他告诉我立即打电话给小王。 你立即去医院，妈妈刚被送到医院去了。 他一下班，就立即来看我了。 你如果不立即去飞机场的话，可能就会坐不 上飞机了。
jǐnkuài 尽快 adv. 2 D	as soon as possible (stressing 'willingness to do sth. soon') (antonym: 拖延 tuōyán) (尽, to exhaust)	你们要尽快完成这个工作，不能拖延。 请他尽快给我回个电话，我有急事找他。 请尽快把这本书交给他，他等着看呢。 如果可能的话，请尽快把计划告诉我们。 别担心，我会尽快把钱给你的。
lìkè 立刻 adv. 2 A	right away, immediately (立刻 could be sooner or more urgent than 马上; referring to sth. animate or inanimate) (立, immediate; 刻, 15 minutes)	他一接到电话，立刻就去火车站了。 他命令 (mìnglìng, to order) 我们立刻出发 (chūfā, to set out)。 他刚出家门，大雨立刻就下了起来。 孩子一看见妈妈来了，立刻就哭了起来。
liánmáng 连忙 adv. 2 B	at once, promptly (连, in succession)	他一看见我，就连忙走了过来。 他走了进来，我连忙站了起来。 听到有人敲门，他连忙站起来去开门。 客人一进饭店，服务员连忙请他们坐下。 老人一上车，几个年轻人就连忙让座。 路上人很多，一不小心踩 (cǎi, to step on) 了 一个人的脚，他连忙说"对不起"。
gǎnmáng 赶忙 adv. 2-1 C	hurriedly (not used for a future event or in an imperative) (赶, to hurry through)	爸爸回家了，她赶忙去给他开门。 听说他病了，我们赶忙去医院看他。 学生一看见老师走进了教室，都赶忙坐回自 己的座位去了。 他在孩子没回家之前，赶忙把饭先做好了。
gǎnjǐn 赶紧 adv. 1 B	hastily, without delay (emphasising the importance of 'no delay'; can be used in an imperative or for a future event) (紧, to tighten)	他病得很重，应该赶紧去医院。 赶紧去吧！晚了你就赶不上飞机了。 八点都过了，咱们赶紧开会吧。 他看到女儿哭了，就赶紧把她抱了起来。 天要下雨了，我得 (děi, have to) 赶紧回家了。
gǎnkuài 赶快 adv. 1 B	quickly (stressing the necessity of swiftness; oft. used in an imperative or for a future event, to urge sb. to do sth.)	我妈打电话叫我赶快回家，我孩子病了。 赶快！赶快！跟上前面那辆车。 你赶快打个电话给他，问问他还来不来了。 他着急要去上班，赶快吃了两口饭就走了。 那个人偷 (tōu, to steal) 了我的钱包，赶快抓 (zhuā, to catch) 住他！ 快到时间了，赶快穿衣服走吧！ 赶快，送他去医院！

赶快喝了吧，茶都快凉了。

mǎshàng **马上** adv. 1 A	soon, shortly (referring to sth. animate or inanimate)	你别着急，我马上就到。 马上就要上课了，不要说话了。 运动会马上就要开始了，我们快进去吧。 天马上就要黑了，咱们快下山吧。 他马上就要毕业了，工作已经找好了。 火车马上就要开了，你快上车吧。 比赛马上就要开始了，可是他们还没来。 请等一下，他马上就回来。 这是我的家，你马上给我出去！

---

lìyòng
利用 v.

to use

lìyòng **利用** v. 2 A	to use (indicating an optimal or opportune use; used positively or pejoratively) (利, to benefit)	他很会利用时间，一有空儿就看书学习。 他总是把时间利用得很好。 在中国的时候，他充分利用了所学的汉语。 他利用朋友走后门 (to pull strings)，这很不好。 他们不是朋友，只不过是互相利用。 这里的好山好水没有被很好地利用。 他很会利用人，我不喜欢他。 他利用开会的机会 (opportunity) 认识了不少人。 他是受人利用才这样做的。 我们应该更好地利用雨水。
shǐyòng **使用** v. 2 A	to make use of (oft. specific things; indicating practical or habitual use) (使, to employ)	这是新电视的使用说明。 大家的钱要合理使用，不能乱花。 爷爷不会使用这台电视机。 这个手机他已经使用三年了。 上课的时候不能使用手机。 使用它的时候，一定要小心。 由于使用过度 (guòdù, excessively)，这台电脑很快就坏了。 他电脑使用得很熟练 (shúliàn, skilled)。
yìngyòng **应用** v.* 2 B	to apply (a theory/ technology in practice)	他把这种技术 (jìshù, technology) 应用到生产中。 这种技术已经被应用到很多地方了。 这种方法 (fāngfǎ, method) 在这里应用得很多。 这种技术在汽车制造中应用最多。
yùnyòng **运用** v. 2 B	to utilise (usu. referring to abstract items)	他经常把书本上学到的东西运用到工作中去。 他们正在运用这种技术。 他在这部电影中运用了一种新手法 (technique)。 这种技术运用得很成功。

他们运用新技术解决 (jiějué, to solve) 了不少问题。

Note:
* 应用 n. 'application', as in 1) 这种技术的应用是非常成功的. 2) 他写了一篇 (piān, mw.) 应用文 (practical writings as opposed to literary work, e.g. writing a business letter). 3) 在实际 (shíjì, practical) 应用中, 他们学到了不少东西.
* 应用 adj. 'applied', as in 他学的是应用数学 (maths).

---

lìrú
例如 v.   for instance

pìrú **譬如** v. 3 C	for instance (譬, analogy; 如, such as)	他非常喜欢运动，譬如跑步、游泳。 他带着很多问题来请教老师，譬如语言到底是怎么来的。 在中国，南方和北方的气候不一样，譬如北方下雪，可是南方很少下雪。
bǐrú **比如** v. 2 B	for example (also 比如说, but more colloquial)	东北地区，比如大连、沈阳，冬天很冷。 我们一点儿都不了解他，比如他叫什么名字我们都不知道。 他爱运动，比如说打篮球和踢足球。 他什么菜都喜欢吃，比如川菜、京菜。 他的朋友不少都在学汉语，比如约翰和大卫。 最近这里老是刮风，比如昨天和今天。
lìrú **例如** v. 2 A	for instance (例如...等/ 等等) (例, examplc)	他会说很多种语言，例如英语、汉语、日语等。 这个饭馆有很多种菜，例如北方菜、广东菜、上海菜等等。 他做过不同的工作，例如老师、工人、电影演员。 他非常喜欢吃水果，例如苹果、葡萄、西瓜什么的。 这个商场什么都卖，例如衣服、书报、蔬菜、水果、鱼、肉，等等。
bǐfāngshuō **比方说** ph. 1 N/A	such as, as an analogy	他想学一门外语，比方说汉语或者英语。 他们去过不少地方，比方说北京、上海、香港。 我们班的学生来自不同的国家，比方说中国、英国、澳大利亚。 不少人都喜欢看电影，比方说老王周末就常去看电影。 他的爱好有很多，比方说旅游和听音乐。 他家的孩子都很聪明，比方说大儿子就考上了北京大学。

ná...láishuō

拿...来说 ph. to take ... as an example, as far
1 C   as...is concerned

他各方面 (every way) 都很优秀 (yōuxiù,
excellent)，拿学习来说，他是全班最好的。

拿工作来说，他从来都是很认真的。

拿穿鞋来说，他喜欢布鞋不喜欢皮鞋。

拿接人待客来说，他比他的弟弟会说话。

拿爱好来说，他的爱好比我多很多。

拿气候来说，他更喜欢北方，因为冬天可以滑雪
和滑冰。

锻炼对身体好，拿我来说，几天不锻炼就觉得很
不舒服。

Note:

➤ 举例 v. jǔlì 'to give an example', as in 他讲课的时候，经常给学生举例.

➤ 打比方 ph. 'to give an example', as in 他讲课的时候经常打比方，学生比较容易听懂.

---

lì

粒 mw.   **for grain-like things**

kē

颗 mw.   usu. for sphere-like objects, such
2 B   as grains, hearts, pills, teeth, bombs,
            bullets

他今天掉了一颗牙。

枪 (qiāng, gun) 里有五颗子弹 (zǐdàn, bullet)。

今晚能看到天上有几颗特别明亮的星星 (xīng,
stars)。

他画了一颗红心。

他给了孩子两颗糖。

他给了我几颗种子 (seeds)。

他有着一颗火热的心，总是愿意帮助别人。

今天天气非常热，他脸上冒出一颗颗的汗珠
(hànzhū, beads of sweat)。

他买了一颗很贵的珍珠 (zhēnzhū, pearl)。

这种药丸儿 (wánr, pill) 一天吃三颗。

lì

粒 mw.   usu. for grain-like things, such as
2 B   grains, grapes (oft. referring to
            things smaller or less valuable
            than things modified by 颗)

盘子里有几粒花生 (peanuts)。

他还有一粒子弹了。

他又去拿了几粒种子来。

他吃了几粒瓜子儿 (melon seeds)。

你嘴边有一粒米粒儿。

这种药一天三次，每次一粒。

他把地上的米一粒一粒地捡 (jiǎn, to pick up)
了起来。

他往菜里放了几粒盐 (yán, salt)。

他的脚上有几粒砂子(shāzi, sand)。

méi

枚 mw.   usu. for metal objects such as coins,
2 D   medals, rings, rockets

爸爸的领带上有一枚领带夹 (jiā, stickpin)。

他得了一枚奖牌 (jiǎngpái, medal)。

他去为她买了一枚戒指 (jièzhi, ring)。

他们发射了一枚火箭 (huǒjiàn, rocket)。

这枚金币 (jīnbì, gold coin) 是他的。

一枚接一枚的炮弹 (pàodàn, shell) 打了过去。
妈妈戴着一枚红色的胸针 (xiōngzhēn, brooch)。

Note:
➤ 粒儿 n. 'granule', as in 他吃饭吃得很干净，碗里连一个米饭粒儿都没有剩 (shèng, to remain) 下.
➤ 棵 mw. 'usu. for plants, such as trees, cabbages', as in 山上有很多棵树.

---

liǎojiě
了解 v.   **to know**

lǐhuì **理会** v.* 2 D	to comprehend (through reasoning) (理, to reason; 会, to understand)	他对我点点头，我马上就理会他的意思了。 这个汉字的意思 (meaning) 不难理会。 我不是那个意思，你理会错 (cuò, wrong) 了。
lǐjiě **理解** v. 2 B	to understand (one's thinking, mood, reason, content, etc.) (解, to unbind)	他非常理解我，我们是好朋友。 对这个问题，他理解得很好。 他这样做我觉得可以理解。 我们应该理解他的难处，多帮助帮助他。 他没有理解我的意思 (yìsi, indication or hint)。 如果你对这个问题不理解的话，请告诉我。 我们大家要互相理解。 我们对这个问题还需要进一步理解。 这个婚礼我不能去，希望你能理解我。 他太年轻，很难理解父母的心。 这本书比较难懂，我也不知道理解得对不对。
lǐaojiě **了解** v.* 2 A	to know, to understand (of sb. or sth.) (antonym: 不解) (了, to understand)	他非常了解这个人。 对自己的学生，他了解得十分清楚。 关于这个大学他一点儿都不了解。 你了解这个人吗？ 我对这里不了解，所以也说不出什么来。 我对他了解得还不够。 我了解你，你会好好儿学习的。
línghuì **领会** v. 2 C	to grasp, to follow (through common sense; referring to intention, meaning, etc.) (antonym: 不解) (领, to understand)	他领会我的意思了。 他的意思你领会得很不错。 他领会不了这部电影的主题 (theme)。 他把这件事情给领会错了。 他一脸不解的样子，看来还是没领会我的意思。
míngbai **明白** v.* 2 C	to catch on, to understand (antonym: 模糊 móhu)	他说得比较模糊，我没太听明白。 他明白了我的意思。 老师讲的你明不明白？ 我明白(了)。 我说的汉语，你明白不明白？

这么大人了，你怎么还不明白这个道理 (dàoli, principle)。

我不明白你为什么不帮助他。

他想做什么，我十分明白。

他心里明白，可是没有说出来。

他长大了，明白了很多事情。

tǐhuì 体会 v. 2 B	to realise, to appreciate (through one's observation or experience) (reduplication: ABAB) (体, to put oneself into someone else's shoes)	他小的时候，体会不到父母的一片苦心。 (kǔxīn, great pains taken for something)。 他对这首歌体会得还不够好。 他有了自己的孩子以后，才体会到了为人父母的辛苦 (xīnkǔ, hard work)。 父母的苦心，你能体会得到吗？ 他还没有体会出我的意思。 他越来越体会到学习的重要。 看了他的演出后，我才体会到他对音乐的热情。 我想把这本书再看一遍，好好儿体会体会。
tǐyàn 体验 v. 2 D	to experience first-hand (reduplication: ABAB) (验, to test)	这些城里的孩子要到农村 (nóngcūn, rural areas) 去体验生活 (shēnghuó, life)。 他没有做过，体验不了这种工作的艰苦。 做父亲的喜悦他已经体验过了。 结婚以后，他进一步体验到了生活的快乐。 他对那里的生活体验得还不够。 他还没有体验过当爸爸的幸福。 他想去那里体验体验。

Note:

➤ All the words in this group, except 明白, can also be used as nouns, as in 他看完了那个电影以后，写下了自己的体会.

* 理会 v. 'to pay attention to (oft. used in negation)', as in 他坐在那里已经很长时间了，可是没人理会他.

* 了解 v. 'to find out', as in 你去了解了解那个人的情况 (qíngkuàng, circumstances).

* 明白 adj. 'clear', as in 王老师讲课讲得很明白.

➤ 心领神会 ph. xīnlǐngshénhuì 'to know or understand without being explicitly told', as in 对他的意思，我心领神会.

➤ 体味 v. tǐwèi 'to appreciate, to taste', as in 在大雪中，他体味到了大自然 (zìrán, nature) 的美丽.

➤ 领悟 v. lǐngwù 'to comprehend', as in 在艰苦的工作中，他领悟到了人生的意义 (yìyì, meaning).

➤ 领略 v. lǐnglüè 'to have a taste of', as in 他到国外旅游了一年，领略了各国的美好风光.

➤ 知道 v. zhīdao 'to know (but not necessarily 明白 'understand')', as in 他知道我要回国，但是不明白我为什么要回国.

➤ 懂 v. dǒng 'to understand', as in 他不懂他女朋友的心.

línghuó
灵活 adj.   **nimble**

línghuó **灵活** adj.* 2 B	nimble (physically or mentally; usu. of a person) (antonym: 死板 sǐbǎn) (灵, clever; 活, flexible)	虽然已经八十多岁了，但他的手脚还是很灵活。 自从天天锻炼以后，他身体变得灵活了许多。 我们班里他的脑子 (nǎozi, brain) 最灵活。 他灵活地在房顶上走来走去。 他个子很高，但是打球打得非常灵活。 他的身体已经不像年轻时那么灵活了。 弟弟有些死板，哥哥比弟弟灵活得多了。
línglì **伶俐** adj. 2 D	bright (antonym: 愚笨 yúbèn)	这个孩子聪明伶俐，很可爱。 他口齿伶俐，能说会道 (to have the gift of the gab)。 谁说她愚笨了？她可 (surely) 是一个伶俐的女孩 儿。 他伶俐地回答着我们的问题。 这孩子真伶俐！
língmǐn **灵敏** adj. 2 D	agile, sensitive (of nose, instrument, etc.) (antonym: 迟钝 chídùn) (敏, quick)	他人聪明，反应 (fǎnyìng, reaction) 也很灵敏， 我就比他迟钝多了。 这台仪器 (yíqì, an instrument) 不太灵敏。 狗鼻子比人鼻子要灵敏得多。 这是一部灵敏的仪器，很好用。 这部仪器十分灵敏。
língqiǎo **灵巧** adj. 2 D	skilful, adept (of hands, limbs, body, etc.) (antonym: 笨拙 bènzhuō) (巧, artful)	她的手很灵巧，什么都会自己做。 虽然年纪大了，但是她的脚步还是那么灵巧。 她以前十分笨拙，跟姐姐学了几个月以后，手 变得灵巧多了。 那孩子有一张灵巧的嘴，很会说话。 这个做得很灵巧，我打算买一个。 小鸟在树上灵巧地跳来跳去。 那个小孩儿灵巧极了，大家都喜欢他。 这个东西看起来很灵巧。 她家有三姐妹，一个比一个灵巧。
mǐnjié **敏捷** adj. 2 C	swift (of action or reaction), quick/ sharp thinking (antonym: 迟缓 chíhuǎn) (捷, prompt)	他思路 (sīlù, thinking) 敏捷，是个聪明人。 他敏捷地在人群中穿行着。 反应敏捷的他回答得很好。 父亲已经八十多岁了，但动作还很敏捷。 那只兔子敏捷得很，一下子就跑掉了。 他敏捷地跳了下去，把孩子从水里救了上来。 他敏捷地把球给抓住了。

mǐnruì **敏锐** adj. 2 D	sharp (eyes, ears, etc.), acute (sense) (antonym: 迟钝 chídùn) (锐, sharp)	他的目光 (mùguāng, gaze) 敏锐，一下子就看出了我的心事。 听了老王的话以后，他敏锐地感觉到了什么。 弟弟比哥哥敏锐一些。 他的听觉非常敏锐，比我的好多了。 他的目光敏锐得很，能看出你心里在想什么。 他有着一双敏锐的眼睛。
jīling **机灵** adj. 2-1 D	smart (usu. of sth. animate) (antonym: 迟钝 chídùn) (机, flexible)	这孩子非常机灵，比大人都会说话。 不管大家问什么，他都机灵地回答了。 他人很聪明，机灵得很。 他不太机灵，有些迟钝。 他比哥哥机灵。 他有着一双机灵的眼睛，看起来人很能干。
líng **灵** adj.* 1 D	clever, sensitive (antonym: 笨 bèn)	他很灵，什么东西一学就会；不像我，比较笨。 他这个人灵极了，你不说他也知道。 这些孩子里，就数 (shǔ, considered) 他最灵了。 他比哥哥灵多了。 他不像妹妹那样心灵手巧，除了教书以外，别的什么都不会做。 他这个人不是很灵，但是肯努力工作。 他的耳朵可灵了，很小的声音都能听得见。 他的鼻子不太灵，饭糊 (hú, burnt) 了都没有闻 (wén, to smell) 到。

Note:
* 灵活 adj. línghuó 'flexible (in dealing with matters)', as in 这个老师比那个灵活多了.
* 灵 adj. 'efficacious', as in 这药很灵，一吃就好.
➤ 灵便 adj. língbian 'nimble (informal)', as in 他的腿脚不太灵便，还是我去吧.

---

lìngwài
另外 conj.   **in addition**
(see also 除了…以外)

chúcǐzhīwài **除此之外** ph. 3 B	except (placed at the beginning of the second clause), besides (除此之外…还/ 也/ 只/ 又/ 就…; also 除此以外) (除, except; 此, this)	我只会说英语和汉语，除此之外就什么都不会了。 他吃饭的时候，总是一碗饭、一碟菜，除此之外只喝一小碗汤。 上课的时候，我们听录音、看录像，除此之外还用电脑打汉字。 山上有树木花草，除此之外也有几座漂亮的房子。

cǐwài		
此外 conj.	besides, except (abbreviation of	他就喜欢足球，此外什么都不喜欢了。
3 B	除此之外)	英语、汉语我都会，此外还会说法语。
		花园里有花、树，此外还有不少金鱼。
		他就有一位老父亲，此外没有别的亲人。
		他想到中国去旅游，此外，还想去日本。

lìngwài		
另外 conj.*	in addition, besides (另, another)	他买了衣服，另外还买了几本书。
2 B		今天我们主要谈谈工作的问题，另外，也可以谈谈别的问题。
		今天来找你，一是想看看你，另外也想问你是不是可以借我一点儿钱。

háiyǒu		
还有 conj.	furthermore, in addition	今晚你早点儿回家，还有要买个蛋糕带回来，给咱儿子过生日。
1 N/A		今天他要把功课做完，还有，妈妈又让他做晚饭。
		来参加晚会的除了她以外，还有很多其他的同学和朋友。

Note:

* 另外 adj./ adv., as in 1) 这本书我正在看，你看另外一本书吧. 2) 对不起，我很忙，你另外去找别人吧. 3) 今天女儿过生日，他另外买了不少好菜.

➤ 除此之外/ 此外/ 另外 can be used to link clauses, sentences, even paragraphs, as in 今天我想去看看我父母，给他们做点好吃的. 另外, 我还要去图书馆借几本书，准备下个星期的考试.

---

lù
路 n.   road

dàolù		
道路 n.	roadway, road (also used	这里的道路比较宽，开车很方便。
3-2 B	metaphorically)	道路两边有很多树。
		我们正在修前面的道路，请大家等一下。
		你还年轻，今后要走的道路还很长。
		在人生的道路上，会遇到 (yùdào, to come across) 很多困难。
		上山的道路不好走，不要穿高跟鞋。

jiē		
街 n.	street (can be used in a street name)	今天是星期天，长安街上人很多。
2 A		他不在家，上街买菜去了。
		从这条街能去那个商店吗？
		他很忙，没有时间逛街 (guàngjiē, to stroll around the shops)。
		这条街上有很多家餐馆。
		街边有不少卖小吃的。
		他站在街对面向我招手。
		他家门口的街灯不亮了。

lù
路

那条街叫什么名字？
他的事儿街头巷尾 (jiētóuxiàngwěi, everywhere)
的人都知道。
街心花园里种满了鲜花。

jiēdào
街道 n.　　street (more of a generic term
2 B　　　　than 街)

刚下过大雪，街道上全都是白色的。
今天是周末，他家门口的街道上很热闹。
春节的时候，各大街道都装点 (to decorate) 得非
常美丽。
这里的街道比那里的街道宽 (kuān, wide) 很多。
他的工作是打扫街道。
街道的两边种着不少花。

lù
路 n.*　　road (also used metaphorically;
2 A　　　　can be used in a street name)

他不喜欢走山路。
你顺着这条路走到头，就能看到那所医院了。
天黑路不好走，你小心点儿。
你家门口的路修好了吗？
前面没路可走了，我们回去吧。
路是人走出来的，工作是人干出来的。
他经常不走大路走小路，小路比较安静。
我们同路，一起去吧。
这是一条通往图书馆的路。
路旁摆着不少自行车。
这条街叫上海路。
你还小，人生的路还很长，要多努力。

xiàng
巷 n.　　alley (can be used in a street name)
2 C

他家住在一条小巷里。
春节到了，大街小巷都打扫得干干净净。
从这条巷子能走出去吗？
深巷中很黑，他不敢进去。
我看见他走进了那条小巷子。
他的地址是西巷六号。

dàor
道儿 n.　　path, way
1 B

那条道儿很长，他走了一个多小时。
咱们走近道儿吧，跟我来。
他从大道儿走回家了，没有走小道儿。
顺着这条道儿走就能去海边。
道儿太远，还是开车去吧。
下雪了，道儿不好走，出门要小心点儿。

hútòngr　　lane, alleyway (can be used in a
胡同儿 n.　　street name, but read hútòng;
1 C　　　　mw. 个/ 条)

北京的胡同儿很有名。
那家饭店在一个胡同儿里。
几个孩子正在胡同儿口玩。
胡同儿里的路一下雨就变得很难走了。
那是一条死 (sǐ, dead) 胡同儿 (a dead end)，
走不通的。
他家住在西四胡同二号。

前边有个小胡同儿，从那里可以去我家。
这个胡同儿不太长，没有那条长。
这个胡同儿里住着不少人家儿。

Note:

➢ All the words in this group can use 条 as a measure word.

＊ 路 n. 'route', as in 坐十路车可以去图书馆.

➢ 道 v. 'to say', as in 他打电话向我道谢.

➢ 道 mw. (referring to some sort of obstacle, e.g. door, wall, procedure, question in an exam, etc.), as in 这次考试一共有十道题 (tí, question).

➢ 里弄/ 弄堂 n. lǐlòng/ lòngtáng 'lane (informal, Shanghai dialect)', as in 他在这里住了几十年，里弄的人都认识他.

➢ 路子 n. 'connection', as in 他认识很多人，办事很有路子.

---

lǚguǎn
旅馆 n.   hotel

bīnguǎn 宾馆 n. 2 B	guesthouse (sometimes used by an organisation or corporation for their visitors; usu. a large and well-equipped hotel, having its own restaurant, bar, conference room, swimming pool, etc.) (宾, guest; 馆, accommodation for guests)	这家宾馆是北京市政府 (zhèngfǔ, government) 的。 他住进了一个豪华 (háohuá, luxurious) 宾馆。 那是星级 (xīngjí, star quality) 宾馆。 那家宾馆的服务很好。 他正在宾馆的游泳池里游泳。 这个宾馆有多少间客房？ 他认为宾馆再好也不如家里舒服。
fàndiàn 饭店 n.＊ 2 A	guesthouse (same kind of standards as 宾馆 and 酒店, perhaps with even better eating and entertaining facilities)	这是一家四星级饭店，有八百多个客房。 他住在北京大饭店，每晚五百元。 我住不起豪华饭店。 北京大饭店的房间和服务都很好。 他住在这家饭店最贵的套房里。 这家饭店的一楼是吃饭的，二楼以上是住宿的。 他住的是一家高级饭店。
jiǔdiàn 酒店 n.＊ 2 C	guesthouse (usu. large and equipped with good facilities; oft. used in the name of a hotel, same as 宾馆/饭店)	他在北京大酒店住了两个晚上。 这个酒店的房间和服务都还好。 那家新开的酒店有一百多间客房。 他住在那家酒店的 301 号房。 这是我们这里最好的酒店。 他没住酒店，而是住在了姐姐家里。 这个酒店的房间都住满 (mǎn, full) 了。
lǚdiàn 旅店 n. 2 D	inn, motel (oft. used as a generic term)	你想住旅店吗？ 这家旅店的服务比那家的好多了。 他学校的对面有很多家旅店。 你不用找旅店住了，到我家来住吧。

附近有旅店吗？

他要住干净一点儿的旅店。

lǚguǎn
旅馆 n.　　hotel (oft. used in a generic sense)
2 B

你去北京住的是哪家旅馆？

你们旅馆有空房间吗？

他打电话定了一家旅馆。

他出去旅游，喜欢住好一点儿的旅馆。

这条街上有三家旅馆。

小旅馆的价钱常常不太贵。

他每次来北京都住这个旅馆。

我们还是住旅馆吧，去朋友家里住太麻烦。

旅馆里住满了客人。

Note:

* 饭店 n. 'restaurant', as in 他去饭店吃饭了.
* 酒店 n. 'restaurant', as in 他的婚礼是在一个大酒店里举行的.
➢ 招待所 n. zhāodàisuǒ 'guesthouse (usu. owned by a work unit, catering for visitors to the work unit', as in 他住在大学的招待所.
➢ 旅舍 n. lǚshè 'inn', as in 那家小旅舍的周围全是树.
➢ 旅社 n. lǚshè 'hostel (can be used in the name of a hostel)', as in 他找了半天才找到了那家"北京旅社".

---

lǚxíng
旅行 v.

to travel

yóulǎn
游览 v.
3 B

to go sight-seeing for pleasure (游览 + scenic spot or site of historical significance; 游览 + time/ place) (游, to wander; 览, to view)

在英国读书的时候，他游览了很多地方。

去年在那里旅游的时候，因为没有游览车，他们只好爬上山去了。

在中国，他们上午上汉语课，下午游览。

他们正在游览长城。

他刚到北京，没游览到的地方还有很多。

这个地方要三天才能游览完。

他喜欢游览名胜古迹 (míngshènggǔjī, places of historic interest and scenic beauty)。

他这次在上海游览了一个星期。

lǚxíng
旅行 v.
2 A

to travel, to journey (usu. out of town, for leisure or business; emphasising the journey itself, hence 长途旅行/ 国外旅行; 旅行 + time; oft. a long distance trip) (旅, to travel; 行, to go)

他常常出去旅行。

他到中国去旅行了。

他今年已经旅行过一次了。

他去北京旅行了三天。

他旅行得很开心。

不少人喜欢去旅行结婚 (to go on a trip for one's honeymoon)。

去年他和朋友一起骑车出去旅行。

lǚyóu 旅游 v. 2 C	to travel, to tour (as a tourist; not 旅游/ 旅行 + object, 我旅游了 中国 is incorrect, we should say 我游览了中国; a long or short distance of travel; 旅游 + time)	他出去旅游了，我不知道他什么时候回来。 他去年夏天去中国旅游了两个月。 他常常喜欢一个人去旅游。 周末的时候，我们一家人常常开车到郊外 (jiāowài, outskirts) 去旅游。[not 旅行] 他没有去旅游，工作太忙没有时间。 他去哪里旅游了？ 他们一家人旅游得很愉快。 他去南方旅游了一趟。 旅游了三天以后，他觉得有些累了。 他正在国外旅游。
yóu 游 v. 2-1 C	to go sight-seeing, to visit, to stroll (emphasising the enjoyment of a trip; oft. used with a monosyllabic word; 游 + time/ place)	他不在家，去参加中秋游园晚会了。 他不喜欢学习，就会游山玩水。 下个星期天，他们打算去游长城。 他去黄山游了一天，回来时天已经黑了。 今天大家都游长城去了。 这次旅行，他在北京游了三天，在上海游了六天。 他说等有了钱，一定去周游世界 (zhōuyóu shìjiè, travel around the world)。 去年游北京的时候，天气好极了，不冷也不热。
yóuwánr 游玩儿 v. 1 N/A	to go sight-seeing (emphasising the enjoyment of a trip), to go out and enjoy oneself	在节假日的时候，他经常去各地游玩儿。 和朋友出去游玩儿时，他总是出钱请朋友吃饭，所以大家都喜欢叫他一起去。 他今天在外面游玩儿了一天，回到家的时候已经很累了，一上床就睡着了。

Note: Most words in this group can also be used as nouns, as in 1) 在一个月的旅行当中，他认识了不少新朋友. 2) 我买了两张"长城一日游"的票. 3) 这次游览是学校组织 (zǔzhī, to organise) 一起去的.

M

mǎi
买 v.

to buy

cǎigòu 采购 v. 3 B	to make purchases, to stock (oft. for an organisation or enterprise, in large quantities)		他很会采购，我们都愿意和他一起去买东西。 今天家里要来客人，他早上就出去采购了。 周末要野餐 (yěcān, to picnic)，他们出去采购了一天。 这些东西是为工厂采购的。 这次采购的蔬菜很新鲜。
gòu 购 v. 3 C	to shop, to order (usu. + monosyllable) (antonym: 销 xiāo)		他为妈妈订购了一个生日蛋糕。 最近这里新建了一个购物 (wù, things) 中心。 他要结婚了，我去帮他选购家具。 这本书可以邮购 (to mail-order)。 他给书店打电话求购一本书。
gòumǎi 购买 v. 3 C	to purchase (usu. + disyllable) (antonym: 出售/ 销售)		他们准备购买住房以后再结婚。 春节到了，人们都在购买年货 (huò, goods)。 大学图书馆经常购买新书。 他打算购买一辆汽车。 他就是那个大量购买股票 (gǔpiào, stocks) 的人。 他准备出售股票，我打算购买股票。
mǎi 买 v. 2 A	to buy (antonym: 卖)		他买了苹果和桔子。 他衣服买得不多，买的最多的是书。 这是他买的桌子。 这件衣服是妈妈买的。 这双鞋买得不错，穿上很舒服。 妈妈把他要的东西都买好了。 他不会买东西，衣服都是妈妈为他买的。 菜买多了，我们吃不完。 他买不到那本书，全都卖光了。 我不买这个，买那个。 苹果不错，你买不买？

Note:

➤ 采购员 n. 'purchasing officer', as in 他是我们大学的采购员.

➤ 购置 v. gòuzhì 'to purchase (bigger and more expensive things)', as in 他为结婚购置了一套新家具.

mài
卖 v.

to sell

chūshòu 出售 v. 3 D	to offer for sale (antonym: 购买)	这个商店出售首饰吗？ 他喜欢买那个鱼店出售的鲜鱼。 请问，东西出售了以后给不给退换 (tuìhuàn, to refund or exchange)？ 这个商店出售电脑，我们学校购买了十台。 这里不准出售食品 (shípǐn, eatables)。
shòu 售 v. 3 C	to sell (antonym: 买)	那边是售票处，我们过去买票吧。 他们的售后服务很好，大家买得放心。 房子高价售出，他很高兴。
xiāo 销 v. 3 D	to market, to sell (antonym: 购)	这些衣服是出口转内销 (to shift export-oriented commodity to home market) 的。 这本书非常畅销 (chàngxiāo, to sell well)。 对不起，这种鞋脱销 (tuōxiāo, out of stock) 了。 这种车销路 (saleability) 不错。
xiāoshòu 销售 v. 3 D	to distribute, to sell (antonym: 购买)	这种车他上个月才销售了一辆，因为价钱太贵，购买的人不多。 他的新书销售得非常好。 新款 (kuǎn, style) 衣服一出来就销售一空 (all sold out) 了。
chūmài 出卖 v.* 2 C	to sell off, to sell (labour, etc.)	他是靠出卖劳动力 (láodònglì, labour) 挣钱的。 这辆好车他准备高价出卖。 他需要钱，只好出卖自己的房子。
mài 卖 v. 2 A	to sell (antonym: 买)	他是卖报纸的。 今天买鲜花的人不多，所以没卖完。 听说你把车卖了，为什么？ 他正在卖苹果呢。 今天是节日，鲜花卖得很多。 他的车卖了两次都卖不出去。 这个房子已经卖出去两个月了。 我不卖房子，你找错人了。 你卖过报纸吗？ 这种书看的人不多，卖不动 (slow to sell)。

Note:
* 出卖 v. 'to betray', as in 为了活命 (huómìng, to save one's own life)，他出卖了朋友.
➤ 叫卖 v. jiàomài 'to peddle', as in 他常常在街上叫卖，我们都认识他.

mǎnyì
满意 adj.

satisfied

rúyì **如意** adj.* 3 D	as one wishes, pleasing (如, according to; 意, wish)	自从结婚以后，他的生活一直很如意。 祝大家新年快乐！万事如意！ 她最近找到了如意郎君 (lángjūn, husband)。 你如果觉得不如意的话，可以换一个。 他就喜欢打自己的如意算盘 (suànpán, abacus; 如 意算盘, wishful thinking)。
chènxīn **称心** ph. 2 D	desirable, gratifying (antonym: 烦恼 fánnǎo) (称, suitable; 心, heart)	他生活得很称心，没有什么烦恼的事情。 自从结婚以后，他觉得称心极了。 去年他终于找到了一个称心的工作。 能经常出去旅游，他觉得称心得很。 买的东西不称心，他就回商店去换了。 他觉得这个工作比以前的工作更称心。 他对自己的工作感到称心如意。
mǎnyì **满意** adj.* 2 A	satisfied, satisfying (for oneself or by someone else) (满, full)	这次考试，他对自己的成绩比较满意。 这里的天气不错，他感到满意。 最近他找到了一个满意的工作。 我给你照的这张像，你满不满意？ 他是一个好老师，学生都非常满意。 他好像对我的工作不太满意。 听了我的话以后，他满意地笑了。 我们去长城了，大家都玩得十分满意。 这是他最满意的一次考试。

Note:

* 如意 n. 'a Chinese ornament as a symbol of good luck', as in 这个如意真漂亮，是谁给你的?
* 如意 v. 'to turn out as one wishes', as in 1) 自从离了婚以后，事事都不如他的意. 2) 我带你去一个
  地方玩，一定会如你意的.
* 满意 v., as in 他很满意这个饭店的服务.
➢ 中意 v. zhòngyì 'to desire, to catch the fancy of', as in 他特别中意那个女孩儿.
➢ 知足 v. zhīzú 'to be content with one's lot', as in 只要家里人都高高兴兴的，他就知足了.
➢ 满面春风 ph. mǎnmiànchūnfēng 'to shine with happiness', as in 今天儿子结婚，全家人都满面春风
  的.
➢ 满足 v. mǎnzú 'to feel self-satisfied', as in 只要女儿能记得给家里打个电话，妈妈就已经很满足了.
➢ 惬意 adj. qièyì 'pleased (formal)', as in 他和孩子们一起玩着，十分惬意.
➢ 顺心 adj. shùnxīn 'satisfactory', as in 他工作和生活都很顺心.

méiguānxi
没关系 ph.   **It doesn't matter**

bù(ú)yàojǐn		A: 对不起，踩 (cǎi, to step on) 到您的脚了。
不要紧 ph.*	not serious, don't worry (insertable)	B: 不要紧。
1 B	(紧, tight)	我累点儿不要紧，工作能做好就行。
		人多点儿不要紧，能坐下。
		A: 我的肚子很疼。
		B: 不要紧，别担心，吃点儿药就会好的。
		我头疼，但是不大要紧。
		外边下大雨了，不怎么要紧，我们可以开车去。
méiguānxi		A: 对不起，我来晚了。
没关系 ph.*	It doesn't matter, It's all right	B: 没关系。
1 A	(insertable) (关系, relation)	A: 妈妈，我这次考试考得不好。
		B: 没关系，只要你努力了就行。
		A: 给您添 (tiān, to add) 麻烦了，真不好意思。
		B: 没关系，不用客气。
		书不见了没关系，我这里还有一本。
		没关系，孩子早晚 (sooner or later) 会明白父母的心。
		你不想去没什么关系，告诉我就可以了。
méishénme		A: 我昨晚有点儿喝多了，真对不起。
没什么 ph.	It's nothing, never mind	B: 没什么。
1 B		A: 我忘了还 (huán, to return) 你的书了。
		B: 这没什么，我不用那本书。
		A: 你怎么了？
		B: 没什么，就是有点儿不舒服。
		大人倒是没什么，就怕孩了受不了 (liǎo)。
		我有点儿肚子疼，不过没什么，不用去医院。
méishìr		A: 对不起，我没有时间做晚饭。
没事儿 ph.*	It's okay, nothing serious	B: 没事儿，咱们去饭馆吃吧。
1 N/A	(insertable)	A: 谢谢你的帮忙!
		B: 没事儿。
		A: 麻烦了，这么晚还找您。
		B: 没事儿，这是我应该做的,
		A: 我开着灯看书可以吗？
		B: 没事儿，你看你的，我睡我的。
		他看起来没事儿，挺高兴的。
		我没什么大事儿，休息两天就会好的。

Note:
* 不要紧 ph. 'It may appear to be all right, but …', as in 他这一说不要紧，妈妈马上哭了起来.
* 没关系 ph. 'nothing to do with …', as in 这跟我没关系，我什么也不知道.
* 没事儿 ph. 'having nothing else to do', as in 我反正 (fǎnzhèng, anyway) 也没事儿，出去玩玩也好.

miǎnde
免得 conj.   lest

yǐmiǎn 以免 conj. 3 D	for fear of, in order to avoid (not 也 + 以免, unlike 免得 and 省得 below) (免, to avoid)	他回来以后没有打开电视，以免吵醒别人。 他一到英国就马上给父母打了个电话，以免他们 担心。 老师把时间说了两遍，以免学生们听错了。 他什么事情都自己做，以免麻烦别人。 考试的时候要认真，以免出错。 借图书馆的书要按时还，以免被罚 (fá, to penalise) 钱。 不能乱停车，以免影响 (yǐngxiǎng, to affect) 交 通 (jiāotōng, traffic)。
miǎnde 免得 conj. 2 C	lest, so as to avoid	你最好再给他打个电话，免得他忘了。 话要慢慢地说，免得别人听不清楚。 你再去问问老师，免得我们听错了。 他一下班就回家，一是要做饭，另外也免得老婆 (lǎopo, wife) 生气。 他把汽车时刻表 (schedule) 看了又看，免得坐错 车。 今天就住我这里吧，也免得你这么大雨还得坐车 回家。
shěngde 省得 conj. 1 C	so as not to (indicating 'saving time/ money etc. by doing sth.') (省, to save)	我不去你家了，也省得给你找麻烦。 他在家里过的生日，省得出去吃饭还要花钱。 别忘了给妈妈打电话，省得她着急。 他买了一个闹钟 (nàozhōng, alarm clock)，省得上 学迟到 (chídào, to arrive late)。 外面下雪了，多穿点儿，省得生病。 别穿太多衣服，也省得热。 他经常穿旧衣服，省得再花钱买新的。 你打个电话来就行了，省得再跑一趟。 他顺便 (shùnbiàn, on the way) 把书给我买来了， 也省得我特意 (tèyì, specially) 去买。

---

miàn
面 n.   the face

miànkǒng 面孔 n. 3 C	the face (of a person; used positively or pejoratively) (孔, an opening)	那张可怕的面孔一出现，孩子们就吓得哭起来。 喝了酒以后，他的面孔就开始红了起来。 窗口上出现一张熟悉的面孔。 他那冷冰冰的面孔使我不知道说什么好了。 他常常摆出一副 (mw.) 教训 (jiàoxùn, to lecture sb.) 人的面孔。

miànmào 面貌 n. 3 B	looks (of a person), appearance (of a city; also used figuratively) (貌, looks)	他面貌英俊 (yīngjùn, handsome)，像他父亲。 几年后再见到他的时候，他的面貌改变了不少。 近年来，这个城市面貌一新。 学生们的精神 (jīngshén, spirit) 面貌很不错。
miànmù 面目 n. 3 D	features, the face (of a person) (used positively or pejoratively) (目, eyes)	车太快，他没看清楚开车人的面目。 十几年过去了，这里的街道面目全非 (fēi, not)。 他的丑恶 (chǒu'è, ugly) 面目终于暴露 (bàolù, to expose) 出来了。 这孩子面目清秀 (qīngxiù, delicate and pretty)，很好看。
miànróng 面容 n. 3 D	facial features (容, looks)	他的面容显得 (xiǎnde, to appear) 有些疲倦 (píjuàn, fatigue)。 那个女人有着漂亮的面容。 看着他那焦急的面容，我也不知道说什么好了。 父亲的面容常常出现在他的脑海 (nǎohǎi, mind) 中。
miàn 面 n.* 3-2 B	the face, for the sake of (a person; figurative meanings: reputation, prestige, pride or ego)	他说话的时候总是面带微笑，对人很友好。 他俩面对面 (face to face) 地坐着，谁都不说话。 他们从来没见过面，互相不认识。 她面若桃花 (miànruòtáohuā, rosy cheeks)，是一个漂亮的女人。 他的话使她面红耳赤，感到很不好意思。 一看见他，我就觉得他面熟 (shú, familiar)。 你能不能到我办公室来，我们面谈 (to talk in person) 一下。 他是一个笑面虎 (a smiling tiger, a friendly-looking villain)，你要小心点儿。 我看在你父亲的面上，这次就先放过你。
miànzi 面子 n. 2 D	face, one's reputation, prestige, pride, ego	他很爱面子。 看在我的面子上，你就帮帮他吧。 你的面子比我的大，还是你去说吧。 别这样做，给他父母留点儿面子。 还是老王有面子，一说就行了。 他觉得很丢 (diū, to lose) 面子，连门都不出了。 你不能这么说，他会觉得很没面子。 有你这样一个朋友，真叫我觉得有面子。
liǎn 脸 n. 2-1 A	the face (of sth. animate or inanimate; figurative meaning: honour and dignity)	那个孩子的脸红红的，真好看。 我一定好好学习，不给父母丢脸。 他洗完脸就上床睡觉了。 他的脸上总是带着微笑。 他这个人为了钱什么都能做，真不要脸。

他没有考上大学，觉得没脸见人。
他是大学教授，一个有头有脸 (with social status) 的人。
别说了，你的话真叫人脸红。
那孩子的小脸儿胖乎乎的，人见人爱。
猫喜欢用爪子 (zhuǎzi, paw) 洗脸。
他那个商店的门脸儿 (frontage) 不太大，

Note:
* 面 n. 'flour', as in 他喜欢吃面，不喜欢吃米.
➤ 脸面 n. 'face', as in 他很要脸面，从来不跟别人借钱.
➤ 脸皮 n. liǎnpí 'sense of shame', as in 这个人真是厚脸皮 (hòuliǎnpí, thick-skinned).
➤ 人有脸树有皮 'Face is to man as bark is to trees'.
➤ 嘴脸 n. 'looks or countenance (spoken in contempt)', as in 他的嘴脸真叫人讨厌 (tǎoyàn, to be disgusted with)!
➤ 脸色 n. 'countenance', as in 他总是看着别人的脸色说话.
➤ 情面 n. qíngmiàn 'feelings, sensibilities, good name', as in 他这个人一点儿都不讲情面 (very business-like).
➤ 相貌 n. xiàngmào 'looks', as in 他的相貌很像他的父亲.
➤ 容貌 n. róngmào 'looks, appearance (of a person or a city)', as in 1) 她容貌清秀 (qīngxiù, delicate and pretty), 对人也非常有礼貌. 2) 大连这个城市近年来容貌一新，发展得很快.

---

míngzi
名字 n.   name

chēnghào 称号 n. 3 D	title conferred (usu. as an honour) (称, name)	他们的光荣 (guāngróng, glory) 称号是去年获得 (huòdé, to obtain) 的。 这是一家有"信得过"称号的商店。 他学习特别努力，获得了"优秀学生"的称号。 他为获得这样的称号而感到高兴。
míngchēng 名称 n. 3 D	appellation, scientific/ formal name (of sth. inanimate)	这种花的名称很长，我记不住。 牌子上写的是公司 (gōngsī, company) 的名称。 那所学校的名称一百多年前就有了。 他们把旧名称改 (gǎi, to change) 成了一个新名称。 那个名称是他想出来的。
chēnghu 称呼 n.* 2 C	a form of address, the name one wants to be addressed by (呼, to call)	他喜欢"小王"这个称呼。 请告诉我怎么用"小姐"这个称呼。 有人喜欢这个称呼，但是也有人不喜欢。 这个称呼我可不敢当 (really don't deserve this)，还是叫我名字吧。 用这个称呼听起来比较有礼貌，是吗？ 在这里用这个称呼好像有点儿可笑 (funny)。

míng		
名 n.	name (of sth. animate or inanimate;	他写下了几个人名和地名。
2 B	usu. + monosyllable)	你记住那个书名了吗？
		他报名 (to sign up) 去学习汉语。
		他给孩子起了一个很好听的名。
		我姓王名一林，王一林。
		他想改改名。
		他的名是爷爷给起 (to name) 的。
míngzi		
名字 n.	(full) name (of sth. animate or	他的名字叫王一林。
2 A	inanimate), given name (of a	我没听过这个名字。
	person)	你叫什么名字？
		我不知道那个地方的名字。
		他写下了这种树的名字。
		他俩的名字一样。
		别客气，叫我名字就行了。
		他的名字很容易记。
xìng		
姓 n.*	surname (usu. + monosyllable)	请问您贵姓？ [polite form]
2 A		他的姓和我的姓不同。
		这个孩子跟 (to follow) 他妈的姓，没有跟他爸的姓。
xìngmíng		
姓名 n.	family name and given name	请告诉我你的姓名，好吗？
2 B		姓名: 王一林 年龄: 八岁
		父亲的姓名是王大林，儿子的姓名是王小林。
		他用中文写下了他的姓名。
		我没有问他的姓名。

Note:
* 称呼 v. 'to call', as in 学生都称呼他"王老师".
* 姓 v. 'to have a family name', as in 1) 他姓王，我姓李. 2) 免 (miǎn, to remove) 贵姓王. (polite form to respond to 请问您贵姓?)

---

mǔqīn
母亲 n.   **mother**

mǔ		
母 n.*	mother (not used as a form of	母爱是最伟大的。
3 B	address; usu. not used on its own)	儿行千里母担忧 (dānyōu, to worry)。
		她们是母女，也是好朋友。
		他的父母早就不在了。
		他是喝母乳 (rǔ, milk) 长大的。
mǔqīn		
母亲 n.	mother (also used in a generic	他的母亲是一位教师。
3-2 A	sense) (亲, intimate)	母亲节的时候，他给母亲买了一个礼物。
		他的老母亲已经八十多岁了，但是身体还好。
		他周末常常去看母亲。

今天是他父亲和母亲的金婚日 (golden jubilee)。
母亲在二十八岁的时候生了他。
他写道：祖国啊，我的母亲！

māma 妈妈 n. 2 A	mum, mummy (also 妈; used as a form of address)	他妈妈今年五十岁。 妈妈是他最亲的人。 离开家十年了，他最想念的就是妈妈。 他很小就没有妈妈了。 她是一个最可爱的妈妈。 他妈妈包的饺子好吃极了。 儿子已经会叫"妈妈"了。 妈妈，我回来了。
niáng 娘 n.* 1 C	mum (northern China dialect, especially in the rural areas; old usage; also used as a form of address)	山东人喜欢用"娘"这个词。 她回娘家 (the home or family of a married woman's parents) 过春节去了。 他对爹 (diē, dad) 娘一直都很不错，是个好儿子。 他娘不让他去，他就没有去。 你可不能娶 (qǔ, to marry) 了媳妇儿 (xífur, wife) 忘了娘啊！ 娘，您这是要去哪儿？

Note:

* 母 is often used to form a word, as in 母亲.
* 母 adj. 'female', as in 1) 院子里有两只母鸡. 2) 她的外号 (nickname) 是"母老虎".
* 母 adj. 'native', as in 他的母语是汉语.
* 娘 n. 'woman', as in 大娘 (Aunt), 我帮你拿吧.
➤ 妈 n. 'mother', as in 他妈是一个中学老师, 我妈是一个小学老师.

N

nánrén
男人 n.   **man**

nánshì **男士** n. 3 N/A	gentleman (a polite form) (antonym: 女士) (士, person)	那位男士常为女士开门，对人很有礼貌。 他是一位受人尊敬的男士。 这是一个专 (zhuān, specially) 卖男士衣服的商店。 男士们请坐到这边来。
nánxìng **男性** n. 3 D	the male sex (antonym: 女性) (性, gender)	他很有男性的魅力 (mèilì, charm)。 这里专治 (zhuānzhì, to specialise) 男性病。 这幅画儿表现 (biǎoxiàn, to show) 的是男性美。 她以前很少跟男性一起工作，这是第一次。 她很年轻，跟男性说话还有点儿不好意思。 在大学里学这个专业 (zhuānyè, subject) 的男性比女性多。
nánzǐ **男子** n. 3-2 C	male, man (oft. used in sports events) (antonym: 女子)	那个中年男子是他的哥哥。 他得了男子一百米游泳比赛的第一名。 大家都说他是一个美男子。 男子篮球赛正在进行。 三名男子和两名女子一起走了出来。
nánrén **男人** n.* 2 B	man (antonym: 女人)	屋里坐着一个男人。 一个大男人，别老是婆婆妈妈 (fussy) 的。 他觉得男人不会做饭也没关系。 那个穿白色西服的男人是他的弟弟。 男人能做的，女人也能做。 这个村 (cūn, village) 里男人少，女人多。 这是我们女人的事儿，你们男人别问。 他很有男人味儿 (wèir, taste, character)。

Note:
* 男人 n. nánren 'husband', as in 他是她的男人.
➤ 公 adj. 'male (of an animal)', as in 院子里有一只公鸡.
➤ 男 adj. 'male (of a person)', as in 他们班有八个男学生.
➤ 男子汉 n. nánzǐhàn 'a real man', as in 他是一个男子汉，我们大家都喜欢他.
➤ 男儿 n. 'man', as in 男儿有泪不轻弹 (Real men don't cry easily).
➤ 男同志 n. nántóngzhì 'male comrade (still used among older generation, prevalent from 1949 until the 1990s)', as in 屋里坐着两位男同志. In recent years, 同志 has developed a new meaning, 'homosexual'.

nán
南 n.

south

nánbù **南部** n. 3 B	southern part (referring to the southern part of an area, but not a specific place, e.g. it is incorrect to say 我家在商店的南部) (部, part)	你去过中国的南部吗？ 广州是中国南部的一个城市。 新西兰南部的气候比北部冷。 这个城市位于 (to situate) 中国的南部。 他在南部的一个地方工作。
nánguó **南国** n. 3 N/A	the southern part of the country (literary)	这是一个具有南国特色的旅游区。 南国风光 (scenery) 十分美丽。 这部电影描写了南国的一个小山村 (village)。
nán **南** n. 2 A	south (oft. used with a noun to mean the southern side of the noun)	二路公共汽车往南开。 今天刮南风。 城南 (the southern side of the city) 有很多饭馆。 他家的房子坐北朝南 (south facing)。 一个男孩儿坐在院子 (yuànzi, courtyard) 的南墙上。
nánfāng **南方** n. 2 B	south, the southern part of a country (with a narrower usage than 南面 and 南边儿, referring to the southern part of a vast area, e.g. a country) (方, side)	他家去年搬到南方去了。 南方的天空 (sky) 上突然出现了一片黑云。 他是南方人。 中国的南方比北方暖和。 他喜欢吃南方菜。 他说话有南方口音 (accent)。 他在南方的一个城市工作。
nánmiàn **南面** n. 2 B	south, southern part (either the southern side of a place or the southern part within a place) (面, side)	南面的树林里有很多鸟。 饭馆在那条街的南面。 花园的南面有一棵苹果树。 南面有一条很热闹的大街。 他到南面的那个饭馆儿吃了一顿饭。
nánbianr **南边儿** n. 1 A	south, in the south (either of a place or within a place) (边, border)	南边儿都是树。 他往南边儿去了。 大楼里南边儿有一个书店。 南边儿的天空上有一片黑云。 教学楼的南边儿是图书馆。 他家在商店的南边儿。
nántóur 南头儿 n. 1 N/A	south, at the southern end (either of a place or within a place) (头儿, end)	他从南头儿走过来了。 村南头儿有一棵大树。 他的书房在院子的南头儿。 他住在这条街的南头儿。 站在运动场南头儿的那个人是他的哥哥。

Note: The above similarities and differences among words with 南 are also largely applicable to words with 北/ 东/ 西, see also 北/ 东/ 西.

---

niánlíng
年龄 n.

age

niánlíng 年龄 n. 2 B	age (of sth. animate or inanimate), time of life (e.g. 他还不到结婚的年龄) (龄, age)	不要随便问女人的年龄。 这个年龄组 (zǔ, group) 的学生比那个年龄组的学生多一些。 随着年龄的增长，他越来越努力学习了。 请在这里写上你的姓名、年龄。 班里他的年龄最小。 这棵大树的年龄应该有一百多年了。 他家那只猫的年龄是三岁。 虽然到了退休 (tuìxiū, to retire) 的年龄，但是他还在工作。 他的儿子已经到了上学的年龄，时间过得真快。 你知道地球 (earth) 的年龄吗？
niánjì 年纪 n. 2-1 A	a person's age, years (not often interchangeable with 年龄; a more general concept) (纪, record)	他年纪不大，正在上大学。 人上了年纪以后，身体就不如年轻的时候了。 别看他小小的年纪，知道的事情还真不少呢。 父母年纪大了以后，我就把他们接到家里一起住了，这样照顾他们也方便一些。 你知道王老师的年纪吗？ 我这么一大把 (mw.) 年纪 (quite old) 了，不能跟你们年轻人比。 您老多大年纪了？ 你年纪轻轻的，好好干吧。
suìshu 岁数 n. 1 C	a person's age (岁数 is not used to ask about a child's age)	他岁数不小了，重活已经干不动了。 你知道他的岁数吗？ 父母岁数都大了，需要照顾。 你都这么大岁数了，怎么还跟孩子一样！ 十年过去了，我们都已经是上了岁数的人了。 老奶奶，您老多大岁数了？ 他岁数不小了，该结婚了。 他的岁数比我小。

Note:
➢ The words in this group cannot be used with specific numerals, i.e. not 他在十八岁年纪的时候离开了家.
➢ 年事 n. niánshì 'age (formal and referring to an elderly person)', as in 老人年事已高, 身体不如以前那么好了.
➢ 年岁 n. 'age', as in 他们年岁差不多, 都是二十多岁.

➤ 岁 mw. 'year (of age)', as in 他儿子今年十岁了.
➤ 高寿 n. gāoshòu 'age (of an elderly person, a polite word)', as in 请问您老高寿?

---

nǚrén
女人 n.   **woman**

nǚshì **女士** n. 3 B	lady, Ms., madam (a polite form of address for women) (antonym: 男士) (士, person)	女士们，先生们，大家晚上好！ 她是一位受人尊敬的女士。 各位女士，请入 (rù, to enter) 座。 他常常为女士开门，对人很有礼貌。 男士们先等等，让女士先上。 这位是张女士，那位是王女士。
nǚxìng **女性** n. 3 D	the female sex, womanhood, woman (antonym: 男性) (性, gender)	她是一位新女性，能说也能干。 她有着一种女性美，同事们都喜欢她。 现在女性的地位 (dìwèi, status) 比过去高多了。 她在这个电影中扮演一位漂亮的中国女性。 那个商店只卖女性用品 (pǐn, things)，买男性用品要去旁边的商店去买。
fùnǚ **妇女** n. 3-2 B	women, woman (usu. a generic term) (妇, woman)	一位妇女走过来了。 她在一家妇女用品商店工作。 他正在和一个年轻妇女说着话。 今天是妇女节，我们出去玩玩吧。 妇女能顶 (dǐng, to hold) 半边天 (Women hold up half the sky)。 她得的是一种妇女病，医生说要马上住院。 我们要保护 (bǎohù, to protect) 妇女和儿童。 这是一种中老年妇女喜欢的运动。
nǚzǐ **女子** n. 3-2 C	female, woman (oft. used in sports events) (antonym: 男子) (子, person)	有一位女子向他问路。 穿红衣服的女子是他的妈妈。 她们正在参加女子篮球队的比赛。 女子一百米短跑比赛就要开始了。 我一个小女子，哪能跟您比！(being sarcastic) 她是女子足球队的，她哥哥是男子足球队的。
nǚrén **女人** n.* 2 B	woman (antonym: 男人)	大家都说她是一个漂亮的女人。 这是我们女人的事儿，你就别问了。 不少女人喜欢穿高跟鞋。 她是个女人，但男人能干的她也都能干。 外边有一个女人要见你。 你知道她是一个什么样的女人吗？ 女人到一起特别喜欢谈论自己的孩子。 我们的新老师是一个三十多岁的女人。 他觉得家里要有个女人才像个家。

作为一个女人，她是一个好妻子，好母亲。

她很有女人味儿 (wèir, taste, character)，对人也很
友好。

Note:

* 女人 n. nǚren 'wife (informal)', as in 她是他的女人.

➢ 女 adj. 'female (of a person)', as in 他们大学里有不少女老师.

➢ 母 mǔ adj. 'female (of an animal)', as in 他家有一头母牛.

➢ 妇人 n. 'a married woman', as in 十年不见，她已经从一个小女孩儿变成一位贵妇人了.

➢ 女同志 n. nǚtóngzhì 'female comrade (still used among older generation, prevalent from 1949 until the 1990s)', as in 那边坐着两位女同志. In recent years, 同志 has also taken on a new meaning, 'homosexual'.

P

pà
怕 v.

to fear

kǒngjù **恐惧** v. 3 D	to be terrified (not 恐惧 + object) (恐, to fear; 惧, to dread)	在这么多人面前唱歌，他有点儿恐惧。 在王老师面前他总是感到非常恐惧。 孩子们恐惧得叫了起来。 孩子没回家，他一个晚上都恐惧不安。 半夜的敲门声使他万分恐惧。
hàipà **害怕** v. 2 B	to feel scared, to be afraid (害怕 + thing, not + person) (害, to feel)	他最害怕考试，因为他学习不太好。 别害怕，我不会告诉别人。 他胆子 (dǎnzi, courage) 很大，干什么都不害怕。 他害怕晚上走夜道。 女儿半夜还没有回家，他心里害怕极了。 光害怕没有用，多想想怎么办吧。 他害怕得大叫起来。 他那个样子真叫人害怕。 他一害怕就说不出话来。
pà **怕** v.* 2 A	to fear, to worry (in serious or less serious situations; 怕 + person/ thing)	他谁也不怕，就怕老婆 (wife)。 他一点儿都不怕狗。 他很怕冷，但是不怕热。 他怕老婆怕得都不敢大声说话。 他怕我忙，就没给我打电话。 妈妈怕他感冒，给他多带了一件毛衣。 明天要考试了，怕考试的他睡不着觉。 院子里黑得怕人，我不敢出去。 他胆小怕事 (dǎnxiǎopàshì, timid)，不多说话。 他怕我听不懂，说得很慢。 这孩子天不怕，地不怕，就怕老师找他爸。 他最怕见到她了，见到她也不知道说什么好。

Note:
* 怕 adv. 'perhaps', as in 你怎么不说话了，怕是没话说了吧.
➢ 惊慌 adj. jīnghuāng 'panic', as in 一看见父亲，他有点儿惊慌.
➢ 惶恐 adj. huángkǒng 'terrified', as in 听了他的话，小王惶恐地站了起来.
➢ 可怕 adj. kěpà 'horrible', as in 他是一个很可怕的人.
➢ 恐怕 adv. kǒngpà 'probably', as in 你打电话问问他，恐怕他不会去.
➢ 生怕 adv. shēngpà 'for fear that (informal, implying that it is not necessary)', as in 他出门时穿了很多衣服，生怕感冒.
➢ 怕死 (sǐ) 了 ph. 'scared to death', as in 当她半夜听到外边有人哭的时候，都要怕死了.

pī
批 mw.   a batch

pī		
批 mw. 2 B	a batch/ group/ lot/ shipment (referring to things or people)	这个商店买进了一小批烟酒。 商店里最近来了大批新衣服。 首 (shǒu, the first) 批药品已经生产出来了。 听说图书室来了一大批新书，我想去看看。 船上的是第一批货 (huò, goods)，第二批货明天到。 这批书是从哪里买来的？ 春天到了，一批批游客来这里游玩。 一批一批的大学生来到这里工作。 大学今天开学，一批又一批的学生来到了这里。
qún 群 mw. 2 B	a (big) group/ herd of (usu. not organised/ orderly)	树上有一大群鸟，叫个不停。 花园里一群孩子跑来跑去。 公园的鱼池里有一大群金鱼。 那群小岛上住着人家。 一群孩子坐着听老人讲故事。 那边有一群楼，大大小小很别致 (biézhi, novel)。 一群群的羊在草地上吃草。 上课的时间到了，一群一群的学生走进了教室。 音乐会就要开始了，一群又一群的人来到了这里。
zǔ 组 mw. 2 N/A	a group (set, series) of (people or things; usu. organised and orderly, not 一 + 大 + 组)	这组汉字很容易学。 我看见一组学生唱着歌走过去了。 这里有几组图纸 (blueprint)，你拿去看看吧。 这组歌曲我很喜欢。 他去买了两组中国国画。 一组又一组的孩子上台唱歌。
huǒ 伙 mw. 1 C	a bunch of (people, oft. together for a certain purpose; can be used with a negative connotation; not 一 + 大 + 伙)	一伙人往图书馆走过去了。 他们分成两伙，朝着两个方向跑了。 这伙人是从北京来的。 一伙人围 (wéi, to surround) 住了他，不让他走。 那伙坏人打了他就跑了。 一小伙歹徒 (dǎitú, gangsters) 把他打了。

Note:
➤ Reduplication for most words in this group: 一 AA, 一 A 一 A, 一 A 又 一 A.
➤ 帮 mw. 'a group of (people; informal)', as in 大树下坐着一帮人在聊天儿。

pīpíng
批评 v.
(see also 抱怨)

to criticise

qiǎnzé **谴责** v. 3 D	to condemn (antonym: 赞扬 chēngzàn) (谴, to reproach; 责, to blame)	很多国家对这种恶劣 (èliè, vile) 的行为 (action) 进行了谴责。 大家愤怒 (fènnù, angry) 地谴责了他。 人人都会谴责这种恶劣的行为。 破坏 (pòhuài, to destroy) 环境 (huánjìng, environment) 的行为不但没有受到谴责，反而受到了赞扬。
pīpàn **批判** v. 3-2 B	to condemn, to denounce, to critique (of a thought, theory, conduct, etc.)	他说我们应该批判卖国主义 (zhǔyì, -ism)。 文化大革命 (Wénhuàdàgémìng, the Cultural Revolution) 中，他在大会上被批判过。 对于卖国主义应该进行批判。 他写了一篇批判卖国主义的文章 (wénzhāng, article)。
pīpíng **批评** v. 3-2 A	to criticise (others or oneself) (antonym: 表扬 biǎoyáng)	他经常不去上课，受到了批评。 老师批评得对，你不能不来上课。 他对孩子很公正 (gōngzhèng, fair)，该批评就批评，该表扬就表扬。 他批评过那个学生两次。 老师把他批评得哭了。 老师批评他不认真学习。 我们要经常作自我批评，才能进一步提高自己。
mà **骂** v. 2 B	to scold, to tell sb. off	有话好好说，不要骂人。 那个女人经常骂(大)街 (to shout abuse in the street)，我们都怕她。 不管怎么样，骂人总是不对的。 孩子没有去上学，被爸爸骂了一顿 (dùn, mw.)。 妈妈骂他不好好学习，没有出息 (prospect)。 他骂人骂得可难听了，什么话都能骂出来。 花瓶已经打了，你骂他也没有用。 好孩子不说骂人的话。 他已经骂了一个小时了。 没有买到足球票，他骂骂咧咧 (liēliē, to be foul-mouthed) 地走了。
pī **批** v. 2 B	to be critical of, to scold	他不认真工作，该 (应该, should) 批。 他上班总是来晚，今天又挨 (āi, to suffer from [passive mood, implying adversity]) 批了。 自从上次批了他一顿以后，他改了不少。 你批得对。

在今天的会上，他挨了一通儿 (tòngr mw., an array of) 批。

Note:

➢ 斥责 v. chìzé 'to chide (mostly verbally)', as in 看到他打孩子，我斥责了他.

➢ 怪罪 v. guàizuì 'to blame', as in 如果干不好，你不要怪罪我.

➢ 批驳 v. pībó 'to refute', as in 他批驳了这种错误 (cuòwù, wrong) 的说法.

➢ 数落 v. shǔluo 'to disapprove of (informal)', as in 他结婚了好多年还没要孩子，妈妈常常数落他.

➢ 责难 v. zénàn 'to censure', as in 他没有错，你不应该责难他.

➢ 指责 v. zhǐzé 'to rebuke', as in 他的错误做法受到指责.

---

piàn
骗 v.   to cheat
(see also 骗子)

qīpiàn **欺骗** v. 3 B	to deceive (欺, to fool, to bully)	他欺骗了我们。 他是一个好人，从来不欺骗人。 欺骗他的不是别人，正是他的哥哥。 我没有想到他会欺骗自己的学生。
zhàpiàn **诈骗** v. 3 B	to defraud (诈, to pretend, to mislead)	有人用为别人找工作来诈骗钱。 听说他诈骗了很多人。 在这里诈骗完以后，他就跑到另外一个城市去了。
piàn **骗** v. 2 B	to cheat	你骗人! 我不信! 他这个人很聪明，谁都骗不了他。 你骗得了今天，骗不了明天。 别总是想骗人，早晚会被人知道的。 他们之间经常是你骗我，我骗你的。 知道被他骗了以后，我很生气 (to be angry)。
hūyou **忽悠** v. 1 N/A	to jerk sb. around, to lead by the nose (new word, originated from northeast dialect and popularised by Zhao Benshan, a famous Chinese comedian; slightly humorous) (忽, suddenly; 悠, to swing)	别忽悠了，没有人信你的话。 我被他给忽悠了，亏 (kuī, to lose) 了不少钱。 他这个人就爱忽悠人，你离他远点儿。 买东西的时候，一定要小心别被人忽悠了。 我被他忽悠过两次，现在他说什么我都不信他了。 在我们班里，他是最能忽悠的。

Note:

➢ 欺骗/ 诈骗 can also be used as nouns, as in 这是一种欺骗，我不能这样做.

➢ 哄骗 v. hǒngpiàn 'to trick', as in 他把那个孩子哄骗上了他的车.

➢ 诱骗 v. yòupiàn 'to deceive sb. innocent and naive', as in 那个女学生被诱骗到了他的家.

➢ 蒙骗 v. méngpiàn 'to hoodwink', as in 他蒙骗了这么多年，到现在我们才知道他的真名真姓.

➢ 拐骗 v. guǎipiàn 'to abduct', as in 她被拐骗到了那里，卖了出去.

➢ 坑骗 v. kēngpiàn 'to cheat by lying', as in 我们都被他坑骗了.

➢ 受骗 v. shòupiàn 'to be taken in, to be cheated', as in 他还算是聪明, 没有受骗.

➢ 行骗 v. xíngpiàn 'to practise fraud', as in 他常常在这里行骗.

---

piànzi
骗子 n.
(see also 骗)

swindler

piànzi 骗子 n. 2 N/A	swindler, cheat	他不是骗子。 小心骗子！ 他是一个江湖骗子 (mountebank, charlatan)。 大家都说他是政治 (zhèngzhì, political) 骗子。
tuōr 托儿 n.* 1 N/A	hustler, impostor (new word) (托, sth. serving as a support)	大家都没有看出来他是个医托儿 (a hustler who cheats others relating to medical matters) 他今天在商店里认出了一个托儿。 那个人好像是一个托儿, 我们要小心点儿。 上台 (tái, stage) 去献 (xiàn, to present) 花儿的那个人可能是一个托儿。

Note: *托儿 has become a popular word in China. It refers to sb. who pretends to be one of us, falsely commending a product to others. For example, in a hospital a 医托儿 may pretend to be a patient and recommend a doctor/ medicine to other patients by giving false testimony. In a magic show, a 托儿 can act as an audience member to support the act of the magician.

---

piàoliang
漂亮 adj.

pretty

měiguān 美观 adj. 3 C	pleasing to the eye, beautiful to look at (not used of a person) (观, to watch)	那座楼很美观。 这条裙子美观又大方 (graceful in style)。 我们大学的新图书馆看起来美观极了。 这辆车有一个美观的外形。 把这张桌子放在这里不太美观。
yōuměi 优美 adj. 3 B	graceful (优, excellent)	我听到了他那优美的歌声。 她走路的样子很优美。 她舞跳得优美极了。 这里风景优美, 气候温和。
měi 美 adj. 2 B	beautiful, gorgeous (of sth. animate or inanimate) (antonym: 丑 chǒu)	这里的风景多美呀！ 她年轻的时候是一个大美人。 他家布置 (bùzhì, to furnish) 得特别美。 他的画美极了, 这么美的画很少见。 她们俩一个觉得自己美, 一个觉得自己丑。 她的丈夫是一个美男子。

měilì **美丽** adj. 2 B	beautiful, splendid (of sth. animate or inanimate, excluding men; also referring to abstract items) (antonym: 丑陋 chǒulòu) (丽, beautiful)	花园里的花儿非常美丽。 小女孩那美丽的笑脸像花朵一样。 这里的风景美丽如画。 那个国家太美丽了！ 青春 (youth) 是最美丽的。
piàoliang **漂亮** adj.* 2 A	pretty (of sth. animate or inanimate) (reduplication: AABB) (漂, pretty; 亮, bright)	她是一个漂亮的女孩儿。 他比哥哥长得更漂亮。 你们看，天上的星星多漂亮啊！ 这个花园非常漂亮，比那个漂亮多了。 妈妈回来以后，家里又开始漂亮了起来。 他觉得红色最漂亮。 今天儿子结婚，我们都要穿得漂亮点儿。 他觉得这里的风景不太漂亮。 她每天都穿得漂漂亮亮的。
yīngjùn **英俊** adj. 2 D	handsome (of a man) (英, outstanding; 俊, handsome)	他是一个英俊有为 (promising) 的青年。 他长得非常英俊。 他真够英俊的，你认识他吗？ 他在舞台上是扮演英俊小生 (the young man's role) 的。
hǎokàn **好看** adj.* 1 A	good-looking, nice (of sth. animate or inanimate; sth. visual) (antonym: 难看)	他的花园真好看！ 那个孩子长得非常好看。 那张画好看极了。 这张画比那张好看多了。 这个有点儿难看，那个好看一些。 妈妈买了一件好看的衣服。 这里没有什么好看 (worth looking at) 的，我们走吧。 我穿这件衣服好看不好看？
jùn **俊** adj. 1 D	cute, beautiful (of a person; northern dialect) (antonym: 丑 chǒu)	他是一个俊小伙子，我们都喜欢他。 他女儿好俊呀！ 她比我俊，个子也比我高。 这孩子越长越俊。 那边穿红衣服的俊姑娘是他的女朋友。 哥哥是家里最俊的，我是一个"丑小鸭" (ugly duckling)。
shuài **帅** adj. 1 D	handsome, graceful (of a man or sth.)	我们都叫他帅哥。 他长得非常帅。 他的舞步看起来真帅！ 她写了一手好帅的汉字。

Note:

* 漂亮 adj. 'outstanding', as in 他踢了一个很漂亮的球.

* 好看 adj. 'in an embarrassing situation', as in 听说他在外边还有一个女人. 如果他妻子知道了，可就有他好看的了.

➤ 亭亭玉立 ph. tíngtíngyùlì 'slim and graceful', as in 几年不见，她已经长成亭亭玉立的大姑娘了.

➤ 酷 adj. kù 'cool (new loan word from English)', as in 他的样子很酷.

➤ 俏丽 adj. qiàolì 'cute and beautiful', as in 她穿着俏丽的裙子.

➤ 俊美 adj. jùnměi 'handsome', as in 他穿上这件衣服很俊美.

➤ 俊俏 adj. jùnqiào 'pretty and charming', as in 她是一个俊俏的姑娘.

➤ 俊秀 adj. jùnxiù 'of delicate beauty', as in 妈妈有一张俊秀的脸.

➤ 标致 adj. biāozhì 'commonly perceived as beautiful', as in 那个女人标致、大方.

➤ 帅呆 (dāi, struck dumb) 了 (struck dumb by a man's handsomeness)!

➤ 臭美 adj. chòuměi 'overly keen on one's own looks, smug, presumptuous', as in 小王可臭美了，钱全花在衣服上了.

➤ 靓 liàng 'pretty (originally from Cantonese, referring to a young person)', as in 那边有几个靓女和靓仔 (zǎi, young man) 在唱歌.

---

pò
破 adj.   broken

huài 坏 adj.* 2 A	bad, spoiled, out of order (usu. no longer usable/ edible) (antonym: 好)	他把电视给摔 (shuāi, to break by falling or throwing down) 坏了。 别把花瓶碰 (pèng, to bump) 坏了。 昨天的饭菜放坏了，不能再吃了。 他把我的手机用坏了。 别把好苹果和坏苹果放在一起。 车坏了，我们走路去吧。
làn 烂 adj.* 2 B	broken, rotten, worn-out (oft. not usable/ edible)	是谁把碗给打烂了？ 他把裤子都摔烂了。 这孩子一个月就穿烂了两双鞋。 他从来不吃烂水果。 苹果都烂了，吃了会拉肚子 (to suffer from diarrhoea) 的。
pò 破 adj. 2 A	broken, damaged, worn-out (may still be usable; not referring to food)	他打破了两个碗。 他的书包破了，想再买一个。 他从来不穿破衣服。 他没有钱，穿的都是破衣服。 这本词典有点儿破，可是还能用。 他的手被刀划 (huá, to cut the surface of) 破了。 这个钱包太破了，买个新的吧。 这条裙子破得不能再穿了。 我天天开着那辆破车去上班。

一个酒瓶被打碎了。

suì   地上有几个碎碗片儿。

碎 adj.   shattered or broken to pieces,   这个是用碎布做成的。

2 B   fragmentary

Note:

➢ Words in this group can be used after a verb, as a complement, as in 他把碗打碎了.

* 坏 adj. 'to a greater extent, extremely', as in 他一天没吃饭，饿坏了.

* 烂 adj. 'soft or mushy through overcooking', as in 老人牙不好，饭菜要煮得烂一些.

➢ 破碎 adj. 'tattered', as in 地上全是破碎的碗和碟子.

➢ 破烂 adj. 'ragged', as in 他穿着破烂的衣服.

Q

qīzi
妻子 n.

wife

fūren **夫人** n. 3 A	Madam, Mrs., wife (a respectful form) (夫, husband)	她是总统 (zǒngtǒng, the President) 夫人。 李夫人，您好！ 他夫人的英语很不错。 市长 (shìzhǎng, mayor) 夫人，请这边走。 这位夫人的行李已经放到车里去了。 我夫人姓李。 夫人，请问您贵姓？
tàitai **太太** n. 3 B	Mrs., wife	他太太是一位大学老师。 他正在为一位太太叫出租汽车。 这位是王太太，她是北京人。 您太太真漂亮！ 向王太太问好。 王太太，您好！ 他太太做的蛋糕可 (so) 好吃了。
àiren **爱人** n. 2 A	spouse (once a popular word, now used primarily by older generation; not used as a form of address)	他爱人是一位教师。 她和爱人一起去旅游了。 他去医院看爱人去了。 他朋友的爱人是北京人。 我和我爱人是大学同学。 你怎么没和爱人一起来？
qīzi **妻子** n. 2 B	wife (not used as a form of address)	他妻子是一个很聪明的人。 你是有妻子的人了，要做一个好丈夫。 她很能干，是一个好妻子。 丈夫和妻子都姓张。 我得 (děi, have to) 回家和妻子商量商量。 作为妻子，你得多帮助你丈夫。
lǎopo **老婆** n. 1 C	wife, better half	他四十多岁了还没娶 (qǔ, to marry a woman) 老婆。 他老婆人很漂亮。 他说他不怕 (pà, to fear) 老婆。 老婆不在家，他就去饭馆儿吃饭。 我得给我老婆打个电话。 老婆，你真好！ 他有了老婆以后就很少出去喝酒了。

xífur

媳妇儿 n.　wife (dialect, used in northern part

1 C　　　　 of China, more in rural areas)

他今天娶媳妇儿，一大早就起来了。

他和媳妇儿结婚几十年了，孩子们也都大了。

他媳妇儿是个爱说话的人，我们都认识她。

他还没有媳妇儿呢，正在找。

媳妇儿，你今天真漂亮。

他对她媳妇儿不太好，后来他俩就离婚了。

Note: 媳妇 n. xífù 'daughter-in-law', as in 他的儿子和儿媳妇今年刚结婚.

---

qíshì

歧视 v.　　　　　　　　　　　　　　　　　　**to discriminate against**

bǐshì

鄙视 v.　　 to despise, to look down upon

3 N/A　　　 (鄙, low; 视, to look at)

不要鄙视家里没有钱的人。

他因为不讲真话而受人鄙视。

对这种人他从来都是鄙视的。

miǎoshì

藐视 v.　　 to defy, to see sb./ sth. as inferior

3 N/A　　　 (藐, to despise)

藐视敌人 (dírén, enemy) 才能战胜 (zhànshèng, to defeat) 敌人。

谁都不应该藐视法庭 (fǎtíng, court)。

mièshì

蔑视 v.　　 to disdain, to scorn (蔑, to disdain)

3 D

他蔑视自私 (zìsī, selfish) 的人。

蔑视法律 (fǎlù, law) 的人不会有好结果 (jiéguǒ, ending)。

对学习不好的学生他不但不帮助他们，反而蔑视他们。

我们要蔑视困难 (kùnnan, difficulty)，努力做好工作。

wúshì

无视 v.　　 to ignore, to disregard (无视

3 N/A　　　 sth. inanimate; with a

　　　　　　 pejorative connotation) (无, nil)

不要无视别人的感情 (gǎnqíng, feeling)。

无视学生的合理 (hélǐ, reasonable) 要求，这是很不对的。

他常常无视朋友们的关爱，我不太喜欢他。

他无视一切，还是太年轻。

dīgū

低估 v.　　 to underestimate (低, low; 估,

3-2 N/A　　 to estimate)

他低估了这套房子的价格 (jiàgé, price)。

不要低估你自己。

他总是高估自己，低估别人。

他觉得他的能力被低估了。

qíshì

歧视 v.　　 to discriminate against (with

3-2 D　　　 a pejorative connotation)

　　　　　　 (歧, divergent)

不要歧视妇女 (fùnǚ, women)。

对什么人都不能歧视。

谁都不应该受到歧视。

qīngshì

轻视 v.　　 to make light of (轻, light)

3-2 C

他比较轻视文科 (wénkē, liberal arts)。

年轻人不应该轻视学习。

由于轻视了这次考试，他的成绩不太好。

我们对自己的身体健康万万不可 (definitely not) 轻视。

kànbuqǐ **看不起** v. 2 B	to turn up one's nose at (oft. interchangeable with 瞧不起)	他常常看不起外地人 (not a local person)。 因为没有工作，他总觉得被别人看不起。 是你看不起我，我可没有看不起你。 他非常看不起这种人。
kàndī **看低** v. 2 N/A	to belittle	你要好好工作，不能让人看低。 他总是看低自己，看高别人。 他把学习的重要性看低了。
qiáobuqǐ **瞧不起** v. 1 N/A	to see sb./ sth. as not measuring up (northern dialect) (瞧, to see)	他瞧不起那些人。 别这样说话，被人瞧不起。 别老是瞧不起这种工作，工作不分贵贱 (jiàn, lowly)。
xiǎokàn **小看** v. 1 N/A	to think little of	小看人！ 要想不被别人小看，就要好好学习。 这个当年被人小看的女孩儿现在已经成为一 名女强人 (very strong and successful woman) 了。 别小看人，他并不比你差多少。
xiǎoqiáo **小瞧** v. 1 N/A	to belittle (northern dialect)	小瞧人！ 千万别小瞧了他，他可不是一般人 (yībānrén, ordinary people)。 他觉得被人小瞧了，心里很不高兴。 我可不敢小瞧你，你多厉害 (lìhai, powerful) 呀！[with sarcasm]
gǒuyǎnkànréndī **狗眼看人低** ph.* to think less of others (used 1* N/A metaphorically)		他是一个狗眼看人低的人。 狗眼看人低，别理 (lǐ, to notice) 他！ 你什么时候变得这么狗眼看人低的？

Note: * The literal meaning of 狗眼看人低 is 'in the eyes of a dog, everybody has short legs' or 'in the eyes of a cock, nobody can lay eggs'. 狗 (dog) often has a negative connotation in Chinese language.

---

qìhòu
气候 n.   **climate**

qìhòu **气候** n. 2 B	climate (also used figuratively) (气, air; 候, season)	这里的气候比较好。 中国北方的气候比南方冷。 这里的气候不太好，夏天特别热。 他不喜欢那里的气候，所以没去那里工作。 他的老家一年四季气候温暖，真是一个好地方。 最近的政治 (zhèngzhì, political) 气候不太好。

不用担心，他成不了什么大气候 (成气候, to prevail)。

qìxiàng **气象** n. 2 B	climatic phenomenon (also used figuratively) (象, appearance)	他在大学学的是气象学 (meteorology)。 山上有一个气象站 (weather station)。 气象图 (meteorological map) 画出来了。 春节要到了，这里是一片节日的气象。 他是一位气象工作者，经常到山里的气象站去。
tiānqì **天气** n. 2 A	weather	外边天气不好，他在家没有出去。 最近这里的天气非常热，晚上都睡不着觉。 因为天气的问题，飞机没有按时起飞。 天气对他来说不重要，晴天雨天都没关系。 今天天气很冷。 不管天气好坏，他都得 (děi, have to) 去。 你听天气预报 (yùbào, forecast) 了吗？明天下不下雨？
tiān **天** n.* 1 A	weather (oft. + monosyllable)	昨天天好，他去爬山了。 一阴天 (yīntiān, cloudy) 他的腿就疼。 找个好天我们一起去旅游。 天凉了，多穿点儿。 大热的天，别出去了。 要变 (biàn, to change) 天了，出去带上伞。

Note:
* 天 n. 'sky', as in 天上飞过了一架飞机.
➤ 天儿 n. 'some time during the day', as in 天儿不早了，我该走了.

---

qiántú
前途 n.   prospects

qiánchéng **前程** n. 3 D	the journey ahead, expectations (oft. with positive connotation, and in an individual capacity) (程, a stage of a journey)	他聪明好学，前程远大 (promising future)。 墙上写着: 前程似锦 (似 sì, similar to; 锦 jǐn, brocade, bright and beautiful)。 他觉得从最好的大学出来的毕业生前程万里。 为了自己的前程，他学习很努力。
qiánjǐng **前景** n. 3 D	the outlook (usu. in a non-individual capacity) (景, scenery)	他们公司 (gōngsī, company) 的前景很好。 他对这个公司的发展前景不太看好 (to see good in)。 这个国家有着光明的前景。 这个公司大好的前景使我们都愿意来这里工作。 他向我们展示 (zhǎnshì, to show) 了这个城市的美丽前景。 我们两个国家的合作 (cooperation) 前景光明。

jiānglái **将来** n. 2 A	the future	他觉得上大学是为了一个美好的将来。 为了孩子的将来，他在努力地工作着。 你的将来能不能幸福要看你现在是不是好好学习和工作。 孩子们的将来会比我们更好。 你也不小了，多考虑考虑 (kǎolù, to think over) 自己的将来。 这个城市的将来会更美好。
qiántú **前途** n. 2 B	prospects (途, road)	如果不好好学习，你就没有什么前途。 这个年轻人前途无量 (wúliàng, unlimited)。 你还年轻，前途美好。 学这个专业 (zhuānyè, subject) 有前途吗？ 他觉得自己没有什么前途。 每一个人都在为美好的前途而努力工作着。
wèilái **未来** n. 2 B	the future (in a more ideological sense) (未, not yet)	让我们手拉手走向未来。 儿童 (értóng, children) 是我们的未来。 他们对自己的未来充满了希望 (xīwàng, hope)。 父母都希望儿女有一个美好的未来。 他对这个公司的未来很有信心 (confidence)。 一个人的未来要由他自己来创造 (chuàngzào, to bring about)。

---

qiāoqiāo
悄悄 adv.   **quietly**

àn'àn **暗暗** adv. 2 C	secretly (oft. describing sb.'s mental activity; 地 is optional) (antonym: 公开)	听了老王的话以后，他暗暗高兴。 老婆突然回家，他暗暗紧张 (jǐnzhāng, nervous)。 他暗暗地下决心，一定要好好学习。 他心里暗暗地骂 (mà, to verbally abuse) 了老王一句。 一看见他，我暗暗吃了一惊 (jīng, to be surprised/frightened)。
qiāoqiāo **悄悄** adv. 2 B	quietly (doing sth.; 地 is optional) (antonym: 公开)	早上孩子们还在睡觉，他就悄悄地离开了家。 他来晚了，悄悄地走进来坐在后边。 春风悄悄地吹绿了大地。 他在悄悄打电话。 他悄悄地说: "对不起，我来晚了。" 他悄悄去商店把那双鞋为女儿买回来了。 他的狗悄悄地趴 (pā, to lie on the belly) 在他的身旁。 他悄悄地把出国留学的手续办好了。 他没公开说这件事情，只是悄悄地告诉了老王。

tōutōu		
偷偷 adv. 2 B	stealthily (carrying out an action; 地 is optional) (antonym: 公然 rán)	上课的时候，他偷偷和同学讲话。 他在偷偷地抽烟，怕人看见。 他偷偷把爸爸的车开走了。 他偷偷摸摸 (mō) 地把书拿走了。 孩子病得很重，父母偷偷地流眼泪 (liúyǎnlèi, to cry)。 他偷偷笑了一下，没有说什么。 小猫偷偷把那盘鱼给吃了。 他偷偷地把钱从银行拿出来了。 女朋友离开后，他偷偷地哭 (kū, to cry) 了好长时间。

---

qīnqiè
亲切 adj.

friendly

mìqiè		
密切 adj. 2 B	close (occasionally used as an attributive; among individuals, organisations, countries, etc.) (antonym: 疏远 shūyuǎn) (密, dense; 切, to be close to)	他们的关系 (guānxì, relationship) 很密切。 两家人来往密切，是好朋友。 他们的关系最近开始密切起来。 这两个国家的交往越来越密切。 他俩关系最近变得比较疏远，不像以前那么密切了。 希望我们大学之间能密切合作。 锻炼和身体健康有着密切的关系。

qīnmì		
亲密 adj. 2 D	intimate (reduplication AABB) (antonym: 疏远 shūyuǎn)	他们亲密地交谈着。 他和女朋友手拉着手，显得非常亲密。 他俩是亲密的朋友。 她们亲密得很，像亲姐妹一样。 大街上，你俩别太亲密了，叫别人看见不好。 他们一见面就亲亲密密的，没有一点儿疏远的感觉 (gǎnjué, feeling, impression)。

qīnqiè		
亲切 adj. 2 B	friendly, cordial, amiable (antonym: 冷淡 lěngdàn)	他回家乡的时候，感到一切都很亲切。 他亲切地和我们一一 (one by one) 握手。 他说得很亲切，我们都很感动。 他亲切的话语一直响 (xiǎng, to sound) 在我的耳边。 他对人很冷淡，一点儿都不亲切。 爸爸对儿子非常亲切。 他是一个亲切的老师。 他亲切的话语使我感到很温暖。

qīnrè		
亲热 adj. 2 C	affectionate, intimate (reduplication AABB) (antonym: 冷漠 lěngmò)	他们亲热地交谈着。 你对你的女朋友要亲热一点儿，不要那么冷淡。 别过分 (too much) 亲热，让人看见不好。 看到妈妈来了，他马上亲热地上前去问候。

一家人亲亲热热地，多好啊！

Note: 亲近 adj. qīnjìn 'intimate', as in 他们俩亲近得很.

---

qīnzì
亲自 adv.   **in person**

qīnshēn **亲身** adv.* 2 B	first-hand (oft. experiencing a major event; also referring to an abstract item) (亲, in person; 身, body)	他亲身经历 (jīnglì, to experience) 过大地震 (dìzhèn, earthquake)。 他亲身感受到了朋友们的关心和爱护。 我没有亲身经历过地震。 他亲身参加过那个大学的运动会。 你要亲身体验 (tǐyàn, to taste) 一下那种气氛 (qìfēn, atmosphere) 才能知道。
qīnshǒu **亲手** adv. 2 D	with one's own hands (usu. sth. on a small scale) (手, hand)	他亲手把钱交给了妹妹，不会有错的。 这条裙子是我自己亲手做的。 这是一张王老先生亲手画的山水画。 他是王老师亲手教出来的学生。 他太忙，没有亲手做这件事儿。 这是妈妈亲手包的饺子。
qīnzì **亲自** adv. 2 B	in person, personally (自, self)	他为孩子亲自去了一趟北京。 他病了，不能亲自来。 你必须亲自出马 (to go into action) 才行。 他也不用亲自出面，叫别人办就可以了。 他亲自给客人倒上了茶。 你亲自去问问他好了。 这件事儿很重要，你一定要亲自去做。

Note:
* 亲身 adj., as in 书里写的都是他的亲身经历.
➤ 亲眼 adv. '(to see) with one's own eyes', as in 我亲眼看见他走进图书馆了.
➤ 亲口 adv. '(to tell) from one's own mouth', as in 是他亲口告诉我的.
➤ 亲耳 adv. '(to hear) with one's own ears', as in 这个是他亲耳听到的.
➤ 亲笔 adv. '(to write) in one's own handwriting', as in 这是他亲笔写的信.

---

qūbié
区别 v.   **to differentiate**

biànbié **辨别** v. 3-2 D	to discern (辨, to distinguish; 别, to differentiate)	你能辨别出哪些是我写的字吗？ 天太黑，他辨别不出东南西北了。 他辨别是非 (fēi, wrong) 的能力很强。

在四重 (chóng) 唱 (a vocal quartet) 中，他能辨别出自己儿子的声音。

biànrèn **辨认** v. 3-2 D	to identify (usu. concrete items, and with eyes) (reduplication: ABAB) (认, to recognise)	请辨认一下，这是你的签名 (qiānmíng, signature) 吗？ 他辨认了很长时间，最后好容易才辨认出来。 字写得太草 (very sloppy)，他辨认不出来。 照片很旧，很难辨认清楚上面的人。 老人辨认得很仔细。 在一大堆行李中他辨认出了自己的箱子。 你过来看看，辨认一下这些照片儿。 你再仔细辨认辨认，看看哪个是你的。
fēnbiàn **分辨** v. 3-2 D	to tell apart, to recognise (分, to divide into parts)	他学会了怎样分辨葡萄酒的好坏。 他对口音 (accent) 分辨得很清楚，你一说话他就知道你是哪里人。 他分辨不出电话里是谁。 雨太大，很难分辨清楚前面的路。 在这个问题上，他分辨不清谁是谁非。 他不懂画儿，所以也就分辨不出真假 (zhēnjiǎ, real/ fake)。
jiànbié **鉴别** v. 3-2 D	to distinguish (according to a standard), to appraise (things based on specialised experience) (鉴, to inspect)	他很会鉴别中国瓷器 (cíqì, porcelain)。 他鉴别不出来这个瓷瓶是哪个年代的。 请帮忙鉴别一下这个东西的真假。 他的工作是鉴别古 (gǔ, ancient) 画。
shíbié **识别** v. 3-2 D	to recognise, to distinguish from (识, to recognise)	那两种口音很容易识别。 这本词典用得已经很旧了，有些字已经识别不出来了。 对什么事儿都要识别真假。 在那几个人当中，他识别出了那个偷 (tōu, to steal) 他钱包的人。 识别一个人的好坏，不能只听他怎么说，重要的是要看他怎么做。
fēnbié **分别** v.* 2 D	to separate A from B	她们姐妹俩长得很像，别人很难分别出来哪个是姐姐哪个是妹妹。 孩子太小，还分别不出对错 (duìcuò, right/ wrong)。 好人和坏人我们要分别清楚。
qūbié **区别** v.* 2 B	to differentiate (区, section)	孩子太小，还不懂怎样区别好人和坏人。 他眼睛不好，区别不了这两种颜色。 从声音上，他能区别出姐姐和妹妹。 你区别一下这两个汉字的不同。 我们要把好的和不好的区别开来。

qūbié

区别

这本书区别于那本书，写的不是女人的事儿。

这两个问题不同，要区别对待 (dài, to treat)。

qūfēn

区分 v.   to tell/ separate ... from;

2 D   to discriminate

这两种颜色差不多，很难区分。

从口音上，他能区分美国人和加拿大人。

要想把这两种东西区分开来应该不难。

他区分不出来葡萄酒的好坏。

Note:

* 分别 v. 'to part', as in 马上就要和妈妈分别了，他心里挺难过.

* 区别 n. 'difference', as in 请找出这几个字之间的区别.

➢ 划分 v. huàfēn 'to divide', as in 他把苹果的好坏划分成三个等级 (děngjí, grade).

R

rèqíng
热情 adj.   **enthusiastic**

rèliè **热烈 adj.** 2 B	warm, welcoming (with an emphasis on atmosphere; usu. not referring to a person) (antonym: 冷清 lěngqīng) (烈, intense)	音乐会上，大家的掌声 (zhǎngshēng, clapping) 非常热烈。 课堂上我们讨论 (tǎolùn, to discuss) 得很热烈。 学生们热烈地欢迎新老师的到来。 他受到了热烈的欢迎。 人群喊道：欢迎! 欢迎! 热烈欢迎! 他们正在开一个热烈的欢迎会。
rèqíng **热情 adj.** 2 A	enthusiastic (with an emphasis on emotion; usu. not referring to a scene or atmosphere) (antonym: 冷淡 lěngdàn) (情, feeling)	他对人很热情，可他姐姐对人却很冷淡。 热情好客的他经常请朋友到家里吃饭。 他热情地请我们到屋里坐。 他热情得很，大家在他家里玩得非常高兴。 热情的老王给我们做了一顿美餐。 他那些热情的话使我们都很感动。 他喜欢来这吃饭，因为这里有热情的服务员。
rèxīn **热心 adj.*** 2 B	warm-hearted, ardent (implying doing sth. beyond the call of duty, with an emphasis on action) (冷漠 lěngmò)	他是一个热心的人，经常帮助别人。 王老师帮助学生很热心。 他对这件事儿热心极了。 他热心地教我学汉语。 他好像不太热心，对这件事情有点儿冷漠。

Note:
* 热心 v., as in 多年来他一直热心于慈善事业 (císhàn shìyè, charity undertaking).
➤ 热情/ 热心 can also be used as a noun, as in 学生们参加篮球赛的热情很高。
➤ 热忱 n. rèchén 'enthusiasm and devotion (formal)', as in 这些年轻人的爱国热忱非常高。
➤ 热诚 adj. rèchéng 'warm and sincere', as in 他对朋友很热诚。
➤ 热切 adj. 'earnest', as in 他热切地等待着女朋友的到来。
➤ 热心肠 ph. rèxīncháng 'sb. with a big heart (informal)', as in 你真是一个热心肠，谢谢!

---

rénmen
人们 n.   **people**

mínzhòng **民众 n.** 3 D	masses, common people (oft. referring to political issues; also 人民大众)	他是一个民众所喜欢的市长 (shìzhǎng, mayor)。 这是民众的想法吗？ 各地的民众都反对 (to argue against) 这样做。
dàzhòng **大众 n.** 3-2 C	the general public (众, crowd, numerous)	这是一家大众饭馆儿，又便宜又好吃。 这个电影很受大众的欢迎。 广告 (ads) 要大众化 (in a popular style) 一些。

这是一本有关大众文化 (culture) 的书。

qúnzhòng **群众** n. 3-2 B	the masses, non-party members (群众 vs. 党员 dǎngyuán, party member; 群众 vs. 干部 gànbù, cadre) (群, crowd, group)	干部要经常听听群众的意见 (yìjiàn, view)。 他的工作得到了群众的好评 (píng, comment)。 他常常为人民群众说话。 去年他由一名群众成为了一名党员。
rénmín **人民** n. 3-2 A	the people (with somewhat political flavour; oft. occurs in political discourse, together with 国家, 政府 zhèngfǔ, government, etc.) (民, the people)	我们的工作没有做好，给国家和人民造成 (zàochéng, to cause) 了不小的损失 (sǔnshī, loss)。 他们是人民的子弟兵 (the people's soldiers)。 我们一定要为人民服务。 他在《人民日报》工作。 人民政府就应该为人民说话。
bǎixìng **百姓** n. 2 N/A	civilian, the common people (百姓 literal meaning, 'a hundred surnames')	政府要多关心百姓的生活。 他觉得自己是一个平民 (commoner) 百姓，对 这种事情不用关心。
rénmen **人们** n. 2 A	people, men, the public	他是人们所喜爱的电影明星 (movie star)。 天还没亮，人们都在熟睡之中。 他的书给人们上了一堂课。
lǎobǎixìng **老百姓** n. 1 B	common folks, men in the street (老百姓 vs. 当官儿 guānr official 的)	这里的老百姓对当官儿的有不少意见 (objection)。 当官儿的应该多问问老百姓都想要什么。 我只是一个小老百姓，谁能听我的话？

---

rìjì
日记 n.   diary

bōkè **播客** n. 2 N/A	video clips broadcasting one's blog (new word) (播, to broadcast; 客, guest)	他非常喜欢做自己的播客。 他的播客很受欢迎。 那个人的播客做得不太好。 他经常看朋友们的播客。 他觉得播客比博客更火 (huǒ, popular)。
bókè **博客** n. 2 N/A	blog (short version of 'web log'; new word, transliteration from English) (博, wide)	他的博客写得很好，我非常喜欢看。 他经常上网 (online) 写博客。 他用博客和学生交流 (jiāoliú, to communicate)。
rìjì **日记** n. 2 B	diary (usu. of a private nature) (日, daily; 记, notes)	他天天写日记。 妈妈偷 (tōu, stealthily) 看了他的日记，他很不高 兴。 他买了一本 2010 年的日记本。

rìzhì		那是一本工作日志。
日志 n.	daily record, logbook (usu.	他正在看这个月的生产日志。
2 N/A	work-related) (志, records)	昨天下班之前你记值班 (zhíbān, on duty) 日志了吗？

rúguǒ
如果 conj.   if

jiǎrú		假如我是你，我会给她打个电话问清楚的。
假如 conj.	supposing (that) (oft. used before	假如明天下雨，他就不来了。
3 C	the subject) (假, false)	假如他说得不对，那你就应该告诉他。
		假如我能飞上天的话，那该多好啊！
		假如我明早六点不起床的话，请叫我一下。
		假如父亲让我去，我马上就可以走。
		你说你一定要去，可是假如老师不让你去呢？

rú		您如不喜欢，可以换一个。
如 conj.	provided that (used more with	我如有时间，一定来看您。
3 B	monosyllables, and after the subject)	搬家如需帮忙，请告知。
		如不舒服的话，应该马上去看医生。
		你如去见他，请代我问他好。

rúguǒ		如果明天下雨，你就不用来了。
如果 conj.	if (如果 used before or after the	老师如果不来，我们就不能上课了。
2 B	subject, same as 要是 below)	如果他不按时起床，上课就会迟到的。
		你如果夏天来的话，就可以下去游泳了。
		学生如果有困难，他总是帮助他们。

yàoshi		要是他知道你去的话，一定会很高兴。
要是 conj.	suppose, in case, if	你要是不来的话，请给我打个电话。
1 A		要是父亲问的话，就说我去图书馆了。
		要是便宜，我就买两件。
		你要是没有时间的话，就不用来了。
		孩子们要是饿了的话，就叫他们先吃吧。
		要是你去图书馆，请帮我把这本书还 (huán)了。
		要是想考上大学，就得 (děi) 好好学习。

Note:
➤ Words in this group can all add 的话 to the end of the first clause, to reinforce the sense of 'if', especially with 要是.
➤ 的话 particle 'if', as in 天下雨的话，我们就不出去了.
➤ 要不是 conj. 'if it were not for', as in 要不是他告诉我，我可能到现在还不知道呢.
➤ 假设 conj. jiǎshè 'on the assumption that', as in 假设你是我的话，你会怎么办?
➤ 假若 conj. jiǎruò 'supposing that (formal)', as in 假若火车和飞机一样快，那我也会坐火车去的.
➤ 假使 conj. jiǎshǐ 'in the event that (formal)', as in 假使我是你妈，我不会让你去的.
➤ 倘若 conj. tǎngruò 'provided (formal)', as in 倘若他能考上大学，父亲就会给他买一部电脑.

rúguǒ
如果

➢ 如若 conj. rúruò 'if (formal)', as in 如若没有他的帮助, 就不会有这场音乐会了.

S

shāngxīn
伤心 adj.   **heartbroken**
(see also 悲痛)

nánguò **难过 adj.*** 2 B	sad (antonym: 高兴) (难, hard; 过, to pass)	听了他的话以后，我们都感到非常难过。 看到他难过的样子，我们都不再说笑了。 离婚以后，他一直难过得不得了。 看到这一切，他难过地走了。 别难过，下次你会做好的。 考试考得不好，弟弟难过得饭都不吃了 (liǎo)。 已经这样了，你难过也没有用。 你一会儿高兴，一会儿又难过，发生了什么事 情？
nánshòu **难受 adj.*** 2 B	unhappy, unbearable (antonym: 快活 huó) (受, to bear)	他的话使我难受极了。 看到躺在病床上的女儿，妈妈觉得很难受。 现在知道难受了，早干什么了？考试之前，你要 是好好儿复习不就好了！ 你也不用难受，孩子大了早晚是要走的。 他知道自己错了，难受得都快要哭了。 他一想起父亲病重的事儿，就难受得很。
shāngxīn **伤心 adj.** 2 B	heartbroken (insertable) (antonym: 愉快) (伤, to hurt; 心, heart)	妻子和他离婚了，他非常伤心。 他越想越伤心。 他伤心得哭了起来。 他伤心地摇了摇头，什么也没有说。 别伤心，你会好起来的。 妈妈病重，他哭得很伤心。 一想起过去的伤心事儿，他就高兴不起来。 男儿有泪不轻弹，只因未到伤心处 (Real men don't cry easily when they are not heartbroken)。 孩子不学好，真叫人伤透 (tòu, to penetrate) 了 心。

Note:
➤ All three words in this group are also considered as verbs, especially 难受.
* 难过 adj. 'hard going', as in 他的日子很难过，饭都吃不上.
* 难受 adj. 'unwell', as in 他头疼，觉得很难受.
➤ 伤感 adj. shānggǎn 'sentimental', as in 看到朋友都离他而去，他有些伤感.
➤ 悲伤 adj. bēishāng 'sorrowful', as in 那本书讲了一个非常悲伤的故事 (gùshi, story).

shāngliang
商量 v.

to consult

qiàtán **洽谈** v. 3 D	to hold (business) talks (洽, to consult with)	他经常出去洽谈生意 (shēngyì, business)。 他们洽谈得很成功 (chénggōng, successful)。 他们要洽谈有关办工厂的问题。 有关这些问题，我们明天进行洽谈。 他们洽谈完以后，就一起去吃饭了。
shāngtǎo **商讨** v. 3 D	to discuss, to talk over (oft. big, complex, non-personal issues) (商, to discuss; 讨, to ask for)	会上他们商讨了办学校的事情。 这个问题还需要进一步商讨。 他们认真商讨了以后才作出了这个决定 (juédìng, decision)。 为考试的事情，他们商讨了几个小时。
xiéshāng **协商** v. 3 D	to consult with each other (usu. important issues) (antonym: 独断 dúduàn) (协, to assist)	有问题，大家应该协商解决 (jiějué, to resolve)， 不能独断。 协商了几次以后，这个问题最后得到了解决。 你去和他们协商一下，尽快解决这个问题。 没有跟我们协商，你们不能做出决定。 经过双方协商，问题得到了解决。
shāngliang **商量** v. 2 B	to consult, to discuss (issues big or small, personal or business) (reduplication: ABAB) (量, to measure)	他们正在商量孩子上大学的事儿。 他没有跟我商量就买了这套房子。 为了这个，他们商量了半天。 他们商量不出来一个好办法 (bànfǎ, way to handle affairs)。 好吧，我们商量一下。 他们商量来商量去，最后决定接收这个学生。 这个很重要，我们要好好儿商量商量。
tánpàn **谈判** v. 2 B	to negotiate, to bargain (usu. non-personal and important issues) (判, to decide)	他们正在进行谈判。 这次他们谈判得比较成功。 他们谈判了两天，最后谈成了。 虽然谈判了三次，但是他们还是没有成功。 他很会跟别人谈判，总是得到他想要得到的。

Note:

➤ 商定 v. shāngdìng 'to decide through consultation', as in 他们商定了这件事儿.

➤ 商谈 v. shāngtán 'to exchange views (usu. verbally)', as in 他俩正在商谈工作.

➤ 磋商 v. cuōshāng 'to exchange views (formal, and often a long and repeated process)', as in 这个还需要进一步磋商.

➤ 商榷 v. shāngquè 'to deliberate over (a polite word, for serious/ academic issues, an intransitive verb)', as in 这个问题值得 (zhídé, to deserve) 商榷.

➤ 商议 v. shāngyì 'to confer together (formal)', as in 我们可以一起商议这个问题。

➤ 协议 v. xiéyì 'to negotiate and agree on', as in 他们是协议离婚的.

shíjiān
时间 n.

time

suìyuè **岁月** n. 3 D	years (indicating a long long time)	那是一段 (duàn, period) 难忘的岁月。 在漫长的岁月中，他的头发慢慢地变白了。 血与火的岁月使他变成了一个坚强 (jiānqiáng, strong) 的人。 岁月不饶 (ráo, to spare) 人，父母现在都老了。
shídài **时代** n. 2 B	times, era (with trendy generational characteristics; a relatively longer duration) (代, generation)	现在的年轻人和我们那个时代的人不同了。 他们是两个时代的人，想的和做的都不同。 他青年时代是在北京度过的。 这本书讲的是他父母那个时代的事儿。 现在这个时代，生男生女都一样。 我们已经进入了一个信息 (information) 时代。 年轻人身上有着一种时代感 (vogue)。
shíjiān **时间** n. 2 A	time, hour (duration or a point in time, specific or unspecific or abstract) (间, between)	他这个周末没有时间。 上课的时间改了，别去晚了。 他觉得时间是最宝贵的。 他一有时间就去看望父母。 墙上有一张学生上课的时间表 (timetable)。 你写这本书用了多长时间？ 现在的时间是早上八点三十分。 再给两天的时间，我就可以做完了。 经过长时间的准备，大学运动会明天举行 (jǔxíng, to hold)。
shíkè **时刻** n.* 2 B	the time of day, moment (刻, a quarter of an hour)	女儿出生是他一生中最幸福的时刻。 他看了看飞机时刻表 (schedule)。 他忘不了女朋友离他而去的那一时刻。 他一直工作到生命 (shēngmìng, life) 的最后时 刻。
shíqī **时期** n. 2 B	a period in time or history, days (can be modified by adjectives with specific characteristics, e.g. 长/ 短/ 好/ 困难) (期, period)	在短时期内，这个国家的变化很大。 学生时期的他充满了热情和理想 (lǐxiǎng, dream)。 战争 (zhànzhēng, war) 时期的生活很不安定。 听说六到八岁是学语言的好时期。 现在是非常 (extraordinary) 时期，我们大家要特 别小心。
gōngfu **工夫** n. 1 B	time (to do sth.; long or short period; also written as 功夫) (工, work; 夫, man)	他很忙，没有工夫和孩子们玩儿。 他花了一个星期的工夫把这本书看完了。 明天有一个舞会，你有工夫来吗？ 一会儿的工夫，他就把饭做好了。 他用了两年的工夫学汉语。

在学习上肯下工夫的人才能学好。

rìzi 日子 n. 1 A	date, day, days	他把结婚的日子定在八月八日。 在大学的日子里，我们是最要好的朋友。 日子一天天地过去了，可是他一直没有来。 从上次看见你到现在有些日子了，你过得可好？ 那些日子，他常常生病。 日子一长，他和我们就熟悉 (shúxī, to be familiar with) 起来。 他来这里没多少日子，就想回家了。 今天是他大喜的日子，全家人都特别高兴。
shíhou 时候 n. 1 A	moment, time (oft. an unspecific time; not used as an object)	他小时候是和奶奶住在一起的。 时候还早呢，再坐一会儿吧。 他进来的时候，我正在看书。 你什么时候来？ 你走的时候叫我一下，我跟你一起走。 他家人在吃饭的时候都喜欢看电视。 就在那时候，他走进来了。

Note:
* 时刻 n. 'all the time, always', as in 他时刻记得妈妈对他说的话.
➤ 时 n. 'when', as in 上课时要认真听老师讲课.
➤ 时光 n. shíguāng 'days (formal and literary)', as in 这是他一生中最美好的时光.
➤ 光阴 n. guāngyīn 'time (formal and literary)', as in 光阴似箭 (sìjiàn, as fast as arrows – the flight of time).
➤ 功夫 n. 'accomplishment, skills in martial art', as in 他会中国功夫 (Kung Fu), 我正在跟他学.
➤ 年头儿 n. niántóur 'years (informal)', as in 这年头儿，工作很难找.
➤ 年月 n. 'time (usu. referring to past time)', as in 那年月能吃饱就不错了，还上什么大学啊！
➤ 年代 n. 'years (oft. shorter than 时代)', as in 在那个年代里，人们都没有多少钱.
➤ 年代 n. 'a decade', as in 他在八十年代出生.

---

shìqing
事情 n.
matter

shìjiàn 事件 n. 3 B	event, incident (usu. a major social, political or historical event; mw. 场/ 起/ 个) (件, piece)	这是一起政治 (zhèngzhì, political) 事件。 这个历史 (lìshǐ, history) 事件改变了他的人生。 那个事件发生在去年。 他对那个事件知道的不多。 这一事件是怎么回事？ 他是在电视上得知 (dézhī, to learn of) 美国 "9/11"事件的。
shìgù 事故 n. 2 C	accident, slip (usu. man-made and occurring at work or on the road; mw. 场/ 起) (故, causes)	听说工厂里今天发生了事故。 在那场事故中，两个工人受了伤 (shāng, injury)。 他没有认真检查，所以造成了这场事故。

自从工伤事故以后，他就再也没有工作了。
这是一起 (mw.) 醉酒驾 (jià, to drive) 车的交通
(jiāotōng, traffic) 事故。
前面好像出交通事故了。

shìqing **事情** n. 2 A	matter (usu. of everyday things) (情, situation)	他今天有很多事情要做。 你找我有什么事情吗？ 这么重要的事情，你怎么能忘了呢？ 事情并不像你说的那样。 这件事情他办得很不错。 别告诉他我的事情。 这几天他家里的事情很多。
shì **事** n.* 2-1 A	thing, business (also 事儿 shìr in spoken Chinese)	他有事儿找你。 没事儿常来我这里坐坐。 你别没事儿找事儿 (to look for trouble)！ 他常常为大家办好事儿。 他的事很难办。 他请的是事假 (leave of absence for personal reasons)，不是病假 (sick leave)。 他公事公办，非常认真。 他离开父母以后，事事都要自己做。 祝大家万事如意 (to get all one's wishes)！

Note:
* 事 n. 'job', as in 他现在在银行做事.
➤ 事儿 n. 'mishap', as in 他出事儿了，被人打了.
➤ 事变 n. 'incident, event (of political or military significance)', as in 听说那个国家发生了军事
(jūnshì, military) 事变，我们最好别去那里旅游了.
➤ 事务 n. shìwù 'affair', as in 他工作很忙，事务很多.

---

sǐ
死 v.   **to die**

qùshì **去世** v. 3 D	to depart this life (of an adult; a euphemistic and respectful word) (antonym: 在世) (去, to leave; 世, the world)	他父亲是去年去世的。 他去世的时候，孩子们都不在身边。 父亲在世时，家里的生活就比较困难；父亲去世 以后，家里就更困难了。 一听到母亲去世的消息 (xiāoxi, message)，他马 上坐飞机回家去了。
shìshì **逝世** v. 3 C	to pass away (of a renowned person) (antonym: 诞生 dànshēng) (逝, to disappear)	他的逝世使我们万分悲痛。 总统 (zǒngtǒng, the President) 逝世，人们都沉 痛地进行哀悼 (āidào, to condole)。 今天是前总统逝世一周年 (anniversary) 的日子。

他逝世二十年了，人们还在深深地怀念 (huáiniàn, to cherish the memory of) 着他。

xīshēng
牺牲 v.*
3 B

to sacrifice oneself (牺牲 + object)

他是十年前为祖国牺牲的。

战士 (zhànshì, soldier) 们用牺牲自己换来了我们今天的美好生活。

他宁可 (nìngkě, rather) 牺牲自己，也要把那个孩子救 (jiù, to rescue) 上来。

他的儿子去年牺牲在战场 (battlefield) 上了。

sǐwáng
死亡 v.
3-2 C

to decease (of sth. animate)
(antonym: 生存 shēngcún)
(亡, to die)

这场大火中，有一人死亡。

他因重病而死亡。

他死亡的原因 (yuányīn, reason) 还不清楚。

最近大量树木死亡，我们还不知道为什么。

sǐ
死 v.*
2-1 A

to die (of sth. animate)
(antonym: 活 huó)

他家的小猫昨天死了。

他去年得了一场 (mw.) 重病，差一点儿死了。

儿子离家出走很多年了，没人知道他是死是活。

听说他爷爷昨晚病死在医院里。

不知道为什么，最近他家的羊死了不少。

他说一家人就是死也要死到一起。

别哭了，一点儿小病死不了 (liǎo)。

儿子死之前，都没能见上母亲一面。

Note:

* 牺牲 v. 'to sacrifice', as in 他牺牲了休息时间来帮我们搬家.
* 死 adj. 'stiff', as in 这个老师上课比较死，很少有学生去听他的课.
* 死 adj. 'extremely', as in 今天热死了.
➢ 夭折 v. yāozhé 'to die young', as in 他儿子五岁的时候就夭折了.
➢ 过世 v. guòshì 'to die (of an elder)', as in 老人是去年过世的.
➢ 去见马克思 ph. qùjiàn Mǎkèsī 'to go to see Karl Heinrich Marx (the founder of Marxism; a popular euphemism prior to the 1980s; meaning "to kick the bucket")', as in 他早就去见马克思了.
➢ 不在了 ph. 'no longer here (a euphemism for "dead")', as in 老人已经不在了.
➢ 没了 ph. 'disappeared (a euphemism for "dead")', as in 他爷爷早就没了.
➢ 走了 ph. 'gone (a euphemism for "dead")', as in 奶奶病了很长时间，去年走了.
➢ 长眠 v. chángmián 'to have a long sleep (a euphemism for "dead", 长眠 + place, formal)', as in 这么多年来，他一直长眠在这里.
➢ 辞世 v. císhì 'to say goodbye to the world (formal)', as in 他辞世以后，我们都很悲痛.

---

sòngxíng
送行 v.

to wish sb. bon voyage

gàobié
告别 v.
2 B

to bid farewell (usu. the subject is the one who leaves; insertable)
(告, to tell; 别, to leave)

他向大家告别了以后就走了。

毕业的时候，同学们互相告别。

开完会以后，我们握手告别。

你应该告别过去，重新找回自我。

他都没有和我们告别就一个人走了。
我是来和你告别的，我要到国外学习去了。
告别了北京，他来到了英国。
他和朋友们一一 (one by one) 告别以后，才开车离开。
你在这里等一下，我进去跟他们告个别。

sòngxíng **送行** v. 2 B	to wish sb. bon voyage (insertable; not 送行 + object) (行, to go)	我们正在为他送行。 朋友们都前来送行，大家还一起照了像。 他要去外地了，妈妈去机场给他送行。 晚会上，我们为他送了行。 大家都那么忙，不用送什么行了。
sòng **送** v.* 2-1 B	to send off, to see sb. off (送 + object/ complement) (reduplication: A(一)A) (antonym: 接)	他去送客人了，马上就回来。 他朋友很多，周末经常是迎来送往的。 他把儿子送上了火车。 不用送了，请回吧。 他把朋友送到了汽车站。 你去帮我送一下客人。 他送完了朋友就回家了。 他有事儿，送不了 (liǎo) 你了。 他送我送出了很长一段路才回去。 我送(一)送你吧。

Note:
* 送 v. 'to deliver', as in 他把书给我送过来了.
* 送 v. 'to accompany', as in 他早上天天送孩子去学校.
➢ 道别 v. dàobié 'to say goodbye', as in 他和老师道别后，就离开了.
➢ 送别 v. 'to see sb. off', as in 朋友们来送别，他正跟他们说话.
➢ 告辞 v. gàocí 'to take leave (of one's host)', as in 时间不早了，我告辞了.

---

suǒyǐ
所以 conj.   **therefore**

yīncǐ **因此** conj. 3 B	hence (emphasising the result; also starts a new sentence, as do the other three words in this group) (由于…, 因此…)	由于他是我的好朋友，因此我把钱借给了他。 天气很不好，因此飞机晚点了。 他讲课讲得好，因此学生学起来就容易一些。 孩子不爱吃饭，因此身体不太好。 我很怕热，因此不想去那里工作。 他人很聪明，学习也很努力。因此，他今年考上了一所很好的大学。
yīn'ér **因而** conj. 3 B	thus (emphasising the reasoning: condition then result/ conclusion) (由于…, 因而…)	由于准备得好，因而他考试考得很不错。 天气是自然现象 (zìrán xiànxiàng, natural phenomenon)，因而我们改变不了。 他天天锻炼身体，因而身体不错。

他愿意帮助别人，因而大家都喜欢他。
大学放假了，因而学生们可以去旅游了。

suǒyǐ **所以** conj. 2 A	therefore (with a flexible position: 因为/ 由于…, 所以…; … 之所以, 是因为…; …, 就是 …之所以…)	因为外边下雨，所以他出门时拿了一把雨伞。 我们是好朋友，所以我很了解他。 他之所以去中国工作，是因为他想学习汉语。 他是我的父亲，这就是他之所以了解我的原因 (yuányīn, reason)。 王老师病了，所以我来给你们上课。 由于人太多，所以饭菜不够吃了。 现在是冬天，夏天的衣服没人买了。所以，现 在买夏天衣服比较便宜。
yúshì **于是** conj. 2 B	as a result, consequently (…, 于是…; …, …于是…)	哥哥很晚还没回家，于是妈妈打电话到处问。 大学开始放假了，于是我就出去旅游了。 他突然病了，于是我们只好换了别人。 他常常帮助我，我的汉语于是提高得很快。 大家都离开了，于是我也走了。

T

tèdiǎn
特点 n.   **characteristic**

tèdiǎn 特点 n. 2 B	characteristic (antonym: 共同点) (特, special; 点, point)	这个电影的特点是画面美丽。 他的书没有什么特点。 这个地方的特点是冬天雨特别多。 他的特点是非常喜欢帮助人。 他说明了这种花的特点。 他想知道这些东西的共同点，也想知道它们各自的特点。 热心好客是这里人的特点。 认真仔细是他工作上的特点。 他的特点是不爱说话。 新出的电视机有什么特点吗？ 这份报纸的特点是新闻 (xīnwén, news) 报道 (report) 比较多。
tèsè 特色 n. 2 D	distinguishing feature, style, speciality (usu. with a positive connotation; oft. describing specific items) (色, colour)	他的家具有中国特色。 这个商店卖的衣服没有什么特色。 他喜欢听带有乡村特色的音乐。 这张画的特色是颜色 (yánsè, colour) 对比鲜明。 他俩的演出各有特色。 他们饭店的特色菜非常好吃。 他歌唱得很有特色，我喜欢听。
tèxìng 特性 n. 2 D	special (internal) property, trait (antonym: 共性) (性, nature)	他不太清楚这些药的特性。 他很了解这只狗的特性。 你知道这些东西的共性和特性吗？
tèzhēng 特征 n. 2 C	(external) character, feature (antonym: 普遍性 pǔbiànxìng) (征, sign)	那个人的特征是有一个特别大的红鼻子。 黑眼睛、黑头发是中国人的特征。 他身上有一些商 (shāng, business) 人的特征。

tóngyì
同意 v.   **to consent**

pīzhǔn 批准 v. 2 B	to authorise (usu. by an authority) (antonym: 拒绝 jùjué) (批, to grant; 准, to allow)	他的签证 (qiānzhèng, visa) 已经被批准了。 他批准了我的申请 (shēnqǐng, application)。 厂里没有批准他休假。 校长不批准，我们就不能去。 他的申请批准了，可我的却被拒绝了。

róngxǔ **容许** v. 2 C	to tolerate, to allow (antonym: 禁止 jìnzhǐ) (容, to tolerate; 许, to allow)	父母不容许他抽烟，还禁止他喝酒。 为了孙子，他容许儿子的全家和他一起住。 我不能容许你说我好朋友的坏话。
tóngyì **同意** v. 2 A	to consent, to accept (request/ viewpoint, etc.; 非常 + 同意) (antonym: 反对 fǎnduì) (同, same; 意, intention)	我非常同意他的想法。 你是同意还是反对？ 厂里同意他去中国一个月。 老师不同意我们去。 他同意让我休假了。
yǔnxǔ **允许** v. 2 B	to permit, to allow (by a person or by circumstances) (antonym: 不许) (允, to allow)	他允许我请假两天。 如果时间允许，我会去图书馆借书。 老师不允许，学生就不能离开学校。 请允许我把话说完，好吗？ 他不允许儿子开车。 我不允许你这样跟父母说话！ 请允许我代表 (dàibiǎo, to represent) 校长说几句 话。 买房子，我们现在的条件 (tiáojiàn, condition) 还 不允许，以后再说吧。
zhǔnxǔ **准许** v. 2 D	to approve, to allow (usu. by an authority) (antonym: 不许)	这个地方不准许外人进去。 这里准许抽烟吗？ 这里不准许通行 (tōngxíng, to pass through)。 等他准许了以后，我马上给你打电话。 医院昨天还说不许他出院，今天怎么又准许他出 院了呢？
zhǔn **准** v.* 2-1 C	to grant, to permit, to give green light to (usu. by an authority)	他准了我的假。 这里不准吸烟。 那里不准停车。 一个人只准买两张票。 上课时，不准开手机。 他不准儿子喝酒。
dāying **答应** v.* 1 B	to agree (usu. to a request; 答应 + complement, e.g. 他答应得很快) (antonym: 回绝 huíjué) (答, to answer; 应, to reply)	他答应来参加我的婚礼 (hūnlǐ, wedding)。 爸爸没有答应他的请求 (qǐngqiú, request)。 你不用去问了，他不会答应你的。 他一开始不肯，后来答应了，可是答应得很勉强 (miǎnqiǎng, reluctant)。 对不起，我没有时间，答应不了你。 他把这件事儿答应下来了。 他嘴上是答应了，可做不做就不知道了。 第一次他回绝了我，第二次才答应。

Note:
* 准 adj. 'standard', as in 他汉语的发音很准.

* 答应 v. 'to answer', as in 孩子叫她"妈妈", 她马上答应了.
➢ 准予 v. zhǔnyǔ 'to grant (formal)', as in 学校准予他毕业.
➢ 认可 n. rènkě 'endorsement', as in 学生提出 (to put forward) 的计划得到了老师的认可.
➢ 许可 n. xǔkě 'permission', as in 没有停车许可证 (zhèng, permit), 不能在这里停车.
➢ 许 v. 'to allow (usu. used in negation, informal)', as in 他不许儿子去.
➢ 准许/ 允许/ 同意/ 批准 also used as nouns, as in 没有校长的批准, 我们不能去.

---

tóngzhì
同志 n.

comrades

tóngrén 同仁 n. 3 N/A	colleagues, people of the same trade (an old word; usu. a form of address) (同, same; 仁, humanity)	各位同仁, 现在开始开会了。 全体同仁, 祝大家新年快乐! 他向各位同仁表示感谢。
tóngháng 同行 n. 2 D	people of the same trade or occupation (行, trade)	我们同行, 都是教师。 他和我过去是同行, 现在不是了。 俗话说: 同行是冤家 (Súhuàshuō: tóngháng shì yuānjia, As the saying goes: two of a trade can never agree)。
tóngshì 同事 n. 2 D	colleagues at work (usu. referring to white collar professionals) (事, thing)	同事之间应该互相帮助。 她的一位同事病了。 他在路上见到了以前的同事, 聊了半天。 一位同事结婚, 请大家去喝喜酒。
tóngxué 同学 n. 2 A	classmates, schoolmates (学, study)	他和我是大学的同班同学。 他们成立了一个同学会。 父亲的老同学来看他了。 他班里有个同学是从中国来的。 他和不少同学有联系。
tóngzhì 同志 n.* 2 A	comrades (a customary title used among older people; becoming an old word now) (志, aspiration)	同志之间要互相帮助。 老同志, 您找谁? 这是王同志的女儿。 男同志能做到的, 女同志也能做到。 多谢同志们前来参加我的婚礼。 同志, 请问图书馆在哪儿? 哪位同志给这位老同志让个座儿?
zhànyǒu 战友 n. 2 C	comrade-in-arms (used in an affectionate way) (战, war; 友, friend)	他们是战友, 也是好朋友。 刚才有人打电话来找你, 说是你从前的战友。 这么多年的老战友了, 别客气! 他们几个战友经常在一起打篮球。

Note:

* 同志 was a popular word in China, but is much less used now, particularly among the younger generation. Currently, its usage is limited to the circle of Chinese officials and the older generation.

* 同志 n. 'homosexuals (new usage)', as in 那个酒吧是"同志"常去的地方.

➢ 搭档/ 拍档 n. dādàng/ pāidàng 'partner (at work; informal; loan word from English)', as in 他们俩是几十年的老搭档了.

➢ 同伙 n. tónghuǒ 'partner (oft. with a pejorative connotation)', as in 他和两个同伙一起抢 (qiǎng, to rob) 了那个银行.

➢ 死党 n. sǐdǎng 'sworn followers (with a strong pejorative connotation, but sometimes used in a humorous way without any negative connotation)', as in 我死党的女朋友和他分手 (to break up) 了.

➢ 同党 n. tóngdǎng 'associate (oft. with a pejorative connotation)', as in 他的五名同党现在都在饭馆儿里吃饭.

➢ 同乡 n. tóngxiāng 'a person from the same village, city or province', as in 他是我的同乡.

➢ 同谋 n. tóngmóu 'accomplice', as in 他也是一个同谋.

➢ 同窗 n. 'classmate (usu. of the same university)', 他是我大学同窗.

➢ 同僚 n. tóngliáo 'colleague (an old word)', as in 她的工作得到了同僚们的赞扬 (zànyáng, praise).

➢ 同胞 n. tóngbāo 'born of the same parents, fellow countryman', as in 她们是同胞姐妹, 可是长得一点儿都不像.

➢ 工友 n. 'workmate (oft. referring to blue collar workers)', as in 我替工友把饭买回来了.

➢ 商友 n. 'business people who befriend each other (new word)', as in 商友会的办公室在二楼.

---

tòngkǔ
痛苦 adj.   **painful**

bù(ú)xìng 不幸 adj.* 3 B	unfortunate (also indicating sth. unwished-for and unexpected) (antonym: 万幸) (幸, good fortune)	他真不幸, 刚刚失去 (shīqù, to lose) 了工作, 现在又得了重病。 离婚是他一生中最不幸的事。 他刚刚听说一个朋友不幸身亡 (shēnwáng, to die) 了。
kǔnǎo 苦恼 adj. 3 D	distressed (antonym: 快乐) (苦, bitter; 恼, annoyed)	这个问题使他很苦恼。 妻子要求离婚, 他苦恼极了。 他最苦恼的是儿子学习不好。 他苦恼地看着我, 半天也没有说话。
tòngchǔ 痛楚 adj. 3 B	suffering (emphasising an individual's mental anguish) (楚, distress)	看到女儿走了, 他感到很痛楚。 女朋友跟他分手了, 他心里十分痛楚。 他痛楚地看着窗外, 一句话也没说。 看到他那痛楚的表情 (biǎoqíng, facial expression), 我也觉得很不好受。
shāngxīn 伤心 adj.* 2 B	sad, broken-hearted (伤心: 伤 + 心, verb + object construction) (antonym: 高兴) (伤, to hurt; 心, heart)	女儿要出嫁 (chūjià, to get married) 了, 他觉得又高兴又伤心。 他天天都高高兴兴的, 好像从来没有什么伤心事儿。 别伤心了, 孩子大了都要离开家的。

他伤心地对我说: "你要走就走吧。"

tòngkǔ 痛苦 adj.* 2 B	painful (mental anguish or physical pain, of an individual or group)	听到这个消息 (xiāoxi, news)，大家都十分痛苦。 人在痛苦的时候常常会想家。 他痛苦地离开了这里，再也没有回来过。
kǔ 苦 adj. 2-1 A	bitter (usu. used figuratively) (antonym: 甜 tián)	因为丈夫常年不在家，她的生活很苦。 天天都要学习到很晚，他感到苦得很。 他家很有钱，从来不知道什么叫苦日子。 这杯咖啡很苦，他不想喝。 谁苦谁甜谁知道，我也不多说了。

Note:
* 不幸 n. 'misfortune', as in 我们今天才知道他的不幸, 他以前没有说过.
* 伤心 v. 'to hurt (insertable)', as in 妈妈对你那么好, 你不要伤她的心了.
* 痛苦 n. 'pain', as in 我不愿意把自己的痛苦告诉给别人.

---

tòngkuai
痛快 adj.   **direct**

gěngzhí 耿直 adj. 2 N/A	upright, honest and frank (antonym: 含蓄 hánxù) (耿, honest and just; 直, frank)	他为人耿直，是我的好朋友。 耿直、热情的老王是一个北方人。 他是个好人，但是有点儿太耿直了。 他耿直得很，我们都喜欢他。 弟弟比较含蓄，哥哥非常耿直。
shuǎngkuai 爽快 adj. 2 D	frank and open (with readiness) (antonym: 忸怩 niǔní) (爽, clear)	他为人非常爽快。 他是一个爽快人。 朋友向他借钱，他爽快地答应了。 他这个人爽快极了，很像他的父亲。 她有些忸怩，不像姐姐那么爽快。
shuǎnglǎng 爽朗 adj. 2 N/A	bright and clear (of a voice, etc.), straightforward (of temperament, etc.; with a positive connotation) (朗, loud and clear)	屋子里传出他那爽朗的歌声。 他是一个很爽朗的人，大家都喜欢他。 听了我的话以后，他爽朗地笑了起来。 他热情、爽朗，常常帮助别人。
tǎnbái 坦白 adj. 2 D	honest, candid (sometimes used to say something unpleasant) (坦, open; 白, pure)	他是一个襟怀 (jīnhuái, bosom, mind) 坦白的人。 坦白地说，我不同意你的想法。 他为人正直 (zhèngzhí, straightforward)、坦白。 他实 (shí, true) 话实说，非常坦白。
tǎnshuài 坦率 adj. 2 N/A	straightforward (with a positive connotation) (率, frank)	他们是好朋友，互相之间非常坦率。 他坦率地回答了我的问题。 他为人非常坦率，有什么说什么。

tòngkuai
痛快

他们进行了两个小时的坦率交谈。

zhíshuài
直率 adj.   outspoken, direct, rash (直, straight)
2 N/A

我是个直率人，如果说错了请你原谅。
说话太直率，会得罪 (dézuì, to offend) 人的。
他直率地说出了自己的看法。
他说话比他姐姐直率，姐姐常常有话不说出来。

zhíshuǎng
直爽 adj.   openhearted (with a positive
2 N/A   connotation)

他的性格 (xìnggé, temperament) 非常直爽。
他一向直爽，有什么说什么。
他是一个直爽的人。
他直爽得很，把看到的都说出来了。

gāncuì
干脆 adj.   without further ado, clear-cut
1 B

他说话总是干脆利落 (lìluo, well-executed)，
不多说一句没用的话。
你干脆点儿！去还是不去？

tòngkuai   direct (with a positive connotation)
痛快 adj.*   (reduplication: AABB) (antonym:
1 B   迟疑 chíyí)

他说话和办事都很痛快。
他是一个痛快人，比他哥哥好。
我请他帮忙，他答应得很痛快。
别再迟疑了，你痛快点儿好不好？
他痛痛快快地答应了朋友的请求。

zhíláizhíqù
直来直去 ph. straight to the point (antonym:
1 N/A   吞吞吐吐 tūntūntǔtǔ)

他就是这样一个直来直去的人。
直来直去比吞吞吐吐好。
他说话从来都是直来直去的，我已经习惯了。

Note:

* 痛快 adj. 'joyful', as in 他们今天晚上在外面玩得很痛快.

➤ 爽 implies openness, so words with 爽, such as 直爽/ 爽快/ 爽朗, tend to have a positive connotation. 率 can imply rashness or hastiness, 直率 does not necessarily have a positive connotation; it means 'outspoken', 'direct' or 'rash'.

➤ 炮筒子 n. pàotǒngzi 'sb. who speaks without thinking (like the way a cannon 炮筒子 fires, a metaphor often with a slight pejorative connotation)', as in 他是个炮筒子, 经常得罪人.

➤ 直肠子 n. zhíchángzi 'sb. who is frank and outspoken (a metaphor, 直"straight"肠子"intestines")', as in 他是个直肠子, 有什么说什么.

W

wánzhěng
完整 adj.   intact

qíquán **齐全** adj. 3-2 D	complete, with nothing missing (usu. of things) (齐, all ready)	这个图书馆很大，书也很齐全。 你去那个商店看看，他们的商品 (shāngpǐn, goods) 比较齐全。 他出去旅游之前把东西准备得很齐全。 东西都齐全了以后，我们就开始盖房子了。 他的留学手续 (shǒuxù, procedure) 还不齐全。 过年的东西还没有买齐全呢。 出国旅游需要手续齐全才行。
wánbèi **完备** adj. 3-2 C	perfect, complete (usu. of things) (antonym: 欠缺 qiànquē) (完, complete; 备, preparedness)	这个电工的工具 (tools) 非常完备。 你的手续还不完备，欠缺不少东西。 他家里什么家具都有，很完备。 他有一套完备的中文软件 (ruǎnjiàn, software)。
wánquán **完全** adj. 2 A	entire, complete, full (reduplication: AABB)	据不完全统计 (tǒngjì, statistics)，今天来了两万 多人。 他们取得 (qǔdé, to get) 了完全的胜利 (shènglì, success)。 这件事他要负 (fù, to take) 完全责任 (zérèn, responsibility)。 这个写得不完全。 这个问题他回答得不够完全。 他没有说完全，我再说几句。 你应该完完全全地把他忘掉。
wánzhěng **完整** adj. 2 B	intact, whole (reduplication: AABB) (antonym: 残缺 cánquē) (整, whole)	这本古书保存 (bǎocún, to keep) 得很完整。 茶碗打了一个，已经不是一套完整的茶具了。 这份记录 (jìlù, record) 非常完整。 他对那件事情有比较完整的记录。 他的那套书是完整的，你可以向他借。 他在展览会上看了很长时间，得到了一个完整的 印象 (yìnxiàng, impression)。 他把我的书保存得完完整整的，我很感谢他。
yuánmǎn **圆满** adj. 2 C	perfect (of result, answer, etc.) (antonym: 残缺 cánquē) (圆, round; 满, full)	他的工作完成得非常圆满。 他给了父母一个圆满的回答。 他们的会谈不是十分圆满。 最后，问题得到了圆满的解决 (jiějué, to solve)。 我们几个人当中，他的家庭生活最圆满。 祝大会圆满成功 (chénggōng, successful)。

wèi
为

Note:

➢ 完美 adj. 'perfect', as in 他这个人非常完美.

➢ 完满 adj. wánmǎn 'successful', as in 他想把工作做得更完满一些.

➢ 美满 adj. 'happy', as in 他的生活不太美满.

➢ 齐备 adj. qíbèi 'complete and all ready', as in 这个商店什么都有, 东西很齐备.

---

wèi
为 prep.

for

wèi		
为 prep. 2 A	for (the purpose of), in the interest of (为 and 为了 are often interchangeable)	为考上大学，他学习很努力。 为孩子，他什么都做。 他为学生做了很多事情。 他为钱什么都可以做。 让我们为健康而干杯！[not 为了] 妈妈为他做好了饭菜。[not 为了] 他正在为孩子穿衣服。[not 为了] 我们都为他考上大学而高兴. [not 为了]
wèile		
为了 prep. 2 A	for (the sake of), in order to	为了孩子能有吃有穿，他工作特别努力。 为了上课不迟到，他一大早就起床了。 为了找到工作，他打了很多电话。 他这样做都是为了孩子。 他天天学习汉语是为了明年去中国学习。 妈妈这样做都是为了你好。 他为了学中医而来到了中国。 他学医是为了帮助别人，而不是为了钱。 为了学习方便，他在大学附近租了一间房子。

Note:

➢ 因为 conj. 'because', as in 因为下雨, 我们没有出去打球.

➢ 由于 prep. yóuyú 'owing to', as in 由于他的努力, 这次他考试的成绩很不错.

➢ 为的是 ph. 'so as to', as in 他这样做为的是能早点儿见到儿子.

X

xī
西 n.

west

xībù 西部 n. 3 B	western (referring to the western part of an area, but not a specific place, e.g. it is incorrect to say 我家在商店的西部) (部, part)	他喜欢看美国西部电影。 他家住在西部的一个城市。 西部的气候比这里暖和一些。 那个地方位于 (to situate) 中国的西部。 他们到西部旅游去了。
xī 西 n. 2 A	west (not verb + 西; noun + 西 = 'the western side of the noun')	二路公共汽车往西开。 今天刮西南风。 城西 (the western side of the city) 有很多饭馆儿。 他往路西去了。
xīfāng 西方 n. 2 B	the West, the western part of sth. (方, direction)	有几个西方人 (westerners) 正在问去长城的路。 西方的天空 (kōng, sky) 出现了一片黑云。 他是教西方文化 (wénhuà, culture) 的。 不管是东方人还是西方人，都喜欢这个电影。
xīmiàn 西面 n. 2 B	west, western part (either the western side of a place or the western part within a place) (面, side)	西面的树林里有很多鸟。 饭馆儿在那条街的西面。 花园的西面有一棵苹果树。 他往西面去了。
xībianr 西边儿 n. 1 A	west, in the west (either of a place or within a place) (边, side)	西边儿是图书馆。 他往西边儿去了。 大楼里的西边儿有一个书店。 他家在西边儿，你走错方向了。 我家住在商店的西边儿。
xītóur 西头儿 n. 1 N/A	west, at the western end (either of a place or within a place) (头, end)	他从西头儿走过来了。 村 (cūn, village) 西头儿有一棵大树。 他的书房在院子 (yuànzi, courtyard) 的西头儿。

Note: The above similarities and differences among words with 西 are also applicable to words with 北/ 东/ 南, see also 北/ 东/ 南.

xīwàng
希望 v.
(see also 理想)

to hope

qīwàng **期望** v. 3 D	to anticipate, to look forward to (of a future event) (期, to expect; 望, to hope)	我们都期望这所大学能办得更好。 老师期望学生们都能顺利毕业。 大家都期望着这条铁路能早点儿通 (tōng) 车 (to open to traffic)。
kěwàng **渴望** v. 2 C	to thirst for, to crave (sth. for oneself or others) (渴, thirsty)	他从小就十分渴望上大学。 他非常渴望有一个温暖的家。 大家都渴望着和那位明星见面。 他渴望自己能学会汉语，将来到中国去工作。
pànwàng **盼望** v. 2 B	to yearn for	他非常盼望孩子能快点儿长大成人。 为要一个孩子，他们盼望了十几年了。 刚休完假回来，他又盼望着下一个假期了。 妈妈一直盼望着儿子能回家过年。 那封信他盼望了很长时间才收到。
xīwàng **希望** v. 2 A	to hope (sth. for oneself or others; with a lesser degree of certainty than 期望; not 希望 + 着) (希, to hope)	他非常希望朋友们能来参加他的婚礼。 他很希望能够帮助朋友。 这是他不希望看到的。 毕业以后，他希望能快点儿找到一个工作。 他希望自己将来能成为一名医生。 人们都希望明天会更美好。 这是我给你做的生日卡 (kǎ, card)，希望你能喜欢。 希望明天别下雨，我打算去爬山。
pàn **盼** v. 1 C	to long for	儿子盼着妈妈回家。 小时候，他天天盼过年。 他等啊盼啊，终于把女朋友盼回来了。 他盼了两年，可是房子还是没有盖 (gài, to build) 起来。 那封信，他盼了很久才盼来。 他盼星星盼月亮，好不容易盼到了回家的日子。

Note:

➢ 奢望 n. shēwàng 'to entertain hopes beyond one's ability to realise', as in 他不奢望能把自己的病治好，只要能多活几天就行了.

➢ 巴望 v. bāwàng 'to look forward to (informal)', as in 他巴望你去不了，他就可以拿你的票去了.

➢ 祈望 v. qíwàng 'to hope for (formal)', as in 新年将至 (jiāngzhì, to come soon)，祈望儿能早归 (guī, to return).

➢ 指望 v. zhǐwàng 'to bank on', as in 我们家就指望你能考上大学了.

➢ 希望/ 期望 n., as in 我一定不会辜负 (gūfù, to fail) 老师对我的期望 (expectation).

xíguàn
习惯 n.   habit

fēngsú 风俗 n. 2 B	long-standing social custom; etiquette (of a community) (风, practice; 俗, custom)	他给学生们讲了有关中国春节的风俗。 外国风俗习惯跟我们的不同，所以要互相了解。 听说这是一种当地 (local) 的风俗。 这里有特别的风俗，请给我们介绍一下吧。 中国人有中秋节吃月饼的风俗。 他教的是风俗学。
xíguàn 习惯 n.* 2 A	habit (of person or group) (习, practice; 惯, to be used to)	他有早睡早起的习惯。 这是他的习惯做法。 他的这种习惯是小时候就有的。 他的习惯比我的习惯好。 抽烟是一个不好的习惯。 晚上睡觉前看一会儿书已经成为他的习惯了。
xísú 习俗 n. 2 D	custom, habit (of a community)	这是当地的一种习俗。 他不喜欢不文明 (uncivilised) 的习俗。 这个地区还保留了不少旧 (jiù, old) 习俗。 过春节包饺子是中国人的习俗之一。 他对每个国家的习俗都很有兴趣 (xingqù, interest)。

Note:
* 习惯 v. 'to be accustomed to', as in 他来这里已经很多年了，对这里的气候已经习惯了.
➤ 风气 n. 'general likes and dislikes', as in 吃吃喝喝的风气不好，不要再这样做了.
➤ 风尚 n. fēngshàng 'vogue (formal)', as in 尊老爱幼 (zūnlǎo'àiyòu, to respect elders and love children)
 是一种好风尚.
➤ 习气 n. '(unhealthy, bad) habit', as in 他身上有一些坏习气，你不要跟他学.
➤ 习性 n. xíxìng 'behaviour (of people or animals)', as in 他对羊的习性很了解.

---

xìxīn
细心 adj.   careful

zhōumì 周密 adj. 3 D	attentive to every detail, thorough (antonym: 粗疏 cūshū) (周, all; 密, meticulous)	这个计划 (jìhuà, plan) 写得很周密。 旅行安排得非常周密，我们都很满意。 他周密地做了一个计划。 这个计划还不太周密。 这是一个周密的计划，很不错。
xìxīn 细心 adj. 2 B	careful (oft. of attitude or personality) (antonym: 粗心 cūxīn) (细, careful; 心, heart)	他是一个细心人。 考试的时候一定要细心。 他一直都在细心地听着。 他听得很细心。 他这个人工作不太细心。

做事细心点儿就可以少出错儿。

他年轻的时候比较粗心，现在细心多了。

细心的他马上就看出了妈妈刚刚哭 (kū, to cry) 过。

| xìzhì
细致 adj.
2 C | detailed, meticulous (antonym:
粗糙 cūcāo) (致, delicate) | 这个计划写得比较细致。
医生认真细致地为他检查了身体。
这个工作做得不太细致。
这张图画得比较细致，那张有些粗糙。
他工作细致，受到了好评 (píng, appraisal)。 |

| xiǎoxīn
小心 adj.*
2 B | cautious (also used in an imperative)
(antonym: 马虎) | 他这个人说话总是很小心，老是怕别人不高兴。
他非常小心地把那个花瓶放在了桌子上。
他是一个办事十分小心的人。
过马路的时候一定要小心。
你不要总是马马虎虎的，要小心一点儿。
你看你，就是不小心，又把花瓶打破了！
他一不小心就把花瓶打了。
小心！有车来了。 |

| zǐxì
仔细 adj.
2 B | meticulous (indicating
thoroughness) (reduplication:
AABB) (antonym: 粗略 cūlüè) | 他听得非常仔细。
这两个汉字很像，仔细看才能看出不同来。
这可是个仔细活儿 (huór, work)，我干不了 (liǎo)。
他很粗心，不是一个仔细的人。
最好别叫他去，他做事不太仔细。
干活儿要仔细点儿，别出错。
这本书我只是粗略地看了看，等以后有时间再仔仔细细地看一遍。 |

Note:

* 小心 v. 'to be careful', as in 小心路滑 (huá, slippery)!

➤ 一丝不苟 ph. yīsībùgǒu 'punctilious (formal)', as in 他对工作一丝不苟，我们都喜欢他.

➤ 精心 adv. jīngxīn 'meticulously', as in 这是他精心制作的生日蛋糕.

➤ 全面 adj. 'comprehensive', as in 他说得很全面.

---

xiànzài
现在 n.

now

| dāngqián
当前 n.
3 B | at present, present (usu. referring to
a collective item) (antonym: 从前) | 我们当前最重要的工作就是把课教好。
当前正是农忙时期，他没有时间出去旅游。
当前的形势 (xíngshì, situation) 对他们很不利 (lì, advantage)。 |

mùqián **目前** n. 3 A	these days, for the moment (antonym: 以后/ 将来) (目, eye)	目前的形势对我们很不利。 因为工作忙，目前我还不能马上来北京，以后再说吧。 到目前为止 (zhǐ, till)，他已经看完两本书了。 他目前还没有结婚。 目前，大学正在放假。
rújīn **如今** n. 3-2 B	today, nowadays (oft. implying a contrast with the past) (antonym: 以前/ 过去)	如今他跟以前不一样了，已经当爸爸了。 过去的小城市，如今变成一个热闹的大城市了。 如今发电报 (telegraph) 的人已经很少了。 如今的中国和三十年前的中国相比，变化真大。 事到如今 (as things stand now)，也只好这么做了。 如今再这样对待孩子可不行了。
xiànzài **现在** n. 2 A	now, currently (a short moment or a long period) (antonym: 过去/ 将来)	他现在在家里。 他现在的工作是大学老师。 从毕业到现在，我们一直有联系。 他现在的汉语比过去好多了。 现在当学生没什么钱，等工作以后就好了。 好长时间没见了，你现在过得还好吗？ 他想到了孩子的现在，也想到孩子的将来。 现在几点了？
yǎnqián **眼前** n. 1 B	right now, this moment	眼前还没什么事儿，有事儿我会告诉你的。 人不能只想眼前，要想长远一点。 好汉不吃眼前亏 (Hǎohàn bù chī yǎnqiánkuī, A wise man knows when to retreat)。 眼前他买房的钱还不够。 眼前的这些书需要一个月才能看完。
yǎnxià **眼下** n. 1 D	this point in time, at this stage	眼下是夏天，天气比较热。 他眼下的工作挺好，家里的生活也不错。 你只知道眼下是不行的。 眼下他工作非常忙，没有时间出去旅游。

---

xiāngxìn
相信 v.   to believe (in)

xiāngxìn **相信** v. 2 A	to believe (in), to trust (a person, oneself, things, thoughts, etc.) (相, mutually; 信, to believe)	他非常相信他的父母，对他们的话从不怀疑。 你不能什么人都相信。 他不相信小王说的话。 他是相信了我的话才买的。 我相信过他，但是现在不信了。 你要相信你自己。 我相信将来的生活会更好。

xìnlài **信赖** v. 2 D	to count on (赖, to rely on)	他是可以信赖的。 这个公司 (gōngsī, company) 是不可信赖的。 听说他是值得 (zhídé, to be worthy of) 信赖的。
xìnrèn **信任** v. 2 C	to trust (任, to appoint)	你信任他，我还不信任他呢。 他是个好人，是可以信任的。 这位老师非常信任他的学生。 不被人信任是最痛苦的事情。
xìn **信** v. 1 B	to believe (in)	他说话我们都信。 别信他，他不是一个好人。 他信得过小王，就把钱交给小王了。 他能考上大学，你信不信？ 我告诉他了，可是他不信。

Note:

➢ The antonym for all the words in this group is 怀疑 huáiyí. 信任/ 信赖 can also be used as nouns, as in 老师让他带队 (duì, team)，这是对他的一种信任.

➢ 信得过 ph. 'trustworthy (informal)', as in 他是一个信得过的人.

---

xìngqù
兴趣 n.   **interest**
(see also 爱)

àihào **爱好** n.* 2 B	hobby	他的爱好是音乐。 他是一个没有爱好的人。 他的爱好和我的爱好不一样。 他最大的爱好是游泳。
lèqù **乐趣** n. 2 D	enjoyment (oft. coming from doing sth.) (antonym: 苦衷 kǔzhōng) (乐, joyful; 趣, interesting)	他把帮助别人看作是一种乐趣。 孩子的出生给全家人带来了很大的乐趣。 爷爷的乐趣就是每天去公园走走。 他在工作中找到了乐趣。 生活 (shēnghuó, life) 中有苦衷，也有乐趣。
xìngqù **兴趣** n. 2 B	interest (in sb. or sth.; 很/ 非常/ 有点儿 + 有/ 没有/ 感/ 不感 + 兴趣) (兴, to rise)	他的兴趣不在姐姐身上，而是在妹妹身上。 他的话引起 (yǐnqǐ, to arouse) 了大家的兴趣。 他对学习汉语非常感兴趣。 他说他没有什么兴趣和爱好。 他对篮球一点儿也不感兴趣。 他怀 (huái, to have) 着极大的兴趣参观了画展。

Note:

* 爱好 v. 'to be fond of', as in 他爱好足球.

➢ 嗜好 n. shìhào 'hobby, addiction (oft. pejorative)', as in 他有抽烟的嗜好.

➢ 兴致 n. xìngzhì 'mood to enjoy (formal)', as in 今天他兴致很高，有说有笑的.

➤ 癖好 n. pǐhào 'favourite hobby', as in 养鸟是爷爷的癖好.
➤ 趣味 n. qùwèi 'delight, taste', as in 他们俩趣味相同 (same).

---

xìnggé
性格 n.   character

xìngqíng **性情** n. 3 D	disposition (of living beings; relatively spontaneous and obvious to others; primarily referring to one's social manner) (性, nature; 情, sentiment)	我不认识他，不知道他的性情好不好。 他不喜欢那个人的性情。 他儿子的性情和女儿的很不同。 他年纪越大，性情就越温和。 他家里的猫性情很急，吃东西很快。 他是一个性情随和 (easy going) 的人。
gèxìng **个性** n. 2 C	personality (antonym: 共性) (个, individual)	他很有个性，和别人不一样。 他个性不太强 (qiáng, strong)。 他的个性不太明显 (míngxiǎn, distinct)。 他不喜欢没有个性的人。 他个性好 (hào, to yearn for) 强，什么都要做得比别人好。 共性和个性是事物 (shìwù, thing) 的两个方面。
xìnggé **性格** n. 2 B	character (of a person; inherent) (格, pattern or form)	他的性格不错。 他有着一个刚强 (gāngqiáng, tough) 的性格。 他随 (suí, to follow) 父亲，性格很好。 长大了以后，他的性格变了不少。 他性格内向 (introvert)，他姐姐性格外向。 他俩性格不合 (hé, to suit)，很难在一起生活。 他是北方人，有着北方人的性格。
píqi **脾气** n. 2-1 B	temperament (脾, spleen; 气, breath)	他脾气好，孩子不怕他。 他的脾气跟哥哥一样。 因为脾气坏得很，他没有什么朋友。 他这个人脾气大 (hot-tempered)，你小心点儿。 大家都知道他的脾气，让着他点儿也就算了。 你别理 (lǐ, to pay attention to) 他，他就是那个脾气。

Note:
➤ 性子 n. 'temper (informal)', as in 他是个慢性子.
➤ 秉性 n. bǐngxìng 'innate disposition (in the genes)', as in 江山易改, 秉性难移 (Jiāngshānyìgǎi bǐngxìngnányí. The outside world is easier to change than one's innate disposition).

Y

yī(ì)bān
一般 adj.
(see also 常常/ 经常)

general

pǔbiàn 普遍 adj. 2 B	universal, prevalent (antonym: 个别) (普, universal; 遍, all over)	这不是个别问题，而是一个普遍的问题。考试是学生们普遍关心的事情。这个大学是普遍公认 (recognised) 的好大学。乒乓球运动在中国很普遍。在中国，一家一个孩子非常普遍。
pǔtōng 普通 adj. 2 B	common, ordinary (not 不 + 普通) (reduplication: AABB) (antonym: 特殊 tèshū/ 特别)	他喜欢过普通人的生活。他儿子上的是普通中学。他的工作很普通，钱也不太多。这种电视很普通，没有什么特殊的地方。这可不是一个普通的花瓶，要十多万元呢。他很有钱，可是开的车却普通得很。那是一间普普通通的房子，没有什么特别的。
yī(ì)bān 一般 adj. 2 A	general, ordinary (can stand alone as a predicate) (antonym: 特殊) (般, kind)	一般来说，这里的夏天不太热。他的考试成绩很一般。我什么都一般，找不到太好的工作。他可不一般，人特别聪明。

yī(ì)dìng
一定 adj.

definite

bìrán 必然 adj. 3 B	inevitable (not 不必然) (antonym: 偶然 ǒurán) (必, it must be the case that…; 然, like that)	他常常帮助别人，朋友多也是必然的。他学习特别好，考上大学是必然的事情。这两个问题没有必然的联系 (liánxì, relation)。随着春天的到来，生病的人也必然会多起来。这件事的发生不是必然的，而是偶然的。买股票 (gǔpiào, stock) 就必然会有风险 (fēngxiǎn, risk)。
kěndìng 肯定 adj.* 2 N/A	affirmative, positive (antonym: 否定 fǒudìng) (肯, to agree; 定, fixed)	他回答得不太肯定。他给了我一个肯定的回答。他十分肯定地告诉我，他会来参加舞会。大家对他的工作还是比较肯定的。他说得非常肯定。我希望他的回答是肯定的，而不是否定的。

quèdìng		他对这个问题还没有一个确定的想法。
确定 adj.*	specified, decided (确, real)	你要尽快给我们一个确定的回答。
2 B		他不知道开会的确定时间。
		时间没确定，我们就不能订票。
		开会的时间还没有确定。
		上课的时间已经确定了，不能改变。
yī(ì)dìng		他俩能不能结婚还不一定。
一定 adj.*	definite, fixed (not 很 ＋ 一定)	他总是在一定的时间出现在车站上。
2 A	(antonym: 未必 wèibì)	他按照一定的时间吃饭睡觉，所以身体不错。

Note:

* 肯定 v. 'to recognise', as in 他肯定了我们的工作，大家都很高兴.
* 确定 v. 'to confirm', as in 飞机票的时间已经确定了，下个星期三早上十点钟.
* 一定 adv. 'must', as in 下个星期我结婚，你一定要来.
* 一定 adj. 'certain, some', as in 1) 他说他可以给我们一定的帮助. 2) 他每天都用一定的时间学汉语. 3) 这两件事的发生有一定的关系.
➤ 必定 adv. 'undoubtedly', as in 工作上必定会有困难，我们要做好准备.
➤ 确切 adj. quèqiè 'exact', as in 我们还没有确切的消息 (xiāoxi, news).
➤ 确实 adj. quèshí 'certain', as in 我得到了他要结婚的确实消息.

---

yī(ì)qǐ
一起 adv. all together

yī(ì)tóng	at the same time (and place),	他们一同去了北京。
一同 adv.	together (antonym: 各自 gèzì)	年轻的时候，他们经常一同去上学。
3-2 B	(同, same)	他病了，不能和我们一同打球了。
		他们一同度过了一个美好的夜晚。
		届时 (jièshí, when the time comes)，我们一定一同前往。
		我们是一同坐车去，还是各自开车去？
yī(ì)dào		他俩天天一道上班，一道下班。
一道 adv.	alongside with (antonym: 各自	他们是一道来这里的。
2 B	gèzì) (道, road)	他不能和我们一道走了。
		他们一道去了图书馆。
yī(ì)qí		他们一齐唱起歌来。
一齐 adv.	simultaneously, all at once	大家一齐动手，把书都放到书架上去了。
2 B	(齐, together)	他走了进来，我们一齐站了起来。
		那几个人一齐到了。
		听到了敲门声，他俩一齐向门口跑去。
		不知道为什么，那几本书一齐不见了。

yǐ qián
以前

yī(i)qǐ
一起 adv.　all together, in company with　你跟谁一起去？
2 A　(antonym: 分别)　他去大学，你跟他一起去吧。
他把书和作业本一起带来了。
他和朋友一起去喝酒了。
他们一起工作了很多年。
他们是一起来的中国。
把这两封信一起寄吧。

yī(í)kuàir
一块儿 adv.　all of a lump, together (antonym:　他们是好朋友，常常一块儿去玩儿。
1 A　分开)　今早他们是一块儿出的门。
我们一块儿走吧。
饭菜的钱我一块儿付，别分开给了。
你把书和作业本一块儿拿走吧。

Note: 一起/ 一块儿 n., as in 他们在一起/ 一块儿住了三年.

---

yǐqián
以前 n.
before

wǎngrì
往日 n.　old days (antonym: 今日)　今日的生活比往日好多了。
3 D　(往, past)　虽然年纪大了，但是他还有着往日的风采。
(fēngcǎi, elegant demeanour)。
儿子离开以后，家里没有了往日的欢笑。

zhīqián
之前 ph.　ago, before (usu. not used on its　两天之前，我给他打过电话。
3 B　own) (antonym: 之后) (之, this)　去北京之前，他来过一次；回来以后，我还没见到他。
去参加舞会之前，他特意买了一套新衣服。

cóngqián
从前 n.　some time ago, once upon a time　那都是从前的事了，不要再提了。
2 A　从前有一个公主 (princess)，长得非常漂亮。
他比从前胖多了。
他跟从前一样，还是那么喜欢开玩笑。
现在的年轻人和从前不一样了。
想想从前，他觉得现在的生活好多了。

guòqù
过去 n.*　past, in the past, old (antonym:　这是一些过去的照片。
2 A　现在)　过去这里连电都没有。
他喜欢听过去的一些老歌。
过去这里什么都没有，现在都盖上大楼了。
他过去是医生，现在当教师了。

yǐqián
以前 n.　before, ago (a long time ago or a　以前的事不要再说了。
2 A　recent time; could mean 'before a　以前我不认识他，我们是今天才认识的。
time in the future') (antonym:　在这以前，他一直和姐姐住在一起；以后他就自
以后)　己住了。

春节以前，大家都忙着买过年的东西。
他的英语比以前好多了。
他们结婚是很久以前的事了。
他以前从来没有去过中国。
天黑以前，他一定会回来的。

xiānqián
先前 n.　　previously (antonym: 现在)
1 D

先前我们曾经一起在大学学习过。
他的汉语比先前好多了。
他先前一点儿都不喜欢锻炼身体，现在不同了。

Note:
➢ There are differences in terms of 'parts of speech' between Chinese and English in this group. For example, 以前 is a noun (time) in Chinese, but its translation 'before' in English is not.
* 过去 v. 'to go over', as in 他走过去看了看那棵树.
➢ 昔日 n. xīrì 'former days', as in 昔日的敌人 (dírén, enemy) 变成了现在的朋友.
➢ 往年 n. 'past years', as in 往年他家过年的时候没有今年这么多人.
➢ 往事 n. 'past events', as in 这些相片儿使他想起了往事.
➢ 前 n. 'prior (to)', as in 饭前要洗手.
➢ 以往 n. 'before', as in 今年的天气比以往都好.

---

yìjiàn
意见 n.　　　　　　　　　　　　　　　　opinion

jiànjiě
见解 n.
3 C

insight, view (oft. important or theoretical issues; well thought out; mw. 种) (见, to perceive; 解, to solve)

他说出了一种和大家都不同的见解。
这两种见解比较有新意 (xīnyì, innovative)。
你应该把自己的见解说出来。
我认为他对这个电影的见解比较深刻 (profound)。
他一直坚持自己的学术 (xuéshù, academic) 见解。

guāndiǎn
观点 n.
3-2 B

viewpoint (a general one or from a particular aspect) (观, view; 点, point)

他在这本书中提出了一个新观点。
他们的观点和我们的不同。
他想了很久，最后又改变了自己的观点。
他对很多问题都有自己的观点，这很好。
会上他把自己的观点说了出来。

kànfǎ
看法 n.
2 B

point of view, opinion (mw. 点) (法, the law)

这就是我的看法，你觉得怎么样？
你的看法和我的不一样。
你应该多听听别人的看法。
大家的看法不同，我们应该开会谈一谈。
别人对他的看法不太好。
我说说我个人 (myself) 的看法，不一定对。
在会上，他谈了两点看法。

xiǎngfa **想法** n. 2 B	thought, idea (mw. 个)	他这个想法很好。 这是我的想法，也不知道对不对。 大家各有各的想法，这很正常 (normal)。 说说你的想法吧。 不要总是听别人的，自己要有自己的想法。
yìjiàn **意见** n. 2 A	opinion, feedback, suggestion (oft. expressed for others to comment; mw. 条) (意, intention)	谈谈你的意见吧。 会上我们大家互相交换了意见。 他的两条意见提得很好，非常有用。 他听取了我的意见。 我的意见是咱们明天就去北京。 对这个计划 (jìhuà, plan)，你的意见怎么样？ 校长向大家征求 (zhēngqiú, to seek) 意见，我们提出了很多建设性 (jiànshèxìng, constructive) 的意见。 墙上挂着一个意见箱 (suggestion box)。
zhǔ(ú)yi **主意** n. 2-1 A	idea, plan, solution (oft. specific) (主, master)	他这个人很有主意，我们都听他的。 这是一个好主意，我们可以这么办。 我们都拿不定 (cannot make) 主意。 你是大哥，这事儿你给拿个主意吧。 这个主意是我们大家想出来的。 这是谁出的主意？ 他又在打别人的主意了 (He is again thinking of a plan to trick others)。

Note:
> 见地 n. jiàndì 'insight', as in 他说的话很有见地.
> 见识 n. jiànshi 'experience, knowledge', as in 他见识多，人也好.
> 成见 n. chéngjiàn 'prejudice', as in 他好像对我有成见.
> 观念 n. guānniàn 'idea (oft. of a general nature), concept', as in 他的法制 (fǎzhì, legal system) 观念很强 (qiáng, strong).
> 意见/ 看法 n. 'objection, negative opinion towards sth./ sb.', as in 他对我抽烟很有意见/ 看法.

---

yōuxiù
优秀 adj.   excellent

liánghǎo **良好** adj. 2 B	all right, desirable, nicer (not 良好 + person) (良, fine)	他的病好了，现在感觉良好。 他学习努力，考试成绩 (chéngjì, grade) 良好。 经常锻炼身体是一个良好的习惯。 从小就养成良好的习惯是很重要的。 他们今天谈得不错，这是一个良好的开端 (kāiduān, beginning)。

yōuliáng **优良** adj. 2 B	good, fine (not 优良 + person) (优, excellent)	他学习很用功，成绩优良。 他以优异的成绩考上了大学。 他给学生讲了不少中国的优良传统 (chuántǒng, tradition)。 这种电视质量 (zhìliàng, quality) 优良，能用很长时间。
yōuxiù **优秀** adj. 2 B	excellent, outstanding (of a person or thing) (秀, outstanding)	他是一个优秀的学生。 他成绩优秀，是班里的好学生。 他是一名优秀的篮球运动员。 这所大学里有很多优秀人才 (talented people)。 他看了一部非常优秀的电影。
yōuyì **优异** adj. 2 D	exceedingly good, exceptional (usu. of grade or performance; not 优异 + person) (异, different)	他学习成绩优异，是班里最好的学生。 没有优异的考试成绩，他是进不了那所有名的大学的。 他们足球队以优异的成绩取得了第一名。 这种车有着优异的性能 (xìngnéng, performance)。

Note:

➤ Words in this group can be ordered in terms of degree of excellence: 良好/ 优良/ 优秀/ 优异.

➤ In China, the grade system usually is: 不及格 (fail, D), 及格 (jígé, pass, C), 良(credit, B), 优 (distinction/ high distinction, A).

➤ 低劣 dīliè/ 粗劣 cūliè/ 恶劣 èliè are antonyms for the words in this group.

➤ 优 n. 'distinction/ high distinction', as in 他考试得了一个优.

➤ 良 adj. 'fine', as in 这是一匹 (pǐ, mw.) 良马.

---

yǒuyì
友谊 n.   **friendship**

yǒu'ài **友爱** n. 2 C	affection (between friends) (友, friend)	友爱对我们来说是很重要的。 朋友之间的友爱使他感到很温暖。 他们之间缺少一种友爱。
yǒuqíng **友情** n. 2 D	good-fellowship (among individuals) (情, affection)	他们的友情很深厚 (shēnhòu, deep and solid)。 大学四年，最让他难忘的就是同学的友情。 他在这个电影里做友情演出 (guest appearance)。 友情不是用金钱可以买到的。
yǒuyì **友谊** n. 2 A	friendship (also among countries) (谊, friendship)	这两个国家的友谊长达二十年之久。 友谊第一，比赛第二！ 那家商店叫友谊商店。 友谊对他来说非常重要。 为我们两国的友谊干杯！

Note:

➤ 情谊 n. qíngyì 'love (formal)', as in 她们之间有着姐妹一样的情谊.

➤ 友好 and 友爱: 友爱 is used among individuals, 友好 is also used between countries (e.g. 这两个国家的关系非常友好 adj.).

---

yǒumíng
有名 adj.
                                                                              well-known

zhùmíng **著名** adj. 3 B	celebrated, renowned (complimentary) (著, to show)	这是著名的中国茶。 我们今天去了著名的长城。 他是最著名的演员之一。 中国著名的地方他都去过。 他是一位著名画家。
chūmíng **出名** ph. 2 D	famous, infamous (complimentary or pejorative; usu. 出名 + 的, insertable)	他在学生里很出名，学习特别好。 这里的葡萄很出名。 这种啤酒出名得很。 他的书不太出名，我们都没有听说过。 他这个人是出名的自私 (zìsī, selfish)。 他是出了名的大好人。
yǒumíng **有名** adj. 2 A	well-known (complimentary; usu. 有名 + 的)	他买了两瓶有名的红酒。 他的歌非常有名。 这部电影不怎么有名。 他的画儿很有名。 这里的西瓜是最有名的。

Note:

➤ 知名 adj. 'eminent', as in 他的知名度 (dù, degree) 很高.

➤ 大名鼎鼎 ph. dàmíngdǐngdǐng 'very well-known', as in 他就是大名鼎鼎的王教授 (jiàoshòu, professor).

➤ 闻名 adj. wénmíng 'famous for (formal)', as in 这是一种远近闻名的好酒.

➤ 驰名 v. chímíng 'to resound (formal)', as in 这种葡萄酒驰名中外.

---

yuánliàng
原谅 v.
                                                                              to forgive

liàngjiě **谅解** v. 3 C	to tolerate, to understand (others' behaviour, etc.) (谅, to forgive; 解, to understand)	我的车坏了，晚来了一会儿，请大家谅解。 有什么照顾不到的地方，希望你能谅解。 他好像不能谅解我。 他最近心情不好，我能谅解他。 我们要多谅解他的苦衷 (kǔzhōng, difficulties that one is reluctant to mention)

tǐliàng 体谅 v. 2 D	to show understanding for, to be considerate of (others' difficulties, mood, etc.; pronounced as tǐliang in spoken Chinese) (reduplication: ABAB) (体, to put oneself into someone else's shoes)	我们要体谅他的困难。 我们要互相体谅，互相帮助。 他一点儿都不体谅别人，这样很不好。 他非常体谅他的学生们。 他心好，很会体谅人。 孩子要多体谅体谅父母。
yuánliàng 原谅 v. 2 A	to forgive (others or one's own fault, etc.) (原, to forgive)	好久没给您打电话了，请您原谅。 他原谅了我，我很感激他。 你就原谅他这一次吧。 这次就原谅你，下次不要再这样做了。 他犯 (fàn, to make) 了不可原谅的错误 (cuòwù, misconduct)。 他说连他自己都不能原谅自己。

Note:

➤ 我原谅他, he is at fault; 我谅解他, he is not necessarily at fault, but even if he were, what he did is understandable.
➤ 见谅 v. jiànliàng 'to forgive me (passive, formal)', as in 对不起，我没有钱借给你，见谅.
➤ 理解 v. lǐjiě 'to understand', as in 他人很好，很能理解人.
➤ 体贴 v. tǐtiē 'to show consideration', as in 他很会体贴人.

---

yuànyì
愿意 aux.   **to like to**

yuànyì 愿意 aux. 2 A	to like to, to want (oft. indicating an agreement; oft. pronounced as yuànyi)	他愿意和我一起去。 他不愿意喝酒。 如果你愿意说，就说吧。 我们都愿意帮助他。 你愿意走就走吧。 你愿意去吗？ 你愿不愿意去？ 你愿意不愿意去？
kěn 肯 aux. 1 B	to be willing to (oft. also putting into action)	他非常肯花时间学习。 他不肯跟我来。 我问他小王去哪里了，他不肯对我说。 这孩子一分钟都不肯安静。 不管我们怎么说，他就是不肯来。 他肯帮助人，大家都喜欢他。 只要肯学，你一定会学会的。 他又聪明又肯吃苦，工作做得很不错。 他肯来吗？ 他肯不肯来？

lèyì
乐意 aux.*　　to be happy to
1 D

他乐意为孩子做事。
你既然不乐意去，那就别去了。
你乐意跟他走吗？
你乐不乐意跟他走？
你乐意不乐意跟他走？

yuàn
愿 aux.　　to desire, to want
1 C

他愿跟我说中文。
他要是去，我也愿去。
他不愿妈妈知道这件事情。
你愿跟他结婚吗？
你愿不愿跟他结婚？
他愿试 (to give it a go)，就让他试一下吧。

Note:
* 乐意 adj. 'pleased', as in 他好像有些不乐意, 你知道是为什么吗？
➢ 情愿 aux. qíngyuàn 'would rather', as in 他情愿离家出走，也要和她在一起.

Z

zài
再 adv.   again

chóng 重 adv.* 2 B	again (modal verb before 重)	那个电影真好，他想重看一遍。 他打算明年春天重游北京。 老师，我没有听懂，请重讲一下儿。 考试没过，他只好重考了一次。
hái 还 adv. 2 N/A	again (usu. not used for a past event; modal verb after 还)	别哭了，有时间我还来看你。 说了还说，我不想听了。 他还想借一本书。 他还要去一次北京。
yòu 又 adv. 2 A	(once) again (usu. referring to an actual event; modal verb after 又; also used between number + mw.)	那个电影很有意思，我昨天又看了一遍。 他昨天就来过了，今天又来了。[complaining] 除了我以外，又有两个人买了这本书。 我又忘记给你带书来，对不起。 下个星期又要考试了。 明年春节你儿子又可以回来看你了。 病好了以后，他又要回学校上课了。 他很喜欢这本书，看了又看。 他喝了一杯又一杯，最后喝醉了。
zài 再 adv.* 2 A	again, once more (usu. not used for a past event; emphasising subjectivity, e.g. suggestion, request, intention; modal verb before 再)	那本书写得真好，我想再看一遍。 以后不要再给他打电话了，他不想见你。 时间还早，再坐一会儿。 他说他再也不去那里了。 我的咖啡不够甜，再加点儿糖吧。 他应该再写一遍。 毕业以后，我再也没见到过他。[past/ present experience, not a past event]

Note:
* 重 adj. zhòng 'heavy', as in 这个箱子很重.
* 再 adv. 'even', as in 我写得再快，也没有你打字快.
➤ 重复 v. chóngfù 'to repeat', as in 我没有听清楚，他又重复了一遍.
➤ 重新 adv. 'again, afresh', as in 他重新收拾了房间.
➤ 再次 adv. 'for the second time', as in 今年春天他再次来到了中国.

zǎochén
早晨 n. early morning

límíng **黎明 n.** 3-2 C	daybreak (used more literally) (antonym: 黄昏) (黎, black)	大海上，黎明时分安静而美丽。 他常常在黎明的河边写诗 (shī, poem) 作画。 他工作很忙，从黎明忙到黄昏。 黎明的景色是最动人的。
língchén **凌晨 n.** 3-2 D	from midnight to before dawn (antonym: 黄昏) (凌, to approach)	他今天凌晨四点钟就起床了。 凌晨，外面下起了雪。 凌晨的街上看不到什么人。 他的飞机是凌晨三点到达的。
qīngchén **清晨 n.** 3-2 C	between dawn and early morning (between 清早 and 早晨)	清晨，他来到了河边锻炼身体。 今天他清晨就出门了。 清晨的景色美丽极了。
zǎochén **早晨 n.** 2 A	early morning (antonym: 傍晚 bàngwǎn)	早晨好！ 早晨他常常去河边跑步。 他今天不在，你明天早晨再来吧。 他把跑步的时间从早晨改到了傍晚。 早晨，树林里的鸟叫个不停。 他早晨八点上课。
qīngzǎo **清早 n.** 1 D	around dawn	一清早你不好好睡觉，吵什么？ 今天要考试，他一大清早就起床了。 每天清早他都要给全家人准备早饭。 他清早起来就去爬山，因为早上空气特别好。

Note:
> The words in this group are 'fuzzy words', with no clear-cut meaning boundaries.
> 拂晓 n. fúxiǎo 'dawn (formal)', as in 拂晓，天边出现了亮光.
> 破晓 v. pòxiǎo 'to dawn', as in 天刚破晓，他们就出发了.
> 一早 n. yīzǎo 'early in the morning (informal)', as in 他一早就去上班了.
> 一大早 n. 'very early in the morning (informal)', as in 他一大早就去学校了.
> 早上 n. 'morning (informal)', as in 他早上八点要去火车站.
> 上午 n. 'a.m.', as in 他上午十一点要去火车站.

---

zěnme
怎么 pr. how

rúhé **如何 pr.** 3 B	what about, how (oft. used as a predicate; 如何 + verb)	最近您的身体如何？ 看到他哭 (kū, to cry) 了，我们都不知道如何是好。 他想知道如何学好汉语。 他在教我们如何拍照片。

zěnme
怎么 pr.*   how (usu. 怎么 + verb)
2 A

他们不知道怎么过河。
他是怎么知道的？
他正在学怎么包饺子。
你是怎么把电视修好的？
他是怎么来的，问他自己才知道。
下这么大雪，我们怎么去呢？

zěnyàng
怎样 pr.   how, what about (oft. 怎样 +
2 A   verb/ verbal phrase)

他不知道怎样才能使妈妈高兴。
你的汉语学得怎样了？
他告诉我们怎样才能把汉语学好。
爸爸教我们怎样做人。

zěnmeyàng
怎么样 pr.   how, what about
1 A

他问我怎么样才能找到小王。
你知道怎么样包饺子吗？
今天天气怎么样？

Note:
* 怎么 pr. 'why', as in 你怎么来晚了?
* 怎么 adv. 'somewhat (usu. in negation)', as in 他不怎么喜欢学习.
➢ 怎么/ 怎样/ 怎么样/ pr. 'whatever, however', as in 别人怎么做, 你就怎么做.

---

zhàngfu
丈夫 n.   **husband**

xiānsheng
先生 n.*   husband (antonym: 太太)
3-2 A

她先生在银行工作。
让我来介绍一下，这是我先生。
她特别爱她的先生。
我认识他们夫妻，先生是北京人，太太是上海
人。
她把她先生写的书送给了我一本。
你先生在家吗？

àiren
爱人 n.   spouse (husband or wife)
2 A

她爱人叫王明，在我们商店工作。
我认识她爱人。
她和爱人是去年结婚的。
她爱人是老师。
她今晚做的是她爱人喜欢吃的菜。

zhàngfu
丈夫 n.   husband (antonym: 妻子 qīzi)
2 B   (丈, to measure; 夫, man)

丈夫要去游泳，可是妻子要去跳舞。
她丈夫是北京人。
他是她的第二个丈夫，第一个丈夫和她离婚了。
我认识小王的丈夫。
当丈夫的应该多关心妻子。

lǎogōng **老公** n. 1 N/A	husband (originated from Cantonese; used also as a term of address) (antonym: 老婆 po) (公, male)	老公，过来帮我一下儿。 那个穿黄衣服的是我姐姐的老公。 她老公工作很忙，很少在家。 你看人家老公老婆多幸福！

Note:

* 先生 n. 'teacher (old usage)', as in 家里给他请了一位先生，教他汉语. Nowadays 先生, as a polite word, also refers to a respected person, regardless of gender.

➤ 男子汉大丈夫 ph. 'real man', as in 男子汉大丈夫，什么都不怕 (pà, to fear).

---

zhāopìn
招聘 v. to recruit

pìnqǐng **聘请** v. 3 D	to hire, to engage (in a private or corporate, long- or short-term capacity; usu. the invited is highly skilled and well respected) (antonym: 解聘 jiěpìn) (聘, to engage the service of)	他为房屋的问题聘请了一名律师 (lùshī, lawyer)。 他被大学聘请了一年就又被解聘了。 他就是我们聘请的人，很有名。 大学聘请他来作一个讲座 (a public lecture)。 他们发来了聘书 (letter of appointment)，聘请我两年。 这次他没有被聘请，心里不太高兴。
lùyòng **录用** v.* 3-2 D	to employ (one-off action, not + 着; see 聘用 below) (antonym: 辞退 cítuì) (录, to hire)	他刚被一家饭店录用了，工资 (gōngzī, salary) 还不错。 他条件 (tiáojiàn, qualification) 不够，我们没有录用他。 他工作不好，录用了几个月以后，就被辞退了。
zhāopìn **招聘** v. 3-2 D	to recruit (oft. through ads) (antonym: 解聘 jiěpìn) (招, to attract)	他们这次招聘得比较顺利。 这所医院要招聘几名医生。 最近网上 (the Internet) 的广告 (ad)，很多都是招聘老师的。
gù **雇** v. 2 C	to hire (usu. referring to ordinary jobs)	他想给孩子雇一个保姆 (bǎomǔ, nanny)。 那个人是新雇来的工人。 这家饭店太忙了，需要再多雇一些人。
qǐng **请** v. 1 A	to hire, to get (oft. referring to private tutor, nanny, etc.; polite)	他准备给孩子请个家教 (private tutor) 最近饭馆儿很忙，他想再多请一个人。 他家请了一个保姆。 他就是我请来的钢琴老师。
zhāorén **招人** v. 1 N/A	to hire (for all sorts of jobs, skilled or not; not 招人 + object)	听说你们饭店招人，是吗？ 这里上个月招人了。 如果你知道哪里招人，请告诉我一下。 现在报纸上招人的广告不太多了。

Note:

* 录用 v. 'to accept', as in 他的文章 (wénzhāng, article) 被一家杂志录用了.

➤ 聘 v. pìn 'to engage the service of', as in 他家有钱, 聘得起律师.

➤ 聘任 v. pìnrèn 'to appoint sb. to an official position (formal)', as in 他们大学新聘任了一位律师.

➤ 聘用 v. pìnyòng 'to employ (聘用 + 着)', as in 1) 他被聘用为饭店经理 (jīnglǐ, manager) 了. 2) 他工作做得很不错, 一直被大学聘用着. 3) 这个单位准备聘用他五年.

➤ 招收 v. zhāoshōu 'to take in, to recruit (can be an unskilled worker)', as in 1) 他们大学今年招收了很多学生. 2) 那个苹果园正在招收摘苹果的人.

➤ 录取 v. lùqǔ 'to matriculate', as in 这个学校录取了几百名新生.

➤ 找 v. zhǎo 'to hire (informal)', as in 他给孩子找了一个钢琴老师.

---

zhēteng
折腾 v.   to torment

zhémo **折磨** v. 2 C	to torture, to harass (emotionally or physically) (折, to break; 磨, to wear down)	这件事一直在折磨着他. 你不要再折磨自己了, 快把她忘掉吧. 他被那几个人折磨得快死了.
méishìrzhǎoshìr **没事儿找事儿** ph. 1 N/A	to nitpick, to try hard to find fault, to look for trouble	他这个人总是没事儿找事儿, 我不喜欢他. 他很聪明, 不会没事儿找事儿的. 别没事儿找事儿了, 我可不想再做一遍.
nàoteng **闹腾** v. 1 N/A	to make a loud noise, to make merry, to cause trouble (闹, to make a noise; 腾, to jump)	他今天结婚, 来了很多人, 闹腾了一天. 不知道那边出什么事了, 闹腾得很. 孩子发烧, 昨晚闹腾了一夜. 你们别再闹腾了, 让我静一静.
zhēteng **折腾** v. 1 D	to torment (emotionally, physically or politically), to toss and turn (折, to break)	别折腾人了, 我可不想去. 我们国家需要的是和谐 (héxié, harmony), 不要再折腾了. 他就愿意瞎 (xiā, blindly) 折腾, 常常没事儿找事儿. 他睡不着觉, 在床上折腾了一个晚上.

---

zhēng
争 v.   to compete for

duó **夺** v. 2 B	to take (by force)	那个孩子把球夺了过去. 有个人夺下他的钱包就跑了. 大水 (flood) 夺走了他年轻的生命 (shēngmìng, life). 这次足球赛的第一名被他们队夺下了. 这幅画真是巧夺天工 (qiǎoduótiāngōng, supernatural ingenuity) 啊!

duóqǔ 夺取 v. 2 C	to capture, to achieve (取, to get)	他们很快就夺取了那个山头。 这些武器 (wǔqì, weapon) 是从敌人 (dírén, enemy) 手里夺取的。 去年，我国的农业 (nóngyè, agriculture) 夺取了大丰收 (fēngshōu, a bumper crop)。
lìzhēng 力争 v. 2 C	to work hard for (力, strength)	大家都力争足球赛的第一名。 他努力学习，力争考上大学。 我会力争把书早日写完的。 他为学生据理 (jùlǐ, on the basis of reason) 力争。
zhēngduó 争夺 v. 2 C	to fight for	这两个篮球队正在争夺第一名。 那几个孩子好像在争夺着什么。 他的工作是为新产品 (chǎnpǐn, product) 争夺市场 (market)。 兄弟俩为争夺父母的房子打了起来。
zhēngqǔ 争取 v. 2 B	to strive for, to persuade (reduplication: ABAB) (antonym: 放弃 fàngqì)	好好儿养病 (yǎngbìng, to recuperate)，争取早点儿出院。 争取到这个工作不容易，我一定好好儿干。 我们必须争取时间，不然就赶不上飞机了。 你尽量 (jǐnliàng, to the best of one's abilities) 争取吧，争取不到就算了。 他可能会来，你再给他打个电话，争取争取。
zhēng 争 v. 2-1 B	to compete for, to dispute	孩子们争着向前跑去。 他们为了一本书，争了半天。 好了，别争来争去的了。 他这个人从来不去跟别人争什么。 他们俩都想付饭钱，还争了起来。 他能说，我争不过他。

---

zhèngqián
挣钱 v.
to earn money

| zhèngqián 挣钱 v. 2 N/A | to earn money (through doing normal jobs), to earn a living, to work for a living (insertable) (挣, to earn) | 他就知道挣钱，不知道花钱。
家里只有父亲挣钱，母亲没有工作。
我不出去挣钱，孩子吃什么？
他挣了几十年的钱，可是到老了一分钱都没有。
他是医生，挣不少钱。
他家是挣多少钱，花多少钱。 |
| zhuànqián 赚钱 v. 2 N/A | to make a profit, to make money (oft. through doing business and the like; insertable; sometimes with a pejorative connotation) | 这家饭馆儿生意 (shēngyì, business) 好，很赚钱。
他这个人很会赚钱，一年就赚了几百万。
他赚钱赚得什么都忘了。 |

	(antonym: 赔钱 péiqián) (赚, to make a profit)	做生意有赚钱的，就有赔钱的。 他卖房子赚了不少钱。 他这个人不会做生意，赚不了 (liǎo) 钱。
lāoqián 捞钱 v. 1 N/A	to trawl for money (possibly by improper means; with a pejorative connotation; insertable) (捞, to scoop up from)	他这个人很会为自己捞钱。 听说他利用工作之便捞钱。 他捞钱捞得太不像话 (outrageous) 了。 这次他可捞了不少钱。 他捞了一大笔钱以后，就不见了。

zhíxíng
执行 v.   to execute

lǚxíng 履行 v. 3 D	to fulfil, to honour (referring to responsibility, contract, procedure, etc.) (antonym: 违背 wéibèi) (履, to fulfil; 行, to do)	签了合同 (contract) 就要认真履行，不得 (bùdé, must not) 违背。 双方 (the two parties) 都要认真履行合同。 履行合同的时间是下个月。 他履行了自己的诺言 (nuòyán, promise)。 每一个人都要履行公民 (citizen) 的义务 (yìwù, obligation)。
shīxíng 施行 v. 3 D	to come into force, to implement (usu. referring to specific items) (antonym: 废止 fèizhǐ) (施, to carry out)	新法规 (fǎguī, legislation) 施行得比较顺利。 本 (this) 法规自今日起施行。 这套法规施行起来会有困难。 施行了这个法规以后，事故 (accident) 少了一些。 他认为施行体罚 (tǐfá, corporal/ physical punishment) 不对，应该废止。
shíshī 实施 v. 3 C	to put into effect, to enforce (of law, policy, programme, etc.; according to certain rules) (antonym: 废除 fèichú) (实, reality)	新法案 (fǎ'àn, bill) 从今天开始实施。 方案 (fāng'àn, plan) 实施以后，大家都很满意。 这个方案已经实施了一个多月了。 这些是实施细则 (xìzé, bylaws)，要认真照办。 那个法案从实施到废除只有一年的时间。
shíxíng 实行 v. 3-2 B	to put into practice, to carry out (of policy, plan, etc.; with a wider range of usage) (antonym: 停止 tíngzhǐ)	这个政策 (zhèngcè, policy) 马上就要实行了。 因为校长不同意，这个方案不能实行。 我们要实行男女同工同酬 (chóu, remuneration)。 这个政策实行得不太顺利，有可能被停止。 政策实行以后，学校变化很大。 实行改革 (gǎigé, reform) 开放给社会 (shèhuì, society) 带来了很大的变化。 五天工作日已经实行了很长时间了。

zhǐ
只

zhíxíng 执行 v. 3-2 B	to execute (law, order, policy, plan, task, etc.; usu. with nominal objects) (antonym: 违抗 wéikàng) (执, to hold, to attend to)	上级的命令 (mìnglìng, order) 一定要执行，不得违抗。 不执行命令的是他，不是我。 这个法规执行得比较好。 他们把这个政策执行得很好。 他执行完任务 (rènwu, task) 就回来了。 这个计划 (jìhuà, plan) 现在还执行不了。 警察 (jǐngchá, police) 正在执行公务 (official business, line of duty)。

---

zhǐ
只 adv.

only

jǐn 仅 adv. 2 B	only (referring to range, time, etc.; oft. 仅 + monosyllable)	仅学了几个月，他就不再学了。 仅用一天的时间，他就把这本书看完了。 他们仅见了一次面就结婚了。 他女朋友过生日的时候，仅买酒就花了不少钱。 他的书很多，仅汉语书就有一百多本。 为了帮助朋友，他把仅有的钱都拿出来了。 他考试考得不错，仅次于 (cìyú, next/ second best to) 小王。
jǐnjǐn 仅仅 adv. 2 B	barely; merely (the reduplicated form of 仅, more emphatic than 仅; oft. 仅仅 + disyllable)	他仅仅十八岁，就是两个孩子的爸爸了。 明天要考试，他晚上仅仅睡了三个小时。 牛奶仅仅够一个人喝的，再去买点儿吧。 仅仅一个月，那栋楼就盖好了。 我们仅仅是同学，并不是好朋友。 他俩仅仅是认识，还不是好朋友。 仅仅因为一句话，他就离家出走了，再也没有回来。 他不知道我的地址，仅仅知道我的名字。 仅仅他一个人知道这件事儿，别人都不知道。
jiù 就 adv.* 2 C	just	就他一个人没来，别人都来了。 他就有一个女儿，今年十岁。 就几本书，不重。 他就会说英语，不会说汉语。 以前就认识他，现在我已经认识不少人了。 他就学了三个月的汉语，能说成这样已经很好了。 我们这些人当中，就他会说英语。 这些人我都认识，就没见过他。 今天他就买了一本书，别的什么都没有买。

zhǐ		
只 adv.*	only, nothing but	他只会说英语。
2 A		他的钱只够买两本书的。
		他只有一个孩子。
		只是学费就花了一万块钱。
		今天上课的时候，只有他一个人没有来。
		他常常只说不做。
		他只喜欢看书，别的什么爱好都没有。
		晚会上，他只喝了一点儿啤酒。
		我只知道他姓王，不知道叫王什么。
		房间很小，只能放下一张单人床。

dān		
单 adv.*	solely, only (also used as 单单,	人都来了，单少他一个人。
1 B	which is more emphatic)	学习单有热情不行，还需要努力。
		大家都来晚了，为什么单说 (to tell sb. off) 我一个人。
		今天咱们不说别的，就单说这件事儿吧。
		别人都说好，单他说不好。
		大家都上车坐好了，单他要上厕所 (cèsuǒ, toilet)。
		出国旅游不便宜，单飞机票就要几千块钱。
		今天人太多，改天 (gǎitiān, some other day) 我单请你的客。
		他单单喜欢这个女孩，别的女孩他都不喜欢。

guāng		
光 adv.*	merely, alone	他光坐在那里，一句话都没有说。
1 B		别光说话了，多吃点儿饭。
		他光看书了，忘了给朋友打电话。
		光洗衣服就花了他一下午的时间。
		光我们家，就去了五个人。
		不光他不想去，我也不想去。
		光哭没有用，快想个方法吧。
		不光他一个人，我也喜欢这个电影。
		光最近六个月，他就病了三次。

Note:
* 就 prep. 'with regard to', as in 就学习来说，他比我好.
* 就 adv. 'at once', as in 等一下，我就来.
* 只 mw. 'for animals, one of a pair', 那只猫把一只袜子 (wàzi, sock) 抓走了.
* 单 adj. 'single', as in 屋子里有一张单人床.
* 光 n. 'light', as in 他的屋子里有灯光.
* 光 v. 'bare', as in 他光着脚，没有穿鞋.
* 光 adj. 'finished', as in 他把饭吃光了.

zhǐhǎo
只好 adv.   **have to**

bùmiǎn **不免** adv. 3 C	cannot avoid, can't help (不免 + positive expression; used after the subject) (免, to avoid)	天黑下来了，他不免有些着急。 父母年纪大了，不免会忘事儿。 看到了老同学，他不免想起在学校的美好时光。
wèimiǎn **未免** adv.* 3 D	unavoidably (未免 + 有些/有点儿, polite; cause…, 未免 + effect) (未, not)	他还年轻，未免有些不懂事。 他们太高兴了，说话的声音未免有些高。 他是家中最小，未免有些娇惯 (jiāoguàn, spoiled)。
zhǐhǎo **只好** adv. 2 A	have to (used before or after the subject)	他不会说英语，只好请朋友来帮忙。 他下班走了，我只好把电话打到他家里。 他不喜欢看电影，我们只好不去了。 他还没有来，我们只好先走了。 别人都忙，只好我一个人去。 他没有时间做饭，只好去饭店吃。
zhǐnéng **只能** adv. 2 D	can only (used before or after the subject)	这是他家，我们只能听他的。 他不想走夜路，只能在这里过夜了。 我不会唱歌，只能你来唱了。
zhǐyǒu **只有** adv.* 2 C	none but (used before or after the subject)	外边雨下得太大，我们只有等一等再出去了。 没有人能拿动那个箱子，只有他才行。 家里没有吃的了，我们只有去饭馆吃。 他们都不去，只有我去了。
bùdébù **不得不** ph. 1 B	cannot but, have to (不得不 + positive expression; used after the subject)	他没有钱了，不得不打电话问妈妈要钱。 时间不早了，我们不得不说再见了。 汽车坏了，他不得不走路回家。 他要赶飞机，不得不早点儿起床。 他病了，不得不在家休息。
zhǐdé **只得** adv. 1 C	have no choice but to, to be obliged to (used before or after the subject; usu. not used in negation; also pronounced as zhǐděi in spoken Chinese)	他病了，只得躺在床上休息。 他要搬家，东西太多，只得请朋友来帮忙。 买的鞋太大了，他只得拿回去换。 火车票买不到，他只得坐飞机去。 别人都帮不上忙，只得你自己做了。

Note:

* 未免 adv. 'rather (A [action/ affair], 未免 + judgement of A; oft. + 吧 to soften the tone)', as in 1) 现在就谈这些，未免有些太早了吧. 3) 你说这话，未免有点儿太不客气了吧.
* 只有 conj. 'only if', as in 只有听着音乐，他才能看进去书.
➢ 没办法 ph. méibànfǎ 'no way out', as in 没办法，我只好去一趟了.
➢ 无奈 adj. wúnài 'helpless', as in 他无奈地坐在那里，也不知道应该说点儿什么好.
➢ 不得已 ph. bùdéyǐ 'to act against one's will', as in 他不得已地跟着父亲回家了.

> 难免 adj. nánmiǎn 'likely (but not necessarily inevitable)', as in 1) 孩子还小, 难免常生病.
  2) 他学英语时间不长, 难免带有口音. 3) 他第一次离开家, 难免有些想家.

> 无可奈何 ph. wúkěnàihé 'have no other way', as in 他觉得实在是无可奈何, 只好由孩子去吧.

---

zhōngyú
终于 adv.
(see also 究竟)

finally

zhōngjiū **终究** adv. 3 D	eventually (oft. predicting sth. will happen) (终, end; 究, after all)	醉酒开车终究是要出事的。 他终究是你的父亲, 还是爱你的。 你终究会看清楚他是一个什么人的。 一个人的力量 (lìliang, strength) 终究是不够的, 你需要大家的帮助。 好人终究会有好报 (reward) 的。
zhōngyú **终于** adv. 2 B	finally, at last	他终于来了。 学生们终于考完试了。 爸爸终于回家了。 一个星期以后, 他终于看完了那本书。
zǒng **总** adv. 2-1 A	will always, at the end of the day, after all (oft. for future events)	读书总是有用的。 只要努力, 总会成功 (chénggōng, succeed) 的。 不要担心, 你总能找到你爱的人的。 不要说 (to blame) 他了, 他总还是个孩子。 不管怎么说我们总还是一家人, 有话好说。 事情总有一天会弄 (nòng, to make) 清楚的。 他们是多年的夫妻, 什么事儿总能说得开的。
dàodǐ **到底** adv.* 1 B	in the end, after all (底, end)	他到底还是说了, 让我们着急了半天。 经过一年艰苦的学习, 他到底考上了大学。 到底是大城市, 什么都有。 北方到底是北方, 冬天冷极了。 他到底是读书多, 知道的比我多。 到底还是女人, 比较细心。 到底是孩子, 想问题就是简单 (jiǎndān, simple)。

Note:

* 到底 adv. 'on earth (oft. used in a question)', as in 你到底想要干什么?

> 终归 adv. zhōngguī 'eventually', as in 他终归还是要回家的.

> 最终 adv. zuìzhōng 'ultimately', as in 他最终还是回到了母亲的身边.

> 最后 n. 'the end', as in 他有事先走了, 没有看到电影的最后.

---

zhújiàn

逐渐 adv.   **gradually**

jiàn **渐** adv. 3 C	gradually (used with monosyllables) (antonym: 突然)	冬天来临，天气渐冷。 随着下班时间的到来，路上的车辆渐多。 天黑了，行人渐少，他也加快了脚步。 看着孩子渐瘦的身体，妈妈很着急。 车声渐近，一辆红色的汽车开进了院子。
jiànjiàn **渐渐** adv. 3-2 B	little by little (when used at the beginning of a sentence, using 渐渐地) (antonym: 骤然 zhòurán)	孩子渐渐地安静了下来，一会儿就睡着了。 望着父亲那渐渐远去的身影，我感到很难受。 他渐渐地了解了我，我们现在已经成了好朋友。 渐渐地，他喜欢上了她。 火车渐渐地开走了。 外边的雪渐渐地变小了。
zhúbù **逐步** adv. 3-2 B	step by step (managed consciously by the doer, emphasising the distinction between phases; usu. describing human behaviour; used with verbal, not adjectival, expressions) (antonym: 忽然) (逐, one by one; 步, step)	他逐步学会了怎么用电脑。 对一种文化的了解是一个逐步学习的过程 (guòchéng, process)。 他的书是逐步完成的，经过了很长一段时间。 他逐步赢得 (yíngdé, to gain) 了学生们的喜爱。 他说他要逐步去掉身上的一些不好的习惯。 他学习很努力，考试成绩也在逐步提高。
zhújiàn **逐渐** adv. 3-2 B	gradually (antonym: 猛然 měngrán)	天逐渐热了起来，他换上了衬衫。 上课的时间快到了，教室里的学生逐渐多起来。 他们逐渐爱上了对方 (the other side)。 吃了药以后，他的病逐渐地好了。 他们逐渐成了好朋友。 大家逐渐地改变了对他的看法。

Note:
➤ 慢慢 adv. 'slowly', as in 你慢慢说，别着急。
➤ 渐进 v. jiànjìn 'to progress step by step', as in 学习是一个渐进的过程。

---

zhùhè

祝贺 v.   **to congratulate**

qìnghè **庆贺** v. 3 B	to felicitate, to celebrate (an event) (reduplication: ABAB) (庆, to celebrate; 贺, to congratulate)	儿子考上了大学，一家人正在庆贺。 为他找到了工作，我们庆贺了一个晚上。 他当上了市长 (mayor)，朋友们都前往庆贺。 后天是你的生日，我们一块儿庆贺庆贺吧。
zhùfú **祝福** v.* 3 D	to bless (祝, to wish; 福, good fortune)	他一直在为父母祝福，祝他们身体健康 (jiànkāng, healthy)。 春节到了，朋友们打电话互相祝福。

我祝福大家长命百岁 (longevity)。

zhùhè **祝贺** v.* 3 B	to congratulate	他打电话来祝贺我儿子的生日。 儿子考上了大学，大家都前来祝贺。 他考了第一名，向他来祝贺的人有很多。 祝贺你生了一个千金 (qiānjīn, a courteous expression referring to another's daughter)。
zhùyuàn **祝愿** v.* 3 C	to wish (愿, hope)	他祝愿朋友们一路顺风 (have a good trip)。 祝愿各位春节快乐！ 衷心祝愿我们两国的友谊 (yǒuyì, friendship) 万古长青 (wàngǔchángqīng, everlasting)。
qìngzhù **庆祝** v. 2 B	to celebrate (oft. through action, as opposed to verbal expressions) (reduplication: ABAB)	你想怎么庆祝你的生日呀？ 为了庆祝春节，他买了很多啤酒。 很多人在天安门广场上庆祝国庆节 (National Day)。 为了庆祝春节，我们开了一个舞会。 下个星期就要放假了，我们应该庆祝庆祝。
zhù **祝** v. 2 A	to express good wishes	祝你生日快乐！ 让我来为大家祝酒 (to toast)。 祝你们一路顺风！ 祝父母身体健康，万事如意 (wànshìrúyì, may all your wishes come true)。 祝完酒以后，大家就开始跳舞了。

Note:

* 祝福 n. 'blessing', as in 新年好！我给大家送去新年的祝福.
* 祝贺 n. 'congratulations', as in 他对朋友们的祝贺表示感谢.
* 祝愿 n. 'wish', as in 这是他的一个美好祝愿.
➤ 恭贺 v. gōnghè 'to congratulate', as in 恭贺新禧 (Happy New Year)！
➤ 恭喜 n. 'Congratulations! (usu. saying it repeatedly)', as in 听说你儿子要结婚了，恭喜！恭喜！
➤ 道喜 v. 'to congratulate sb. on a happy occasion', as in 听说你儿子要结婚了，给你道喜了.
➤ 庆 n. 'anniversary', as in 今年是这所大学的一百年校庆.

---

zìjǐ
自己 pr.
(see also 各)

oneself

běnrén **本人** pr. 3 C	myself, self (indicating a serious tone; emphasising the one referred to) (本, one's, the speaker's)	这不是我本人的签名 (qiānmíng, signature)。 是的，我亲耳听他本人说的。 不用你本人来，别人可以替你来拿。 结婚要他们本人同意 (tóngyì, to agree) 才行。 这很重要，我一定要见到他本人。

zìjǐ
自己

běnshēn **本身** pr. 3 C	itself, self (of sth. animate or inanimate)	音乐本身是没有国界 (guójiè, border) 的。 这事儿本身就有点儿奇怪 (qíguài, strange)。 那所大学本身就有一个很好的图书馆。 生活本身就不容易, 这个谁都知道。 他本身就不想去, 我也没有什么办法。 考试没考好是你本身的问题, 跟别人没有关系。
gèrén **个人** pr.* 2 C	myself, individual	我个人认为这样做是对的。 这是我个人的想法, 不一定对。 我个人倒没有什么, 主要是为了孩子。 要说的大家都说了, 我个人再没什么要说的了。
gèzì **各自** pr. 2 C	each, one's own (各, each; 自, self)	大家各自介绍一下吧。 舞会以后, 我们就各自回家了。 这几部电影有各自的特点 (characteristic)。
zìjǐ **自己** pr. 2 A	oneself, itself (antonym: 别人/ 别的)	他怎么自己不来, 叫你来? 书也没有长腿, 自己不会跑的。 你自己吃吧, 我有事要先走。 孩子的事儿由他们自己作主 (to decide) 吧。 别客气, 我自己来。 花瓶不会自己打破的, 谁干的? 这是中国自己制造 (zhìzào, to make) 的。 父母总是告诉我自己的事情要自己做。 他总觉得自己比别人聪明。
zìshēn **自身** pr. 2 C	self	你自身也有问题, 不要只说别人。 这是他们自身的事儿, 跟你没关系。 他觉得连自身都难保 (nánbǎo, hard to protect) 了。
zìgěr **自个儿** pr. 1 N/A	self (also 自各儿, northern dialect)	去还是不去你自个儿看着办吧。 他自个儿还是个孩子, 就当爸爸了。 自个儿管好自个儿就行了。 他是自个儿来的, 他女朋友有事儿不能来。

Note:

* 个人 n. 'personal affairs', as in 你年纪已经不小了, 应该考虑一下个人问题 (relationship/
  marriage) 了.

➢ 自家 pr. zìjiā 'one's own (dialect)', as in 都是自家人, 别客气.

zǒng(shì)
总(是) adv.　　　　　　　　　　　　　　　　　　　　　**always**

lìlái **历来 adv.*** 3 D	constantly, all through the ages (usu. used in a positive sentence; not referring to a specific action) (历, all previous)	他历来如此 (rúcǐ, so)，一直都是那么喜欢帮助别人。 他历来认真学习，努力工作。 春节的时候他历来都是回老家过年。
xiànglái **向来 adv.** 3-2 C	usually, all along (向, hitherto)	他是个很好的人，向来对别人都很客气。 他向来喜欢旅游。 向来爱说爱笑的他今天突然不说话了。 他是个明白人，向来不去那种地方。
yī(í)xiàng **一向 adv.** 3-2 C	(hitherto) always	您老一向可好？ 他一向好客，家里经常有客人。 他父母一向住在乡下，他们喜欢人少的地方。
cónglái **从来 adv.** 2 B	all the time (emphasising 'from the past till the present'; oft. used in negative or positive sentences; often used with 都/ 没)	我从来没见过他，不知道他叫什么名字。 他就知道他自己，从来都不关心别人。 对于朋友，他从来都是尽力帮助的。 他从来没去旅游过，很想出去看看。 她很爱收拾，家里从来都是那么干净。 从来没看见你这么高兴过，有什么喜事儿？
yī(ì)zhí **一直 adv.*** 2 B	continuously (can be used for a specific action; used for sth. lasting for a long/ short period of time, in the past/ present/ future) (直, vertical)	从小到大，他一直很喜欢她。 我一直都不知道他不是中国人，因为他的汉语说得跟中国人一样好。 这几天一直下雨， 我们只好先不出去旅游了。 从去年开始，他的身体就一直不太好。 不管今后发生什么，我会一直和你在一起的。
zǒngshì **总(是) adv.** 2 A	always, invariably (emphasising that the same thing happened many times; usu. 总 and 总是 interchangeable; 总是, 'many times'; 一直, 'at all times')	你看你总(是)那么客气，以后来一定不要再买什么东西了。 书总(是)有用的，花点儿钱买书也应该。 只要你努力，总(是)会有收获 (shōuhuò, gain) 的。 他这几天总(是)头疼。 他总(是)不接电话，不知道为什么。 这么多年来，他总(是)关心照顾那个孩子。 晚饭后，我们总(是)去河边散步。 最近他总(是)喝醉酒，工作做得也没有以前那么好了。
lǎo **老 adv.** 1 B	all the time, forever (oft. used with another monosyllabic word, and in an imperative; 老 and 总 are oft. interchangeable, except that 总	他老去图书馆看书，所以对那里很熟悉。 你别老来烦我，我忙着呢。 告诉他别老去，她不想见他。 你不要老提那件事儿了，我不愿意听。

	also means 'must be' and 'after all')	你不是老说要回家乡看看吗？ 老想去北京工作的他，终于在北京找到了一份工作。
lǎoshì 老是 adv. 1 B	all the time (emphasising 'for a long time'), often (老 and 老是 usu. interchangeable)	我给他打了好几次电话，他老是不在家。 你为什么老是早上不起床？ 他老是麻烦别人，朋友们不太喜欢他。 别老是在屋里看电视，经常出去走走。 我老是想去旅游，可就是没有时间。 最近天气不好，老是下雨。 她们是好朋友，老是在一起。 他最近老是睡不着觉，不知道为什么。

Note:
* 历来 adj., as in 这是我们历来的做法，你也应该这样做.
* 一直 adv. 'straight ahead', as in 从这一直往前走，在第二个路口往左拐就是了.
➤ The negations of the above are 从没/ 从未 (cóngwèi, formal)/ 从不 (never). The former two tend to be used for a period starting from the past till the present and with 过, as in 二十多年了，他从没请过一次病假. 从不 focuses more on current habits and cannot be used with 过, as in 她怕胖 (pàng, fat), 从不多吃.

---

zǒuhòuménr
走后门儿 ph.   **to pull strings**

bù(ú)zhèngzhīfēng 不正之风 ph. 2 D	unhealthy tendency, malpractice (e.g. corruption) (antonym: 两袖清风 liǎngxiùqīngfēng) (正, correct; 之, of)	请客送礼是一种不正之风。 他当大学校长的时候，从来不搞 (gǎo, to do) 不正之风。 不正之风在这里没有什么市场。 学生也会受到社会 (shèhuì, society) 上不正之风的影响 (yǐngxiǎng, influence)。
wāifēngxiéqì 歪风邪气 ph. 2 N/A	evil influences, contagion (歪, crooked; 邪, evil; 气, air)	不要搞歪风邪气。 大家对歪风邪气都很反感 (fǎngǎn, to be disgusted with)。 如果大家都不敢出来说话，那歪风邪气就可能要抬头 (táitóu, to rise)。 一定要刹 (shā, to stop) 住这股 (gǔ, mw. for something string-shaped) 歪风邪气。
zǒuhòuménr 走后门儿 ph. 2-1 C	to pull strings (metaphor, literal meaning 'to enter through the back door')	他是走后门儿得到的这个工作。 走后门儿是不对的。 他走后门儿走得最多。 他虽然是校长，但从来不走后门儿。 在这里，办事常常需要走后门儿。

zuìjìn
最近 n.   **recently**

jìnlái **近来 n.** 3-2 B	lately, these days (antonym: 以往) (近, recent)	近来他身体不太好，经常生病。 近来，这里天气很热。 你近来在忙些什么呢？ 近来他收到的电话都是她打来的。 近来的工作特别忙，他觉得有点儿累。 他近来的心情 (mood) 不太好，听说是因为和女 朋友吵架 (chǎojià, to quarrel) 了。 近来很少看见他来上课，不知道他去哪里了。 他近来很少出去旅游了，学习太忙。 春天到了，近来感冒的人多了起来。
jìnqī **近期 n.** 3-2 D	recent times, in the near future (期, a period of time)	这个工作近期就要完成了。 听说他近期要结婚。 他问了一下她近期的生活。 他近期的工作很顺利，比以前好多了。 他们近期要去国外旅游。 近期的新电影很多，但是我没有时间去看。 这本书将于近期出版 (chūbǎn, to publish)。 他近期是不会来这里的，明年有可能。
xīnjìn **新近 n.** 3-2 D	freshly (referring to sb. or sth., which must be 'new')	他是新近入学的学生，在这的朋友还不多。 图书馆新近来了不少书，我刚去借了几本回来。 这是一个新近的产品 (chǎnpǐn, product)，不知道 好不好。 那个饭馆是新近开的，饭菜做得很好吃。 他是新近搬进我们宿舍的。
zuìjìn **最近 n.*** 2 A	recently (could be a few days, months, even years)	最近的天气很不错。 他最近几天常常头疼。 最近他有一个考试。 你最近忙什么呢？ 这是一本最近出版的书，我刚买的。 这个电影就是你最近看的那个吗？ 最近他没有给我打电话。 最近他去了一次北京。 最近几天这里一直在下大雨。 最近几年这里很少下雨。

Note:
➤ There are differences in terms of 'parts of speech' between Chinese and English in this group. For
   example, 最近 is a noun (time) in Chinese, but its translation 'recently' in English is not.
* 最近 n. 'in the near future, soon', as in 他最近要出国旅游.
* 最近 ph. 'the most recent/ close', as in 最近一期的《中文》杂志来了吗?

> 日后 n. 'in the future', as in 等日后有钱, 他想买一个大一点儿的房子.
> 日前 n. 'a few days ago (formal)', as in 运动会日前在这里召开.
> 近日 n. 'recently', as in 近日天气变暖, 花草长得特别好.

---

zuò
做①v.   **to make**
(see also 做②)

shēngchǎn **生产** v.* 2 A	to produce (used widely, from agriculture to industry) (antonym: 消费 xiāofèi) (生, to produce; 产, to yield)	他们工厂生产电视机。 这里不生产汽车。 我们厂生产的皮箱比他们厂的好。 他们上个月生产出了三百辆汽车。 生产再多, 没有人消费也不行。
zào **造** v.* 2 B	to build, to make (oft. large things or large quantities, e.g. house, plane; also referring to paper, etc.)	他家正在自己造房子。 他们厂造的纸很受欢迎。 那座桥是二十多年前造的。 造飞机需要很多钱。 他造过船。 他们还造不了 (liǎo) 飞机。 你用这个汉字造一个句子 (jùzi, sentence)。
zhìzào **制造** v.* 2 B	to manufacture (oft. machinery, e.g. TV set, car, plane, etc.) (制, to make)	他们厂的电视机制造得很好。 这是一个制造飞机的工厂。 这个厂制造的汽车很有名。 飞机他们厂还制造不了 (liǎo)。 这是他们去年制造出来的汽车。 这辆汽车是中国制造的。
zhìzuò **制作** v. 2 C	to make (indicating a manufacturing process, e.g. making movies, sweets, furniture, crafts, etc.)	他的工作是制作糖果和饮料 (yǐnliào, beverage)。 这个厂制作的家具很漂亮。 这个东西制作得不太好。 这些精美的用品都是他制作的。 那部电影要制作完了。 电影没制作出来之前, 大家都会很忙。
zuò **做** v. 2 A	to make (clothes, food, handicrafts, etc.)	他会做饭。 他最喜欢吃妈妈做的菜。 他做衣服做得很好。 他用木头自己做了一张桌子。 要吃饭了, 我们快点儿做吧。 妈妈教我做衣服。 这个生日卡是他为妈妈做的。

Note:
* 生产 v. 'to give birth', as in 她是在这家医院生产的.

* 造 v. 'to fabricate', as in 是谁造的谣 (yáo, rumour)?
* 制造 v. 'to fabricate', as in 不要制造谣言 (yáoyán, rumour [formal]).

---

zuò
做②v.   to do
(see also 做①)

zuò 作 v.* 2 A	to do (in addition to specific items, 作 can also be used with abstract nouns; more classical than 做, hence 作 is used in set phrases, e.g. 一鼓作气 yīgǔzuòqì 'in one go, at one sitting') (reduplication: A(一)A)	他对这个问题作了分析 (fēnxī, analysis)。 你是自作自受 (to suffer for one's own actions)。 我们为帮助他作出了努力。 他明天要给我们作一个报告 (bàogào, speech)。 他作的曲子 (qǔzi, melody) 很好听。 我们要跟坏人坏事作斗争 (dòuzhēng, fight)。 一有时间，他就喜欢作(一)作画，听(一)听歌曲什么的。
zuò 做 v.* 2 A	to do (oft. referring to specific or concrete items) (reduplication: A(一)A)	他做工作很认真。 你每天上班都做什么？ 他这个人做不成大事。 这道题没做对，你再做一遍。 手术 (shǒushù, surgical operation) 做得很好，你放心吧。 他在学校里做事 (work)。 这个工作我做得了 (liǎo)，没有什么问题。 他在那个工厂做工。 她去做头发 (to get one's hair done) 了。 父母从小就开始教他怎样做人。 做完作业 (zuòyè, assignment/ homework)，他就出去玩了。 这个工作我没有做过，做(一)做看吧。
gàn 干 v. 1 A	to do (oft. referring to common jobs, concrete items) (reduplication: A(一)A)	他干工作干得很认真。 这个工作他干得很不错。 要下班了，快点儿干，最好今天干完。 他真能干活儿 (huór, work)！ 这个工作我干不了 (liǎo)。 盖房子，你会不会干？ 你在干什么呢？ 没关系，干(一)干就会了。
gǎo 搞 v. 1 A	to be engaged in (emphasising 'making some sort of effort') (reduplication: A(一)A)	你努努力，把学习搞上去。 他把工作搞得非常好。 他是搞数学的 (He is a mathematician)。 汽车坏了，他搞了三天也没搞好。 他这个人很会搞关系 (guānxì, connection)。

他搞了一个语言调查 (yǔyán diàochá, linguistic survey)。

他每天回到家，搞(一)搞这个，忙(一)忙那个，也没有多少时间看电视。

| nòng
弄 v.*
1 B | to get, to do sth. about, to figure out (emphasising 'going through some sort of trouble') (reduplication: A(一)A) | 我看 (kān, to watch) 孩子，你去弄点儿饭。
他帮我把电视机弄好了。
不弄个明白，我是不会走的。
他的车坏了，弄起来要花不少钱。
这事儿要弄出个结果 (jiéguǒ, outcome) 才行。
他们几个人把钢琴给弄上楼来了。
快去弄(一)弄吧，孩子哭得不行了。 |

Note:
* 作 v. 'to act as', as in 在那个电影里，他是作爸爸的.
* 作 v. 'to regard sb./ sth. as', as in 我一直把你看作好朋友.
* 作 n. 'writing', as in 我读过您的大作，写得非常好.
* 做 v. 'to use as', as in 这些钱要用做学费.
* 做 v. 'to form a relationship', as in 让我们做朋友吧.
* 做 v. 'to organise (a party, reception, etc.)', as in 孩子们正在准备给父亲做八十大寿 (shòu, birthday).
* 弄 v. 'to get enjoyment from doing sth.', as in 他退休 (tuìxiū, to retire) 在家，喜欢弄弄 (also 摆弄) 花儿什么的.
➢ 干/ 做 v. 'to become', as in 他在饭店干/ 做过服务员.
➢ 搞/ 弄 v. 'to secure', as in 他好不容易才搞/ 弄到了这张票.

---

zuò'ài
做爱 v.
to make love

xìngjiāo 性交 v. 3 N/A	to have sexual intercourse (性, sex; 交, to join)	性交时，应该带避孕套 (bìyùntào, condom)。 一头公牛和一头母牛正在性交。 性交之后，他总是喜欢洗个澡。 他说他连怎么性交都不会。
tóngfáng 同房 v. 2 N/A	to sleep together (usu. of a married couple; a euphemism) (同, same; 房, room)	父母觉得他俩还没有结婚，不应该同房。 结婚那天晚上，妻子不愿意和他同房。 第一次同房，他俩都很不好意思 (bùhǎoyìsi, to feel embarrassed)。 结婚同房以后，他们就开始了幸福的夫妻生活。 他们还没同房呢，哪能生孩子？
zuò'ài 做爱 v. 2 N/A	to make love (of people) (做, to make; 爱, love)	做爱使他们爱得更深了。 他经常和妻子做爱。 虽然年纪大了，但是他还是常常做爱。 今天他累了，不想做爱。

gànnàshìr
干那事儿 ph. 'doing it' (a euphemism) (干,
1 N/A   to do; 事, thing)

别进去，他俩正在干那事儿呢。
听说他俩已经很久没干那事儿了。
忙是忙，但是他还是经常干那事儿。
干那事儿怎么了？跟你有什么关系？
你俩干过那事儿吗？
她和一个男人干那事儿，被她丈夫知道了。
当他和别的女人干那事儿的时候，正好被他老婆
看到，于是他们就离婚了。

shàngchuáng   to go to bed (having sex)
上床 v.*   (of people; a euphemism)
1 N/A   (上, to go to; 床, bed)

那个女人很随便，经常跟不认识的人上床。
除了自己的丈夫，她没跟别人上过床。
别的什么都好说，上床就是不行。
他还年轻，从来没有跟别人上过床。
他上过她的床。

Note:
* 上床 v. 'to go to bed', as in 今天他累了，很早就上床睡觉去了.
➤ 云雨 v. yúnyǔ 'literal meaning –"cloud and rain"; to have sexual intercourse (formal and literary, a euphemism)', as in 他们在床上云雨了一番 (yìfān, a while).
➤ 圆房 v. yuánfáng 'to consummate the marriage (usu. on the wedding night)', as in 新婚那天晚上圆了房以后，他们很快就有了孩子.
➤ 同居 v. tóngjū 'to live together as a couple (usu. without marriage)', as in 他们刚认识了几天就同居了.
➤ 同床 v. 'to sleep in the same bed (implicitly referring to "sexual relationship")', as in 他们俩是同床异梦 (yìmèng, different dreams – to be strange bedfellows; to hide different intentions behind the semblance of accord)，各有各的打算.
➤ 同房/ 同屋 n. 'room mate', as in 上大学的时候，他和我是同房.

Bibliography

Online Resources and Software:

Baidu 百度 http://www.baidu.com/search/dict.html

CCL Corpus, Centre for Chinese Linguistics, Beijing University 北京大学汉语语言学研究中心语料库 http://ccl.pku.edu.cn:8080/ccl_corpus/index.jsp?dir=xiandai

Chinese Language Corpus (国家语委)语料库, Institute of Applied Linguistics, Ministry of Education, China 教育部语言文字应用研究所 http://124.207.106.21:8080

Chinese TA (software for teaching Chinese, version 1.1), Silicon Valley Language Technologies, LLC, USA.

Online Jinshan Ciba 金山词霸.

Using Synonyms **series published by Cambridge University Press**

Batchelor, Ronald E. 2003. *Using Spanish Synonyms*. Cambridge (UK): Cambridge University Press.

Batchelor, Ronald E. and Malcolm H. Offord 2004. *Using French Synonyms*. Cambridge (UK): Cambridge University Press.

Durrell, Martin 2000. *Using German Synonyms*. Cambridge (UK): Cambridge University Press.

Moss, Howard and Vanna Motta 2000. *Using Italian Synonyms*. Cambridge (UK): Cambridge University Press.

Wade, Terence and Nijole White 2004. *Using Russian Synonyms*. Cambridge (UK): Cambridge University Press.

Chinese Synonyms Dictionaries

LIU, Naishu and AO Guihua 刘乃叔 and 敖桂华 2003. *Collocation and Differentiation of Chinese Near-Synonyms* 近义词使用区别. Beijing: Beijing Language and Culture University Press.

LIU, Shuxin et al. 刘叔新主编 2004. *Dictionary of Contemporary Chinese Synonyms* 现代汉语 同义词 词典. Tianjin: Nankai University Press.

LU, Fubo 卢福波 2000. *Comparative Illustration of Common Chinese Words and Expressions* 对外汉语常用词语对比例释. Beijing: Beijing Language and Culture University Press.

MA, Yanhua and ZHUANG Ying 马燕华 and 庄莹 2002. *Dictionary of Chinese Synonyms* 汉语近义词 词典. Beijing: Beijing University Press.

TENG, Shou-hsin et al. 邓守信主编 1996. *Chinese Synonyms Usage Dictionary* 汉英汉语常用 近义词用法词典. Beijing: Beijing Language Institute Press.

TONG, Huijun and MEI Licong et al.佟慧君 and 梅立崇主编 2002. *Dictionary of Chinese Synonyms* 汉语同义词词典. Beijing: The Commercial Press International Ltd.

WANG, Huan et al. 王还主编 2005. *A Dictionary of Chinese Synonyms* 汉语近义词词典. Beijing: Beijing Language and Culture University Press.

YANG, Jizhou and JIA Yongfen 杨寄洲 and 贾永芬 2005. *1700 Groups of Frequently Used Chinese Synonyms* 1700 对近义词语用法对比. Beijing: Beijing Language and Culture University Press.

ZHANG, Qingyuan et al. 张清源主编 1994. *Synonym Dictionary* 同义词词典. Chengdu: Sichuan People's Press.

ZHAO, Xinyu and ZHAO Xinmao et al. 赵辛予 and 赵辛茅主编 2005. *Multi-functional Dictionary of Near-Synonyms and Antonyms* 多功能近反义词典. Beijing: The Commercial Press International Ltd.

ZHOU, Yonghui et al. 周永惠主编 2004. *Synonym and Antonym Dictionary* 同义词反义词词典. Chengdu: Sichuan Dictionary Press.

Other Dictionaries

Dictionary Department, Institute of Linguistics, Chinese Academy of Social Sciences 中国社会科学院语言研究所词典编辑室 2002. *The Contemporary Chinese Dictionary* 现代汉语词典. Beijing: The Commercial Press.

Dictionary Department, Institute of Linguistics, Chinese Academy of Social Sciences 中国社会科学院语言研究所词典编辑室 2002. *The Contemporary Chinese Dictionary* (Chinese–English Edition) 现代汉语词典 (汉英双语). Beijing: Foreign Language Teaching and Research Press.

HSK Examination Centre of Beijing Language and Culture University 北京语言文化大学汉语水平考试中心 2000. *Chinese Proficiency Test Vocabulary Guideline–A Dictionary of Chinese Usage*: *8000 Words*. HSK 中国汉语水平考试词汇大纲–汉语 8000 词词典. Beijing: Beijing Language and Culture University Press.

WU, Guanghua et al. 吴光华主编 1998. *Chinese–English Dictionary* 汉英辞典. Shanghai: Shanghai Jiaotong University Press.

XU, Yumin et al. 徐玉敏主编 2005. *Learner's Dictionary of Contemporary Chinese* (Elementary Level) 当代汉语学习词典 (初级本). Beijing: Beijing Language and Culture University Press.

English Index 英语索引

Items below are listed alphabetically with their key words. For example, 'able to, to be', 'advice, to give' and 'experience (past)'.

C

D

J

K

Q

R

S

W

Y

Z

For EU product safety concerns, contact us at Calle de José Abascal, 56–1°,
28003 Madrid, Spain or eugpsr@cambridge.org.

www.ingramcontent.com/pod-product-compliance
Ingram Content Group UK Ltd.
Pitfield, Milton Keynes, MK11 3LW, UK
UKHW051008240426
470322UK00018B/555